COLLECTION
FOLIO/ACTUEL

Olivier Godard
Claude Henry
Patrick Lagadec
Erwann Michel-Kerjan

Traité des nouveaux risques

Précaution, crise, assurance

Gallimard

Olivier Godard est directeur de recherche au Centre national de la recherche scientifique en France. Spécialiste des enjeux et politiques de l'environnement et du développement durable, il est membre des Comités d'éthique et de précaution de l'INRA et de l'IFREMER (COMEPRA). Il a dirigé la publication en 1997 du premier ouvrage de langue française sur le principe de précaution : *Le principe de précaution dans la conduite des affaires humaines* (Éd. de la Maison des sciences de l'homme et INRA-Éditions).

Claude Henry est directeur de recherche au Centre national de la recherche scientifique ; il a été professeur d'économie publique à l'École polytechnique de 1977 à 1999. Il a reçu la médaille d'argent du CNRS pour ses travaux sur l'incertitude et l'irréversibilité. Coéditeur pendant vingt ans du *Journal of Public Economics*, il est membre du Conseil d'analyse économique et président du Conseil scientifique de l'Institut du développement durable et des relations internationales.

Patrick Lagadec, directeur de recherche à l'École polytechnique, est l'initiateur du concept de « risque technologique majeur » (1979). Spécialiste de la prévention et de la conduite des crises, il est membre fondateur de l'European Crisis Management Academy (ECMA). Il a été le lauréat 1999 du prix du Forum Engelberg (Suisse). Son dernier ouvrage, publié avec Xavier Guilhou, est *La fin du risque zéro* (Eyrolles, 2002).

Erwann Michel-Kerjan, docteur en économie, est spécialiste des mécanismes de couverture des risques catastrophiques. Depuis septembre 2002, il poursuit ses recherches au Center for Risk Management de la Wharton School (Philadelphie, États-Unis). Membre de l'American Risk and Insurance Association, il est également associé à l'Idep-Greqam (université Aix-Marseille II) et au groupe Gouvernance du Cirano de Montréal.

Les quatre auteurs travaillent au sein du Laboratoire d'économétrie, unité mixte de l'École polytechnique et du CNRS.

Introduction

Prendre des risques est manifestement le fait des entrepreneurs. C'est aussi le lot de tout un chacun dans sa vie personnelle. Toute société qui ne reconnaîtrait pas la légitimité de la prise de risques et ne la favoriserait pas jusqu'à un certain point serait condamnée au déclin. À cet égard, l'assurance joue un rôle essentiel : beaucoup de risques seraient trop lourds à porter par ceux qui les prennent et qui, sans elle, renonceraient.

Cependant, prendre des risques, ce n'est pas prendre n'importe quel risque. Une sélection en fonction de la nature et de l'intensité des risques, et évidemment en fonction des contreparties bénéfiques attendues, s'impose, dans l'intérêt même de celui qui prend des risques et dans l'intérêt de tous ceux qui peuvent être affectés par son action. En supposant qu'une personne (un dirigeant d'entreprise, un conducteur automobile) ait une vision claire de son intérêt — ce qui n'est pas toujours le cas —, il est rare qu'elle évalue correctement les risques qu'elle fait courir à d'autres, et qu'elle s'en soucie suffisamment. Il faut que la société les lui rappelle, et l'incite ou l'oblige à un niveau approprié de prudence, par des dispositions contractuelles telles que celles inscrites dans des contrats d'assurance, par la menace de sanctions judiciaires au titre de sa responsabilité civile ou pénale, par des taxes ou des subventions, par des codes de bonnes pratiques, par des interdits légaux, qui doivent venir encadrer une véritable culture de sécurité et de maîtrise raisonnée des risques. Ainsi la couverture offerte par un contrat d'assurance peut n'être que partielle, laissant à la charge de l'assuré une franchise suffisante pour l'inciter à la prudence, sans aller jusqu'à le dissuader de prendre quelque risque que ce soit. Il arrive cependant que la dissuasion soit nécessaire ; le refus d'assurer peut alors être à cet égard un instrument puissant, par exemple lorsque de grands assureurs et réassureurs internationaux annoncent qu'ils ne couvriront pas les xénogreffes[1], en raison des risques d'adaptation aux hommes de bacilles ou de virus jusqu'ici spécifiques à certaines espèces animales.

Même quand elle se fait précaution, la prudence ne supprime pas tous les risques, parce que beaucoup valent d'être courus, ou encore parce que certains sont inévitables, ou parce qu'il y en a qui sont inconnus au moment où la décision est prise. Qui plus est, la précaution n'est pas toujours à l'œuvre lorsqu'il le faudrait. Quand tel ou tel risque se réalise, le choc peut être si violent qu'il engendre une crise. Pour les laboratoires Johnson & Johnson, le choc est venu de la découverte, en 1982 dans la région de Chicago, d'un problème d'empoisonnement, par du cyanure, de quelques flacons de Tylenol, un de leurs produits vedettes; la crise a pris la forme d'une course contre la mort; l'entreprise a organisé un retrait général des flacons en circulation et a dû consentir un énorme effort de reconstruction des conditions de son activité. Pour le gouvernement britannique, dans l'affaire de la vache folle, le choc a été la reconnaissance, malheureusement trop tardive, de la vraisemblable transmission à l'homme de l'encéphalopathie spongiforme bovine (ESB, ou « maladie de la vache folle »); la crise, qui couvait depuis plusieurs années, a éclaté en 1996 dans des conditions d'autant plus difficiles qu'elle avait été davantage différée, et qu'ainsi la confiance de la population, qu'on avait voulu rassurer à l'excès, avait été trompée.

Pour faire face à des crises avec à-propos, sans en différer le traitement, il faut s'y être préparé spécifiquement car, pas plus que l'électricité ne se comporte dans des matériaux à très basse température comme elle le fait à température normale, pas davantage un épisode de crise ne se déroule comme une période normale de gestion d'une organisation. Cependant, de même qu'il y a des lois de la supraconductivité électrique des matériaux, il y a des régularités propres aux épisodes de crise; malgré toute l'incertitude qui les caractérise, on peut donc s'y préparer.

Ne pas s'en tenir à l'évidence du sens commun

Dans tout ce qui précède, nous avons utilisé sans trop y prendre garde les mots *risque, précaution* et *incertitude*. Chacun d'eux a un ou plusieurs sens communs. Ainsi le risque est-il à la fois un « danger éventuel plus ou moins prévisible[2] », mais aussi une condition de succès (« on n'a rien sans risque[2bis] »), et encore le support d'une spéculation (en achetant une action en bourse, on achète un risque). Quant à la précaution, c'est une « disposition prise pour éviter un mal ou en atténuer l'effet[2ter] », ou encore une « manière d'agir prudente, circonspecte[2[4]] ». À ces usages courants, nous allons devoir en ajouter un autre : pour le risque, c'est celui que révèle la distinction entre incertitude et risque ; pour la précaution, celui qui apparaît dans le *principe de précaution*.

La distinction entre *incertitude* et *risque* a été introduite pour la première fois de manière explicite en 1921, par l'Américain Frank Knight[3] et l'Anglais John Maynard Keynes[4], indépendamment l'un de l'autre. Les deux concepts renvoient à une situation dans laquelle le résultat d'une action dépend *ex ante*, aux yeux de celui qui s'y engage, de la réalisation incertaine d'événements possibles. Il s'agit de *risque* si l'incertitude relative à ces événements est définie par une distribution de probabilités objectives. On dit de probabilités qu'elles sont objectives si elles sont établies à partir d'une information statistique, que donnent par exemple en médecine des enquêtes épidémiologiques, ou en physique l'observation de collisions dans un grand accélérateur de particules. D'une formule lapidaire, on peut dire que le risque, c'est l'incertitude objectivement probabilisée ; on parle alors aussi de *risque avéré*, par opposition à *risque potentiel* ou *incertitude* intrinsèque, qui ne peut pas être cerné par une distribution de probabilités objectives.

Les risques avérés sont ceux que l'assurance traite le plus aisément ; ce sont ceux aussi qui permettent les prédictions scientifiques les mieux établies. Cependant, de même qu'on peut assurer certains risques potentiels en dépit de l'absence de probabilités objectives, de même peut-on adopter une démarche rigoureuse à partir de données incertaines concernant des risques potentiels. Les perspectives de changement climatique en fournissent une bonne illustration. Elles comprennent une hausse des températures, de 1990 à 2100, située entre 1,4° C et 5,8° C, des cycles hydrologiques plus prononcés et plus chaotiques, et l'affaiblissement possible de la circulation thermohaline, par exemple du Gulf Stream entre le golfe du Mexique et l'Europe. Ces effets, et quelques autres, ont été estimés par le Groupe d'experts intergouvernemental sur l'évolution du climat (GIEC) à partir de six scénarios d'émission des gaz à effet de serre, introduits dans plusieurs modèles climatiques. Ces estimations ne sont pas de même nature que des résultats d'observations épidémiologiques ou d'expériences de laboratoire ; en particulier, il n'y a aucune manière objective d'attacher une distribution de probabilités à la fourchette d'augmentation de température entre 1,4° C et 5,8° C. Elles n'en sont pas moins scientifiques, en ce qu'elles sont le produit de démarches soigneusement documentées, logiques et rigoureuses, dont la composition et les méthodes de travail du GIEC sont garantes[5]. Il s'agit bien de science ; mais cette science est en partie incertaine, et ceci en un sens précis, qui n'est synonyme ni de flou ni de médiocrité. Le principe de précaution recommande de ne pas ignorer cette science-là.

Le principe de précaution pour les risques potentiels

Le principe de précaution demande, dans la perspective d'une action, de tenir compte des risques potentiels. Pour une part, ces risques potentiels peuvent être cernés par de nouveaux outils : les mathématiciens sont capables aujourd'hui d'en proposer des représentations aussi rigoureuses que celles des risques avérés[6]. Pour une autre part, nous sommes en face de situations très difficiles à connaître, qui appellent d'autres approches, d'autres compétences, moins formelles mais tout aussi réfléchies. Quoi qu'il en soit, le principe de précaution recommande une action précoce de prévention, une action qui n'attende pas que le progrès des connaissances ait transformé un risque potentiel en risque avéré ; qui accepte même que cette transformation ne soit pas toujours possible, les avancées scientifiques révélant souvent autant d'incertitudes nouvelles qu'elles tranchent d'incertitudes existantes. Ainsi, en dépit de quasi-certitudes sur la réalité du changement climatique, le tableau est plus incertain quant à son ampleur ; mais sur cette ampleur, on en sait cependant assez pour recommander, en application du principe de précaution, des réductions très significatives des émissions de gaz à effet de serre.

Le 20 mars 1996, la commission britannique chargée des investigations sur l'éventuelle transmission à l'homme de l'ESB ne connaissait pas le rôle de ces protéines appelées prions dans la propagation de la maladie ; la commission n'avait même pas idée qu'une protéine puisse être un agent infectieux ; elle estimait néanmoins en savoir assez pour écrire au gouvernement que, « d'après les informations disponibles, et en l'absence de toute alternative crédible, l'explication la plus plausible à cet instant est que les cas [de la variante nouvelle de la maladie de Creutzfeldt-Jakob] sont liés à une exposition à l'ESB[7] ».

Tous les énoncés du principe de précaution incorporent cette idée fondamentale : ne pas attendre pour agir que les risques soient avérés, car, comme l'écrit dès 1976 un juge de la juridiction d'appel de Washington, à propos d'un différend opposant l'Environmental Protection Agency à une entreprise chimique : « les textes — et le bon sens — demandent des mesures de régulation pour prévenir un dommage, même si le régulateur est moins que certain que, faute de ces mesures, le dommage est inévitable ; attendre la certitude ne permettra souvent que de réagir, non de prévenir[8] ». Quand le juge évoque un dommage « certain », il a en tête un dommage dont la réalisation suit une distribution de probabilités objectives, tant il est vrai qu'un événement qui a la probabilité 0,01 (par exemple) de se produire se produit certainement une fois sur cent, dans une suite suffisamment longue de répétitions. Tous les énoncés du principe de précaution acceptent donc une science incertaine — qui, nous l'avons vu, n'a rien à voir avec des prophéties fantaisistes — comme base justifiant l'action. Cela s'accompagne souvent d'un appel à de nouvelles investigations pour améliorer la connaissance qu'on a sur les phénomènes en cause. Pour le reste, il y a des différences d'un énoncé à l'autre. Certains insistent sur la nécessaire proportionnalité entre cette action et les différents attributs du risque potentiel, par exemple la gravité des dommages anticipés ou la plausibilité des hypothèses de risque ; ce rappel à un comportement raisonnable dans un univers de ressources rares est précieux au regard des tentatives pour tirer le principe de précaution du côté d'une approche catastrophiste qui conduirait à l'abstention pure et simple devant toute prise de risque[9]. D'autres insistent pour que les dommages envisagés soient sérieux et/ou irréversibles ; il est clair que plus un dommage est sérieux et/ou irréversible, plus il mérite qu'on le prenne en compte à la lumière du principe de précaution ; l'irréversibilité a un poids particulier, car elle ferme la voie à la réparation, condamnant à la perte pure et simple.

Assurer et alerter

L'assurance encourage à affronter le risque, elle aide à réparer les dommages et à surmonter les crises, elle dissuade — si elle est bien conçue — de prendre des risques inconsidérés.

L'assurance est rompue à rassembler des risques avérés, suffisamment nombreux et suffisamment indépendants les uns des autres pour que leur résultante globale soit à peu près certaine, et puisse donc être couverte par les primes perçues par l'assureur sans danger de faillite pour celui-ci. Mais l'assurance couvre aussi des risques potentiels — certains d'entre eux tout au moins — dont la singularité et la taille pourraient mettre l'assureur en péril. L'explosion de l'usine AZF à Toulouse le 21 septembre 2001, ou le passage de l'ouragan Andrew sur la Floride en 1992 — le sinistre le plus coûteux pour l'assurance avant les attentats du 11 septembre 2001 — en sont des exemples ; qu'Andrew soit d'origine naturelle ne change pas fondamentalement la nature du problème, car c'est la concentration d'habitations et d'activités économiques sur la côte de Floride qui l'a rendu si coûteux. Pour pouvoir faire face, l'assurance redistribue les cartes, c'est-à-dire les contrats. Les risques attachés à un événement à craindre — par exemple un ouragan en Floride — sont non seulement partagés entre de nombreux assureurs, mais ceux-ci peuvent en outre en transférer une partie à des réassureurs, dont le champ d'activité est mondial, et même à des investisseurs sur les marchés financiers, moyennant un taux d'intérêt suffisamment élevé pour compenser ceux-ci des risques qu'ils acceptent de prendre. Ainsi un risque massif est en quelque sorte découpé en tranches de taille raisonnable, et ces tranches, une fois dispersées, viennent se mélanger à d'autres risques essentiellement indépendants d'elles dans les portefeuilles de réassureurs ou d'investisseurs.

L'assurance peut donc prendre en charge des risques dont, sinon, la réalisation serait synonyme de crise majeure pour les victimes. Mais il y a des limites : des limites de taille et des limites d'incertitude. Affronter les conséquences d'un tremblement de terre majeur à Tokyo ou d'un deuxième 11 septembre pourrait bien dépasser les moyens de l'industrie de l'assurance et de la réassurance dans son ensemble ; d'ailleurs elle refuse d'y consentir. L'incertitude attachée à certains développements du génie génétique est si radicale qu'elle ne veut pas davantage en envisager la couverture. Que faire alors ? Les réponses ne sont pas uniformes.

Sur les menaces d'attentats terroristes, les victimes potentielles ne peuvent pas grand-chose ; en particulier, ce n'est pas en refusant de les assurer qu'on les diminue. Comme, en outre, il s'agit d'ordre public et de solidarité, il paraît normal que les États interviennent ; c'est ce qui a été mis en place en France, tant pour les victimes que pour les dommages matériels, ces derniers étant couverts par les assurances en deçà d'une limite globale, au-delà de laquelle l'État s'est dit prêt à prendre le relais. À première vue, un tremblement de terre, un ouragan, une inondation de grande ampleur ne sont pas moins inévitables qu'un attentat terroriste. Cependant ceux qui en sont menacés peuvent plus facilement s'y préparer, en particulier en s'abstenant de s'installer dans les zones les plus menacées, ou en configurant leurs installations de façon à ce qu'elles soient moins vulnérables. L'intervention de l'État est ici aussi opportune, à condition qu'elle intègre la dimension de la prévention ; ceci est rarement le cas, et ses effets sont alors dangereusement pervers.

Quant aux développements du génie génétique, certains d'entre eux sont si chargés d'incertitude, leurs conséquences pourraient être si lourdes et si irréversibles, qu'il ne faut sans doute pas chercher à corriger l'abstention de l'assurance. Elle est d'abord un signal d'alarme qui appelle à la précaution : il convient de ne pas s'engager dans ces voies avant d'en savoir davantage, sauf à courir le risque de crises à côté desquelles celle de la vache folle paraîtrait mineure. Une précaution analogue s'impose à propos des nanotechnologies.

La gouvernance des nouveaux risques

Si les questions de risque, de précaution et de gestion de crise sont devenues centrales ces dernières années, on le doit assurément à de grands événements venus questionner violemment la course au progrès que les sociétés occidentales tenaient volontiers pour assurée. Durant les Trente Glorieuses, la foi dans le progrès était à son zénith ; depuis vingt ans, nous sommes de plus en plus sensibles aux « dégâts du progrès », et à l'effritement de la maîtrise collective de leurs effets. Le leitmotiv des années 70 : « Tout est sous contrôle » a laissé place à un autre : « Le risque zéro n'existe pas. » Du côté de la société civile, en raison de multiples démonstrations d'imprévoyance, de décalages entre un discours assuré et une réalité bien plus incertaine, d'opacité sur les processus de décision et sur l'action effectivement menée, parfois de franche irresponsabilité lors d'épisodes à haut risque, un réel désenchantement s'est produit dans les esprits. Il combine aujourd'hui défiance et désarroi, au point de poser de redoutables problèmes pour la gouvernance des entreprises et des États.

Pour les démocraties, l'enjeu est d'éviter un découplage entre responsables et société civile.

En effet, le moindre accident, le moindre soupçon, fondé ou non, peuvent créer de très sévères turbulences pour peu que des circonstances favorables à l'emballement de la machine soient réunies. Il ne s'agit plus seulement de gérer des accidents mais de saisir la crise potentielle qu'ils peuvent contenir ; plus seulement de gérer des crises ponctuelles, mais de saisir les ruptures potentielles qu'elles peuvent provoquer. Avec le principe de précaution, le problème n'est pas seulement de mettre sur pied une prévention précoce mais raisonnée des risques potentiels, il est de le faire dans des conditions qui permettent de restaurer en profondeur la confiance des citoyens dans la gestion publique des risques collectifs et dans la manière dont les autorités publiques et les entreprises exercent leurs responsabilités ; cela ne va pas sans renouveler les formes de la participation démocratique.

La gouvernance des nouveaux risques a trois piliers : la précaution ; la prévention et la gestion des crises ; l'assurance des risques potentiels de grande taille. La métaphore des piliers ne doit cependant pas occulter les interactions fortes qui existent entre les systèmes d'action dérivés de ces trois concepts. Les développements propres à chacun d'eux infléchissent la manière de concevoir la contribution des autres. Ainsi, la précaution aura un contenu différent s'il lui incombe « seulement » de prévenir la réalisation de risques potentiels ou si elle doit viser également la prévention de crises à caractère sociopolitique. Il en va de même de ses relations avec l'assurance. D'un côté, meilleure sera la prise en charge des risques potentiels par un dispositif d'assurance, moins les inégalités de distribution des risques auront à peser sur le contenu des actions préventives ; ces dernières devraient pouvoir être choisies de façon plus sereine, autorisant la recherche d'un équilibre satisfaisant entre l'esprit d'innovation et la prudence. De l'autre côté, plus l'assurance sera sélective à bon escient, moins seront pris des risques inconsidérés.

Ce n'est cependant pas chose facile d'agencer sans contradictions une gouvernance d'ensemble prenant appui sur ces trois piliers. Des logiques de raisonnement différentes se déploient selon qu'on aborde le risque par le biais de la précaution, de la gestion de crise ou de l'assurance. Ainsi l'assurance s'est construite sur l'idée que le dommage était réparable et qu'il pouvait être compensé, entretenant une idée parfois illusoire de réversibilité qui a souvent été comprise comme une incitation à prendre un risque jugé acceptable seulement parce qu'il était assuré, plutôt qu'à le prévenir. De même, l'art de la gestion de crise recommande une vigilance de tous les instants et une grande réactivité à ces événements bizarres qui peuvent donner lieu à des processus soudains de montée aux extrêmes à partir d'amorces insignifiantes en apparence. La démarche de précaution insiste au contraire sur le fait qu'il n'est tout simplement ni possible ni souhaitable de considérer toutes les hypothèses de risque, même les moins plausibles, comme si elles étaient avérées et devaient faire l'objet de la prévention la plus extrême : la précaution, comme on le verra, doit pondérer la gravité possible d'un risque potentiel par sa plausibilité scientifique. Enfin, les mesures de prévention des crises que prennent certaines entreprises afin de préserver leur image et leurs marchés peuvent ne pas répondre à l'intérêt public, en créant des effets pervers pour la gestion collective des risques ou en transférant des coûts sur d'autres agents.

Ces tensions n'ont pas à être voilées. Elles sont constitutives de la gouvernance à mettre en place. Précisément, ce n'est qu'en analysant la structure interne de ces trois piliers, en comprenant leurs univers propres, leurs degrés d'accomplissement et leurs outils spécifiques, mais aussi les divergences qui les opposent et l'appui mutuel qu'ils peuvent s'apporter, que l'on pourra espérer atteindre en pratique une gouvernance satisfaisante des nouveaux risques.

C'est dans cet esprit que l'ouvrage est organisé autour de trois points d'entrée : la précaution, les crises, l'assurance. Les quatre auteurs partagent les analyses et les orientations qui y sont présentées. En fonction de leurs compétences, ils se sont néanmoins réparti la rédaction de la façon suivante : Olivier Godard les chapitres I, II et III autour de la précaution ; Patrick Lagadec, les chapitres IV et V consacrés à la crise ; Claude Henry et Erwann Michel-Kerjan, les chapitres VI et VII sur l'assurance des risques de grande échelle, ainsi que l'annexe mathématique*.

* L'essentiel des travaux et recherches dans le domaine des nouveaux risques se trouve dans des articles de revues savantes, plutôt que dans des ouvrages. Il nous a donc paru plus pertinent de procéder à des renvois bibliographiques dans les notes, selon le contexte argumentatif de notre propos, plutôt que de donner tels quels articles et ouvrages dans une bibliographie générale.

PREMIÈRE PARTIE

PRÉCAUTION

CHAPITRE I

Généalogie d'une société du risque et de la précaution

LE TERREAU HISTORIQUE DES NOUVEAUX RISQUES

Pour certains observateurs, nos sociétés sont entrées dans une civilisation du risque[1]: l'échelle grandiose de la technologie moderne a pour pendant celle des catastrophes industrielles, mettant en jeu la nature même de la démocratie. Pour d'autres, nos sociétés sont devenues des sociétés du risque[2]. Non pour dire qu'elles soient moins sûres que d'autres ou moins sûres qu'elles ne l'étaient auparavant, mais pour dire que les conflits collectifs et le débat public se cristallisent d'une façon nouvelle autour de la question des risques, qu'il s'agisse de dénoncer leur répartition, de mettre en cause les conditions dans lesquelles ils sont pris, ou de régler leur prévention. D'un côté comme de l'autre, on s'accorde sur ce point: il y a une nouvelle donne et nos sociétés sont mal organisées pour y faire face.

Cette nouvelle donne s'est accompagnée d'un basculement dans l'idée que nos contemporains se font de la science et de la technique. Le postulat du progrès, selon lequel l'acquisition de nouvelles connaissances scientifiques et techniques engendre le progrès économique et social, qui profite à tous par diffusion et percolation, est très largement mis en doute. Il n'est pas de percées scientifiques et d'innovations qui ne suscitent la réserve, la crainte, voire la controverse. Certes, toute espérance dans les bienfaits du progrès technique n'a pas disparu. De grands espoirs sont placés dans la recherche médicale et ses capacités de renouvellement de la pharmacopée. L'informatique et les téléphones cellulaires sont plébiscités. Mais cette attitude ne vise plus l'ensemble des sciences et des techniques. La foi dans le progrès scientifique et technique ne forme plus le socle commun sur lequel se rejoindraient l'essentiel des forces sociales, au-delà des clivages politiques et sociaux traditionnels. Certaines composantes du public reprochent à la technologie moderne d'avoir partie liée avec le productivisme, la mondialisation marchande et la domination sociale exercée par les États capitalistes et les entreprises multinationales. Sur ce fond, le combat anti-OGM est allé jusqu'à s'en prendre directement et violemment aux pratiques de recherche de grands établissements scientifiques, prenant le relais, un ton en dessous, des commandos anti-vivisection et des *eco-warriors* anglais. Au-delà de ces attitudes qui demeurent minoritaires, l'indifférence et la défiance vis-à-vis de la science et de la technique ne sont pas rares.

Parallèlement, les études statistiques ont révélé les progrès considérables de la sécurité et de la santé réalisés dans les pays industriels occidentaux durant le XXe siècle. C'est le résultat de l'amélioration de l'hygiène quotidienne, des progrès médicaux, du développement des États-providence et des systèmes d'assurance, mais aussi des progrès considérables réalisés par la technique industrielle. Les produits mis sur le marché répondent désormais à des normes de sécurité très strictes. Ces progrès ont enraciné l'idée que le rôle premier de l'État était de maîtriser, c'est-à-dire d'abord de neutraliser, les risques qui peuvent affecter la vie de chacun et, à défaut, de pourvoir à la réparation des dommages occasionnés. Les citoyens sont devenus davantage des consommateurs, voire des clients exigeants de la chose publique. Toute réalisation d'un dommage accidentel ou catastrophique éveille instantanément le soupçon, puis la dénonciation. Même les aléas naturels classiques comme les inondations nourrissent désormais la suspicion, les rumeurs et la colère contre les autorités jugées d'emblée coupables de ne pas avoir empêché cela en temps utile.

Plus la société est sûre, plus les poches résiduelles et les résurgences d'insécurité, plus les atteintes accidentelles à la vie ou à la santé sont considérées comme scandaleuses. On recherche au fin fond des administrations et des entreprises, afin de les châtier, les criminels qui s'ignorent. La société paraît être envahie par une exigence de sécurité absolue face aux risques collectifs en même temps que par une demande de punition ayant le goût de la revanche des gens ordinaires sur des responsables qui, il faut bien le dire, avaient tout fait, dans l'ensemble, pour rester hors de leur atteinte et ne pas avoir à rendre de comptes.

L'histoire serait tronquée si nous nous en tenions là. Certains types de risques ont bien été maîtrisés, en particulier dans le domaine de l'alimentation, paradoxalement le plus attaqué. Cependant l'époque bruisse aussi de nouveaux risques mal connus, qui mettent à mal le paradigme de la maîtrise. Certains prennent le visage du risque technologique majeur, d'autres du risque environnemental planétaire, d'autres encore du risque social et du risque pour la démocratie. Il nous faut donc revenir sur la généalogie de la construction des risques en repérant les jalons d'une double histoire : celle d'une évolution de la manière de poser la question du risque dans les institutions et celle des travaux académiques inscrits dans le cadre général de la théorie de la décision.

LES TROIS ÂGES DU RISQUE

Dans son histoire de l'État-providence en France, François Ewald[3] a proposé de distinguer trois âges dans la manière de définir des rapports sociaux autour de la question du risque. Sans prétendre aucunement retracer un historique de la prévention des risques, mais seulement donner des repères conceptuels, reprenons cette distinction à notre propre compte.

La prévoyance

Le libéralisme du XIXe siècle a inventé le concept moderne de responsabilité individuelle. Dans ce système, les événements qui affectent chaque personne lui sont personnellement imputables sauf s'ils résultent directement de la faute d'autrui. Il faut alors une causalité certaine et immédiate pour engager la responsabilité d'autrui. À cette idée de la responsabilité individuelle fait écho la vertu de prévoyance : chaque personne doit se soucier de ce qui peut lui advenir et prendre les dispositions nécessaires pour pouvoir tirer son épingle du jeu face aux imprévus et aux accidents de la vie. La responsabilité est déclarée mère de la prudence. Les institutions doivent encourager la mère et la fille pour le bien de la société. Il est donc attendu de la responsabilité qu'elle discipline les comportements de chacun. Le défaut de prévoyance expose son auteur à la réalisation du dommage dont il supporte seul les conséquences. Le dommage est la sanction de sa faute.

Il arrive cependant que les aléas de la vie débordent la capacité de maîtrise individuelle, quand bien même la personne concernée aurait fait preuve de la plus grande prudence. Il peut s'agir de risques domestiques (incendie, inondation), de risques pour la santé (la maladie) ou de risques du travail. Par anticipation de tels événements, les individus peuvent regrouper leurs efforts de prévoyance au sein d'organisations mutuelles. Cette évolution vers l'assurance ne s'est pas faite sans résistances : n'allait-elle pas ruiner la discipline attendue de la responsabilité ? En fait, en jetant les bases d'une réponse collective face aux risques, les régimes d'assurance ont préparé l'émergence d'un nouveau principe pour le traitement des risques, la solidarité, et son corrélat, la prévention.

La prévention

La loi du 9 avril 1898 sur les accidents du travail marque le tournant d'une transition vers une autre conception du risque. Ce sont le principe de solidarité de la société envers les victimes d'aléas et la naissance de l'État-providence qui caractérisent ce nouvel âge. À l'échelle individuelle, la réalisation des aléas, en particulier dans le domaine du travail, n'est plus perçue comme le résultat d'une faute sanctionnée par le droit. Elle apparaît comme l'expression fatale d'une nécessité émanant de la technologie et de l'organisation d'une société industrielle, la contrepartie négative mais inséparable d'activités utiles, voire indispensables à la collectivité. Les accidents se réinscrivent dans les régularités statistiques d'un ordre quotidien de la production et de la consommation : il existe des activités à risques qui s'accompagnent de leur lot d'accidents et de victimes. Bénéficiant de ces activités, la collectivité doit exercer sa solidarité avec ces victimes, qui sont les rouages de systèmes techniques et d'organisations qui leur échappent. La contrepartie de l'acceptation du risque industriel est de soulager les victimes par l'indemnisation qui leur est apportée. Ainsi est née la responsabilité pour risque, en se dégageant de la faute.

Puisque le risque est désormais imputable à l'activité en tant que telle, il appartient à son responsable de supporter le poids de l'indemnisation des dommages. C'est sur cette base que s'est développée une socialisation plus large du risque, avec la création des différents régimes d'assurance maladie, vieillesse, accidents du travail, dont les employeurs assurent une partie du financement, ou responsabilité civile. Ce faisant, le point d'application de la prise en charge du risque se déplaçait de l'individu vers la collectivité. Cela même a rendu possible l'acquisition d'une nouvelle maîtrise des risques, désormais recherchée à un niveau collectif et non plus individuel. Le complément de la solidarité est la prévention des risques appréhendés collectivement.

La prévention requiert des dépenses et des investissements publics — qu'on songe à la prévention routière. Elle se manifeste également sous la forme d'incitations et d'obligations adressées aux personnes privées. Il s'agit en effet de faire prévaloir l'intérêt collectif dans la maîtrise de risques qui concernent la collectivité tout entière du fait de l'étendue ou du mode d'exposition aux risques de la population, ou encore des montants financiers en jeu. La discipline sociale auparavant attendue de la responsabilité personnelle est ici recherchée par un ensemble d'instruments publics : des procédures d'autorisation administrative, des réglementations déposées dans des codes, l'évolution des règles de l'art propres aux différents métiers, des incitations économiques comme des taxes ou des permis négociables[4].

Cette prévention s'appuie sur la connaissance scientifique des systèmes techniques et sur la statistique. Elle s'adresse aux risques avérés dont la nature est connue au moyen d'une caractérisation scientifique généralement acceptée. La réalisation de ces risques est certes aléatoire, mais elle peut être connue dans son ensemble au moyen de lois de probabilités qui offrent une prise à l'action publique rationnelle. En résumé, le caractère avéré du risque et l'adossement confiant à la connaissance scientifique identifient la prévention.

La précaution

La précaution témoigne d'une nouvelle attitude envers le risque mais n'introduit pas de bouleversements conceptuels dans l'équilibre entre responsabilité et solidarité. La gravité, voire l'irréversibilité, des pertes et dommages craints justifie l'engagement précoce d'une action de prévention, alors même que les risques envisagés ne sont encore que potentiels, hypothétiques. Les mesures prises au titre de la précaution peuvent être choisies dans tout l'éventail des actions publiques de prévention : de l'organisation d'une veille scientifique à l'interdiction pure et simple, qui n'est pas la seule action de précaution envisageable. Les différences avec la prévention se manifestent alors sur plusieurs points :

- *le calendrier* de la prise en compte du risque, avec l'exigence de se saisir de façon précoce des risques potentiels pour lesquels les connaissances scientifiques disponibles sont insuffisantes pour asseoir une prévention classique ;
- *le mode de justification des actions à engager* ; la précaution ne rompt pas avec la science, mais elle n'en fait pas son fondement exclusif ; elle s'appuie également sur le pilier de la consultation des citoyens et de la délibération

collective, au côté de l'évaluation par les experts, lorsqu'il s'agit de déterminer les risques à refuser et ceux qu'il convient de prendre ; le lien établi à l'âge précédent entre assurabilité et acceptabilité du risque soulève en creux la question de l'acceptabilité des risques dans des contextes qui échappent largement à l'assurance ou dans lesquels l'idée de réparation apparaît hors de propos ;

• *la manière d'imbriquer le développement des connaissances et les mesures de précaution* sur un mode interactif continu ; d'un côté, les mesures sont ajustées périodiquement aux nouvelles connaissances, de l'autre il convient de s'organiser pour retirer des informations et des enseignements à la fois des activités à risque qui ont été autorisées et des mesures de précaution elles-mêmes.

Sans que l'histoire sociale du risque se confonde avec celle de sa construction scientifique, elle n'en est pas non plus séparée. Les apports successifs de la théorie de la décision ont contribué à renouveler la problématique du risque dans la société.

LES RISQUES DANS LA THÉORIE DE LA DÉCISION

Risque et incertitude

Depuis Frank Knight et John Maynard Keynes en 1921, la théorie de la décision a d'abord pris en compte la distinction entre ce qu'il est alors convenu d'appeler le *risque* et l'*incertitude*, cela a été rappelé dans l'introduction. Dans ce cadre-là, le risque ne désigne donc pas un danger éventuel, sens que prend le mot risque dans le débat général sur la précaution. Le *danger éventuel* recouvre en effet à la fois le *risque* et l'*incertitude*, au sens de Knight et Keynes, et privilégie l'idée de dommages. Il a donc une connotation négative qu'on ne retrouve pas en théorie de la décision, qui associe également au mot risque des chances de gain. La caractérisation neutre du *risque* en théorie de la décision présente deux conditions : une action donnée peut avoir plusieurs résultats possibles dûment identifiés *ex ante* d'une façon complète ; l'obtention de chaque résultat est caractérisée par une probabilité telle que la somme des probabilités est égale à l'unité. Les probabilités en question sont des probabilités objectives, obtenues par la statistique appliquée à partir d'une modélisation d'une situation (les exemples de tirages de boule ou de jeux de dés) ou du recueil d'observations normalisées (les accidents de la route, les relevés de précipitations pluviales, etc.).

L'*incertitude* désigne les situations qui échappent aux probabilités objectives. Elle recouvre dès lors deux situations : a) une incapacité à définir des probabilités objectives pour des résultats qui sont néanmoins identifiés de façon complète ; cela peut se produire lorsque les agents affrontent des situations nouvelles ou lorsque l'appartenance de certains événements à l'univers des possibles demeure hypothétique d'un point de vue scientifique — c'est l'idée de danger potentiel ; b) une incapacité à déterminer une liste complète de résultats possibles de l'action. Le cas (b) incorpore l'idée qu'il existe une part d'inconnu et d'ignorance dans la situation ; l'incertitude comprend la possibilité de surprises.

La distinction entre *risque* et *incertitude* a suscité deux types de travaux. Les premiers présupposent l'identification complète des états possibles du monde et la disponibilité d'une distribution de probabilité les concernant, ainsi que la prévision exacte des conséquences de chaque action envisagée pour chaque état possible. Les seconds ont exploré ce que pourraient être des critères de décision en l'absence de probabilités. Dans les deux cas les conséquences des actions sont saisies dans leurs différents aspects positifs et négatifs, en vue d'établir un bilan net. La fonction d'utilité du décideur intègre toutes les considérations qu'il juge pertinentes pour le choix. Même si une pondération différente est accordée aux avantages et aux coûts, le modèle général ne suppose pas que les agents ne considèrent que les pertes et les coûts. L'observation empirique a révélé qu'au moment de faire la pesée des coûts et des avantages les agents manifestent souvent une certaine aversion au risque et à l'incertitude qui peuvent affecter leurs projets ou leur bien-être[5].

En univers probabilisable

La théorie axiomatique des loteries de John von Neumann et Oscar Morgenstern[6] a établi la validité d'un critère de décision rationnelle devenu fameux, celui de la maximisation de l'espérance d'utilité des actions en fonction des états aléatoires possibles. Pour l'appliquer, on associe à chaque action la valeur de ses résultats nets obtenus en fonction des états du monde et pondérés par la probabilité de réalisation de chacun d'eux. On choisit l'action qui procure en moyenne le plus haut niveau d'avantage net. Ce résultat a été obtenu à partir d'un ensemble d'axiomes jugés alors de bon sens : axiomes de complétude, de transitivité, de continuité et d'indépendance (voir l'encadré 1).

1. DÉFINITION ET QUELQUES PROPRIÉTÉS DES LOTERIES

Une loterie L_i est définie comme une action à laquelle sont associés différents résultats possibles $\{x_j\}$, qui dépendent des états possibles du monde j, avec une distribution de probabilités déterminée $\{p_j\}$, soit L_i: $\{x_j, p_j\}$. Avant que le « tirage » n'ait lieu, il s'agit pour le décideur de choisir la loterie, c'est-à-dire l'action, qui offre l'utilité la plus élevée. Une loterie composée est une loterie dont les résultats sont des loteries. Ainsi de L_k :

$L_k: \{L_1, a; L_2, (1-a)\}$, a et (1 – a) étant des probabilités.

L'axiome de complétude postule un ordre de préférence complet sur les loteries (pour toute comparaison de deux loteries quelconques, le décideur peut déterminer sa préférence sur le mode $\geq$). La transitivité postule que si $L_1 \geq L_2$ et $L_2 \geq L_3$, alors $L_1 \geq L_3$. Selon l'axiome de continuité, si $L_a \leq L_b \leq L_c$, il existe un scalaire $\delta \leq 1$, tel que : $L_b \sim \delta L_a + (1 - \delta)L_c$, le signe ~ désignant un état d'indifférence. L'axiome d'indépendance suppose que si l'on préfère la loterie L_1 à la loterie L_2, on préférera la loterie composée $L^c{}_1: \{aL_1 + (1 - a)L_3\}$ à la loterie composée $L^c{}_2$: $\{aL_2 + (1 - a)L_3\}$, pour tout $a \leq 1$, L_3 étant une troisième loterie quelconque.

L'axiome de continuité fait écho à un axiome de réduction des loteries composées qui postule une invariance à l'ordre dans lequel on procède au tirage. On a en effet avec cet axiome :

$L_k: \{L_1, a; L_2, (1-a)\} = \{x_j, ap_j^1 + (1-a)\, p_j^2\}$, p_j^1 et p_j^2 étant les distributions de probabilités respectives de L_1 et L_2.

La probabilité composée est indépendante de l'ordre de réalisation des actions.

Ces axiomes appellent notamment deux commentaires. D'abord l'invariance des résultats et des préférences à l'ordre dans lequel les choix sont réalisés, résultant de l'axiome de continuité, ne tient plus dans une approche séquentielle où le temps écoulé entre les opérations s'accompagne d'une modification de l'information : l'agencement entre la séquence des choix et le calendrier de résolution des différentes incertitudes a un effet décisif sur la détermination de la meilleure action. Ensuite, l'axiome d'indépendance a notamment pour conséquence d'imposer une hypothèse d'indépendance du choix par rapport au contexte (aucun élément extérieur aux données explicites du problème ne doit modifier la relation de préférence entre les loteries) et par rapport à des modifications identiques apportées aux loteries considérées (par combinaison de ces loteries avec une tierce loterie). Il débouche également sur une exigence de cohérence intertemporelle des choix, dès lors qu'aucune modification de l'information n'interviendrait.

À titre d'exemple, considérons une espèce cultivée qui, après transfert de gènes opéré par génie génétique, devient un OGM capable de synthétiser une substance insecticide. La solution alternative de protection des cultures consiste à épandre un produit pesticide chimique classique qui vise la même cible. Les résultats des deux techniques sont aléatoires. Nous avons donc affaire à deux loteries. Supposons dans un premier temps que, dans les conditions d'usage envisagées, aucune de ces deux techniques ne provoque de phénomènes de résistance chez les insectes nuisibles aux cultures. Admettons que l'une de ces deux techniques soit préférée à l'autre d'un point de vue environnemental, peu importe laquelle ici. Selon l'axiome d'indépendance, le fait de les combiner l'une et l'autre avec une loterie incluant parmi les états à probabilité non nulle l'apparition de phénomènes de résistance chez les insectes ne doit pas modifier le choix précédent. Par exemple, si l'OGM engendre un risque de résistance qui n'est ni supérieur ni inférieur à celui du pesticide classique, tout en présentant un avantage environnemental, le problème de la formation de résistances dans les populations d'insectes devient une variable non pertinente du choix. Cet effet ne peut alors certainement pas disqualifier le choix de l'OGM.

Nous avons évoqué l'idée d'aversion au risque. Elle s'entend comme suit. Le résultat d'une action risquée peut être décomposé en un élément certain et un autre qui est aléatoire. Le risque pur se présente lorsque la composante aléatoire du résultat est telle que la valeur moyenne qu'elle peut prendre est zéro : compte tenu de la distribution des probabilités, chances d'avantages et risques de dommages ou de pertes s'équilibrent. Si un agent trouve équivalente l'action comprenant cet aléa et une autre action qui aurait un résultat certain égal à la composante certaine de la précédente, il sera dit neutre envers le risque.

Il manifestera une aversion au risque s'il juge l'utilité de l'action risquée inférieure à l'utilité de l'action donnant un résultat certain. L'écart entre les deux utilités est mesuré par la prime de risque maximale qu'il acceptera de payer pour échanger l'action risquée contre l'action certaine. De façon empirique, on considère généralement que ce qu'on appelle alors l'aversion absolue au risque est une fonction décroissante de la richesse des agents. Un agent est d'autant plus prêt à risquer une somme d'un montant déterminé (par exemple 1 000 euros) qu'il est riche. Les marchés de l'assurance sont liés au fait que la plupart des agents ne sont pas neutres envers le risque et que les niveaux d'aversion au risque ne sont pas les mêmes sur la population entière[7].

Deux paradoxes : Allais et Ellsberg

Le critère de la maximisation de l'espérance d'utilité a été soumis à la critique dès les années 50. Il avait en effet été pris en défaut lorsqu'il s'agissait de décrire les comportements réels d'agents dans certaines configurations d'expériences. Même des théoriciens de la décision faisaient des choix non conformes. Ainsi Maurice Allais[8] a montré en 1953 la récurrence du non-respect de l'axiome d'indépendance quand se trouve en jeu la comparaison de loteries comportant des résultats aux valeurs élevées (grands gains, grandes pertes) et aux faibles probabilités avec des loteries aux valeurs plus centrales : les choix observés sont incohérents au sens où ils ne peuvent pas être représentés par une même fonction d'utilité.

Le paradoxe mis en évidence par Daniel Ellsberg[9] en 1961 témoigne d'incohérences analogues lorsque les agents ont à choisir entre des loteries à probabilités connues et des loteries à probabilités non spécifiées (voir l'encadré 2). Ce constat a débouché sur la notion d'aversion à l'ambiguïté. Dans les expériences faites, la plupart des agents préfèrent de façon stricte les loteries dont les gains sont calculables avec des probabilités connues à celles impliquant des gains aux probabilités non spécifiées, lorsque les gains en jeu sont identiques.

2. LE PARADOXE D'ELLSBERG

L'expérience est la suivante. Soit un tirage d'une boule parmi 90 dont on sait que 30 sont rouges et 60 sont blanches ou noires dans une proportion indéterminée. Différentes loteries associent des gains différents à l'apparition d'une boule d'une couleur donnée.

- L_1 rapporte 100 si une boule rouge est tirée, rien sinon {100,0,0} ;
- L_2 rapporte 100 si une boule blanche est tirée, rien sinon {0,100,0} ;
- L_3 rapporte 100 si une boule rouge est tirée, et encore 100 si une boule noire est tirée, rien si une boule blanche est tirée {100,0,100} ;
- L_4 rapporte 100 si une boule blanche est tirée, et encore 100 si une boule noire est tirée, rien si une boule rouge est tirée {0,100,100}.

Dans ces conditions, les expériences menées montrent que L_1 est majoritairement préférée à L_2, et que L_4 est majoritairement préférée à L_3. Or, aux événements significatifs pour L_1 et L_4, à savoir respectivement « une boule rouge sort » et « une boule blanche ou noire sort», sont attachées des probabilités objectives 1/3 et 2/3. En revanche les événements «une boule blanche sort» et «une boule rouge ou noire sort» sont ambigus: les agents ne savent pas quelle probabilité leur assigner car ils ne connaissent pas les proportions à l'intérieur de l'ensemble des boules blanches et noires. Pour la majorité des agents, les probabilités de ces événements ambigus n'existent pas. Si elles existaient, on déduirait en effet des choix de ces agents que:

$$P(R) > P(B) \quad \text{et} \quad P(R) + P(N) < P(B) + P(N),$$

ce qui est manifestement impossible.

Différentes règles de comportement peuvent expliquer le classement majoritaire. L'une d'elles correspond au cas de sujets qui, éprouvant une aversion extrême envers l'ambiguïté, ne considèrent que le pire résultat possible lorsqu'ils ne disposent pas de probabilités objectives, tout en utilisant le critère de l'utilité espérée lorsqu'ils en disposent. On a ainsi:

$$U^p(L_1) = 30\,;\ U^p(L_2) = 0\,;\ U^p(L_3) = 30\,;\ U^p(L_4) = 60,$$

ce qui donne

$$U^p(L_1) > U^p(L_2) \text{ et } U^p(L_4) > U^p(L_3).$$

Cette notion d'aversion à l'ambiguïté a-t-elle une valeur normative, au point de lui donner une place dans la gestion publique des risques collectifs? La question est en débat. Les réponses données indirectement par la doctrine institutionnelle de la précaution ne sont pas unanimes sur ce point, nous le verrons. Quant à la pratique, elle n'est pas du tout homogène selon les domaines de risques. Nous montrerons plus loin que la forme la plus extrême que peut prendre l'aversion à l'ambiguïté, celle qui implique une focalisation sur le scénario du pire, n'est pas défendable comme norme générale de la gestion publique. Il nous faudra pour cela en passer par une discussion de la pertinence des raisonnements catastrophistes, que nous définirons par le fait qu'ils ne considèrent chaque action possible que sous l'angle de la conséquence catastrophique qu'elle peut éventuellement avoir ou qu'on cherche à lui imputer.

Donnons un exemple de tels raisonnements. Quel mode de transport les pouvoirs publics doivent-ils choisir de développer, entre la voiture ou le train, à supposer qu'ils ne disposent pas d'informations probabilistes sur la sécurité de ces deux modes ? Dans une perspective catastrophiste, ils ne devraient faire leurs choix que sur la base de l'occurrence la pire, à savoir la réalisation d'un accident grave. Selon ce critère, mieux vaudrait sans doute qu'ils choisissent la voiture, les accidents y étant individuellement moins graves, lorsqu'ils se réalisent, que les accidents de train, bien qu'intuitivement la sécurité générale soit bien mieux assurée par le train. Est-ce là la manière dont les pouvoirs publics doivent gérer la sécurité collective ?

Réversibilité des actions et valeur d'option

Un des apports marquants à la théorie de la décision face au risque est la théorie de ce que Claude Henry[10] a appelé la valeur d'option. Dans un problème impliquant plusieurs décisions successives dans le temps (problème dynamique), les bonnes décisions dépendent de ce que devient l'information. Lorsque cette information s'améliore de façon exogène et que cette propriété est connue des agents, s'attache aux actions réversibles une valeur supplémentaire que n'ont pas les actions qui impliquent une irréversibilité de l'engagement. En effet, une action irréversible ne peut pas être révisée en fonction de l'information nouvelle qui sera obtenue à l'avenir. Pour se prononcer sur cette action, il ne faut prendre en compte que l'utilité espérée avant résorption ou dénouement de l'incertitude. En revanche, avec des décisions réversibles séquentielles, l'agent sait *ex ante* que ses décisions futures pourront être prises en meilleure connaissance de cause ou même en état d'information parfaite. D'où l'intérêt de ne pas s'engager de façon irréversible. La valeur d'option est donc la valeur actuelle de l'information dont l'utilisation sera rendue possible à l'avenir par un cours d'action réversible. Elle représente la différence de niveaux d'espérance d'utilité, appréciée *ex ante*, procurée par une action donnée, avec ou sans amélioration de l'information. Cette différence est positive pour les décisions maintenues réversibles et nulle pour une décision irréversible.

Illustrons ce concept avec l'exemple classique tiré de la littérature environnementale concernant la construction d'un barrage dans un site naturel remarquable, par exemple le

Hells Canyon aux États-Unis. Il s'agit de comparer une action consistant à noyer ce site sous les eaux d'un barrage à vocation de production hydroélectrique et une action de conservation du site naturel en l'état. Cette seconde action permet une valorisation récréative, esthétique et scientifique du site. Les conséquences de ces deux actions sont nettement asymétriques : une fois le site noyé et la diversité écologique et paysagère détruite, il n'est plus possible de retrouver l'état initial[11] ; la perte est irrémédiable. En revanche, la conservation préserve à la fois la diversité des états futurs possibles et celle des actions envisageables. Construire un barrage en période *n* écarte les deux actions du domaine des actions possibles en période *n + 1* : le barrage étant construit, on ne peut plus en construire un autre et on ne peut plus promouvoir la conservation du site, puisque sa richesse a été détruite. En revanche l'action « conservation » conserve la possibilité ultérieure de choisir aussi bien la conservation que la construction d'un barrage. Elle doit alors bénéficier d'une valeur d'option attachée à la révélation de l'information future sur des éléments comme la valeur sociale de l'électricité et le progrès technique dans la production électrique, ou la valeur sociale de la biodiversité. Combinant irréversibilité des effets et irréversibilité des actions, la construction d'un barrage en première période impose de se décider à partir d'une information incertaine et à renoncer par avance à la possibilité de faire à l'avenir un choix mieux informé et plus adapté à l'état des préférences collectives.

Décider sans probabilités

Que peuvent faire les agents lorsqu'ils ne disposent pas de probabilités ou qu'ils jugent non crédibles celles qui sont avancées ? Plusieurs critères ont été proposés. Le plus simple, mais pas forcément le plus pertinent, consiste à considérer qu'une situation grosse de plusieurs résultats possibles dont on ne connaît pas les probabilités doit être traitée comme si chaque état avait la même probabilité. En effet, les agents n'ont alors aucune raison particulière d'attribuer des probabilités différenciées. Une fois cette réduction opérée, on applique le critère de maximisation de l'espérance d'utilité. Cette manière de faire a notamment pour effet d'annuler la portée du paradoxe d'Ellsberg. Elle donne beaucoup d'importance à la manière dont on distingue les états du monde les uns des autres : plus les états considérés sont nombreux, moins la probabilité de chacun est élevée, ce qui conduit nécessairement à affaiblir le poids donné aux possibilités extrêmes, en quelque sorte diluées dans la masse des possibles.

Un deuxième critère vise à prendre en compte une forme extrême d'aversion à l'incertitude. Nous l'avons déjà rencontré. Nous l'appellerons ici le *maximin* : pour chaque action, on ne considère que le moins bon résultat qu'elle peut donner et on retient l'action qui procure le meilleur de ces moins bons résultats. C'est le critère de la grande prudence, jugé pour cette raison peu praticable et éloigné des comportements courants observés. Ce que nous décrirons plus loin comme la *règle d'abstention nº 2* (ne s'engager dans une action que si la preuve de son innocuité a été apportée) en est une forme dérivée encore plus extrême, car tronquée : au lieu de considérer le bilan net de chaque action, avec ses avantages et ses coûts, cette règle ne retient que les effets négatifs éventuels, pour demander qu'ils soient nuls.

À l'opposé, il y a le critère du *maximax*, pour les audacieux qui sont prêts à tout risquer pour prendre la chance d'un gain important. Ils ne retiennent de chaque action que son résultat le plus favorable et choisissent l'action qui a potentiellement la performance la plus élevée. Ce critère n'est pas non plus très représentatif des comportements observés.

La plupart des comportements face à l'incertitude semblent témoigner d'une certaine combinaison entre prudence et prise de risque. En explorant cette direction, le critère dit de Hurwicz consiste à faire une moyenne pondérée entre le *maximin* et le *maximax*. Les poids attribués à chacun des deux critères reflètent l'équation personnelle du décideur. Ce critère composite a l'inconvénient de dépendre des seules valeurs extrêmes qui encadrent les résultats possibles, sans considérer des résultats plus centraux, pourtant peut-être davantage plausibles. Qu'on soit audacieux ou prudent, est-il raisonnable de laisser les extrêmes absorber la décision ?

Pour corriger cette faiblesse du critère de Hurwicz, on peut modéliser le problème du choix de la façon suivante. On suppose le décideur capable d'ordonner les divers choix qui se présentent à lui selon une échelle de préférences. On dote ces préférences d'un certain nombre de propriétés de base, qui ne tombent sous le coup ni du paradoxe d'Allais ni de celui d'Ellsberg. Alors il existe une fonction d'évaluation des résultats qui permet de calculer un nombre qui fait la synthèse des résultats de chaque action[12]. Ces nombres permettent d'ordonner les actions. Les critères du *maximin*, du *maximax* et de Hurwicz apparaissent comme des cas particuliers.

Le dernier critère proposé s'inscrit dans la théorie des regrets. Les agents recherchent l'action susceptible de leur procurer en tout état de causes le regret le plus faible. Pour chaque couple {action ; état}, le résultat obtenu est comparé avec le résultat le meilleur que le choix d'une autre action aurait pu procurer pour le même état. Dans l'éventualité où les agents tombent juste sur le meilleur choix, le regret est nul. Autrement, ils éprouvent un regret. Chaque action étant représentée par la valeur du regret la plus élevée obtenue, les agents choisissent l'action pour laquelle le regret potentiel est le plus faible. Ce critère est appelé *regret minimax*.

La leçon principale de l'évocation de ces critères de choix d'une action en situation d'incertitude est de montrer que face à un problème déterminé, considéré isolément, il existe plusieurs manières de se déterminer de façon raisonnée lorsqu'on ne dispose pas de probabilités[13]. Aucune d'entre elles ne peut être dite supérieure aux autres d'une façon absolue. Or chacun de ces critères peut conduire à retenir une action différente comme étant le « meilleur » choix. Si les choix concernent seulement des décisions privées sans conséquences pour autrui, la coexistence de cette pluralité d'attitudes ne pose pas de problèmes particuliers. Elle peut même donner naissance à des marchés de transferts de l'incertitude. La situation se complique lorsque les personnes en question forment société et doivent s'accorder sur l'engagement d'une action précise du fait du caractère collectif du problème qui leur est soumis. Alors, force est de reconnaître que la raison n'est pas uniment d'un côté ou de l'autre, alors que chaque camp prétend souvent l'incarner et rejeter les positions opposées dans l'irrationalité.

Dans ces circonstances la raison calculatrice ne peut pas être le seul appui pour arbitrer le cours de l'action collective. Elle a d'abord besoin d'être complétée par des choix normatifs touchant à la rationalité des fins et à la hiérarchie des valeurs morales et civiques. Toutefois cela ne suffit pas à définir ce que devrait être l'attitude à adopter face à l'incertain : un accord des membres de la société sur les valeurs morales et civiques à défendre et sur l'état des savoirs scientifiques, déjà difficile à promouvoir, ne serait donc pas suffisant pour établir un accord sur les politiques à mener. Voilà pourquoi les problèmes de décision publique touchant à la gestion des risques collectifs gagnent à être considérés comme des problèmes de décision en univers controversé.

EN UNIVERS CONTROVERSÉ

La théorie formelle de la décision dont quelques éléments phares viennent d'être évoqués s'intéresse aux décisions d'un agent isolé face au monde. Ce cadre peut trouver une pertinence pour rendre compte du problème d'un prince éclairé décidant seul de l'avenir de son peuple ou, plus humblement, du problème d'organisations ou de groupes dotés d'une unité d'engagement et de commandement. Il est largement en décalage avec des processus interactifs de décision impliquant de nombreux acteurs aux croyances, attitudes et intérêts divers. Ce que nous appelons les *univers controversés* [14] suppose d'emblée une situation collective marquée, comme le nom l'indique, par la controverse entre différents membres de la société.

Passer de l'incertitude à la controverse n'est

pas anodin. Cela accuse la différence existant entre décision individuelle et décision collective. Au cœur de cette différence, il y a l'importance que revêt ordinairement l'objectivité scientifique pour la décision collective, alors que la décision individuelle peut être rabattue sans inconvénient majeur sur des croyances subjectives. Ce qui est traditionnellement attendu de l'objectivité scientifique est la constitution d'un monde commun à tous les membres de la société de manière à faciliter les choix publics et la coordination de l'action de tous, même lorsque persistent les conflits d'intérêts et de valeurs. C'est avec le principe de précaution, par le manque éprouvé, que se révèle de façon accentuée ce besoin d'objectivité pour asseoir la décision collective. Ce principe impose en effet aux gouvernants de se prononcer sur l'action à engager sans pouvoir s'appuyer sur une objectivité scientifique incontestable. Face à des risques potentiels, les connaissances scientifiques disponibles sont partielles, hypothétiques, souvent controversées et donc éloignées des qualités ordinairement requises pour assurer la légitimité des décisions collectives.

Des univers stabilisés aux univers controversés

Nous proposons une typologie distinguant deux types d'univers : les univers qui ont été stabilisés et les univers qui sont encore controversés. Il s'agit là de types idéaux. La description des *univers controversés* s'oppose terme à terme à celle des *univers stabilisés* à partir de leur position sur quatre variables :

- *le mode de perception des problèmes par les personnes ayant à décider*, selon qu'elle est directe ou médiatisée par une construction scientifique, administrative, médiatique et politique préalable ;
- *la nature des intérêts concernés* ; en univers stabilisé, toutes les personnes concernées sont supposées présentes sur la scène sociale et disposent de moyens sociaux pour faire valoir leurs préférences, comme les marchés, les votes, les protestations et autres actions politiques ; en univers controversé, une partie de ceux dont les intérêts importent sont absents ou privés de tout moyen de faire connaître leurs préférences et de peser sur les choix collectifs ; dans ce deuxième cas la prise en charge de leurs préférences, de leurs intérêts ou de leurs droits dépend de l'initiative d'autres personnes qui, au sein du groupe des présents, veulent prendre fait et cause pour elles et prétendent les représenter ;
- *le degré de réversibilité présumée des phénomènes* en jeu ;
- *le degré de stabilisation de la connaissance scientifique* des problèmes.

En *univers stabilisé*, les personnes sont supposées avoir une perception directe des problèmes qui les affectent, ce qui en fait de bons juges des décisions à prendre. Seuls importent les intérêts des personnes présentes. Les phénomènes considérés sont réversibles, ce qui permet de borner le champ des conséquences à prendre en compte. Les connaissances scientifiques qui importent pour le choix d'une action sont stabilisées et permettent, à travers une élucidation des relations de cause à effet, d'imputer les responsabilités des dommages éventuels. Les risques collectifs soulèvent alors deux catégories principales de problèmes : le choix d'instruments de politique visant à infléchir ou encadrer les comportements individuels ; le règlement de conflits de distribution des efforts et des risques. Ces problèmes peuvent se régler sur fond d'un monde commun et d'une caractérisation objective des problèmes qui est dépourvue d'ambiguïté.

En *univers controversé*, l'existence des problèmes est portée par une construction scientifique et sociale avant que les personnes concernées et le public ne puissent s'en faire une représentation. Par exemple, l'idée que le climat de la planète risque d'être bouleversé en un siècle par l'accumulation atmosphérique de gaz à effet de serre ne peut pas résulter d'une perception directe des consommateurs et des citoyens. Par ailleurs, le débat public s'organise, au moins en partie, à propos des intérêts ou des droits de tiers absents, comme les populations d'autres pays et les générations futures, dont certains agents se disent et se font les porte-parole. Les phénomènes en jeu sont frappés d'une présomption d'irréversibilité qui en démultiplie la gravité potentielle et la complexité. Alors émerge aux yeux de certains acteurs une urgence à agir avant qu'il ne soit trop tard. Enfin, les savoirs scientifiques disponibles sont partiels, hypothétiques et marqués de façon durable par diverses controverses scientifiques et sociales quant à la réalité, aux causes ou aux conséquences possibles des dangers. Plusieurs hypothèses, plusieurs schémas d'explication ou de prévision sont avancés par des scientifiques de diverses disciplines et donnent à voir des mondes possibles différents.

La représentation des états possibles s'organise alors de façon hiérarchique autour de plusieurs grandes hypothèses découpant des mondes partiellement exclusifs. Par exemple, dans le cas du risque climatique planétaire, on engendre deux mondes très différents selon qu'on considère que l'accumulation du CO_2 y joue une partie essentielle ou que ce gaz est considéré comme mineur ou étranger à la détermination des variations du climat[15]. Chaque monde abrite un ensemble d'états possibles, mais demeure ouvert, la connaissance n'étant encore que partielle. Seule une partie des états caractéristiques de ces mondes peut être représentée. D'où l'idée qu'il convient d'associer à toute description des états possibles un avertissement sur les possibilités de surprises.

Cette situation est mouvante. La dynamique des controverses scientifiques stimule la formulation de nouvelles hypothèses et provoque l'invalidation de liens précédemment établis ou d'évaluations précédemment avancées. Le contenu des décisions à prendre dépend alors du moment choisi pour prendre les décisions, du moins si les agents se déterminent en fonction de la plausibilité scientifique relative des explications proposées, à ce moment, par les scientifiques. Dans une période pertinente du point de vue de l'horizon décisionnel de la plupart des agents (de 1 à 20 ans), certaines représentations du monde vont disparaître, tandis que d'autres vont prendre forme : le front de la controverse se déplace.

Dans ce genre de situations, les conditions requises pour pratiquer le calcul des probabilités objectives ne sont pas réunies et, s'agissant de l'utilisation éventuelle de probabilités subjectives, aucune distribution unique ne peut être déduite d'une situation dans laquelle plusieurs théories scientifiques sont en concurrence. Les événements qui pourraient provoquer une révision et une convergence progressive des croyances en révélant de l'information sur l'existence et l'ampleur du danger sont souvent ambigus : ils peuvent soutenir des interprétations opposées qui les rattachent à l'une ou l'autre théorie.

Une imbrication des enjeux d'action et de connaissance

Les controverses scientifiques sont un des ressorts du développement scientifique et ne constituent pas en elles-mêmes une source d'effroi. Toutefois, dans le type de situations visées, les controverses scientifiques suscitent des controverses sociales ou sont mobilisées par celles qui leur préexistent. Il en résulte une imbrication particulière entre enjeux d'action, conflits d'intérêts et enjeux de connaissance. Cela se produit car ce que mettent en jeu différentes allégations ou hypothèses, ce sont des intérêts économiques et sociaux et leurs prolongements politiques, ou des responsabilités dans des dommages. Les questions scientifiques soulevées sortent alors du cercle des chercheurs et intéressent tout un ensemble d'acteurs dans la société, qui s'en emparent. La pluralité des thèses scientifiques en présence multiplie d'ailleurs le nombre de groupes d'intérêts potentiellement concernés, soit par les menaces, soit par les actions qui pourraient être adoptées pour prévenir les risques qui pointent à l'horizon.

L'influence n'est pas unidirectionnelle. La controverse sociale fait aussi retour sur les controverses scientifiques. Les principaux acteurs (gouvernements, milieux industriels, ONG) sont amenés à étendre leur champ d'action stratégique et leur espace de confrontation mutuelle aux représentations scientifiques du monde. Selon leurs intérêts, il s'agit pour eux soit de clôturer prématurément une controverse scientifique en imposant une « vérité » donnée, soit au contraire de la faire se prolonger artificiellement. C'est ainsi que l'incertitude scientifique peut être mobilisée, entretenue voire créée de toutes pièces pour obtenir le report d'une action de prévention. Le principe de précaution vise à prendre le contre-pied de ces stratégies de report en obligeant à une prise en charge précoce des risques hypothétiques, en dépit des incertitudes et controverses courantes.

L'instrumentalisation de la production scientifique et des avis d'experts peut s'observer en amont de l'activité scientifique, ou bien dans l'organisation de l'expertise, ou bien encore en aval de cette dernière. En amont, on trouve le financement de programmes de recherche dont le but est d'obtenir des résultats venant confirmer des positions *a priori* ou discréditer les positions d'adversaires dans le jeu d'influence sur la décision publique. Au minimum, de telles stratégies peuvent servir à entretenir la controverse et le doute, même dans les cas où l'espoir d'aboutir à des résultats scientifiquement validés est en fait nul. Au stade de l'organisation de l'expertise, de nombreuses variables peuvent être manipulées : la composition des comités d'experts (choix des personnalités, appartenances disciplinaires), la définition des missions et questions, les délais impartis pour obtenir des avis, sans parler de pressions diverses pour obtenir des résultats conformes. En aval, il n'est pas rare que des dirigeants attribuent publiquement aux experts des conclusions qui ne sont pas les leurs, par exemple en oubliant de mentionner le caractère conditionnel de certains énoncés, ou en ne sélectionnant dans les avis que les passages qui leur conviennent.

En univers controversé, les scènes du savoir et de l'action ne sont plus disjointes. Elles ne sont pas non plus alignées selon un schéma linéaire faisant succéder l'action à un savoir préalablement constitué de façon indépendante, à l'abri de toute interférence. C'est même par le détour de l'action que les controverses scientifiques vont, au moins pour un temps, être indirectement arbitrées. Il y a là un nouveau type de compétition en arrière-plan de la compétition économique ou politique, la compétition sur les « visions du monde » et les « visions du futur ». Voilà pourquoi les débats sur la gestion des risques collectifs débouchent le plus fréquemment sur une vive mise en cause de l'expertise scientifique.

Les ressorts de la décision collective

La menace d'un danger potentiellement grave et irréversible fait surgir dans la société une demande d'action urgente de prévention, au moins de la part d'une frange active. Cette demande peut ensuite être relayée par d'autres groupes d'intérêts trouvant divers avantages à une telle action. Pressées d'agir, les autorités publiques vont à un moment donné se décider à engager un ensemble de mesures. Elles le feront, non sur la base d'un savoir satisfaisant sur le danger redouté, mais à partir d'une appréciation des moyens immédiatement mobilisables et des possibilités technologiques déjà opérationnelles. C'est ainsi qu'elles vont indirectement arbitrer les controverses scientifiques du moment en organisant la prévention autour de l'une des imputations proposées par la science. Au lieu qu'on recherche la meilleure action pour résoudre un problème bien caractérisé par la science, c'est le choix d'une option d'action qui va influer sur la manière de poser le problème qu'il s'agit de résoudre.

Le mécanisme décrit a pu être mis en évidence par la réponse politique qui a été donnée, en Allemagne en 1982-1983, au dépérissement des forêts attribué aux pluies acides[16]. Après avoir bloqué pendant des années toute initiative internationale majeure visant les émissions acides (SO_2, NOx), ce pays a pris en quelques mois un virage à 180 degrés face à la tournure politique prise par l'inquiétude soudaine de la population allemande pour le devenir de ses forêts. Durant cette période, plusieurs explications scientifiques ont été avancées : l'acidification des sols due à la pollution par le soufre, principalement attribuable aux centrales thermiques brûlant du charbon à haute teneur en soufre et de la lignite de mauvaise qualité ; l'action nécrosante pour les feuilles et les aiguilles des arbres de l'ozone troposphérique produit par des oxydes d'azote principalement attribuables à la circulation automobile ; l'action de champignons affectant les échanges microbiologiques entre les sols et les racines des arbres ; l'effet retardé du stress hydrique très fort subi par les arbres durant les sécheresses du milieu des années 70, stress qui aurait eu pour effet de rendre les arbres durablement vulnérables à toutes sortes d'agressions, même mineures.

Avancée par les forestiers français, la dernière explication ne permettait pas de mettre sur pied une action publique spectaculaire : il n'y avait qu'à remplacer les arbres morts par d'autres éventuellement moins sensibles au stress hydrique. Elle fut écartée. À compter de septembre 1983, les pouvoirs publics allemands ont structuré leur action en visant simultanément la pollution acide due aux centrales thermiques (programme d'installation d'équipements de désulfuration) et la pollution azotée des véhicules automobiles (en imposant le passage à l'essence sans plomb et au pot catalytique). Ainsi se trouvait tranché par l'action le débat sur les causes du dépérissement.

Ces deux réponses constituaient également un remaniement de la dimension temporelle du problème à résoudre. Tel qu'il était initialement perçu par les experts forestiers et l'opinion publique, le problème de dépérissement était placé sous le sceau de l'urgence. Une fois le dépérissement repéré, son extension semblait se faire à un rythme très rapide, au point que la totalité des forêts puisse être atteinte en moins d'une dizaine d'années. Face à un problème ainsi défini, il aurait fallu des mesures radicales capables d'avoir des effets à très court terme sur les sources présumées du phénomène, par exemple des limitations de vitesse sur les autoroutes allemandes, puisque le niveau des émissions de NOx varie beaucoup avec la vitesse des véhicules, et d'autres mesures de restriction de la circulation. On aurait également pu fermer une partie du parc de centrales thermiques ou du moins chercher un autre approvisionnement en important du charbon propre. Aucune de ces mesures n'a été adoptée. Il aurait fallu affronter aussi bien les automobilistes et leurs organisations que les syndicats de mineurs.

En revanche, les mesures décidées ne pouvaient, en toute hypothèse, faire sentir leurs effets qu'à une échéance assez lointaine, compte tenu des différents délais en jeu : délais d'investissement dans la désulfuration, délais pour obtenir la modification de la réglementation européenne sur la pollution automobile, délais pour renouveler l'ensemble du parc automobile avec des véhicules équipés d'un pot catalytique. Si la préservation des forêts avait réellement demandé une réponse massive et rapide, comme la perception s'en était imposée à l'époque, les mesures choisies ne pouvaient pas faire sentir leurs effets en temps utile. Mais ces mesures ont permis de calmer le jeu politique et de donner satisfaction à une opinion publique émue, qui avait manifesté en masse pour défendre ses forêts.

En *univers controversé,* la disponibilité des

solutions techniques et leur acceptabilité politique redéfinissent le contour des problèmes qui sollicitent l'action publique, les alertes scientifiques initiales et les avis d'experts ne fournissant à cet égard qu'un matériau brut comportant plusieurs options d'imputation. On voit ici le rôle joué par la formation de réseaux sociaux polarisés autour d'un type de réponse institutionnelle ou technologique. Importe également la diffusion au sein du public, via les médias, de certaines images et représentations qui vont donner une incarnation à un danger jusqu'alors invisible.

Réseaux sociaux polarisés et représentations sociales des risques

Tant pour les dirigeants que pour le public, les problèmes d'action à résoudre sont construits à travers différentes médiations qui renvoient à la manière dont chacun peut être concerné par le traitement du problème en question. Tel dirigeant d'entreprise se souciera d'abord de la compétitivité de son entreprise et de la rémunération des actionnaires, tel dirigeant politique de son potentiel électoral, tel dirigeant administratif de la préservation de son champ de gestion contre les visées d'administrations ou de corps concurrents ; tous seront préoccupés par les règles définissant leur responsabilité juridique. Aussi, quasiment aucun des acteurs, même les ONG écologistes, n'aborde-t-il un problème d'environnement ou de santé publique dans les termes où des scientifiques le définiraient. Pour tous, l'appréhension des problèmes se fait à travers des préoccupations stratégiques qui reflètent la manière dont les jeux sociaux sont structurés et la place qu'y occupe chacun. Ce qui ne veut pas dire que les connaissances scientifiques et l'expertise importent peu.

Selon le positionnement stratégique de différents risques, acteurs industriels et États peuvent jouer à front renversé dans le maniement des arguments. Lawrence Bush[17] en faisait l'observation à propos des conflits entre les États-Unis et l'Europe pour le traitement de plusieurs cas de risques ayant des incidences sur le commerce international : diffusion d'OGM, tremblante du mouton, fromages au lait cru. « Alors que les États-Unis se font les champions de l'analyse des risques quand il s'agit des OGM, ils défendent le principe de précaution dans le cas de la tremblante. De son côté, l'Union européenne plaide pour le principe de précaution en matière d'OGM, mais accepte l'analyse des risques quand il s'agit des fromages non pasteurisés. [...] Le paradoxe n'est peut-être qu'apparent. [...] De puissants réseaux favorisent les OGM aux États-Unis, alors que des anti-réseaux tout aussi puissants s'y opposent en Europe ; de puissants réseaux soutiennent les fromages non pasteurisés en Europe, tandis que des anti-réseaux s'opposent à la tremblante en Amérique. » Les réseaux qui se forment autour des enjeux socio-économiques faisant l'objet d'une intervention publique est comme la partie immergée de l'iceberg de la prise de décision publique. Connaissant le poids de l'opinion publique aussi bien pour la vie politique que pour celle des affaires, chaque réseau cherche à enrôler les milieux dirigeants et le grand public au service de sa cause.

Les attitudes et demandes du public en matière de risques suscitent souvent dans les milieux dirigeants des discours sur l'irrationalité et l'émotivité de l'opinion. Que peut-on en dire ? Sur le terrain scientifique, des travaux de psychologie appliquée ont travaillé sur la différence entre *risque objectif* et *risque perçu* en mettant en évidence différentes sortes de biais de perception. Ces approches ont souvent été critiquées par les sociologues des risques qui préfèrent les placer dans un cadre interprétatif plus large. Ces derniers se refusent à prendre les risques représentés par des démarches statistiques pour une image objective satisfaisante et non orientée de la réalité, alors qu'elles s'appuient souvent sur un nombre limité d'indicateurs assez sommaires (nombre de personnes malades, dépenses de soins, indices de mortalité), et à tenir pour des perceptions biaisées tout ce qui s'en écarte. À leurs yeux, les risques font l'objet de différentes modalités de construction selon les positions occupées par les agents dans la société et selon le rôle tenu par chacun dans la création des dangers et l'exposition aux risques. Les experts occupent l'une des positions, les groupes de population concernés une autre. Il faut donc aller plus loin pour comprendre.

Les représentations sociales du risque diffusées au sein du public donnent sens à des distinctions qualitatives que gomme l'appréhension statistique ordinairement mobilisée par les gestionnaires des risques collectifs. Le public distingue les risques choisis et les risques subis, les visibles et les invisibles, les catastrophiques et les autres. Les citoyens s'intéressent à l'équité de la distribution des risques et dénoncent volontiers les inégalités constatées comme de nouvelles injustices. Les consommateurs s'interrogent sur les avantages retirés personnellement des activités créatrices de risques, et tendent à refuser celles qui ne leur procurent aucun avantage individuel direct : pourquoi prendre alors le moindre risque ? Les gestionnaires ne s'intéressent pas aux situations individuelles mais utilisent des indicateurs généraux représentatifs d'une réalité collective. Ils s'interrogent sur l'existence d'effets de seuil et sur la manière de traiter les très faibles doses qui se distinguent à peine du bruit de fond. Ils comparent les progrès réalisables en répartissant différemment les moyens publics disponibles.

Ainsi le problème du gestionnaire de risques n'est pas le même que celui du consommateur ou du citoyen. Pourquoi demander aux seconds de raisonner comme le premier ? La réciproque vaut tout autant. Pourquoi demander au gestionnaire de raisonner comme le consommateur ? On découvre ici l'une des difficultés d'une démocratie d'opinion qui aspirerait à devenir une démocratie directe.

Par ailleurs, lorsque les dangers ne sont pas directement sensibles pour les personnes concernées, les représentations sociales se construisent à partir de différentes sources d'information. Les images mises en scène et diffusées par la télévision et la nature des mesures de précaution décidées par les pouvoirs publics ont une influence particulière. Alors que l'expertise scientifique des risques s'attache à construire des repères quantifiés permettant de caractériser l'importance relative de certains phénomènes, l'intervention de l'image crée une fiction de rapport direct à la réalité qui donne une importance disproportionnée à certains faits isolés qui en viennent à absorber à eux seuls la représentation de la réalité. L'action publique de prévention est elle-même appréhendée de façon ambivalente. Lorsque le public n'a aucun moyen d'acquérir une maîtrise personnelle du risque, les nouvelles mesures prises dans un contexte de tension sont facilement interprétées comme autant d'indices manifestant la gravité du danger et non comme le signe d'un niveau élevé de sécurité. Les deux canaux d'information que sont les médias visuels et l'annonce de nouvelles mesures de prévention peuvent se renforcer mutuellement pour donner une allure catastrophique à la menace et susciter des attitudes de retrait ou de refus, peu compréhensibles au seul vu de l'analyse experte des risques résiduels.

L'appréhension des risques qui accompagne l'émergence de la précaution est ainsi faite d'un ensemble de strates, chaque strate venant donner un nouveau sens aux strates précédentes. Du fait de l'expérience historique récente en France, marquée par des cas de défaillance des institutions qui étaient en charge de sa sécurité, les risques qui inquiètent le public ne sont pas seulement ceux que créent certaines techniques prises en elles-mêmes, pour lesquels des solutions techniques peuvent d'ailleurs exister. Ce sont les risques qui surgissent lorsque les institutions en charge d'encadrer l'usage concret des techniques connaissent des défaillances et rencontrent des limites diverses, au nombre desquelles il peut y avoir les négligences, les fraudes, voire des comportements criminels. L'étude des risques ne peut pas ignorer tout cela. Le mélange des genres révélé à l'occasion de telle ou telle affaire a éveillé durablement le soupçon que certains lobbies œuvrant au service d'intérêts commerciaux ou industriels obtiennent plus aisément l'oreille des gouvernants que les groupes de population qui seront affectés par les décisions publiques. Une fois éveillé, un tel soupçon s'étend ensuite à toute prise de parole, toute information donnée et s'en prend indifféremment à l'administration, aux entreprises, aux experts, aux chercheurs et à l'activité scientifique elle-même.

Au niveau le plus profond c'est la confiance

dans les institutions de régulation des risques qui se trouve mise en jeu. Entendons ici Isabelle Stengers commenter la contestation des OGM [18] : « Et lorsque l'on envisage ce manque de confiance en tant que tel, la peur, d'"irraisonnée", devient assez légitime. Quelles raisons pouvons-nous avoir de faire confiance dans des choix et des critères justifiant des transformations (dont la vitesse, elle, est sans précédent) alors que ces choix et critères sont issus de stratégies industrielles non négociées ? Même si la menace d'une industrialisation de l'agriculture est plus fondée que l'argument d'un irrespect envers la nature, les deux convergent en un même refus. Et ceux qui craignent la "montée de l'irrationalité" si le refus n'est pas bien fondé devraient peut-être se demander si le fait de ne pouvoir faire confiance en ceux qui sont, de fait, les vecteurs de l'avenir collectif n'est pas ce qui d'abord devrait les obliger à penser et à lutter. » Lorsqu'il se manifeste, le refus du risque n'exprime pas tant une quête irrationnelle de la sécurité absolue qu'une perte de confiance envers ceux qui ont mandat d'assurer la prévention des risques et la sécurité publique. Une mauvaise gestion des risques peut faire le lit de crises sévères.

L'ÉMERGENCE DU PRINCIPE DE PRÉCAUTION

D'abord dans le champ de l'environnement

Le principe de précaution nous vient d'Allemagne, où il s'est affirmé dans les années 70 sous le nom de *Vorsorgeprinzip*, qui signifie littéralement *principe de prévoyance*. Ce principe combinait alors les idées de planification et d'engagement ferme dans la lutte contre la pollution sans attendre d'avoir des certitudes scientifiques sur les dommages causés à l'environnement. Il a servi à justifier une politique qui demandait à l'industrie d'employer les meilleures techniques disponibles — le critère des *Best available technologies* (BAT) en droit communautaire y trouve sa source — afin de réduire la pollution de l'air et de l'eau à son niveau le plus faible qui soit techniquement accessible sans mettre en péril l'activité concernée sur le terrain économique.

Le principe a ensuite fait son chemin vers l'Europe du Nord, en particulier la Suède. Il a trouvé place dans des textes internationaux « régionaux », tout particulièrement les déclarations ministérielles sur la protection de la mer du Nord des années 1984, 1987 et suivantes. Il a bénéficié d'une reconnaissance planétaire lors du Sommet de la Terre réuni à Rio de Janeiro en juin 1992 : il est mentionné dans la Déclaration de Rio sur l'environnement et le développement, et repris en substance dans les conventions sur le climat et la biodiversité qui ont été adoptées à cette occasion. Il a parallèlement été introduit en droit communautaire européen lors de l'adoption en 1992 du Traité de Maastricht. Dans son article 130R (devenu 174 après le Traité d'Amsterdam), ce dernier indique en effet :

« La politique de la Communauté dans le domaine de l'environnement poursuit les objectifs suivants :

— la préservation, la protection et l'amélioration de la qualité de l'environnement, la protection de la santé des personnes,

— l'utilisation prudente et rationnelle des ressources naturelles,

— la promotion, sur le plan international, de mesures destinées à faire face aux problèmes régionaux ou planétaires de l'environnement. [...]

Elle vise un niveau de protection élevé [...]. Elle est fondée sur les principes de précaution et d'action préventive, sur le principe de correction, par priorité à la source, des atteintes à l'environnement et sur le principe du pollueur-payeur. »

Du fait de ces textes, le principe de précaution n'est pas seulement une idée philosophique, une maxime d'action, ou un principe politique, mais une norme de comportement ayant une portée juridique.

En France, c'est la loi Barnier 95-101 de renforcement de la protection de l'environnement qui a inscrit en 1995 le principe de précaution dans le droit interne de l'environnement. Elle en a même donné une définition qui a été intégrée au Code rural (article L 200-1), puis au nouveau Code de l'environnement (article L 110-1). Il s'agit du principe « selon lequel l'absence de certitudes, compte tenu des connaissances scientifiques et techniques du moment, ne doit pas retarder l'adoption de mesures effectives et proportionnées visant à prévenir un risque de dommages graves et irréversibles à l'environnement, à un coût économiquement acceptable ».

Avec cette définition, le législateur a manifesté sa prudence et son souci d'arrimer le principe de précaution à la raison. Il a introduit à cet effet les notions d'effectivité et de proportionnalité des mesures de précaution, et ajouté une clause de sauvegarde économique, usuelle dans les textes de droit de l'environnement industriel. Il a réservé l'application du principe aux présomptions de dommages graves et irréversibles. Il a aussi affirmé sa volonté d'en maîtriser les conditions d'application : comme les autres principes fondateurs (le pollueur-payeur, la prévention, la réduction à la source et la participation), le principe de précaution devait s'exercer « dans le cadre des lois qui en définissent la portée ».

Une extension à la santé publique et à l'alimentation

En fait, ce cadre a vite été bousculé par les événements et la jurisprudence. Le drame du sang contaminé, la recherche croissante de la pénalisation des fautes des responsables économiques, politiques et administratifs, les crises de la vache folle[19] ont profondément modifié les attentes suscitées par le principe de précaution et l'usage qui a commencé d'en être fait. L'évolution la plus importante est l'extension du domaine d'application du principe à la sécurité alimentaire et à la santé publique. Cette extension est le fait de diverses institutions communautaires (Commission, Conseil des ministres, Parlement) aussi bien que nationales. Elle a été confirmée en mai 1998 par la jurisprudence de la Cour européenne de justice dans l'affaire de la vache folle. La Cour a en effet débouté le gouvernement britannique qui contestait devant elle les mesures d'embargo prises en mars 1996 par la Commission à l'encontre des exportations de produits bovins du Royaume-Uni. Le jugement indiquait : « Or, il doit être admis que, lorsque des incertitudes subsistent quant à l'existence ou à la portée de risques pour la santé des personnes, les institutions peuvent prendre des mesures de protection sans avoir à attendre que la réalité et la gravité de ces risques soient pleinement démontrées. »

L'actualité a ainsi fait que le centre de gravité du principe de précaution se déplace du domaine de l'environnement vers celui de la sécurité alimentaire et de la santé publique. Dans le même temps, le souci pour des risques à long terme, tel le changement climatique planétaire, cédait quelque peu la place à l'urgence des temps de la crise. L'interprétation donnée en France au principe s'est alors durcie. Pour le marquer, les qualificatifs ont fleuri : la précaution invoquée est devenue « extrême », « maximale » ou « absolue » ; un haut responsable de l'État s'est recommandé de la recherche du « risque absolument minimum »... Certains ont pu en tirer la conclusion que le principe était une sorte de règle d'abstention : il fallait tout faire pour éviter le moindre risque.

Pourtant ce n'est pas ce que demandent les textes de référence adoptés pour l'environnement. Il y avait donc lieu de préciser le contenu du principe dans ses différents domaines d'application, en particulier pour le domaine de l'alimentation qui requiert une vigilance particulière. En septembre 2001, un projet de règlement européen visant la législation alimentaire reconnaissait en substance le principe de précaution dans son article 7 de la façon suivante :

« 1. Dans les cas où une évaluation des informations disponibles permet d'identifier la possibilité d'effets nocifs sur la santé, mais où il subsiste une incertitude scientifique, des mesures provisoires de gestion du risque, nécessaires pour assurer le niveau élevé de protection de la santé choisi par la Communauté, peuvent être adoptées dans l'attente d'autres informations scientifiques en vue d'une évaluation plus complète du risque.

2. Les mesures adoptées sur la base du paragraphe 1 sont proportionnées et n'imposent pas plus de restrictions au commerce qu'il n'est nécessaire pour obtenir le niveau élevé de protection de la santé choisi par la Communauté, en tenant compte des possibilités techniques et économiques et des autres facteurs jugés légitimes en fonction des circonstances en question. Ces mesures sont réexaminées dans un délai raisonnable, en fonction de la nature du risque identifié pour la vie ou la santé et du type d'informations scientifiques nécessaires pour lever l'incertitude scientifique et réaliser une évaluation plus complète du risque. »

De son côté, le Conseil national de l'alimentation (CNA) s'est attaché en France à préciser les éléments spécifiques qui devaient être pris en compte au moment d'appliquer le principe en ce domaine : la visée de l'innocuité de principe des produits alimentaires (les aliments ne doivent pas être dangereux par nature) ; la complexité des enchaînements de causalité dans les filières de production et de distribution ; le libre accès des consommateurs aux aliments, à la différence des médicaments ; le caractère essentiellement temporaire des mesures de précaution à prendre, à la différence de problèmes touchant à l'environnement comme l'effet de serre ou la biodiversité. S'agissant des obligations incombant aux industriels de la filière agroalimentaire, le principe de précaution se traduisait surtout par une obligation d'alerte des autorités publiques et d'information des consommateurs en cas de suspicion visant une matière première ou un produit.

Une application étrangement sélective

La grande et rapide diffusion dont a bénéficié le principe de précaution dans le langage courant ne signifie pas que sa mise en œuvre soit aisée là où on en aurait le plus besoin, en particulier dans son domaine d'origine, celui de la protection à long terme de l'environnement. Le retrait américain du Protocole de Kyoto démontre parfaitement la difficulté à donner une traduction concrète au principe de précaution dans le champ de la protection du climat planétaire. Pourtant les conditions requises sont toutes réunies au plus haut point : présomption de gravité et d'irréversibilité, incertitude scientifique. Après plus d'une dizaine d'années d'efforts, la communauté internationale n'est pas parvenue à s'accorder sur une politique de responsabilité vis-à-vis d'un patrimoine commun à tous les peuples, et des États parmi les plus importants estiment que les efforts doivent être repoussés à une date indéterminée.

Dans le même temps la France qui n'a encore quasiment rien fait pour infléchir ses émissions de gaz à effet de serre a engagé dans l'urgence des milliards de francs pour financer des mesures comme le retrait des farines animales de l'alimentation des non-ruminants. L'enjeu était manifestement de restaurer la confiance des consommateurs et de permettre un redressement de marchés sinistrés plus que d'agir sur le risque résiduel que l'ESB pouvait encore représenter pour la santé humaine dans ce pays.

Ce contraste témoigne-t-il d'une application appropriée du principe de précaution à ces deux domaines ou d'une incohérence injustifiable, donnant alors une nouvelle illustration du « deux poids, deux mesures » ? Les applications débridées qui sont faites du principe de précaution en contexte de crise, comme celles qui sont refusées lorsqu'il serait vraiment opportun de le faire, montrent que l'usage de ce principe est encore immature.

Pour un État-précaution

Les sociétés occidentales ont besoin, face aux risques collectifs, de bâtir un État-précaution, comme on a dit que s'était développé au XXe siècle un État-providence. Quel partage des responsabilités faut-il établir pour la prévention des risques collectifs entre les institutions publiques, les collectivités territoriales, la société civile et le monde de l'entreprise ? La question a une dimension politique forte car les risques fournissent la trame de nouveaux conflits de distribution à la fois *ex ante* (qui est exposé aux risques ? qui bénéficie des avantages des activités créatrices de risques ? qui supporte les coûts de la prévention ?) et *ex post* (qui supporte les dommages réalisés ?). Au-delà des enjeux propres dont ils sont porteurs en tant que risques pour la santé et pour l'environnement, ils offrent aussi un nouveau terrain d'expression à des conflits plus classiques d'intérêts comme ceux qui opposent les firmes de l'agrochimie et les milieux agricoles. Les mésaventures des OGM l'ont bien montré, le risque écologique ou sanitaire peut servir de langage mobilisateur au refus, par certains groupes sociaux, d'évolutions économiques qui menaceraient leur positions actuelles ou leurs métiers.

Au-delà de ces conflits internes au pays, certains risques environnementaux et sanitaires ont une forte dimension internationale et engagent la responsabilité morale et politique des habitants des pays riches vis-à-vis tant des populations d'autres régions du monde que des générations futures. Même si on peut à bon droit avoir des réserves envers les approches catastrophistes situant les enjeux au niveau de la survie même de l'humanité, force est de reconnaître que le devenir du monde est désormais placé entre les mains des hommes dans des conditions tout à fait nouvelles. Penser cette nouveauté, élaborer sa signification morale, y trouver une inspiration effective pour la décision politique et économique d'aujourd'hui sont des exigences de l'époque. Elles manifestent que la précaution n'est pas une simple technique de prévention des risques.

CHAPITRE II

La précaution fourvoyée

LA TENTATION APOCALYPTIQUE

Il est impossible de naviguer aux abords du principe de précaution sans rencontrer l'approche catastrophiste, voire apocalyptique, des risques. Cette approche a été partie prenante du développement de la critique sociale et écologique de la société industrielle et des processus de croissance économique et démographique depuis les années 60. Une partie du mouvement écologiste formule ses analyses et ses propositions radicales en termes de survie de l'espèce humaine face à l'apocalypse qui serait immanquablement au bout de l'aventure humaine. Que faire du catastrophisme[20] ? Doit-on y voir la forme la plus avancée de la conscience morale ? le corrélat du sentiment d'impuissance à infléchir le cours des choses ? la formation d'une nouvelle idéologie, dans un monde qui avait cru pouvoir décréter la fin des idéologies[21] ? Le principe de précaution doit-il se mettre au service de cette approche apocalyptique ou convient-il au contraire pour lui de se tenir à distance d'un tel parrainage et de trouver ailleurs l'armature qui lui convient ?

La réflexion la plus ample, la plus construite et la plus retentissante visant à construire une éthique apocalyptique est celle du philosophe allemand Hans Jonas[22] dans son livre sur le principe responsabilité. C'est donc par son examen que nous commencerons l'exploration du catastrophisme.

LE PRINCIPE RESPONSABILITÉ DE HANS JONAS

La règle d'abstention n° 1

C'est à une conception radicalement dissymétrique de l'éthique que nous invite Hans Jonas. Les hommes doivent se faire les gardiens de l'humanité et, à cette fin, se soucier de ce qu'il pourrait advenir de ces êtres qui n'existent pas encore, leurs lointains héritiers, sans que ces derniers puissent faire quoi que ce soit pour ceux qui se seront souciés d'eux. L'éthique du futur de Jonas se distingue donc nettement des morales traditionnelles de la proximité (ce qu'il convient de faire et de ne pas faire avec son prochain, lui-même étant soumis à des obligations réciproques), mais aussi des éthiques modernes de la réciprocité, telle l'éthique de la discussion de Jürgen Habermas[23]. Cette dernière entend déduire les règles normatives de la morale de la situation de communication orientée par l'intercompréhension, situation qui suppose, *a minima*, la reconnaissance de l'existence d'autrui auquel la parole est adressée et celle de la nécessité de produire des raisons à l'appui des dires énoncés, en réponse aux demandes et aux critiques formulées par autrui.

Le thème central de la réflexion de Jonas est le suivant. De nouvelles obligations morales s'imposent aux hommes car ces derniers ont acquis la capacité de mettre en jeu la survie de l'humanité, soit par une destruction de ses conditions naturelles de vie, soit par une altération de ce qui, moralement, constitue l'humain. Ici la responsabilité est engendrée par le pouvoir. Ces obligations prennent la forme d'un nouvel impératif catégorique absolu. Les hommes doivent s'abstenir de toute action présentant le moindre risque de pouvoir conduire à la fin de l'humanité. En conséquence Jonas reformule l'impératif kantien en ces termes : « Agis de façon que les effets de ton action soient compatibles avec la permanence d'une vie authentiquement humaine sur terre [...] et de façon que les effets de ton action ne soient pas destructeurs pour la possibilité future d'une telle vie[23bis]. » Les utopies du bien ou les approches de l'action reposant sur l'idée d'une pesée des coûts et des avantages doivent catégoriquement s'effacer au profit d'une heuristique de la peur, obsédée par l'évitement du mal apocalyptique.

En découle une responsabilité nouvelle des hommes envers la nature : il faut préserver une nature habitable par l'homme pour préserver l'humanité elle-même. En découle aussi une obligation de développer un savoir, « une science des prédictions hypothétiques, une "futurologie comparative"[23ter] », qui soit à la mesure de la puissance technique développée par l'homme, sans que ce dernier soit autorisé à s'illusionner : son savoir prévisionnel sur le monde sera toujours débordé par les implications de ses interventions techniques[234]. De ce fait, il incombe aux hommes de reconnaître la part d'ignorance dans laquelle ils se trouvent quant aux conséquences ultimes de leurs actions et de vouloir limiter leur quête de puissance technologique.

Ainsi la nouvelle éthique de l'avenir a besoin, pour prendre naissance, de s'articuler à une représentation précise des possibilités apocalyptiques associées aux actions humaines. C'est d'abord le rôle d'une science qui doit être rééquilibrée à cette fin, une science à laquelle Jonas ne tourne pas le dos, à la différence de certains courants critiques post-modernistes. Mais c'est aussi, en complément, le rôle confié à la mobilisation des facultés d'imagination et de sensibilité. Ces dernières doivent être délibérément stimulées pour pallier les insuffisances des savoirs scientifiques sur les périls qui menacent l'humanité. Elles doivent aussi rendre la menace apocalyptique comme actuelle et sensible aux hommes d'aujourd'hui qui, autrement, pourraient s'en désintéresser[24]. L'imagination et la sensibilité ont, dans la pensée de Jonas, à produire les effets de discipline sociale qui sont obtenus du sacré dans les sociétés où ce dernier fait encore sens.

La construction morale proposée a une clé de voûte : nous avons individuellement le droit de mettre en péril notre propre vie, en rien celle de l'humanité. La possibilité même d'une perspective apocalyptique doit être traitée comme un risque inacceptable en toute circonstance : lorsqu'il est apocalyptique, le risque possible doit être traité « comme une certitude en vue de la décision[24bis] ».

Résumons-nous. Le principe responsabilité de Jonas exige le risque zéro de conduire à l'apocalypse qui verrait la fin de l'existence humaine. Compte tenu de l'incertitude structurelle sur les conséquences lointaines de nos actions, la seule possibilité d'une fin apocalyptique doit suffire pour mettre à l'écart l'action soupçonnée : aucune considération de probabilité ou de plausibilité ne doit intervenir ici. Devant la possibilité d'un risque mortel pour l'humanité, les hommes ont l'obligation catégorique de s'abstenir. Il est donc fondé de dire du principe responsabilité de Jonas qu'il est une règle d'abstention devant le risque apocalyptique. Telle est la *règle d'abstention n° 1*.

Cette règle morale ne vaut, aux yeux de Jonas, que pour les actions ayant un potentiel apocalyptique. Elle n'est pas valide pour les autres, même si leurs effets sont potentiellement graves. Sa portée pratique dépend donc de la capacité des hommes à discerner quelles actions ont un potentiel apocalyptique et lesquelles en sont dépourvues. C'est donc sur ce point que nous engageons la discussion.

Une règle dénuée de valeur pratique

Quatre cas seront distingués pour discuter de la règle proposée. Ensemble, ils couvrent l'ensemble des possibilités pour un horizon temporel indéterminé :

a) aucune action humaine actuellement disponible n'est susceptible de mener à l'issue apocalyptique redoutée ;

b) seules quelques rarissimes actions ont un tel pouvoir ;

c) un nombre significatif d'actions humaines ont un potentiel apocalyptique ;

d) toutes les actions humaines ont en elles un potentiel apocalyptique.

Il convient de préciser quelques points avant d'entamer la discussion. D'abord les actions humaines visées sont des actions collectives qui mobilisent les capacités technologiques modernes, qu'elles répondent à une finalité de production, d'aménagement ou de destruction guerrière. Le jeu d'un enfant avec une balle n'appartient pas au champ de la discussion lancée par Jonas. Ensuite, il ne saurait être question de hiérarchiser la valeur de différents types d'apocalypse, par exemple en fonction du moment où elle se produirait[25]. Enfin, Jonas nous demande à juste titre de reconnaître la part de notre ignorance dans l'étude des conséquences lointaines de nos actions. Il nous est donc interdit de raisonner en postulant la disponibilité de probabilités sur les scénarios apocalyptiques auxquels chaque action pourrait conduire.

Il ressort de ces conditions que la perspective apocalyptique est manifestement dénuée de valeur pratique pour orienter l'action dans les cas (a) et (d). Dans le cas (a), cette conclusion est obtenue par construction. Aucun des pouvoirs technologiques de l'homme contemporain ne peut conduire à l'apocalypse. Alors, l'idéologie de la survie de l'espèce humaine est dénuée de fondement et ne peut servir de cadre éthique pour penser le rapport que les hommes établissent avec l'environnement planétaire. Considérer ce cas permet de soulever indirectement la question du traitement à donner aux risques graves mais non apocalyptiques.

Dans le cas (d) toute action a un potentiel apocalyptique, même si sont en jeu des chaînes de causalité longues et compliquées. Cette perspective fait écho aux systèmes chaotiques, ultrasensibles à leurs conditions initiales, généralement connus à travers l'image de l'« effet papillon[26] ». Des actions anodines y produisent des effets apparemment hors de proportion. Malheureusement tout écart à une connaissance parfaite des conditions initiales se paye ici d'une incapacité à prévoir le développement ultérieur des phénomènes et leur aboutissement. Toutes les actions pouvant être apocalyptiques, nous sommes en présence d'un phénomène de *nivellement par le pire*. La considération de la dimension apocalyptique ne permet pas d'éclairer le choix entre différentes actions. Et on ne peut pas demander à l'humanité de s'abstenir d'agir, c'est-à-dire de se condamner à la mort aujourd'hui dans le but de ne pas mettre en péril la survie de l'humanité dans le futur ! La règle d'abstention n° 1 n'est ici d'aucun secours pour orienter l'action. Sans doute la perspective apocalyptique fait-elle alors partie de la condition humaine mais elle ne constitue pas ici une dimension morale pertinente de l'action.

Il reste à examiner les cas (b) et (c). Leur traitement nécessite que les hommes aient une faculté de discernement leur permettant de juger à coup sûr de la nature des actions considérées : si un doute demeurait pour une action donnée, cette dernière devrait être considérée comme potentiellement apocalyptique ; si un tel doute existe pour toutes les actions, on se trouve ramené au cas (d). Il faut donc pouvoir définir avec une certitude absolue deux sous-ensembles d'actions : les actions sûrement non apocalyptiques et celles pour lesquelles il y a doute ou possibilité démontrée. Une objection très forte doit alors être soulevée. Elle empêche de façon absolue que la condition soit satisfaite. Il s'agit de l'incapacité à prévoir toutes les conséquences ultimes des actions envisagées. Jonas insiste suffisamment sur l'ignorance partielle dans laquelle les hommes sont maintenus, malgré leurs efforts de connaissance, pour ne pas prendre ce point à la légère. Il suffit de trouver une seule chaîne causale menant à l'apocalypse parmi les multiples enchaînements imaginés pour attribuer un potentiel apocalyptique à une action donnée. Mais le fait qu'on n'en ait pas trouvé une seule en l'état des connaissances et des capacités d'imagination ne prouve pas que l'action en question en soit dépourvue. Le lecteur reconnaîtra ici l'argument bien connu de Karl Popper sur la falsification des théories scientifiques[27]. Un seul test contraire peut être suffisant pour falsifier un énoncé, par exemple la phrase « cette action est inoffensive », mais l'absence de résultat contraire à un test de falsification ne prouve pas la vérité dudit énoncé. Ainsi l'absence de preuve du potentiel apocalyptique constatée au temps *t* n'est pas la preuve de l'absence de ce potentiel. Il n'y a que dans un état de savoir parfait et achevé qu'il serait possible d'établir de façon certaine la partition indiquée. Si cette objection est prise au sérieux, on voit que les catégories (b) et (c) sont vides et sont ramenées au cas (d). Alors, la règle d'abstention n° 1 est inopérante dans tous les cas considérés.

Une issue pourrait être de restreindre l'application de la règle d'abstention aux seuls cas de possibilités apocalyptiques démontrées. Le bénéfice du doute jouerait alors en faveur de la présomption de non-apocalypse. Ce faisant nous nous éloignons considérablement de Jonas. Avons-nous pour autant rétabli une règle praticable et pertinente ? Du point de vue de la recherche d'une issue, le cas (b) est le plus favorable. Rarissimes, les actions potentiellement apocalyptiques doivent bien comporter certains traits fortement distinctifs concernant leur nature et leur échelle. Elles doivent donc être clairement et aisément identifiables[28]. Dans ces cas-là, on pourrait admettre la validité de l'impératif jonassien, auquel ne s'oppose d'ailleurs pas, en l'occurrence, la conception proportionnée de la précaution que nous présenterons dans le chapitre suivant : face au risque apocalyptique, il n'est pas déraisonnable de s'abstenir si la possibilité pratique en est offerte. Il resterait cependant à surmonter l'objection de Jean-Pierre Dupuy[29] : pour que la menace soit crédible et que la stratégie d'abstention s'impose comme une évidence morale, il faut que l'issue apocalyptique ne disparaisse pas de l'horizon et donc que la stratégie d'abstention ne soit pas totalement efficace !

Nous ne poursuivrons pas une telle discussion, alors circonscrite à un très petit nombre d'actions. La réflexion morale de Jonas ne pourrait avoir ici qu'une valeur topique. Il n'y aurait plus guère besoin que se diffuse dans toute la société une heuristique de la peur qui mette chacun à l'affût des enchaînements apocalyptiques possibles de ses actions. La règle d'abstention serait dénuée de pertinence pour l'immense masse des actions humaines qui, par hypothèse, ne pourraient engendrer que des dommages potentiellement graves mais non apocalyptiques.

Le cas (c) est plus délicat, puisqu'en nombre significatif, des actions variées, mais pas toutes, auraient un potentiel apocalyptique démontré. En fait leur nombre et leur variété mêmes rendent difficilement acceptable l'hypothèse que de nombreuses actions soient dotées d'un potentiel apocalyptique démontré, mais pas d'autres actions qui leur seraient néanmoins très proches par le genre et l'échelle. On peut évoquer ici la parabole du bon grain et de l'ivraie. Ce n'est qu'après coup, loin des commencements et tâtonnements initiaux, que les différences significatives peuvent se manifester et les véritables identités se révéler. Mais il est alors trop tard pour adopter la posture d'abstention devant le risque.

Même en déformant le cadre de pensée que Jonas s'était donné, nous ne sauvons pas la règle d'abstention nº 1 comme norme générale. Ou bien sa pertinence est limitée, et ne touche pas l'essentiel des risques pour lesquels le principe de précaution a été inventé, ou bien les conditions présidant à son application ne sont pas crédibles.

Il nous reste à apprendre à prévenir, gérer et prendre des risques collectifs sous l'égide de la précaution en nous défaisant de la structure de raisonnement propre à la perspective apocalyptique et, notamment, en refusant de concéder la moindre emprise à un impératif général d'abstention devant le risque. Au sein d'une humanité constituée d'êtres également moraux, la responsabilité des dirigeants et, au-delà, celle des générations présentes ne consiste pas à tout faire, dans une logique sacrificielle, pour éviter le moindre risque d'un éventuel aboutissement apocalyptique, mais à faire le nécessaire pour transmettre aux générations suivantes un monde suffisamment viable pour autoriser une possibilité sérieuse d'évolution non apocalyptique. C'est d'ailleurs le sens qu'on peut donner à la recherche d'un développement durable qui, comme l'affirmait le rapport Brundtland, doit « répondre aux besoins du présent sans compromettre la capacité des générations futures à répondre à leurs propres besoins[30] ».

PRÉCAUTION ET INNOCUITÉ : LA SECONDE RÈGLE D'ABSTENTION EN QUESTION

Récuser l'approche apocalyptique ne suffit pas à faire s'évanouir la règle d'abstention du paysage. Les tenants du catastrophisme écologique en ont promu une variante qui revient, tout simplement, à appliquer la logique de l'injonction jonassienne à tous les risques collectifs touchant à la santé et à l'environnement. Nous l'appellerons la *règle d'abstention n*° *2.* Elle trouve à s'exprimer dans plusieurs formules : « règle qui veut qu'un décideur ne se lance dans une action que s'il est certain qu'elle ne comporte aucun risque environnemental ou sanitaire » ; « règle exigeant la preuve de l'innocuité d'un produit ou d'une technique de façon préalable à leur autorisation » ; « obligation qui pèse sur le décideur d'apporter la preuve de l'absence de risque ». Les ingrédients en sont les mêmes : exiger la certitude de l'absence de risque implique d'apporter la preuve de l'innocuité.

Ce type d'énoncés correspond sans doute aux vues des militants les plus engagés dans la dénonciation de la technologie moderne ou des modalités de l'action publique. C'est ainsi que Greenpeace revendiquait, il y a quelques années, dans son combat contre la pollution de la mer du Nord : « *Aucun rejet ne doit être déversé en mer tant que son innocuité n'a pas été prouvée.* » Cela au nom du principe de précaution. Cette organisation reprenait la même formule dans son recours déposé en 1998 devant le Conseil d'État français contre l'autorisation de la mise en culture du maïs Novartis : « L'application de ce principe, en l'espèce, impose qu'aucune décision d'introduction d'OGM dans l'écosystème ne puisse être prise tant qu'il n'est pas démontré "au cas par cas" l'innocuité de l'organisme en question pour l'environnement et la santé publique. »

Ces énoncés diffèrent très sensiblement du principe de précaution défini par la Loi Barnier de 1995 ou, au niveau communautaire, de la doctrine de la Commission européenne. Leur visée est aussi beaucoup moins défendable que celle de la règle d'abstention n° 1. Jonas proposait un impératif d'évitement de l'apocalypse : le pire scénario devait être non apocalyptique. Il ne demandait pas le dommage zéro ! Les deux requêtes ne pourraient se confondre que dans le cas où toute atteinte locale à l'environnement ou à la santé serait porteuse du risque apocalyptique. Dans cette hypothèse très particulière, cela reviendrait au même d'imposer la norme du dommage zéro et de demander qu'on évite l'apocalypse. Il y a là une caractérisation de la forme la plus extrême du catastrophisme qui, à ce titre, débouche sur les mêmes impasses pratiques que l'approche apocalyptique. Lorsqu'on ne fait pas une telle assimilation, la règle n° 2 s'expose néanmoins à l'inconsistance. En voici les raisons.

En situation d'absence de certitude scientifique, l'exigence de preuve de l'innocuité comporte nécessairement trois composantes : la norme d'un dommage zéro (l'innocuité), l'inversion de la charge de la preuve (prouver l'innocuité) et la focalisation de la prise de décision sur le scénario du pire, dans lequel le dommage doit être nul (l'innocuité doit être assurée en toute hypothèse).

Le dommage zéro

En exigeant l'innocuité, la règle nº 2 introduit le dommage zéro comme norme sociale. Or, cette norme ne peut pas être défendue comme norme générale de l'action collective, même si les pays réunis au sein de l'Union européenne se donnent pour objectif un haut niveau de protection de l'environnement et de sécurité sanitaire. D'abord, et de la façon la plus évidente, parce que son application générale est matériellement impossible. Elle supposerait une disponibilité sans limites de moyens à affecter à la prévention. Il n'y a que dans la mythologie du discours politique qu'on peut prétendre demander l'impossible. On ne peut pas en faire un principe de l'action publique.

Si, dans des circonstances exceptionnelles, la visée d'un dommage zéro est néanmoins retenue, la contrepartie en est l'accaparement de ressources importantes qui auraient pu être affectées à la prévention d'autres risques ou le renoncement à des avantages substantiels de différentes natures. De telles exceptions peuvent être légitimes, mais elles doivent être débattues et justifiées au cas par cas. La simple invocation du principe de précaution ne saurait y suffire.

La deuxième raison est qu'il s'agit d'une norme tronquée : on oublie de considérer les avantages obtenus en contrepartie de la création du risque. Ne tenir aucun compte des avantages procurés par une action revient en fait à perdre de vue le sens premier de l'action. On n'agit pas dans le but de s'exposer soi-même et d'exposer autrui au risque de subir différents dommages, mais dans celui de poursuivre certaines fins légitimes et désirables et de réaliser certains objectifs. Cela ne peut pas être oublié.

Enfin, la fixation sur le dommage zéro ne pourrait prendre sens que dans une situation de choix entre différentes options, dont une ne présenterait aucun risque. Ce type de contexte est rare. La plupart des situations obligent à choisir entre différents risques. À l'idée d'absence de dommages il faudrait au moins substituer celle de dommages minima.

L'inversion de la charge de la preuve

Faut-il demander aux promoteurs de projets ou à ceux qui veulent introduire un nouveau produit ou une technique nouvelle d'apporter la preuve de l'absence de dommages potentiels avant qu'ils puissent voir leurs entreprises autorisées ? Cette idée est souvent perçue comme le moyen de rééquilibrer une lutte inégale entre le pot de terre et le pot de fer. Elle débouche néanmoins sur un piège rhétorique.

En contexte d'incertitude scientifique, l'inversion de la charge de la preuve bute sur une difficulté symétrique de celle qui s'oppose à ce qu'on attende la preuve certaine du dommage pour prendre des mesures de précaution. Au moment où le principe de précaution est invoqué, la science n'est pas plus en état d'apporter la preuve de l'absence du dommage qu'elle ne l'est d'apporter la preuve du dommage. L'exigence de la preuve de l'innocuité repose sur une mauvaise compréhension de ce qu'est le savoir scientifique, en supposant que l'incertitude est un état très provisoire et qu'elle peut être totalement résorbée dans un délai raisonnable moyennant un investissement dans la recherche. Or la construction du savoir scientifique est inséparable de différents types d'incertitude, ce que Jonas avait intégré dans sa réflexion morale : incertitude liée à une complexité que la modélisation peut approcher, mais pas supprimer ; règles conventionnelles de conduite des opérations de généralisation des énoncés (agrégation, extrapolation, etc.) ; limites et lacunes des données disponibles ; imprévisibilité des inventions futures, etc.

La recherche scientifique a un rôle important à jouer dans un contexte de précaution, mais on ne peut pas en attendre qu'elle règle son compte à toute incertitude. On retrouve ici l'objection poppérienne. L'absence d'indications de nocivité d'une technique à la suite d'une batterie de tests ne suffit pas à prouver l'innocuité de cette technique. Exiger la preuve scientifique de l'innocuité revient à demander l'impossible. Il est donc nécessaire de préciser de quoi il s'agit vraiment d'apporter la preuve et quel dispositif de preuve on tiendra pour satisfaisant.

S'en tenir aux seuls tests qui s'appuient sur les connaissances disponibles n'est pas de nature à fonder une démarche de précaution, puisque cela revient à ignorer toutes les informations scientifiques qui se situent dans l'intervalle entre l'ignorance et les connaissances avérées. Ce serait un résultat assez étrange que de réduire ainsi la précaution à l'approche classique de la prévention ! En tout état de cause ces tests pourraient bien être jugés suffisants, ils ne pourraient pas pour autant valoir certificat d'innocuité. Il faudrait donc recourir en plus à des tests qui ne reposent pas sur des connaissances avérées, mais seulement sur des présomptions ou des hypothèses. Il doit être possible d'imaginer de tels tests, mais ils sont évidemment contingents aux présomptions et hypothèses faites et ne pourraient pas non plus être tenus pour une preuve d'innocuité.

Dans un contexte d'incertitude, la conclusion s'impose : le principe de précaution consiste à prendre distance vis-à-vis du concept de preuve scientifique, que la preuve soit sollicitée à charge ou à décharge, et pas à demander une inversion de la charge de la preuve scientifique, qui n'est qu'un piège rhétorique à finalité politique[31]. Le jeu est à peu près le suivant. Il consiste, au nom de la précaution, à demander la preuve de l'innocuité, puis à constater que les procédures et tests utilisés sont insuffisants pour répondre à diverses questions et apporter la preuve attendue. Tests et procédures sont donc récusés. On en demande de nouveaux, plus rigoureux et plus complets. Une fois ces derniers en place, on les récuse encore, parce qu'ils n'auront pas permis d'identifier et d'évaluer tous les effets à long terme… Les moratoires adoptés dans l'attente de la preuve de l'innocuité se transforment *in fine* en interdiction ou blocage permanents. On peut s'en prendre ainsi à n'importe quel produit ou n'importe quelle technique, qu'ils soient nouveaux ou déjà répandus. C'est de façon très arbitraire que ce traitement serait réservé à certains d'entre eux seulement.

La conclusion s'impose : il n'est pas plus raisonnable d'exiger des certitudes sur l'absence d'un dommage avant d'autoriser une activité ou une technique qu'il ne l'est d'exiger des certitudes sur l'existence d'un dommage pour commencer à prendre des mesures de prévention. La précaution doit s'inventer dans l'entre-deux borné par ces deux extrêmes.

La focalisation sur le scénario du pire

Le fait de se focaliser sur le scénario du pire, sans prêter attention à aucun autre résultat possible, découle logiquement de l'exigence d'innocuité dans un contexte incertain. En effet, de deux choses l'une : ou bien la pire éventualité entraîne un dommage et la règle impose que l'activité responsable soit interdite ; ou bien cette éventualité n'entraîne aucun dommage et l'activité peut alors être autorisée puisque tous les autres scénarios, *a priori* plus favorables, ne sauraient constituer un motif valable pour inverser la décision. Qu'en penser ?

Explorer la diversité des états futurs et se montrer curieux pour des scénarios peu vraisemblables mais néanmoins possibles est une démarche saine. Il convient de la recommander. Cela ne signifie pas pour autant que la décision doive être prise sur la base du seul scénario dont la réalisation serait la pire éventualité. Deux arguments plaident en faveur d'une approche moins exclusive.

La définition de scénarios et en particulier de scénarios du pire dépend de l'imagination plus ou moins outillée de ceux qui écrivent les scénarios, Jonas le reconnaissait en donnant un statut moral à l'imagination. Il s'agit cependant d'un exercice ouvert. En univers controversé, plusieurs théories s'affrontant et les surprises n'étant pas exclues, l'écriture des scénarios ne peut pas être univoque et ne peut pas prétendre offrir une image fidèle de la réalité objective des dangers. De plus, construire un scénario suppose l'intervention de conventions permettant de choisir, parmi des séquences causales fort nombreuses, celles qui seront vraiment explorées et de stopper à un certain rang l'exploration de l'arbre des effets. Le choix de telles conventions ne relève pas de la science même s'il n'est pas déraisonnable. Les scénarios doivent être pris pour ce qu'ils sont : des constructions utiles, mais conjecturales et conventionnelles. Puisque le scénario du pire est marqué par la contingence, il est raisonnable de ne pas en faire totalement dépendre la décision.

Le deuxième argument est celui du *nivellement par le pire* des options en présence. Le raisonnement de Jonas était invalidé en pratique par le fait que la perspective apocalyptique devenait sans intérêt pour choisir concrètement de s'engager dans une action plutôt qu'une autre, dès lors que toutes les actions avaient un potentiel apocalyptique. Il en va pareillement ici. Lorsqu'on récuse le recours à des notions de probabilité ou de plausibilité, l'exploration des arbres d'éventualités attachées à différentes actions peut aisément, avec un peu d'imagination, déboucher sur un tableau dans lequel les scénarios du pire engendrés par chaque option d'action sont aussi catastrophiques les uns que les autres, ce qui, dans un contexte de choix, ruine l'intérêt de considérer ces scénarios. Lorsque ce nivellement ne se constate pas, on ne sait pas au juste si cela tient réellement aux différences d'ordre de grandeur des conséquences envisageables, ou à quelque limite dans la méthode d'exploration des possibles.

Lorsqu'on est conscient de tout cela, on est conduit à considérer un ensemble de scénarios jugés plausibles et représentatifs de la variété des conséquences possibles et on est amené à se demander quels poids respectifs il convient de leur attribuer. On peut, avec Jonas, dire alors : « Il faut davantage prêter l'oreille à la prophétie de malheur qu'à la prophétie du bonheur[31bis] ». Davantage, oui, mais seulement cela.

Prises une par une, les différentes composantes de la *règle d'abstention n° 2* témoignent de la fragilité d'énoncés qui pouvaient sembler avoir le bon sens pour eux : vouloir l'innocuité, ne serait-ce pas la moindre des choses dans une société civilisée ? Et pourtant... Prises ensemble, les critiques portées conduisent à rejeter avec netteté une règle trop inconsistante pour prétendre servir de repère général à la décision collective. La *règle d'abstention n° 1* est globalement inopérante[32], mais sa visée éthique est estimable. La *règle d'abstention n° 2* n'en est qu'une indéfendable caricature. Il est d'autant plus étonnant que certains observateurs et acteurs aient cru y voir l'expression la plus fidèle du principe de précaution !

LA PRÉCAUTION AURAIT-ELLE PERMIS D'ÉVITER L'ÉPIDÉMIE DE LA VACHE FOLLE ?

Dans la section précédente, la règle d'abstention a été soumise à la critique théorique. Nous voulons à présent lui faire passer l'épreuve d'un test empirique à propos d'un cas emblématique, celui des conséquences sanitaires de l'épidémie d'ESB qui a touché le cheptel bovin du Royaume-Uni, puis celui d'autres pays d'Europe, dont la France. Nombreux semblent être ceux qui estiment que le principe de précaution aurait pu et aurait dû éviter le développement de cette épidémie. L'analyste peut même penser un moment trouver dans ce cas une confirmation éclatante du bien-fondé de la *règle d'abstention n° 2*. Nous nous proposons au contraire de montrer de façon pratique, et non plus théorique, que ces idées sont fausses.

Le principe de précaution ne peut pas avoir pour objectif l'évitement de tout dommage. Ce n'est pas parce que des dommages ou des accidents se réalisent en dépit de l'adoption de mesures de précaution qu'il faut en conclure que ces mesures auraient dû être jugées insuffisantes *ex ante*. Il faut éviter au principe de précaution d'être pris au piège de l'*illusion rétrospective*.

Les autorités britanniques ont annoncé en mars 1996 qu'il était plausible que l'épidémie d'ESB ait franchi la barrière des espèces et soit à l'origine des cas d'un nouveau variant de la maladie de Creutzfeldt-Jakob (nvCJ) qui affecte l'espèce humaine. En l'état des connaissances, aucun traitement ne permet d'éviter la mort des personnes atteintes. Des incertitudes importantes demeurent cependant tant sur la nature des maladies « à prions » et leurs agents de transmission que sur l'ampleur des dommages à venir pour la santé publique. On dispose néanmoins d'assez de recul pour revenir sur les circonstances qui ont entouré le développement de l'épidémie de l'ESB. On dispose en particulier depuis octobre 2000 du rapport de la commission d'enquête mise sur pied par le gouvernement britannique pour faire la lumière sur la gestion de cette affaire de 1986 à 1996[33]; présidée par Lord Phillips, l'un des tout premiers magistrats du pays, cette commission a procédé pendant trois années à l'investigation la plus approfondie qui soit à ce jour[34]. En France tant l'Assemblée nationale que le Sénat ont constitué des commissions d'enquête, au mandat et aux moyens beaucoup plus limités, dont les rapports ont été publiés. Différents ouvrages sont également disponibles[35].

L'illusion rétrospective

L'*illusion rétrospective* peut prendre différentes formes. La plus grossière consiste à juger du caractère fautif de décisions passées en fonction de connaissances qui n'ont été acquises qu'ultérieurement. Cette démarche est injuste. Elle est aussi risquée car elle fait dépendre la qualification des actions passées de l'évolution des connaissances ultérieures. Cela peut réserver des surprises et obliger à d'incessantes révisions du jugement sur le passé.

Ainsi, l'explication du développement de l'épidémie d'ESB chez les bovins a longtemps été attribuée, au Royaume-Uni puis en France, au changement de procédés de fabrication des farines animales servant de compléments à l'alimentation des ruminants. Ce changement avait été opéré dans la plupart des unités de fabrication à compter du milieu des années 70. Le schéma est le suivant : détruits par les anciens procédés du fait de la température utilisée, les prions ne l'étaient plus par les nouveaux procédés de fabrication conçus notamment pour faire des économies d'énergie ; dès lors l'usage des farines animales a été le vecteur d'une diffusion à grande échelle du facteur pathologique. Cette thèse avait été considérée comme vraisemblable fin 1987 par John Wilesmith, chef du département d'épidémiologie du Laboratoire vétérinaire central auprès des autorités britanniques. En France elle est encore reprise en 1999 par Marie-Angèle Hermitte et Dominique Dormont, en mai 2000 par Maurice Tubiana[36], vice-président de l'Académie nationale de médecine, et, en 2001, par Pierre-Marie Lledo et par le rapport d'enquête sénatoriale[37]. Dans la presse de nombreux commentateurs y ont vu le signe tangible des dégâts occasionnés par le libéralisme économique de Mme Thatcher, alors Premier ministre. Ce serait finalement la course au profit qui serait responsable de la maladie de la vache folle.

Or cette explication par le changement de procédés de fabrication est fermement écartée par le rapport Phillips. Voici ce qu'en dit ce rapport : « Les conclusions proposées par M. Wilesmith étaient raisonnables sur la base des données dont il disposait à l'époque, mais elles étaient éloignées de la vérité » (§ 189) ;

« Les changements dans les procédés de fabrication des farines ont pu avoir un effet sur l'inactivation de l'agent de l'ESB, mais ils n'ont été ni décisifs ni même significatifs » (§ 190) ; « Les conclusions proposées par M. Wilesmith ont été très largement acceptées. Elles ont conduit à des conceptions erronées, dont certaines ont survécu jusqu'à aujourd'hui » (§ 191).

Patatras ! Les anciens procédés de fabrication des farines auraient également diffusé l'ESB dans le cheptel bovin car ils n'avaient pas de propriétés significativement différentes des nouveaux procédés du point de vue de l'inactivation des prions. Cela invalide toute démarche cherchant à imputer aux exploitants des usines de fabrication de ces farines, ou aux services administratifs, la responsabilité d'avoir déclenché l'épidémie par un changement intempestif de leurs procédés de fabrication, ou par une autorisation de ce changement.

La manière la plus perverse d'aboutir à une erreur de jugement consiste à considérer le passé à partir d'un point d'aboutissement historique qui retient l'attention de tous, ici le développement d'une épidémie animale dangereuse pour l'homme. La reconstruction *ex post* de l'histoire à partir de ce point en fait un développement singulier menant à l'aboutissement constaté. Or cette signification-là n'était pas la seule présente au moment où les différents événements se sont produits et où différentes actions ont été engagées. Quand les choses se sont jouées, la situation flottait dans un ensemble de virtualités, sans être aimantée par un aboutissement unique. La relecture rétrospective sélectionne et hiérarchise l'importance des événements d'une manière qui ne pouvait pas être établie au moment des faits, même dans une culture décisionnelle qui aurait donné place au principe de précaution. En effet, quand tout s'est joué, le principe de précaution aurait conduit décideurs et gestionnaires à considérer en même temps d'autres risques hypothétiques et pas seulement celui qui capte l'attention après coup parce qu'il s'est effectivement réalisé. Ils auraient été amenés à peser ces différents risques et à prendre ce qui leur serait apparu comme la moins mauvaise option.

Quels étaient les paramètres du changement de procédés ? Il y avait clairement un souci d'économiser l'énergie et des produits — des solvants utilisés pour extraire les graisses — devenus chers à la suite du premier, puis du second choc pétrolier des années 70. Il y avait aussi un souci pour la sécurité du travail parce que des accidents s'étaient produits à l'occasion du maniement des solvants. Ces derniers posaient encore des problèmes de pollution qui rendaient souhaitable leur élimination des procédés de fabrication. Ainsi différents risques, certains avérés, d'autres moins, étaient associés à l'utilisation de solvants. L'adoption d'un nouveau procédé qui en faisait l'économie améliorait objectivement la sécurité d'ensemble des travailleurs et de l'environnement. Si le principe de précaution avait été présent dans les esprits à l'époque des faits comme il l'est aujourd'hui, il aurait plutôt conduit à confirmer et accélérer le changement de procédés plutôt qu'à le stopper. À moins qu'une évaluation scientifique complète n'ait permis d'identifier le risque théorique qu'apparaisse une nouvelle maladie, appelée par la suite ESB, et que sur cette seule base on ait renoncé à modifier la technique de fabrication des farines animales. Mais avec quel succès ?

Des mesures de précaution qui se seraient révélées en porte à faux

S'il avait été entrevu à la fin des années 70, le scénario de l'ESB-nvCJ répondrait certainement à l'idée qu'on peut se faire d'un scénario du pire spéculatif, construit à partir des hypothèses les plus défavorables sur chacun des éléments considérés : transmission de la tremblante du mouton aux bovins par voie orale, du fait des farines ; défaut d'inactivation des agents pathologiques par les nouveaux procédés ; transmission à l'homme de la « tremblante du bovin » par voie orale. Seule l'imagination de ce scénario aurait pu donner corps à l'idée qu'il y avait un risque potentiel important pour la santé publique. Toutefois, même s'il avait été imaginé, qu'aurait-on dû faire d'un tel scénario d'une nouvelle pathologie humaine potentiellement dérivée, d'une façon tout à fait extraordinaire, d'une nouvelle pathologie animale qui elle-même n'avait pas encore été identifiée ? Sa prise au sérieux exclusive aurait eu contre elle des faits empiriques indiscutables : la tremblante du mouton était connue depuis le XVIIIe siècle ; bovins et ovins ont coexisté depuis lors sans dommage observé pour les bovins ; des farines animales ont été régulièrement utilisées pour l'alimentation animale au Royaume-Uni depuis les années 20 sans créer aucun problème ; la tremblante du mouton n'est pas transmissible à l'homme par voie orale.

En admettant malgré tout qu'un tel scénario ait été à la fois imaginé et pris en compte, qu'aurait demandé le principe de précaution ? Qu'on le mette en balance avec d'autres scénarios de risques et qu'on considère les avantages infiniment plus certains retirés, sur le plan de la sécurité et de la protection de l'environnement, de la modernisation de la fabrication des farines. Même dans une approche de précaution, il n'aurait pas été justifié de focaliser toute l'attention sur le scénario indiqué aux dépens d'une approche de prévention d'autres risques dont les conséquences en termes de santé humaine étaient moins spéculatives. D'autres scénarios extrêmes attachés au maintien des procédés antérieurs de fabrication auraient certainement pu être imaginés. *Ex ante*, il n'y avait pas de raison de privilégier l'un aux dépens des autres. Si d'aventure le scénario scientifique imaginé avait effectivement reflété la bonne séquence de cause à effet, le principe de précaution n'aurait quand même pas empêché le déploiement de l'épidémie d'ESB !

Toutefois, le scénario indiqué n'est pas celui qui s'est réalisé, contrairement à ce qu'on a cru à partir de 1987. Qu'on ait accéléré le changement de procédés ou qu'on l'ait bloqué, l'épidémie d'ESB se serait quand même développée et l'approche de précaution qui se serait focalisée sur le scénario alors imaginé aurait été inopérante à l'empêcher. Pour qu'il en fût autrement, il aurait fallu ne pas s'en tenir à la délimitation initiale du problème, circonscrit au choix des procédés de fabrication des farines, et remettre en cause de façon plus large d'autres options techniques, jusqu'au fait même d'utiliser des farines animales dans l'alimentation animale. Il aurait surtout fallu considérer d'autres hypothèses de création du risque que la possibilité de transmission de la tremblante du mouton aux bovins.

Agir d'autant plus large que l'incertitude scientifique est forte ?

Contrairement aux conclusions provisoires de M. Wilesmith, l'origine de l'ESB n'est pas attribuable à une contamination orale des bovins par la tremblante du mouton. Telle est la seconde affirmation majeure du rapport Phillips. L'origine exacte demeure inconnue mais la nouvelle maladie provient vraisemblablement, dit le rapport, d'une mutation génétique qui s'est produite chez un bovin au début des années 70. L'ESB est une maladie qui trouve son origine dans l'espèce bovine. Aussi est-ce bien la pratique du recyclage de déchets bovins dans l'alimentation de bovins qui en a été le principal facteur d'expansion.

Nouveau retour à la fin des années 70. La prise en compte de l'hypothèse de transmission de la tremblante du mouton aux bovins, via les farines, qu'on tenait pour vraisemblable en 1987, aurait pu conduire à exclure les matériaux d'origine ovine de la fabrication des farines destinées aux bovins. Cette mesure de précaution aurait, elle aussi, manqué sa cible, puisque l'ESB ne vient pas de la tremblante du mouton.

L'adoption précoce du principe de précaution n'aurait pu empêcher ni le scénario du développement de l'épidémie qu'on tenait pour acquis avant le rapport Phillips, ni le scénario réel de développement de cette épidémie. Une seule action aurait été pleinement efficace : il aurait fallu dès cette époque interdire totalement les farines animales, avant même que les nouvelles pathologies animale et humaine aient été découvertes. C'est la conclusion tirée par Marie-Angèle Hermitte et Dominique Dormont : « Le principe de précaution implique, chaque fois que faire se peut, d'agir d'une manière d'autant plus étendue que l'incertitude est plus forte, quitte à desserrer l'étau au fur et à mesure que des résultats scientifiques le permettent

— sans se faire d'illusions toutefois : dans les crises qui impliquent de fortes inerties, l'action précoce est tardive, l'épidémie court déjà. Mais agir large, donc de manière coûteuse quand les indices de dérèglement sont encore très faibles, risque d'être mal compris de ceux qui auront à appliquer ces mesures et peuvent entrer en résistance[38]. »

Ce précepte « agir d'autant plus large que l'incertitude[39] est forte » exerce une grande séduction car il est rétrospectivement le seul qui aurait pu empêcher le développement de la maladie en s'attaquant à la source commune des risques liés à l'ESB. Ne consacre-t-il pas la victoire de la *règle d'abstention n° 2*, celle qui exige une innocuité tous azimuts ? La réponse est négative car ce précepte est lui aussi frappé d'illusion rétrospective : *ex ante* il n'aurait pas seulement fallu l'appliquer aux sources de risques dont on sait *ex post* qu'elles ont débouché sur des évolutions dommageables, mais à l'ensemble des risques hypothétiques pour la santé et l'environnement qui pourraient être liés à l'une ou l'autre des techniques utilisées pour la fabrication d'aliments pour le bétail. On aurait dû agir large sur toutes les sources de risques avérés et potentiels, puisqu'on ne savait pas à l'avance lesquels se réaliseraient. À ce compte-là, le mot d'ordre aurait soit provoqué la paralysie générale de l'activité au vu de tous les scénarios de dommages qu'on aurait pu accoler à chaque option, soit installé une situation obligeant à arbitrer entre différents risques, situation impossible à traiter dans une culture de l'évitement absolu du risque. Il faut donc se résoudre à accepter de contenir, délimiter, relativiser cette idée d'« agir large » en la soumettant à une exigence qui lui est supérieure, l'exigence de proportionnalité. Il n'est alors plus possible d'attendre du principe de précaution qu'il garantisse l'éradication préventive de tout risque.

En conséquence nous devons nous préparer à considérer comme bonnes du point de vue de la précaution des décisions dont on saura plus tard qu'elles vont concourir à une évolution dommageable des phénomènes, au point que ces décisions soient regrettées au vu de la connaissance *ex post* de leurs conséquences. Il serait puéril de s'appuyer sur ce sentiment de regret pour juger moralement et juridiquement de décisions qui ont dû être prises dans un contexte cognitif différent, où les possibles se présentaient encore avec toute leur diversité aux responsables qui avaient à en décider. Ce n'est pas cela qui peut être demandé au principe de précaution.

Devons-nous tirer de cet examen critique la conclusion, que certains n'hésitent pas à faire leur, selon laquelle le principe de précaution est manifestement inutile, voire nuisible ? En effet, il ne prémunit pas contre toute réalisation de dommages et peut conduire à engager des moyens coûteux sur de fausses pistes ; il peut conduire à imposer à de nombreux agents des coûts et des contraintes importantes, sans parler des implications de sa mobilisation judiciaire. Telle n'est pas la leçon qui peut être retirée de la gestion de l'affaire de la vache folle par le gouvernement britannique. Sur de nombreux points, à de nombreuses reprises, il a été constaté par la commission Phillips que des informations disponibles sur des points clés n'ont pas été utilisées, que des croyances erronées se sont maintenues, que des mesures utiles ont été prises avec retard et que leur mise en œuvre n'a pas toujours fait l'objet d'un suivi rigoureux. L'adoption effective et cohérente d'une stratégie de précaution aurait significativement réduit l'ampleur de l'épidémie et son incidence possible pour la santé humaine.

CHAPITRE III

Une précaution proportionnée

Qu'est donc le principe de précaution s'il n'est une règle d'abstention ? Quelle est son inspiration si elle n'est ni catastrophiste ni apocalyptique ? Notre réponse se situe du côté d'une précaution demeurant arrimée à l'idée de proportionnalité. Ce n'est évidemment pas cette dernière idée qui est nouvelle ; sont nouvelles les circonstances dans lesquelles on veut la mettre en œuvre, comme sont nouveaux les moyens utilisés pour y parvenir. Pour nous aider dans l'exploration de cette voie, nous disposons de plusieurs textes qui forment ensemble un corps de doctrine institutionnelle, française et européenne, sur le principe de précaution.

Au détour du chemin, nous découvrirons que le principe de précaution n'est pas une solution à l'incertitude scientifique, car l'idée même de solution suppose la fin de la recherche et de l'hésitation. Au contraire, la mise en œuvre du principe de précaution est de l'ordre, non de la décision couperet, mais du processus interactif régulier entre action et connaissance. Au lieu de liquider l'incertitude, il la porte haut comme question toujours posée, il la démultiplie sur les différentes scènes d'observation, d'expertise et de débat. Le principe de précaution n'est pas non plus une règle, au sens ordinaire qui suppose une injonction ou une interdiction à se comporter d'une façon précise. Il fournit des repères abstraits qui ne permettent pas d'éviter de solliciter le jugement au cas par cas. Il n'est pas non plus un critère de décision comme le sont la maximisation de l'espérance d'utilité ou le *regret minimax* proposés au sein de la théorie de la décision. Il affiche une valeur (il est bon de se soucier de façon précoce de risques hypothétiques de dommages graves dans le but de les prévenir) et donne des directions à l'action de prévention (il faut rechercher des mesures effectives et proportionnées).

LA PRÉCAUTION DANS LES TEXTES

Nous parlons facilement *du* principe de précaution, comme s'il s'agissait là d'une entité unique et bien identifiée. Or, bien que ce principe soit d'ores et déjà inscrit dans notre paysage politique et juridique, nos sociétés sont encore dans une phase de tâtonnement pour déterminer les attributs qu'elles voudront lui donner. Et puis, selon les domaines et les contextes, ce n'est pas tout à fait le même principe qu'on découvre.

On trouvera ainsi dans certains textes de droit international des versions « possibilistes » qui reconnaissent le pouvoir aux autorités de prendre des mesures de précaution en dépit de l'absence de certitude sur les dangers. La déclaration ministérielle de la deuxième conférence internationale sur la protection de la mer du Nord est significative à cet égard. Elle énonçait en 1987 : « Pour protéger la mer du Nord des effets des substances les plus dangereuses susceptibles d'être préjudiciables, une approche de précaution est nécessaire, qui peut exiger que des mesures soient prises pour limiter les apports de ces substances, avant même qu'une relation de cause à effet n'ait été établie grâce à des preuves scientifiques incontestables. » Elle peut exiger…

D'autres formules ont un ton plus impératif. Toujours pour la protection de la mer du Nord, la déclaration ministérielle de 1990 est plus ferme. Elle assigne aux gouvernements des obligations, et pas seulement des pouvoirs. En effet les gouvernements signataires « doivent appliquer le principe de précaution, c'est-à-dire prendre des mesures pour éviter les impacts potentiellement dommageables des substances, même lorsqu'il n'existe pas de preuve scientifique de l'existence d'un lien de causalité entre les émissions et leurs effets ».

Sur cette base, il était utile de ne pas s'en tenir au jeu des définitions retenues ici et là et de disposer de textes de doctrine plus élaborés. De ce point de vue on disposait en 2001 dans le contexte franco-européen de trois textes de portée générale, qui ne sont attachés à aucun domaine particulier : le rapport sur le principe de précaution rédigé par Philippe Kourilsky et Geneviève Viney à la demande du Premier ministre, publié début 2000 ; la communication de la Commission européenne sur ce principe datant de février 2000 ; la Résolution sur le principe de précaution adoptée par tous les chefs d'État et de gouvernement européens lors du Sommet de Nice de décembre 2000. Les encadrés 3, 4 et 5 en résument les propos respectifs. Leurs points communs les plus significatifs forment le noyau d'une doctrine que nous désignerons comme l'expression du mode tactique du principe de précaution, auquel nous opposerons plus loin un mode stratégique, sans établir une quelconque hiérarchie de valeur à travers cette distinction.

Prévention et précaution

Comment dire clairement la distinction entre *prévention* et *précaution* ? D'abord en levant une source récurrente de faux débats. Le terme prévention a deux sens différents. Englobant, le premier recouvre toute démarche visant à empêcher la survenue de certains événements jugés indésirables. Il est alors évident que le principe de précaution relève d'une démarche générale de prévention.

3. LES DIX COMMANDEMENTS DU RAPPORT KOURILSKY-VINEY (2000)[39bis]

1. *Tout risque doit être défini, évalué et gradué.*
2. *L'analyse des risques doit comparer les différents scénarios d'action et d'inaction.*
3. *Toute analyse de risque doit comporter une analyse économique qui doit déboucher sur une étude coût/bénéfice (au sens large) préalable à la décision.*
4. *Les structures d'évaluation du risque doivent être indépendantes mais coordonnées.*
5. *Les décisions doivent, autant qu'il est possible, être révisables et les solutions adoptées réversibles et proportionnées.*
6. *Sortir de l'incertitude impose une obligation de recherche.*
7. *Les circuits de décision et les dispositifs sécuritaires doivent être non seulement appropriés mais cohérents et efficaces.*
8. *Les circuits de décision et les dispositifs sécuritaires doivent être fiables.*
9. *Les évaluations, les décisions et leur suivi, ainsi que les dispositifs qui y contribuent, doivent être transparents, ce qui impose l'étiquetage et la traçabilité.*
10. *Le public doit être informé au mieux et son degré de participation ajusté par le pouvoir politique.*

4. LA COMMUNICATION DE LA COMMISSION EUROPÉENNE (2000)[40]

1. *Le principe de précaution devrait être considéré dans le cadre d'une approche structurée de l'analyse du risque (évaluation, gestion, communication) ; il concerne tout particulièrement la gestion du risque.*
2. *Le recours au principe de précaution présuppose que les effets potentiellement dangereux aient été identi-*

fiés, mais que l'évaluation scientifique ne permette pas de déterminer le risque avec suffisamment de certitude.

3. *Il faudrait commencer par une évaluation scientifique aussi complète que possible, mentionnant à chaque stade le degré d'incertitude scientifique.*
4. *Juger de ce qui est un niveau « acceptable » de risque pour la société est une responsabilité éminemment politique.*
5. *Une vaste gamme d'initiatives est disponible en cas d'action, depuis une mesure légalement contraignante jusqu'à un projet de recherche ou une recommandation.*
6. *La procédure de décision devrait être transparente et associer dès le début la totalité des parties intéressées.*
7. *Les mesures fondées sur le principe de précaution devraient :*
   - *être proportionnées au niveau de protection recherché (le risque peut rarement être ramené à zéro mais dans certains cas une interdiction totale peut être la seule réponse possible à un risque donné),*
   - *ne pas introduire de discrimination dans leur application (des situations comparables ne devraient pas être traitées différemment),*
   - *être cohérentes avec des mesures similaires déjà adoptées (les mesures devraient être d'une portée et d'une nature comparables à celles des mesures déjà prises dans des domaines équivalents où toutes les données scientifiques sont disponibles),*
   - *être basées sur un examen des avantages et des charges potentiels de l'action et de l'absence d'action (cet examen est plus large qu'une analyse de rentabilité économique et inclut par exemple l'acceptabilité par la population ; il doit tenir compte de la priorité donnée à la protection de la santé par rapport aux considérations économiques),*
   - *être réexaminées à la lumière de nouvelles données scientifiques,*

- *être capables d'attribuer la responsabilité de produire les preuves scientifiques nécessaires pour permettre une évaluation plus complète du risque (la responsabilité incombe aux entreprises là où existent des procédures d'autorisation préalable ; là où elles n'existent pas, elle peut être placée sur les pouvoirs publics ou sur les utilisateurs, mais aussi sur le producteur ou l'importateur, sans en faire une règle générale).*

5. LA RÉSOLUTION DU CONSEIL EUROPÉEN DE NICE (2000)[40BIS]

1. *Le principe de précaution est applicable au domaine de l'environnement et également à la santé humaine, ainsi que dans les domaines zoo et phytosanitaires ; il se place dans la perspective du développement durable.*
2. *Le principe de précaution s'applique aux politiques et actions de la Communauté et de ses États membres ; il concerne l'action des autorités publiques, tant au niveau des institutions communautaires qu'à celui des États membres.*
3. *Il y a lieu de recourir au principe de précaution dès lors que la possibilité d'effets nocifs sur la santé ou l'environnement est identifiée et qu'une évaluation scientifique préliminaire sur la base des données disponibles ne permet pas de conclure avec certitude sur le niveau de risque.*
4. *Pour procéder à l'évaluation des risques, l'autorité publique doit se doter d'un cadre de recherche approprié, en s'appuyant notamment sur des comités scientifiques et sur les travaux scientifiques pertinents ; l'autorité publique est responsable de l'organisation de l'évaluation du risque, qui doit être conduite de façon pluridisciplinaire, contradictoire, indépendante et transparente.*
5. *L'évaluation du risque doit faire ressortir les avis minoritaires éventuels.*

6. Les mesures de gestion du risque doivent être prises par les autorités publiques responsables sur la base d'une appréciation politique du niveau de protection recherché.
7. Lors du choix des mesures à prendre pour la gestion du risque, tout l'éventail des mesures permettant d'atteindre le niveau de protection recherché doit être envisagé.
8. La société civile doit être associée et une attention particulière doit être accordée à la consultation de toutes les parties intéressées à un stade aussi précoce que possible.
9. Les mesures prises doivent respecter le principe de proportionnalité en tenant compte des risques à court et à long terme et en visant le niveau élevé de protection recherché.
10. Lorsqu'il existe plusieurs possibilités d'atteindre le même niveau de protection de la santé ou de l'environnement, les mesures les moins restrictives pour les échanges doivent être recherchées.
11. Les mesures devraient être cohérentes avec les mesures déjà prises dans des situations similaires ou utilisant des approches similaires, compte tenu des développements scientifiques les plus récents et de l'évolution du niveau de protection recherché.
12. Les décisions prises au titre du principe de précaution doivent être réexaminées en fonction de l'évolution des connaissances scientifiques. À cette fin, le suivi des effets de ces décisions doit être assuré et des recherches complémentaires doivent être menées pour réduire le niveau d'incertitude.

La prévention a également un sens plus précis ; il s'agit de ce que devient la démarche générale de prévention lorsqu'elle vise des risques collectifs avérés et qu'elle s'adosse à l'appréhension statistique des risques. La *précaution* se distingue alors de cette *prévention*-là, non par la visée générale, mais par les circonstances (des risques hypothétiques) et les moyens mobilisés pour identifier les mesures à prendre (l'expertise et une délibération impliquant acteurs sociaux et représentants du public). Dans son mode tactique, elle s'en distingue également par la manière de mettre l'accent sur l'interaction entre l'action et l'activité scientifique : les mesures de précaution et les actions autorisées sont régulièrement révisées pour les adapter à l'évolution des connaissances ; lorsque l'engagement mesuré dans l'action génératrice du risque est compatible avec le niveau de protection voulu, cet engagement est conçu et suivi de manière à pouvoir mieux connaître la réalité du risque.

La précaution est aussi parfois rapprochée du concept juridique de prudence, qui a le statut d'une obligation générale. Elle n'en serait, dit-on, qu'une conséquence. En fait, ce rattachement peut prêter pareillement à confusion. Définies avec précision, *prudence* et *précaution* se distinguent nettement, comme cela sera montré plus loin : le principe de précaution ne consiste pas à faire montre de davantage de prudence dans la prévention, voire à devenir précautionneux, mais à se saisir de façon précoce de risques potentiels.

Ceci étant, de nombreux « commandements » proposés pour la précaution s'appliquent aussi bien à la prévention : des deux côtés il convient d'identifier, d'évaluer et de graduer le risque. Des deux côtés, il faut assumer l'exigence de comparaison. Il en va de même de l'évaluation des coûts et des avantages qui peuvent se trouver engagés.

Deux bornes balisent toutefois le domaine d'application pertinente du principe de précaution : à une extrémité, il y a l'obtention d'une certitude sur l'existence du risque, à l'autre extrémité il y a l'ignorance. Lorsque les phénomènes qui sous-tendent le danger sont scientifiquement bien compris et que leur probabilité est connue, on a affaire à des risques avérés dont l'existence ne fait pas de doute et dont seule la réalisation est aléatoire. Ces risques classiques (accidents de la route, tempêtes, inondations, etc.) relèvent de démarches de prévention. Comme ces exemples le montrent, parler de risque avéré ne veut pas dire que l'on sait exactement prévoir ce qui va se passer à tout moment, en tout lieu. Cependant, la répétition de phénomènes de même nature permet la construction de bases de données statistiques sur la longue durée, moyennant un investissement dans le recueil systématique des informations. Cela facilite le calcul du risque et permet de mettre en place des politiques de prévention à l'échelle d'une collectivité. Lorsqu'elles sont informées de leur exposition au risque, les personnes individuelles sont également en mesure, dans certains cas, de se couvrir par des mesures de prévoyance et, plus généralement, par des contrats d'assurance.

Rien de cela n'est acquis en l'absence de certitude sur les phénomènes de base et sur l'existence du danger. Le risque y est hypothétique, soupçonné. Il est fait d'interrogations, de présomptions plus ou moins solidement étayées, de scénarios plus ou moins plausibles. Un risque hypothétique, non avéré, ne peut cependant pas être considéré comme un risque très peu probable, voire négligeable. C'est une possibilité identifiée de risque dont on ne connaît précisément pas la probabilité.

La seconde borne du domaine de la précaution est l'ignorance. Le principe de précaution est ici impuissant, l'ignorance n'offrant aucune prise à l'action de prévention, si ce n'est la recherche scientifique, et encore : pour faire une recherche au-delà des stades préliminaires, on a besoin de savoir dans quelle direction il faut chercher. Voilà une indication importante : le principe de précaution ne peut être mobilisé que pour des dangers préalablement identifiés dont, en l'état des savoirs, une première approche scientifique a donné une esquisse possible. C'est pourquoi manquent leur cible les nombreuses formules qui ont fleuri dans le débat sur la précaution et qui prennent la forme d'injonctions paradoxales : prévoir l'imprévisible, évaluer l'inévaluable, proportionner la prévention à un risque sans dimension, etc. Ne franchissant pas la borne de l'ignorance, le principe de précaution est étranger à la problématique du *risque de développement*. Cette catégorie juridique correspond en effet à des dangers révélés après coup, mais inconnus de tous, pas même suspectés, au moment où un produit ou une technique sont introduits (voir l'encadré 6)[41].

6. LE RISQUE DE DÉVELOPPEMENT

Le risque de développement suppose « un produit, affecté par un défaut indécelable et imprévisible, dont la connaissance ne se manifestera qu'après un certain délai dans le temps, et dont l'imputation au produit ou au producteur ne pourra se faire que dans un autre état de la science que celui au sein duquel le produit a été mis en circulation, utilisé et consommé[42] ». La jurisprudence française avait, jusqu'il y a peu, consacré un principe de responsabilité objective, sans faute, applicable à tous les cas de défauts, qu'ils soient connaissables *ex ante* ou pas. Rompant avec cette jurisprudence, la loi française qui a transposé en mai 1998 la directive européenne sur les produits défectueux a pris le parti de l'exonération de la responsabilité pour risque de développement, sauf pour les produits issus du corps humain comme le sang. Néanmoins les victimes ont encore la liberté de se référer au droit commun qui était en vigueur au moment de la promulgation de la nouvelle loi. C'est au juge qu'il appartiendra de trancher laquelle des normes juridiques est applicable ou a prééminence dans tel ou tel cas.

Le tableau dressé permet désormais d'établir une classification des risques et des principes qui leurs sont applicables[43] :

- *risques inconnaissables* (risque de développement) : principe d'exonération ;
- *risques suspectés* : principe de précaution ;
- *risques avérés* : principe de prévention ;
- *risques réalisés* : principe de réparation.

Classification remarquable de simplicité !

Toutefois la réalité empirique présente parfois des cas limites dont on ne sait trop où les ranger du fait d'un caractère hybride. Ces cas seraient gênants à la frontière entre *prévention* et *précaution* si, entre les mesures prises sous l'égide de l'une ou de l'autre, devait se produire une discontinuité majeure comme celle qu'induiraient l'approche apocalyptique des risques et la règle d'abstention. Telle n'est pas la logique de la prévention classique qui ne débouche pas sur une injonction à éviter tout risque d'une façon absolue, mais à une réduction raisonnée des risques. Elle ne se distingue pas en cela de la précaution proportionnée[44] que les textes mentionnés plus haut visent à organiser. Les problèmes de frontières n'ont alors qu'une importance de second ordre, quand bien même ils peuvent fournir une belle matière aux commentateurs.

La revendication d'une responsabilité politique

Le principe de précaution est l'affaire des autorités publiques. Sa mise en œuvre relève fondamentalement d'une responsabilité politique. Tel est le point de vue de la doctrine. Plusieurs affirmations convergent en ce sens : a) le principe de précaution concerne l'action des autorités publiques, tant communautaires que nationales ; b) ces autorités doivent se doter d'un cadre de recherche approprié pour évaluer les risques et elles sont responsables de l'organisation de cette évaluation ; c) les autorités doivent associer la société civile et consulter les parties intéressées ; d) les mesures de gestion du risque doivent être prises par les autorités publiques responsables sur la base d'une appréciation politique du niveau de protection recherché.

La responsabilité politique revendiquée intervient à deux niveaux : il revient aux autorités publiques d'organiser un État-précaution (cadre de recherche, d'expertise, de consultation et régime de régulation) ; il leur revient également d'apprécier et de pondérer l'ensemble des aspects jugés pertinents pour faire la part du risque qui peut être accepté, marquer la limite de l'inacceptable et choisir les mesures de précaution en conséquence.

Ce pouvoir d'appréciation n'est cependant pas sans limites, par exemple au regard des restrictions apportées au commerce, qui ne doivent pas être plus grandes qu'il n'est requis pour assurer le haut niveau de sécurité sanitaire et de protection de l'environnement retenu comme objectif en Europe. La revendication d'une responsabilité publique et politique ne signifie pas non plus que les autorités ont à gérer les risques en s'enfermant dans un bunker. Au contraire, l'une de leurs missions consiste à veiller à l'information du public et des parties intéressées, et à les associer de façon précoce dans le cadre de procédures de consultation. Malheureusement, les textes sont peu diserts sur la manière de mettre ces exigences en pratique et sur ce qui peut en être attendu. Associer les citoyens ? Oui, mais avec quel enjeu et dans quel but ?

Enfin la revendication d'une responsabilité publique et politique n'entraîne pas que les entreprises, les responsables territoriaux ou les particuliers doivent demeurer à l'écart de toute démarche de précaution. *In fine* ce sont les créateurs de risques collectifs qui doivent être concernés par ce principe, chacun en convient.

L'exigence de comparaison et le souci de cohérence

Les risques hypothétiques n'ont pas à être considérés en termes absolus et de façon isolée, comme avec des œillères. Ils ont à être comparés. On trouve en particulier dans la communication de la commission la recommandation de veiller à ce que les mesures prises au nom de la précaution pour des risques hypothétiques soient comparables par l'ampleur et la nature à celles adoptées pour des risques avérés similaires. Cela revient à dénier toute portée normative à l'aversion à l'ambiguïté, ce qu'on peut discuter, et plus encore à l'approche apocalyptique des risques potentiels discutée au chapitre II. Les effets de différents types de mesures envisageables doivent également être comparés entre eux, en n'oubliant pas d'inclure dans la comparaison l'option consistant à ne pas intervenir. La comparaison doit enfin comprendre les avantages des différentes actions envisagées et ne pas se focaliser sur les seuls coûts et charges, sans toutefois remettre en cause la prééminence des considérations de santé publique sur des enjeux strictement commerciaux et financiers[45].

Devoir comparer les risques et mettre en cohérence les mesures prises en différentes circonstances sont des exigences souvent critiquées par les ONG qui se consacrent à la protection de l'environnement ou à la défense des consommateurs. Ces dernières redoutent qu'en forçant un alignement sur des décisions antérieures jugées tout à fait insuffisantes, cela ne serve puissamment un conservatisme jouant au profit d'activités peu sûres et d'un développement peu soucieux de l'environnement. Des progrès rapides de la sécurité seraient empêchés et on ne tiendrait pas compte des manières très différentes dont les risques prennent sens pour les consommateurs et les citoyens.

Même s'ils peuvent avoir une valeur pratique, ces arguments ne sont pas convaincants sur le fond. Certes, on ne peut comparer que ce qui est comparable, mais une comparabilité se construit. Rien n'interdit de prendre en compte des distinctions jugées importantes par les consommateurs, par exemple entre risque choisi et risque subi, risque individuellement maîtrisable et risque non maîtrisable, ou risque individuellement connu et risque inconnu. Par ailleurs, la résolution du Sommet de Nice apporte un complément utile à la communication de la Commission. La cohérence à établir n'impose nullement de s'aligner sur le traitement qui a été donné dans le passé à d'autres risques similaires. Ce traitement peut en effet être devenu obsolète au regard de ce que sont présentement les préférences collectives. La cohérence requise doit s'apprécier en fonction du niveau d'exigence qui doit désormais servir de repère dans tous les domaines de risques pour être conforme aux préférences actuelles (le niveau de protection recherché), et en fonction de l'état le plus récent des connaissances et des capacités techniques. Cette conception de la cohérence suppose qu'on révise périodiquement l'évaluation des risques et les mesures de gestion adoptées dans les différents domaines.

Une question décisive pour faire des comparaisons est le choix d'une situation de référence. Faut-il retenir les pratiques actuellement en vigueur, communément admises, même si elles sont critiquées par certains ? Faut-il se donner un référent idéal qui incarnerait le projet collectif de la société, ce qu'elle voudrait inscrire dans les faits, si tant est qu'un tel projet soit unique ? La pertinence de ces questions dépend de la règle de décision adoptée. S'il s'agit par exemple d'éviter tout nouveau risque dans un certain domaine, il est important de savoir si l'on apprécie ces risques par rapport à l'existant ou par rapport à une norme idéale que se donnent certains groupes sociaux. Ainsi doit-on comparer les risques des OGM agricoles à ceux des produits chimiques ou biologiques habituellement utilisés pour la protection des cultures ou bien aux seules pratiques admises par les cahiers des charges de l'agriculture biologique ? Le conflit entre l'Autriche et la Commission européenne à propos de ces OGM (en particulier un maïs Bt de Monsanto) n'avait pas d'autre source[46]. Le gouvernement autrichien a fait valoir qu'il ne pouvait pas approuver l'emploi d'une technique qui pourrait faire du tort à l'agriculture biologique alors qu'il subventionne fortement ce type d'agriculture, pour en favoriser l'essor. Des questions de ce genre ont une dimension normative. Au niveau des principes, elles ne relèvent pas de la compétence et de l'arbitrage des seuls experts.

La place de l'expertise scientifique et les relations avec la société civile

Certains analystes ont craint, et d'autres ont revendiqué, l'idée que le principe de précaution manifeste une rupture avec la science et avec la recherche de l'objectivité. Ceux qui la craignent y voient une malformation congénitale, source d'irrationalité ou d'inefficacité pratique (voir l'encadré 7). Les trois textes de référence mentionnés apportent un démenti à une telle idée. Ces textes réaffirment l'adossement nécessaire de tout ce qui se fera au nom de la précaution aux connaissances disponibles et aux énoncés scientifiques, certes encore hypothétiques, sans prétendre qu'il s'agisse là du seul élément de justification qui importe à la décision publique. Ils précisent d'ailleurs les conditions à réunir pour renforcer la crédibilité de l'expertise : indépendance, pluridisciplinarité, organisation contradictoire, et transparence.

7. UNE NORME IRRATIONNELLE ?

Le principe de précaution a été critiqué pour écarter l'exigence d'un fondement scientifique et rationnel de la décision publique et ouvrir grand la porte à l'arbitraire administratif ou politique[47]. Des observateurs comme Michel Setbon[48] lui reprochent surtout d'être une mauvaise norme pratique et avancent des arguments sérieux en ce sens. Plus l'action doit être précoce, moins elle peut être étayée par des savoirs scientifiques validés, moins elle peut être ajustée à la réalité du danger, plus elle doit embrasser large. Elle implique alors des choix radicaux et difficiles d'autorisation ou d'interdiction de sources présumées du risque, choix qui peuvent être très dommageables pour les intérêts économiques et sociaux de nombreux acteurs. Du fait de l'incertitude sur le danger encouru, les mesures éventuellement prises apparaissent peu crédibles et peu légitimes aux yeux de ceux qui sont en charge de les appliquer. Avec une forte probabilité, ces mesures de précaution sont mal appliquées. La sécurité n'y gagne pas, mais la judiciarisation de la société si, puisque, en quelque sorte, la situation rend presque inéluctable la défaillance collective au regard des exigences formulées.

Dans le cas de la gestion publique de la maladie de la vache folle au Royaume-Uni, le rapport Phillips fait principalement reproche aux autorités de ne pas avoir pris les moyens d'appliquer avec suffisamment de rigueur les décisions prises qui, dans l'ensemble, étaient judicieuses et sont intervenues de façon assez précoce, compte tenu des savoirs disponibles[49].

Contre le consensus forcé

De nombreux travaux de sociologie[50] ont montré que les experts, réputés s'en tenir à une évaluation objective des problèmes et des situations, ne pouvaient éviter de faire un ensemble de choix à caractère normatif, en particulier pour ce qui concerne le cadrage de leurs travaux. Aussi s'accorde-t-on généralement pour vouloir organiser le fonctionnement des comités d'experts selon des règles de procédure conçues pour éviter que ne s'imposent, à travers l'expertise, des vues reflétant dans l'opacité des intérêts ou des partis pris sur lesquels un accord ne s'est pas fait au préalable. Il s'agit notamment de faire barrage aux pressions, endogènes et exogènes, poussant les experts à parvenir à un consensus coûte que coûte. Par exemple, la résolution de Nice demande la reconnaissance explicite de la possibilité d'expression d'avis minoritaires dans les rapports et avis d'experts. Les experts ne doivent pas pour autant renoncer à la recherche d'un consensus là où il peut être obtenu au terme d'une discussion des arguments respectifs ; les assemblées d'experts n'ont pas à se transformer en chambres d'enregistrement de positions contradictoires arrêtées *a priori* et échappant à la logique de la discussion et de la justification.

La méfiance envers le consensus artificiel et le jeu caché des intérêts conduit certains analystes[51] à aller plus loin que ne vont les trois textes de référence. Ils suggèrent de régler formellement l'activité des comités d'experts scientifiques sur le mode des pratiques judiciaires, autour du principe du contradictoire. Les points de vue sur une question touchant à un risque suspecté seraient défendus chacun par un expert-avocat. Ce dernier aurait à mobiliser les savoirs disponibles et les incertitudes pendantes au service d'une thèse qu'il défendrait devant un tiers. Dans le domaine judiciaire, ce tiers est le juge ou le jury. Pour l'expertise scientifique, ce pourrait être le groupe des experts, une assemblée de citoyens ou les décideurs. L'institutionnalisation de la controverse d'experts est alors vue comme le meilleur moyen d'accéder à un tableau fidèle des connaissances acquises et des zones d'ombre et d'éviter l'emprise d'intérêts économiques, politiques ou idéologiques particuliers, dans des situations qui ont été précédemment caractérisées comme appartenant à des univers controversés. De telles solutions ont besoin d'être expérimentées pour en apprécier de façon pratique les bénéfices obtenus et les effets négatifs possibles.

La transparence

Chacun se recommande de la transparence. Pour sa propre crédibilité et pour le bon fonctionnement de la démocratie, l'expertise scientifique des risques ne doit plus être rendue de façon secrète au seul profit des pouvoirs publics. Elle doit être accessible, dans les mêmes termes, aux différentes parties concernées et au grand public. On doit pouvoir escompter de cette exigence une réduction des asymétries d'information et l'émergence d'une représentation commune de l'état des savoirs sur les phénomènes et sur les problèmes.

La façon la plus directe d'assurer une communication de masse des résultats de l'expertise consiste aujourd'hui à les mettre sur le réseau Internet, ce qui devrait également permettre l'organisation de forums de commentaire et de discussion permettant de recueillir les avis des citoyens.

L'organisation d'une traçabilité des actes d'expertise et du processus de décision doit également faciliter le contrôle par les citoyens et par chaque partie intéressée de ce qui est fait par les experts et par les pouvoirs publics. Elle est aussi précieuse en vue d'éventuels conflits commerciaux devant des instances communautaires ou internationales[52].

Une révision des mesures en fonction de l'évolution des connaissances

En situation d'absence de certitude, l'expertise scientifique peut rarement aboutir à des conclusions définitives et les pouvoirs publics à des mesures irrévocables. En contrepartie d'une prise en compte précoce des risques, la prévention doit être ajustée au progrès des connaissances qui se manifeste en dépit de l'existence de nombreuses inconnues. À mesure que le tableau scientifique se précise, de nouvelles mesures peuvent se justifier tandis que les mesures initiales peuvent être devenues obsolètes. Il en découle l'idée d'installer les mesures de précaution dans le registre du provisoire et du révisable, dans l'attente d'une amélioration de l'information scientifique[53].

Cela requiert de la part des autorités organisatrices de la précaution qu'elles accordent une attention continue aux évolutions des connaissances et donc à la vie scientifique : la genèse de nouvelles hypothèses, la découverte de nouveaux indices, l'obtention de confirmations expérimentales ou au contraire de résultats négatifs, etc. Loin d'éloigner l'action publique de la science, la précaution demande qu'elle soit plus sensible aux mouvements de cette dernière, sans pour autant verser dans le scientisme et le technocratisme : la garde des valeurs, les orientations normatives, la pesée de tous les intérêts en cause, la délibération sur les risques auxquels le public peut consentir, tout cela demeure l'apanage des autorités et n'a pas à être absorbé par le pôle de l'expertise scientifique, bien qu'une expertise à orientation normative (éthique, juridique, économique) ait à jouer un rôle clé pour éclairer les choix des autorités.

En conséquence, les pouvoirs publics ont à prévoir de réviser régulièrement les mesures de précaution adoptées. Il faut donc qu'ils soient en mesure de le faire : techniquement et institutionnellement, il y a lieu de privilégier les mesures de précaution qui sont révisables et de les concevoir de façon à ce qu'elles puissent être révisées. Idéalement il faut pouvoir interdire ce qui a été précédemment autorisé, de même qu'il faut pouvoir desserrer le cadre de protection mis en place, s'il apparaît que ce cadre est disproportionné par rapport au danger. L'engagement irréversible dans des actions de grande envergure visant à prévenir des risques qui ne seraient que suspectés est *a priori* antagoniste de l'esprit de la précaution dans son mode tactique. Seule la perspective plausible de dommages d'une gravité exceptionnelle peut conduire, faute d'alternatives, à adopter des mesures de précaution elles-mêmes irréversibles.

Les interactions entre l'activité scientifique et les politiques de précaution ont d'autres dimensions. Deux retiendront notre attention. Bien qu'elles ne soient pas explicitement citées dans les textes de référence, elles peuvent se déduire au croisement de plusieurs des recommandations faites.

Accepter certains risques pour mieux connaître le risque

L'engagement mesuré dans une action présumée risquée peut faire partie intégrante d'une démarche de précaution. Il existe de toute façon des risques qui méritent d'être pris, même sous l'égide de la précaution. Ce n'est pas cela qui est visé ici, mais un phénomène plus précis. L'engagement mesuré dans des activités à risque peut être un moyen essentiel d'acquérir une connaissance empirique des risques suspectés. C'est le cas des dangers dotés d'un bon potentiel d'observabilité : pour ceux-là, mettre en place un dispositif d'observation permet de répondre à certaines questions clés sur les risques en cause. Il en va ainsi de cultures expérimentales d'OGM qui, bien encadrées, bien orientées et bien suivies, peuvent être tout à fait précieuses pour avancer dans la connaissance de la réalité des phénomènes de dissémination de gènes et de leurs impacts écologiques éventuels[54]. Cette approche implique de traiter l'action à risque comme une expérience rigoureusement suivie afin de pouvoir en tirer un apprentissage. La même idée doit inspirer le suivi des mesures de précaution : il s'agit d'accompagner leur mise en place d'une observation permettant d'apprécier leur incidence sur la gestion des risques[55]. Ainsi prendrait forme une interaction continue entre la dynamique scientifique, l'expertise des risques et la politique de précaution.

Le débat public peut contribuer à la qualité de l'expertise

La controverse sociale et le débat sont parfois considérés comme des obstacles au bon déroulement du processus de décision public en matière de précaution. Il est vrai qu'ils peuvent être à l'origine de délais importants, voire de blocages des situations, et que cet effet peut être exploité par des minorités agissantes. Ils peuvent cependant avoir des aspects positifs du point de vue de la qualité de l'expertise et de la décision et ne pas être seulement un mal jugé nécessaire pour faire accepter des choix publics ou certaines techniques controversées[56]. Cette contribution positive peut être d'autant plus grande que les risques sont mal cernés par les scientifiques. Comment est-ce possible ?

De façon générale, la qualité de résultats scientifiques dépend du processus toujours recommencé de critique mutuelle entre les chercheurs. S'agissant d'expertise, elle dépend en premier lieu des règles de procédure interne et de l'organisation précise des relations avec les décideurs qui la convoquent[57]. Sur le critère de la pertinence, elle dépend aussi du degré d'ouverture des instances d'expertise à la discussion avec des profanes dont les rôles économiques et sociaux et l'expérience leur ont permis d'acquérir des connaissances et des compétences empiriques sur les fonctionnements réels qui peuvent être tout à fait précieuses. Les procédures de débat public peuvent être particulièrement utiles pour ajuster et enrichir le choix des questions explorées, identifier la nature des effets à considérer et éclairer les types de compétences disciplinaires à mobiliser. La mise en phase de l'expertise avec les questions qui émergent de la société en dépend largement.

Dans la mesure où les questions et les remises en cause adressées aux experts sont elles-mêmes reversées sur la scène scientifique et trouvent un prolongement sous la forme de nouveaux travaux de recherche, une dynamique d'apprentissage collectif peut s'amorcer et se déployer. Sans que les chercheurs aient en quoi que ce soit à en rabattre sur la rigueur de leur démarche, ce processus revient *in fine* à faire de l'expertise une médiation efficace de la relation entre science et société, et de la société civile un acteur œuvrant à ce que les scientifiques produisent une meilleure science.

L'expérience acquise depuis la fin des années 80 dans le domaine des OGM[58], après celle du nucléaire, indique cependant que controverses et débat public peuvent conduire à des antagonismes apparemment indépassables et à une situation de crispation sociale sur des positions définitives, d'une façon contraire à l'esprit caractéristique de la précaution dans son mode tactique. Il n'est pas exclu que l'intervention de la société civile et le débat public conduisent, d'un côté, à un progrès appréciable de la qualité de l'expertise scientifique des risques, et de l'autre à un blocage politique et social autour de positions figées dans leurs clivages, comme indifférentes aux possibilités de mieux connaître la nature des risques en jeu et, par suite, de mieux les maîtriser. Autant dire que les débats publics, comme l'expertise, demandent une organisation rigoureuse et impartiale pour être dignes de confiance de la part des différentes parties. Beaucoup dépend aussi de la capacité institutionnelle à mettre en place un suivi effectif des impacts des innovations et une information régulière du public sur les observations obtenues.

Le mode stratégique

La place donnée à l'évaluation scientifique des risques par le mode tactique du principe de précaution ne convainc pas ceux qui, au sein des cercles scientifiques eux-mêmes ou au sein d'ONG, s'attachent à rappeler les limites cognitives importantes et durables des démarches scientifiques : la science n'a pas réponse à toutes les questions que se posent les citoyens, par exemple dans les domaines de l'écotoxicologie et de la climatologie. Ces sceptiques voient dans le principe de précaution une réponse à la prise de conscience de ces limites structurelles de la connaissance[59], ce qui les conduit à vouloir donner d'autres bases aux actions de précaution. L'argument se présente à peu près de la manière suivante : les connaissances avérées arrivent toujours trop tard par rapport aux exigences de l'action et, du fait du niveau élevé de complexité des questions posées, ne sont finalement pas conclusives sur les points clés[60]. Aussi l'insistance sur l'évaluation scientifique des risques dans le contexte des politiques de précaution apparaît-elle suspecte à ces critiques : elle entretiendrait les mythes scientistes de la période historique antérieure, ou véhiculerait des stratégies visant, sous prétexte de rigueur et d'objectivité, à évacuer des demandes sociales légitimes.

C'est sur ce fond qu'a pris forme une approche de la précaution qui prend le contre-pied de son mode tactique. Dénonçant l'espoir d'acquérir un jour des certitudes scientifiques, ses promoteurs demandent à ce qu'on s'attaque de façon radicale à toutes les sources de risques hypothétiques pour l'environnement et la santé. Ils en appellent, au nom de la précaution, à une planification à long terme d'une action progressive d'éradication de toutes les sources de danger. C'est ce que nous appelons le *mode stratégique du principe de précaution*. Il s'inscrit dans le prolongement d'une partie de l'inspiration initiale du *Vorsorgeprinzip* en Allemagne. Le calendrier daté des actions de précaution est alors déterminé principalement par la disponibilité de moyens technologiques, les coûts en jeu, et l'acceptation sociale des risques. Une fois fixés les objectifs de long terme, l'évolution des connaissances scientifiques n'interfère pas avec la visée de l'action de précaution, même si elle peut conduire à moduler le choix de la trajectoire. Cette stratégie d'éradication a une contrepartie. Elle oblige à renoncer à la perspective de découvrir la réalité du risque suspecté, mais aussi à renoncer aux avantages insoupçonnés de technologies condamnées de façon précoce sur soupçon. Elle revient à faire le pari de devoir supporter éternellement les coûts résultant des restrictions imposées sans savoir si cela est réellement justifié.

Ce mode stratégique du principe de précaution n'est pas seulement défendu au sein des milieux militants de la protection de la nature. Il a également marqué de son empreinte certains textes politiques ou juridiques, sans être majoritairement reconnu par la doctrine institutionnelle. La déclaration ministérielle adoptée lors de la réunion d'Esbjerg en 1995 par les pays soucieux de protéger la mer du Nord en fournit un remarquable exemple. Ce texte énonce en effet : « Les Ministres s'accordent pour prendre comme but l'établissement d'un écosystème de la mer du Nord qui soit sain, viable et soutenable. Le principe directeur pour réaliser cet objectif est le principe de précaution. Cela implique de prévenir la pollution de la mer du Nord par une réduction continue des rejets, émissions et pertes de substances toxiques. À cette fin, il faut aller vers l'objectif de leur cessation complète en une génération (vingt-cinq ans) de façon à ramener les concentrations dans l'environnement à un niveau proche des valeurs naturelles pour les substances naturellement présentes dans le milieu, et du niveau zéro pour les substances de synthèse produites par l'homme. » Le principe de précaution n'est manifestement pas conçu ici comme un moyen de gérer l'attente de meilleures connaissances scientifiques. L'homme étant appréhendé comme une source de risques pour l'environnement, l'effacement de l'influence humaine et la restauration de l'état de nature préindustriel sont promus au rang de valeur supérieure comme seul état « sain, viable et soutenable ».

Ainsi le principe de précaution a deux modes d'existence, l'un tactique et l'autre stratégique, qui se sont livrés à une lutte d'influence, dès l'émergence du principe, à l'occasion de ces batailles politico-juridiques que sont les négociations de textes internationaux et communautaires et lors des controverses sur la gestion publique des risques. On comprend mieux, dans ces conditions, pourquoi le principe de précaution n'a pas les propriétés d'un critère de décision et pourquoi des décalages parfois importants apparaissent entre les énoncés de la doctrine institutionnelle, centrés sur le mode tactique, et la réalité des actions de précaution qui sont adoptées dans certains dossiers.

LA PROPORTIONNALITÉ EN QUESTION

Quel que soit son mode, le principe de précaution a une structure conceptuelle agencée autour de deux idées : la précocité de la prise en charge de risques hypothétiques ; la proportionnalité des mesures de précaution. Contrairement aux idées reçues qui réduisent le principe de précaution à l'interdiction, les mesures qu'il peut inspirer peuvent être choisies dans une large gamme (voir l'encadré 8).

On peut les appréhender selon le niveau d'engagement des autorités publiques et selon leur degré de sévérité dans la restriction des libertés économiques.

L'idée de proportionnalité vise la correspondance à établir entre les mesures à prendre et différentes variables caractérisant le risque suspecté. Comment construire une telle correspondance puisqu'on ne dispose pas du secours de probabilités et de critères de décision incontestables ? Loin d'y renoncer, on peut identifier un ensemble de dimensions à prendre en compte à cet effet :

• *la gravité* des dommages anticipés, notamment éclairée par leur degré d'irréversibilité présumée ;

• *l'objectif de sécurité* que les pouvoirs publics se donnent — dans ses textes récents, l'Union européenne réaffirme systématiquement qu'elle vise un haut niveau de sécurité de la population et de protection de l'environnement ;

• *le coût direct et d'opportunité* (les avantages auxquels on devrait renoncer) des mesures envisagées[61] ;

• *le degré de consistance et de plausibilité scientifiques* des hypothèses de risque au moment de l'évaluation ;

• *la capacité de dénouement*, plus ou moins rapide, des incertitudes en jeu.

8. LA GAMME DES MESURES DE PRÉCAUTION

En allant du plus léger au plus contraignant pour les libertés individuelles, les mesures envisageables sont :

Sur le plan de la connaissance

• organisation d'une veille ;

• mise sur pied de dispositifs d'alerte ;

• organisation de réseaux d'information, et réalisation de synthèses scientifiques dans le cadre de démarches d'analyse du risque ;

• lancement de programmes de recherche *ad hoc* sur des points d'incertitude ;

• réalisation d'expérimentations en conditions réelles mais contrôlées, accompagnées d'un suivi scientifique (observatoires locaux, réseaux de biovigilance...).

Sur le plan de la régulation publique

• information des professionnels concernés (services administratifs, médecins, sécurité civile, entreprises, élus locaux) ;

• information de publics ciblés (femmes enceintes, personnes âgées, gestionnaires de lieux collectifs, etc.) ;

• information du grand public sur l'existence possible d'un risque et sur les mesures que les personnes intéressées peuvent prendre ;

• obligation de transmission aux autorités publiques des informations détenues par des personnes publiques ou privées (entreprises) ayant à connaître des risques suspectés ;

• obligation d'une information publique sur les produits à risques (étiquetage) permettant aux consommateurs de distinguer les produits offerts en fonction de leur niveau de risque présumé ;

• définition de nouvelles conditions réglementaires d'usage de produits ou d'autorisation de mise en marché (AMM) ; cela peut inclure des restrictions liées à la nature des activités, la durée d'utilisation et la localisation géographique, ou une coordination spatio-temporelle des usages autorisés ;

• mise en place d'incitations publiques (taxation, permis transférables) afin de réduire la production de facteurs de risque (émissions polluantes, utilisation de substances chimiques) ;

- réservation des autorisations à certaines activités jugées essentielles et/ou répondant à certaines normes et conditions particulièrement strictes ;
- suspension provisoire d'activités ou de la vente de produits suspects ;
- programmation d'une contraction puis de l'interdiction de certaines activités génératrices de risques ;
- interdiction immédiate et définitive de certaines activités ou de certains produits.

Les décideurs ont à exercer au cas par cas leurs facultés de jugement dans ce jeu multidimensionnel. On pourrait souhaiter idéalement l'établissement de tables de valeurs mettant en correspondance le profil particulier d'un risque potentiel et le type d'action de précaution à engager. Cela permettrait de déterminer ce que les économistes appellent des taux de substitution pour tous les profils qui débouchent sur la même action. Quelle équivalence établir par exemple entre tel risque plus grave et moins plausible et tel autre moins grave et plus plausible ?

On ne dispose généralement pas de telles correspondances, ni d'une structure d'ordre formellement définie. Il est néanmoins possible de préciser les dimensions proposées pour caractériser les risques potentiels. Comme c'est l'état d'absence de certitude scientifique qui caractérise le champ de la précaution, notre attention se portera sur la caractérisation scientifique des hypothèses de risque.

Caractériser les hypothèses de risque

Nous proposons de caractériser l'état d'élaboration scientifique des hypothèses de risques à partir de six attributs[62] :

• *l'incertitude* d'un paramètre ou d'une variable, mesurée par la dispersion des valeurs possibles (fourchette ou intervalle) ;

• *la réductibilité de l'incertitude* par des programmes de recherche scientifique ou par la mise sur pied de dispositifs d'observation ; certaines incertitudes sont peu réductibles dans un délai raisonnable pour l'action, même en lançant de nouveaux programmes de recherche ; d'autres incertitudes peuvent être réduites en quelques mois ou quelques années grâce à une collecte de données ou à l'avancée de la recherche ; cette variable est importante à la fois pour le calendrier de la politique de précaution et pour l'appréciation de la proportionnalité des mesures ;

• *l'observabilité* ; déjà mentionnée, elle est l'un des déterminants de la réductibilité ; même lorsqu'elle ne permet pas de clore les controverses, l'observation permet de recadrer ou d'affiner les questions ; ainsi les phénomènes de dissémination de flux de gènes issus de plantes transgéniques sont *a priori* accessibles à l'observation, tandis que l'incidence éventuelle sur la santé humaine des champs électromagnétiques créés par l'équipement électrique des lieux de vie et de travail n'est pas aisément observable, étant donné les faibles niveaux et les multiples facteurs en jeu ;

• *la pertinence* de l'incertitude relative à une question ou à un paramètre pour le choix d'une mesure de précaution ; de nombreuses incertitudes scientifiques ne concernent en fait que les scientifiques eux-mêmes car elles ne modifient pas le tableau pertinent pour la prise de décision ; or le débat public peut être troublé par la mise en scène de multiples incertitudes accréditant l'idée « qu'on ne sait rien » ou « qu'on n'a pas assez étudié les effets possibles » alors que les incertitudes en question ne sont pas nécessairement pertinentes ; l'une des tâches stratégiques des experts est d'identifier les aspects scientifiques d'un problème qui sont pertinents dans le contexte d'une politique de précaution (voir l'encadré 9 sur le cas de l'embargo sur le bœuf britannique) ;

• *la sensibilité décisionnelle* à la résolution de l'incertitude ; il s'agit ici de la fonction de réponse de la politique de précaution à une amélioration des connaissances scientifiques sur un risque suspecté ; cette variable est le pendant de la réductibilité de l'incertitude ;

9. LA PERTINENCE DE L'EXPERTISE :
LE CAS DU MAINTIEN DE L'EMBARGO
SUR LE BŒUF BRITANNIQUE

À l'automne 1999, le gouvernement français décidait de maintenir l'embargo sur le bœuf britannique. Il s'appuyait sur l'avis formulé par l'Agence française de sécurité sanitaire des aliments (AFSSA) au vu de l'avis des experts scientifiques du Comité interministériel sur les encéphalopathies spongiformes subaiguës transmissibles (CIESST). Le CIESST avait choisi de répondre à la question suivante : existait-il un risque résiduel associé au bœuf britannique ; et sa réponse fut positive. La question pertinente aurait été : ce risque résiduel était-il significativement différent de celui qui prévalait en France et dans d'autres pays européens avec lesquels la France a des échanges commerciaux ? Si le niveau de risque avait été jugé similaire, bien que non nul, il n'y aurait pas eu de motifs de santé publique pour maintenir l'embargo. C'était d'ailleurs la conclusion du Comité scientifique directeur européen, sous l'hypothèse que le plan du gouvernement anglais soit appliqué sans défaillance[63].

• *la plausibilité* d'une hypothèse de risques, qui détermine l'étendue du crédit qui peut lui être accordé ; cette variable peut être appréciée subjectivement par des experts à partir d'une échelle qualitative (par exemple : faible, moyenne, élevée) ; on peut aussi utiliser une graduation situant son niveau de maturation dans le processus de construction scientifique des savoirs (voir l'encadré 10).

Parmi ces variables, certaines peuvent *a priori* être évaluées de façon indépendante par les experts scientifiques sans que les gestionnaires des risques s'en mêlent. Il s'agit des variables *incertitude, réductibilité de l'incertitude* et *observabilité*. Pour celles-là, il appartient aux experts de fixer le cadre de l'évaluation et de déterminer les valeurs qui expriment leur appréciation.

10. UNE GRADUATION DE LA MATURITÉ SCIENTIFIQUE DES HYPOTHÈSES DE RISQUES

La graduation suivante va du moins plausible au plus plausible :

- la simple conjecture scientifique ;
- l'hypothèse non étayée mais non réfutée, compatible avec l'état des savoirs scientifiques ;
- l'hypothèse non étayée mais résultant d'une méthode scientifique acceptée ;
- l'hypothèse étayée par des travaux scientifiques de modélisation et/ou simulation, des observations empiriques ou des résultats expérimentaux ayant la valeur d'indices, et acceptée ou soutenue par une minorité de scientifiques ;
- l'hypothèse scientifique étayée par des éléments empiriques, ou par l'expérimentation ou encore par la modélisation, et jugée plausible par une majorité de scientifiques ;
- l'hypothèse validée de façon isolée, demandant à être confirmée, qu'il s'agisse d'une démonstration expérimentale ou d'une découverte, demandant à être reproduite, confirmée, ou critiquée ;
- le résultat majoritairement accepté par la communauté scientifique, mais encore soumis aux critiques ou réserves d'une minorité scientifique ;
- le résultat avéré, accepté par la communauté scientifique au moins quant à l'existence et à la nature du risque.

La dernière position relève d'une démarche classique d'analyse du risque et de *prévention*. Toutes les autres relèvent potentiellement d'une démarche de *précaution*.

Il en va autrement pour les trois autres variables : *pertinence, sensibilité décisionnelle* et *plausibilité*. La définition des échelles de graduation, des classes et des seuils joue un rôle non négligeable, parfois décisif, dans la manière de tirer des conclusions normatives et pratiques du travail des experts. Ainsi, ces derniers ne sont pas en mesure de déterminer seuls avec compétence les marges d'incertitude qui sont pertinentes pour la gestion des risques ou les différents degrés de plausibilité qui importent aux décideurs. Ces variables présentent une dimension normative implicite qui peut être importante[64]. Aussi doivent-elles faire l'objet d'une discussion et d'une codécision entre les experts et les instances qui convoquent l'expertise. Cette manière de procéder doit assurer la pertinence décisionnelle du produit final remis par les experts. Elle doit permettre d'éviter que des experts, parfois à leur insu, prennent sur eux de faire des arbitrages normatifs décisifs au détour de leurs évaluations et de leur avis.

Une attention particulière est requise par la *plausibilité*. Il s'agit en effet pour les décideurs et les experts de s'accorder sur la manière de graduer les différents niveaux de plausibilité en fonction de seuils qui feront sens pour la décision. Dans leur rapport au Premier ministre, Philippe Kourilsky et Geneviève Viney[65] proposaient les seuils suivants : le simple soupçon ne pouvant, à leurs yeux, suffire à déclencher une réaction des autorités publiques, seuls les risques qui reposeraient sur des hypothèses plausibles fondées sur une méthode scientifique très largement acceptée auraient légitimement à être pris en compte du point de vue d'une politique publique. Parmi ces derniers, il faudrait encore distinguer les risques potentiels simplement plausibles et les risques potentiels étayés, dont la plausibilité est soutenue par des retours d'expérience. Pour Kourilsky et Viney, les premiers devraient déboucher sur des actions de recherche tandis que les seconds pourraient seuls justifier l'adoption de mesures restrictives contraignantes visant des produits ou des techniques. On peut ne pas être d'accord sur les critères particuliers proposés par ces deux auteurs[66] et s'accorder néanmoins avec eux sur l'idée que la plausibilité des hypothèses de risques importe au plus haut point pour calibrer les mesures de précaution, sous réserve de ne pas en faire le seul critère.

Plausibilité et proportionnalité

Puisque la plausibilité importe, dans quel sens doit-on la faire jouer ? Faut-il prendre des mesures d'autant plus ou d'autant moins sévères que les hypothèses sont moins plausibles ? On trouve à cette question deux réponses strictement opposées. La première est proposée par la doctrine institutionnelle, comme celle du rapport Kourilsky-Viney : les réponses doivent être d'autant plus fermes que les hypothèses sont plausibles. La seconde peut être déduite de certaines formulations d'experts, comme le « agir d'autant plus large que l'incertitude est forte » de Marie-Angèle Hermitte et Dominique

Dormont, ou de demandes émanant de certaines franges du public en situation de tension ou de crise : il faudrait, à suivre ces demandes, des mesures d'autant plus sévères que le danger serait incertain.

Deux entrées opposées

Les positions en présence renvoient d'abord à une différence quant à la manière de qualifier l'idée principale de la précaution. Pour la doctrine institutionnelle, prime l'idée d'une action précoce visant à prévenir des risques non encore avérés. Pour ce qu'on peut appeler la conception éradicatrice des risques, prime l'idée d'une surenchère dans la sévérité et l'ampleur des mesures de prévention et de sécurité. Comme s'il s'agissait, avec le principe de précaution, de vouloir atteindre le risque infinitésimal en toutes circonstances. Un graphique peut aider à comprendre en quoi ces deux conceptions s'opposent.

Sur l'axe des ordonnées de la figure 1 on dispose le moment de la prise en compte du risque en fonction de la consistance scientifique du risque considéré. La valeur la plus élevée correspond à l'action la plus tardive dans le temps scientifique : le risque doit être scientifiquement avéré avant de pouvoir être pris en compte. Près de l'origine, on trouve l'état d'ignorance quant à l'existence possible d'un risque sans pouvoir affirmer que tout danger est exclu. Sur l'axe des abscisses, on range les actions de précaution selon un critère de sévérité décroissante, les mesures les plus sévères étant près de l'origine.

Figure 1

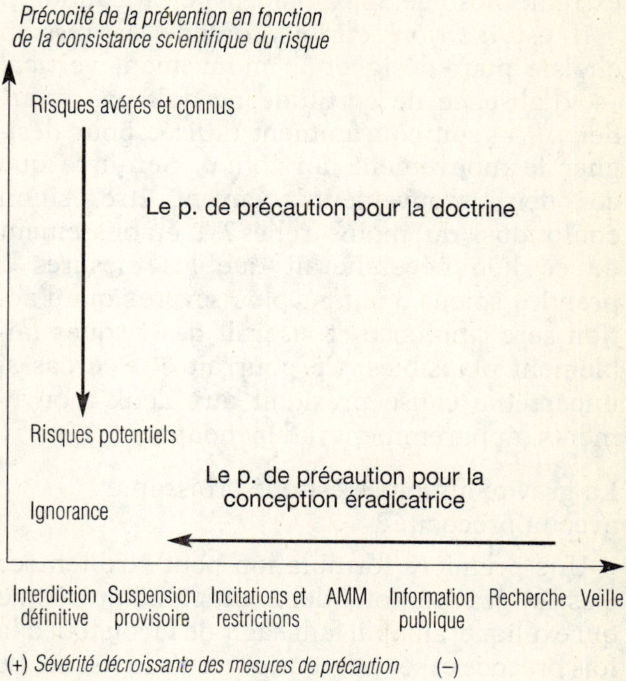

Pour la doctrine institutionnelle, l'idée première du principe de précaution consiste à se déplacer vers l'origine le long de l'axe des ordonnées. Pour la conception éradicatrice, il s'agit d'un déplacement horizontal vers l'origine à partir d'un point qui serait initialement fixé par un raisonnement caractéristique de la prévention : le principe exigerait une sévérité accrue, un surcroît de précautions, au sens courant du mot. D'où l'emploi de vocables qui surenchérissent sur le mot précaution : précaution extrême, absolue, maximale, hyperprécaution...

Il est *a priori* curieux qu'une expression choisie pour désigner le mouvement vertical — « l'absence de certitude ne doit pas retarder... » — soit couramment utilisée pour désigner le mouvement horizontal. Serait-ce que ces deux mouvements peuvent être, sinon confondus, du moins reliés ? L'établissement de ce lien nécessiterait que les mesures à prendre soient d'autant plus sévères que l'action serait précoce et viserait des risques faiblement plausibles. Ce pourrait être le cas si une même cause présidait aux deux mouvements, apparemment indépendants.

La gravité anticipée est-elle croissante avec la précocité ?

Une première formulation peut être tentée : c'est la gravité potentielle anticipée du risque qui expliquerait qu'il faille agir de façon tout à la fois précoce et sévère pour prévenir le risque. Le caractère statique de cette solution ne la rend pas directement convaincante : pour un niveau donné de gravité attendue, elle n'explique pas que les mesures de précaution doivent être d'autant plus sévères que les hypothèses de risque sont peu étayées sur le plan scientifique !

Une seconde solution lie la gravité à la précocité d'une autre manière : plus l'action est engagée de façon précoce, plus la gravité représentative des conséquences potentielles du risque s'accroît aux yeux des agents, sans que la réduction concomitante de la plausibilité scientifique contrebalance cette aggravation dans leur jugement sur les actions à engager. Dans ces conditions, les dommages anticipés étant plus graves, les mesures de précaution doivent être plus sévères.

Existe-t-il un raisonnement qui rende compte de cette idée, qui n'est pas sans rappeler le paradoxe d'Ellsberg ? Le voici : dans un cadre de représentation des situations qui se focalise sur le seul risque de dommages, sans considérer aucunement les avantages procurés en contrepartie du risque, le gain en précocité de la prise en compte du risque provoque mécaniquement un déplacement du centre de gravité[67] des dommages anticipés dans le sens de leur aggravation. Cela se comprend aisément. Dans le cadre posé, les dommages qui captent l'attention sont au mieux nuls, quel que soit le moment, tardif ou précoce, de la prise en compte du risque. Les scénarios et les hypothèses possibles se multipliant avec la précocité de la prise en compte du risque, l'ouverture des possibles ne peut se faire que du côté de l'aggravation des dommages. Cet effet est le plus net si les agents ne retiennent que l'éventualité la pire pour décider de leur action. C'est donc la précocité de la prise en compte du risque qui provoquerait par elle-même une aggravation du risque perçu et demanderait une plus grande sévérité des mesures de précaution.

À la limite, au voisinage de l'origine sur la figure 1, lorsque se diffuse le sentiment que l'on ne sait rien, l'ignorance sera interprétée comme un « tout est possible ! », et donc aussi la catastrophe majeure. D'où l'appel à la prévention la plus rigoureuse, c'est-à-dire à l'abstention devant les activités, les techniques et les produits qui sont susceptibles d'engendrer un risque inconnu et, de ce fait, jugé potentiellement catastrophique. Toute innovation, considérée de façon précoce, devrait être écartée. Si ce raisonnement était acceptable — mais il ne l'est pas —, il serait alors peu compréhensible que le législateur ait voulu exonérer la responsabilité des créateurs de risques de développement puisqu'il s'agirait du moment où la précaution demanderait l'abstention la plus forte !

En fait, le schéma de pensée proposé s'expose à la critique de trois manières qui font écho à la discussion de la *règle d'abstention n° 2*. D'abord il n'est pas raisonnable d'ignorer la dimension de la plausibilité scientifique des hypothèses de risques, alors qu'elle varie ici en sens inverse de la présomption de gravité des dommages[68] : il n'est pas défendable de tenir pour certaine toute hypothèse de risques, quel que soit son niveau de plausibilité. Cela reviendrait à ne pas tenir compte de l'information fournie par la graduation des niveaux de consistance scientifique du risque. Cela obligerait le décideur à considérer simultanément comme avérées un grand nombre d'hypothèses variées et contradictoires, et cela d'autant plus que la prise en compte du risque serait précoce. Cette accumulation de certitudes contraires engendrerait un trop-plein de réalités et déboucherait sur un chaos d'injonctions contraires. Pour en sortir, les agents devraient se donner pour règle de ne considérer que les hypothèses ayant les pires conséquences, solution dont la pertinence a été mise en doute dans le chapitre précédent.

Ensuite, ne vouloir considérer que les dommages possibles reflète une manière tronquée de juger des situations qui n'est guère défendable dans le cadre d'une gestion publique de risques collectifs. Pour que l'évaluation ne soit pas biaisée, il faudrait considérer en parallèle la manière dont la précocité de l'action affecte l'ouverture des possibles du côté des avantages attendus des activités à risque.

La troisième critique vise les implications opératoires du mécanisme repéré dans une situation de moyens limités. La précocité de la prise en compte des risques suspectés a beau renforcer la gravité potentielle de chacun d'entre eux, elle ne crée pas davantage de ressources à allouer au total à leur prévention[69]. À l'intérieur d'une enveloppe de moyens considérée comme donnée, il n'est pas possible de prendre au même moment des mesures plus sévères pour tous les risques suspectés qui, tous, seraient pris en compte de façon plus précoce sous l'égide de la précaution ; la sévérité plus grande retenue pour un risque donné aurait pour contrepartie une moindre sévérité pour un autre[70]. Pour une gestion publique d'ensemble des risques collectifs disposant de ressources limitées, le choix d'une stratégie de précaution ne peut pas être l'affaire de niveaux absolus, mais seulement de niveaux relatifs, rapportés aux moyens disponibles : si chaque action à risque est marquée d'un indice de gravité potentielle plus élevé, le problème du choix ne s'est pas modifié, mais translaté. Dans ces conditions, il faut remettre en question l'assertion selon laquelle la perception d'une gravité accrue des dommages potentiels appellerait des mesures plus sévères. Peut-être valide ponctuellement pour un risque considéré isolément, elle ne l'est en effet plus quand il s'agit de mettre sur pied une politique de précaution face à un ensemble de risques dont chacun fait montre d'un indice de gravité plus élevé. On a affaire ici à ce qu'on peut appeler l'*illusion de l'isolement* de l'étude d'un risque par rapport aux autres.

L'anticipation de la réduction future
de l'incertitude

Une troisième solution associant « davantage de prévention » à une prise en compte plus précoce du risque s'appuie sur la notion d'incertitude scientifique. Elle mobilise indirectement les résultats d'un modèle économique proposé par Christian Gollier, Bruno Jullien et Nicolas Treich[71] et inspiré de travaux sur l'épargne. Le cadre formel de ce modèle est celui d'un risque probabilisable par des probabilités subjectives. Il repose sur le fait stylisé suivant : lorsque l'incertitude sur les rendements de ses placements s'accroît[72], un agent dit « prudent » augmente son épargne courante pour mieux se couvrir à l'avenir. Un tel comportement n'est pas le fait de tous les agents : des spécifications particulières concernant la fonction d'utilité des agents en question sont requises. C'est cette notion de « prudence » de l'épargnant que les auteurs importent dans l'analyse des risques environnementaux ou sanitaires.

Le modèle proposé compare deux situations d'information des agents : la première est marquée par un niveau initial d'incertitude qui ne change pas avec le temps (S1) ; dans la seconde, l'agent sait que l'incertitude initiale va se réduire ou même se dissiper, si bien que, selon le moment où il prend ses décisions, l'information dont il dispose et le niveau d'incertitude résiduelle ne sont pas les mêmes (S2). Les auteurs considèrent que cette situation (S2) caractérise l'incertitude scientifique : à leur sens, un état d'incertitude scientifique est un état dans lequel l'incertitude initiale va être réduite, voire dissipée, par le progrès des connaissances scientifiques à venir. C'est aux conséquences de cette résorption que leur analyse s'attache.

Le modèle met en évidence deux effets logiques d'une amélioration future de l'information : a) il y a d'abord ce que les économistes appellent un effet richesse : puisque l'agent sera mieux informé à l'avenir, il pourra prendre de meilleures décisions et faire un meilleur emploi de son revenu ; cet effet devrait le conduire à réduire son épargne de sécurité par rapport à S1, puisqu'il a moins de souci à se faire pour son avenir ; b) le deuxième effet agit cependant en sens contraire : sachant que son information sera améliorée à l'avenir, et donc que les probabilités subjectives attribuées aux différents états du monde vont se différencier (dans un cadre bayésien tout paraît équiprobable quand on n'a pas d'information), l'agent perçoit désormais que son bien-être futur dépendra davantage d'occurrences aux probabilités plus contrastées que dans S1. Son incertitude perçue *ex ante* augmente et, puisqu'il est « prudent », il augmente son épargne de précaution. Ce résultat est obtenu sans introduire aucune hypothèse sur l'irréversibilité des choix.

Avec deux effets contraires, l'effet net dépend de l'effet dominant. Avec certaines hypothèses sur la fonction d'utilité des agents — l'indicateur de prudence *P* prend une valeur deux fois supérieure à l'indicateur d'aversion absolue au risque *A* —, l'agent augmente finalement son épargne et réduit sa consommation courante dans la situation S2 par rapport à ce qu'il ferait dans S1. Les auteurs voient dans cette attitude la manifestation de l'esprit de la précaution et dans la réduction de la consommation courante son coût.

Il n'est pas possible de donner directement une signification pratique à la condition posée (P > 2A), qui engage des variables qui ne sont pas directement observables. Cette condition est cependant très restrictive et semble correspondre davantage à un cas d'école qu'à un reflet des comportements les plus généralement observés chez les agents économiques. Ces auteurs y voient cependant le noyau d'une interprétation économique du principe de précaution : l'incertitude scientifique étant supposée perçue par les agents comme une promesse de réduction future de l'incertitude initiale, ce savoir accroît l'incertitude perçue *ex ante* par rapport à une situation sans gain d'information attendu ; des agents que nous appelons « hyperprudents » font alors un effort de court terme plus important pour se parer face à l'avenir, effort qui prend la forme d'une réduction de leur consommation immédiate.

En comparant deux situations, l'une sans amélioration de l'information et l'autre comportant une telle amélioration, le modèle décrit traite d'un problème *a priori* différent de celui que nous explorons. Cependant son ressort central tient à l'influence, sur les comportements présents, de valeurs plus écartées pour les résultats escomptés à l'avenir. Or, cette structure peut correspondre, dans une certaine mesure, à celle du problème qui nous occupe.

Plus on considère le risque de façon précoce, plus le contexte informationnel devient indifférencié du fait de l'affaiblissement de la consistance scientifique des hypothèses de risque. Cela ne justifie pas en soi un surcroît de sévérité des mesures de précaution. Pour que l'« effet précaution » puisse jouer, on doit ajouter un élément décisif : l'assurance, pour le décideur, d'une clarification future de la nature et de l'ampleur du risque. Alors, plus l'action est précoce, plus le contraste informationnel s'affirme entre le moment du choix d'une stratégie de précaution et le moment du dénouement ultérieur de l'incertitude, plus il est envisageable que des agents « hyperprudents » consentent de plus grands efforts dans l'immédiat en vue de disposer à l'avenir de ressources adaptatives en plus grande quantité pour faire face à un avenir qui aura alors pris forme…

Les résultats de ce modèle sont cependant liés à certains traits qui en limitent la portée à certaines configurations particulières, au-delà des spécifications, elles aussi particulières, qui sont caractéristiques de l'« hyperprudence ». D'abord, la réduction de la consommation immédiate diminue la source présumée de danger (par exemple une réduction de consommation énergétique qui réduit la pollution atmosphérique et ses nuisances futures), sans constituer une perte irrécupérable, puisque l'épargne accroît les ressources disponibles pour l'avenir. Tel n'est pas le cas de la plupart des mesures de précaution : elles imposent des surcoûts immédiats dont la seule contrepartie est l'espoir que le risque sera réduit, ou bien elles impliquent de renoncer à des techniques économiquement productives, ce qui limite la disponibilité de biens à l'avenir. Cette particularité éclaire d'un jour intéressant la nature des mesures de précaution additionnelles que des agents « hyperprudents » peuvent légitimement prendre si la prise en compte des risques est engagée de façon plus précoce : il s'agit tout à la fois de réduire les facteurs de risque et de réserver davantage de ressources pour un emploi futur.

Ensuite, l'effet décrit ne peut pas avoir de rôle significatif quand la perspective de la résolution de l'incertitude scientifique est morose, alors que ce sont précisément des contextes de ce genre qui justifient aux yeux de certains l'adoption du mode stratégique du principe de précaution. Ce mode stratégique devrait donc rester largement à l'écart de cette idée de mesures d'autant plus sévères qu'elles sont précoces.

Enfin, puisqu'il caractérise le comportement particulier d'agents « hyperprudents », ce modèle n'offre pas à la gestion collective des risques un modèle général d'interprétation de la précaution, tant du point de vue descriptif que normatif.

Des fonctions inverses de proportionnalité

Nous pouvons à présent avancer quelques conclusions. D'abord, n'ayant pas de validité générale, la correspondance entre précocité dans le temps scientifique et sévérité ne saurait être prise pour une caractérisation des exigences du principe de précaution. Ou bien elle reflète une attitude d'« hyperprudence » lorsque existe une perspective crédible de dénouement de l'incertitude dans le futur, ou bien elle résulte d'une évaluation tronquée du risque, marquée à la fois par la considération des seuls dommages potentiels et par l'*illusion de l'isolement*.

Du point de vue plus général de la gestion publique des risques dans un État-précaution, la correspondance à établir entre le niveau de plausibilité scientifique des hypothèses de risque et le degré de sévérité des mesures de précaution se situe dans la direction opposée à celle de la surenchère sécuritaire : une moindre plausibilité scientifique vient affaiblir le poids décisionnel donné à une hypothèse de risque, ce que représente la figure 2.

Figure 2

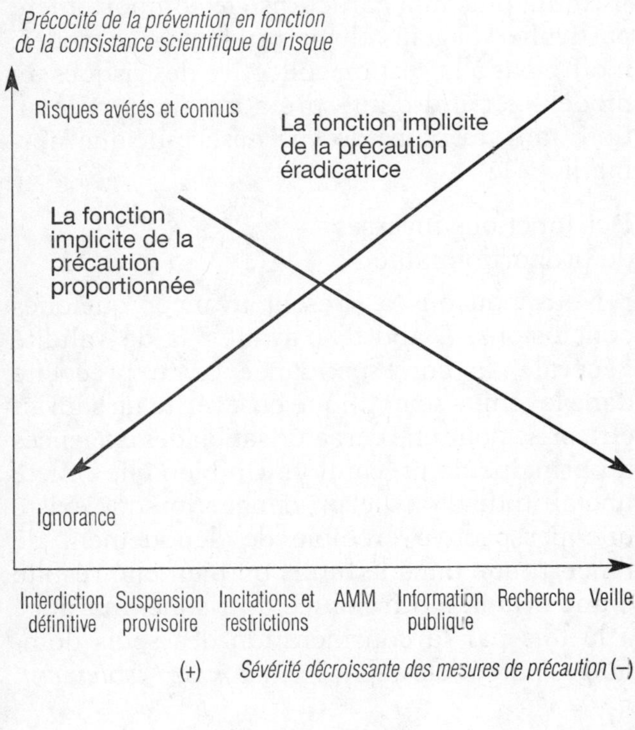

Toutes choses égales par ailleurs, une politique doit être d'autant moins engageante, coûteuse et réductrice des libertés économiques et individuelles que les hypothèses de risque sont peu plausibles d'un point de vue scientifique. Le simple soupçon, la simple conjecture, même lorsqu'il s'agit d'un risque potentiellement catastrophique, ne sauraient suffire à justifier les mesures de prévention les plus radicales comme l'interdiction. Telle est la conception de la proportionnalité qui peut être défendue de la façon la plus générale et qui rejoint les vues exprimées par la doctrine institutionnelle. Rappelons l'un des repères donnés par la communication de la Commission européenne : le souci de la cohérence impose que les mesures de précaution soient d'une portée et d'une nature comparables à celles des mesures qu'il est justifié de prendre pour des risques avérés similaires. Le principe de précaution ne se confond pas avec une surenchère dans la sévérité des mesures précautionneuses. Il n'a pas à jouer les jokers des mesures injustifiables.

QUI DOIT APPLIQUER LE PRINCIPE DE PRÉCAUTION ?

Pouvoirs et obligations des autorités publiques

Depuis sa reconnaissance légale et jurisprudentielle, le principe de précaution confère de nouveaux pouvoirs aux autorités publiques pour suspendre l'effet des règles économiques et commerciales ordinaires. Fait-il plus ? Est-il aussi créateur d'obligations ? Ces obligations visent-elles d'autres personnes publiques que les pouvoirs publics centraux, telles les collectivités locales, mais surtout les personnes privées comme les entreprises, les médecins en exercice libéral, voire les particuliers ?

En permettant au principe de précaution de tenir en échec l'application de règles aussi fortes que la libre circulation des marchandises à l'intérieur de l'espace communautaire, la jurisprudence européenne en a fait une norme juridique autonome du droit communautaire. Or ce droit a prééminence sur le droit interne. Cette jurisprudence n'a cependant eu jusqu'à présent à connaître que des contentieux touchant à des mesures d'autorisation ou d'interdiction administrative jugées abusives par les plaignants et examinées par les juges à l'aide des notions d'abus de pouvoir, d'inégalité dans la répartition des charges publiques et d'erreur manifeste d'appréciation. Seuls les actes d'autorités publiques ont ainsi été soumis à un contrôle de légalité, ce qui laisse *a priori* la question ouverte pour les personnes privées.

L'étendue du droit d'invocation du principe de précaution se trouve bornée de façon assez variable selon les matières et les régimes juridiques applicables. S'agissant par exemple du droit international du commerce, cette possibilité légitime n'est que temporaire et doit s'appuyer sur l'apport d'éléments scientifiques suffisants résultant d'une procédure admise d'évaluation des risques, éléments à transformer en preuves dans un délai raisonnable. En droit interne français et en droit communautaire, les impératifs de santé publique peuvent être à l'origine d'une situation comportant des inégalités devant les charges publiques. Seul le motif d'une erreur manifeste d'appréciation pourrait entraîner l'annulation d'une mesure administrative de précaution. Cela laisse aux pouvoirs publics une large marge d'appréciation quant au choix des mesures.

Certains analystes[73] estiment cette situation déséquilibrée et plaident en faveur d'un contrôle renforcé de l'institution judiciaire sur les actes administratifs, notamment par un examen précis des motifs des décisions, comme c'est le cas aux États-Unis. La raison principale invoquée est celle du besoin d'une plus grande transparence devant l'opinion et d'une participation accrue des citoyens à la définition des choix collectifs. On peut s'accorder sur ces objectifs et mettre en doute le bien-fondé des moyens proposés.

Certes, comme l'ensemble des actions publiques, les actions de précaution doivent s'inscrire dans des règles de procédure. Ceci précisé, il est important de mettre l'opportunité du choix des mesures de précaution à l'abri de la sanction judiciaire tant que les limites de l'erreur manifeste d'appréciation ne sont pas franchies. Pourquoi cela ? Deux arguments incitent à vouloir protéger une marge suffisante d'autonomie pour les pouvoirs publics.

Selon le premier, il s'agit de préserver les conditions d'une prise en charge politique de la prévention des risques potentiels. Nous visons ici l'organisation d'une veille des risques émergents, la collecte d'informations, l'organisation de la recherche et de l'expertise, l'information du public, la délibération collective, la consultation de différentes instances et l'appréciation finale par les dirigeants. L'action administrative est placée sous l'autorité des gouvernants qui sont eux-mêmes responsables devant leurs concitoyens et électeurs selon des procédures politiques de sanction (confiance ou défiance parlementaire, élections). Le contrôle renforcé du juge aurait pour effet de restreindre ou de réduire à néant la portée de toutes les procédures de prise en charge politique des risques, et en particulier de la délibération collective sur la juste précaution. Il inciterait en effet fortement les décideurs à se couvrir personnellement vis-à-vis du risque de sanction judiciaire plus qu'à défendre le bien public éclairé par les procédures d'expertise et de débat mises en place. En d'autres termes, le juge prendrait la place de l'instruction et du débat publics. Une telle évolution serait très dommageable.

Par hypothèse, en matière de prévention de risques collectifs, l'action judiciaire est déclenchée par ceux qui se considèrent les victimes des décisions prises par les autorités publiques. En cela, l'institution judiciaire est la pointe légale avancée du point de vue des victimes sur une question ou une décision. Ce point de vue ne saurait se confondre avec celui de la collectivité tout entière, tel qu'il peut résulter d'une délibération politique large sur la prévention des risques et la détermination des prises de risque acceptables. Le point de vue des citoyens considérés comme membres d'une communauté de règles et de destin se distingue de celui des personnes atteintes dans leurs existences particulières et leurs droits. Les deux composantes sont essentielles au fonctionnement de la démocratie moderne. Mais on ne peut pas rabattre la délibération collective et la responsabilité politique sur la seule logique judiciaire, comme sont tentés de le faire ceux pour qui la démocratie se réduit à la défense des droits individuels face aux abus de l'État[74]. La préservation d'un espace politique autonome s'impose d'autant plus pour l'instauration d'une démocratie technique que le juge n'est pas responsable devant les citoyens.

Deuxième argument. Pour qu'un contrôle renforcé du juge puisse concrètement s'exercer sur l'opportunité des mesures de précaution, il serait nécessaire que les comportements à adopter en application du principe de précaution soient précisément définis. Dans le cas contraire, le juge se verrait accorder une si large latitude qu'elle menacerait le principe de sécurité juridique. Pourtant, aux yeux de spécialistes comme Pierre Lascoumes[75] ou Laurence Boy[76], le principe de précaution a désormais trouvé sa juste place comme nouveau « standard juridique », de façon analogue aux notions familières, en droit civil, de gestion en bon père de famille ou de bonnes mœurs. Dans ces deux cas, la coutume, les pratiques sociales admises et les normes professionnelles viennent donner un contenu à des notions qui seraient autrement des formes vides. Il n'en va pas aussi aisément dans les contextes particulièrement complexes et scientifiquement controversés où le principe de précaution vient à être mobilisé. En outre, la discussion précédente a montré comment des contresens sur les exigences de la précaution pouvaient facilement être commis.

L'alternative est alors entre deux écueils : confier aux juges la fonction souveraine d'édicter *ex post*, à travers le prisme rétrospectif de la faute, ce que devait être la politique de précaution du pays ; prendre les devants et donner au principe de précaution un contenu en obligations qui soit simple à formuler et simple à sanctionner. La première solution serait peu compatible avec la sécurité juridique dont les responsables et les entrepreneurs ont besoin pour agir au mieux de l'intérêt collectif. Par la force des choses, la seconde tirerait le principe de précaution vers ce qui a été précédemment désigné comme la *règle d'abstention n° 2*. C'est en effet cette règle qui est la plus commode à traduire en prescriptions et proscriptions impératives : retrait de produits du marché, refus d'accorder une autorisation pour un produit nouveau, etc. Mais ce serait une trahison du principe de précaution.

Ainsi les choix portant sur la mise en œuvre juridique du principe de précaution sont susceptibles d'influer fortement sur son contenu normatif. En l'occurrence, le renforcement du contrôle judiciaire sur le fond des actions de précaution est susceptible de faire prévaloir les conceptions les moins défendables de la précaution, simplement parce que, formellement, elles s'inscrivent plus aisément dans l'univers juridique que les autres.

Il faudrait être bien aveugle pour ne pas voir que le principe de précaution est menacé d'être transformé par la judiciarisation de la société en principe rétrospectif de recherche de fautes et que la logique de la simplicité pousse à ce que soit considéré comme fautif tout comportement qui n'aurait pas choisi l'abstention ou l'interdiction face au risque suspecté.

Le risque potentiel, une faute ?

Allant au-delà de la jurisprudence qui était disponible fin 2001, différents juristes[77] estiment que le principe de précaution crée d'ores et déjà des obligations pour les personnes privées, indépendamment de tout cadre légal et réglementaire. En conséquence, à leurs yeux, le non-respect de ces obligations serait naturellement constitutif de fautes que le juge pourrait sanctionner et mobiliser pour attribuer des dommages et intérêts. Ainsi Nicolas de Sadeleer suggère : « Par exemple, la faute devrait être interprétée plus largement, la simple menace d'un dommage ou la simple création d'un risque devrait être assimilée à un dommage indemnisable, la charge de la preuve des personnes exposées au risque devrait être allégée notamment par l'assouplissement du lien de causalité[78]. [...] »

La légèreté de ces suggestions est à vrai dire tout à fait surprenante. Ainsi la simple création d'un risque hypothétique (domaine de la précaution) aurait à être traitée, si l'on suit cet auteur, comme un dommage indemnisable avant même que le risque soit avéré ou que le dommage soit réalisé ! Or, chacun le dit en toutes circonstances, le risque zéro n'existe pas. Chaque membre de la société serait donc habilité à demander aux autres des indemnités dans les circonstances les plus diverses : l'automobiliste, du fait même qu'il utilise sa voiture, crée un risque avéré pour autrui et devrait donc indemniser ses congénères chaque fois qu'il se déplace ; il en va de même de l'exploitant d'une installation industrielle ou d'un commerçant qui ferait prendre aux consommateurs le risque si considérable de leur proposer des produits aussi dangereux qu'un bifteck ou un fromage au lait cru !

On comprend que cette thèse de l'application directe et universelle du principe de précaution ait été fortement débattue tant du point de vue positif que normatif[79]. On en trouve heureusement des expressions moins extrêmes que celle qui vient d'être rapportée. Le rapport du Conseil national de l'alimentation déjà cité note, dans son commentaire du projet de règlement européen sur la sécurité alimentaire, la création de nouvelles obligations pour les entreprises en cas de suspicion d'un risque. Il s'agit en l'occurrence d'obligations de vigilance dans la détection de risques émergents et d'alerte des autorités compétentes. L'article 14.2 pose que : « tout exploitant du secteur alimentaire informe immédiatement les autorités compétentes lorsqu'il considère ou soupçonne qu'une denrée alimentaire qu'il a mise sur le marché peut être préjudiciable à la santé humaine. Il informe les autorités compétentes des mesures qu'il prend pour prévenir les risques pour le consommateur final ». Il s'agit là d'obligations circonstanciées centrées sur l'information, et surtout d'obligations dûment organisées par des textes réglementaires. On est donc loin de la surenchère indemnitaire que laissent entrevoir les propositions de Nicolas de Sadeleer et de l'invention par le juge d'obligations que les pouvoirs publics n'auraient pas su ou voulu spécifier.

Dans ses réflexions sur le droit de la santé[80] rendues publiques en 1998, le Conseil d'État recommandait de ne pas faire du défaut de précaution un nouveau fondement de la responsabilité médicale. Il indiquait par là sa réticence à voir le principe de précaution interférer avec les régimes de responsabilité existants. Il est vrai qu'il s'était donné pour référence une définition trompeuse du principe de précaution, qui n'était autre que ce que nous avons appelé plus haut la *règle d'abstention n° 2* : la précaution y était caractérisée par l'obligation d'une personne publique ou privée d'apporter la preuve de l'absence de risque ! On comprend qu'il n'ait pas voulu réorganiser le droit de la responsabilité médicale sur cette base !

Le conflit entre les instances politiques et judiciaires est ici latent. À qui la société doit-elle s'en remettre pour obtenir la meilleure pesée des intérêts ? Au juge ou au politique ? Si l'on décidait de confier au juge le soin de définir les obligations de la précaution qui incombent aux personnes publiques et privées, sans que les pouvoirs publics se soucient d'abord de mettre en place ce que nous avons appelé l'État-précaution, de nombreux effets négatifs en résulteraient : insécurité juridique, incohérence dans les interprétations données par une multitude de décideurs, gaspillage de moyens, entre la fuite devant l'investissement ici et l'excès de prise de risque là, également dommageables pour le développement économique et le bien-être de la population.

Chacun s'accorde sur le fait que le nouveau repère normatif qu'est le principe de précaution doit se traduire par de nouvelles obligations pour les agents qui créent des risques et pour ceux qui ont la responsabilité de les contrôler et de les prévenir. Il est cependant essentiel que ces obligations soient définies et organisées *ex ante* dans le cadre d'un État-précaution et non pas inventées par le juge de façon rétrospective au gré des contentieux : la responsabilité première est celle des pouvoirs publics communautaires et nationaux.

La répartition des responsabilités

Les démarches à engager, au titre de la précaution, pour organiser la recherche et l'expertise scientifique du risque, la consultation du public et la délibération collective, et pour former au mieux un jugement sur les mesures à prendre, sont des prérogatives éminentes des pouvoirs publics. Là résident aussi leurs obligations. C'est ce qu'affirmait le Conseil européen dans sa résolution sur le principe de précaution adoptée lors du Sommet de Nice : le principe « concerne l'action des autorités publiques » qui sont « responsables de l'organisation de l'évaluation du risque » ; les mesures « doivent être prises par les autorités publiques responsables [...] sur la base d'une appréciation politique ». N'importe qui n'a pas à improviser ses propres mesures de précaution face à des risques collectifs, de José Bové qui fauche les cultures expérimentales d'OGM au directeur d'école qui interdit aux enfants de manger le goûter préparé par leurs mères, trouvant plus sûr de leur imposer les goûters standardisés et dûment contrôlés fournis par l'industrie. Les autorités publiques ont à mettre en place le cadre normatif qui organise les rôles et précise les attentes et obligations. Les mesures qu'elles prennent alors engagent une responsabilité politique qu'elles possèdent en propre. Ce n'est ni aux experts ni aux magistrats de leur dicter leur action.

Le tableau institutionnel se complique lorsqu'on découvre qu'entre le judiciaire et le politique s'intercale un troisième pôle qui revendique également avec vigueur la responsabilité d'apprécier les exigences de la sécurité et le juste équilibre entre la prévention et la prise de risque, ce qu'on appelle le rapport bénéfices/risques en santé publique. Ce troisième pôle est constitué des milieux professionnels qui disposent de la compétence scientifique et technique sur les questions en jeu et dont les activités les confrontent aux risques de façon quotidienne. Selon les cas, il s'agit de médecins, d'ingénieurs, d'administrateurs et d'autres encore. Les uns et les autres ont longtemps vécu en France sur le modèle explicite ou implicite d'une délégation de gestion de la part des autorités publiques. C'est pourquoi les représentants des pouvoirs techniques et des milieux professionnels expriment fréquemment leur réticence à voir le principe de précaution servir de motif d'empiétement du juge ou du dirigeant politique sur leurs domaines de responsabilité professionnelle et demandent à pouvoir tenir leurs rôles en matière de prévention des risques sans être exposés aux pressions ou aux menaces respectives du judiciaire et du politique.

L'expérience d'autres pays européens peut fournir des repères utiles pour cette discussion. Au Royaume-Uni la responsabilité juridique personnelle des dirigeants politiques et de la haute administration ne peut pas être engagée pour la manière dont ils exercent leurs fonctions officielles. Cette disposition est destinée à préserver leur indépendance de jugement. S'agissant de l'Allemagne, la situation est assez paradoxale pour le pays qui a été le berceau du principe de précaution. Les tribunaux administratifs allemands ont reconnu dans le principe de précaution l'un des piliers du droit de l'environnement, mais sa mobilisation dans le contentieux est demeurée marginale. Les juges ont considéré que sa mise en œuvre dans des situations précises relevait de l'appréciation de l'administration du fait de l'importance et de la complexité de l'arrière-plan scientifique de ces situations.

Un exemple récent est instructif. Le gouvernement allemand n'a consenti que très tardivement à reconnaître le bien-fondé de mesures de précaution dans l'affaire de la vache folle. Contre toute vraisemblance et avec une surdité étonnante aux avis des experts européens, les dirigeants de ce pays se sont enfermés dans le déni pendant quatre années : puisqu'il n'y avait aucune trace apparente d'ESB sur leur territoire, il n'y avait pas lieu de prendre quelque mesure de précaution que ce soit, disaient-ils. Cette position s'est accompagnée d'une attitude de blocage de toutes les mesures communautaires qui avaient été proposées avec insistance par la Commission au Conseil des ministres à la suite des recommandations répétées des experts européens. Les Allemands ont ainsi fait obstacle au retrait de la chaîne alimentaire, dans tous les pays de l'Union, des « matériels à risques spécifiés », ces parties des carcasses bovines dans lesquelles se concentrent les prions pathogènes. Il a fallu la découverte de quelques vaches atteintes d'ESB dans l'élevage allemand fin 2000 pour provoquer d'abord une crise politique vite résolue par la démission de deux ministres, puis l'annonce d'une réorientation radicale de la politique agricole de ce pays. Depuis lors, l'Allemagne est devenue plutôt maximaliste dans la prévention de l'ESB, par exemple en procédant à des tests systématiques sur les animaux à l'abattoir à partir de l'âge de vingt-quatre mois, avant même qu'un plan communautaire ne le demande.

C'est la crainte de la sanction judiciaire qui a mis le système français en mouvement mais risque de le faire dériver. C'est cette même crainte qui fait se cabrer certains acteurs influents dans les milieux industriels et médicaux contre le principe de précaution. C'est la sanction politique qui a fait bouger la politique agricole et agroalimentaire allemande. Les ressorts de la diffusion du principe de précaution ne sont donc pas les mêmes partout. Mais partout ces ressorts affectent le contenu même des mesures de précaution qui sont prises. Plaider, comme nous le faisons, pour la préservation des conditions juridiques d'une responsabilité politique de la précaution nous oblige à nous intéresser à une caractérisation des régimes politiques envisageables pour sa mise en œuvre.

LES RÉGIMES POLITIQUES DE LA PRÉCAUTION

La réflexion sur la prise en charge politique du principe de précaution doit partir de deux faits : l'incapacité de la science à garantir en temps utile une base objective certaine à l'action publique ; l'existence, en ce début de siècle, d'un fond de défiance des citoyens vis-à-vis de la gestion publique des risques collectifs. Les difficultés affectent donc simultanément ces deux dispositifs essentiels de la modernité que sont la représentation objective du monde (la science), et la représentation politique des citoyens (la démocratie représentative). C'est à leur articulation que se développe l'inflammation dont peut surgir la crise de légitimité. C'est au niveau de cette articulation que le principe de précaution doit innover pour ne pas se transformer lui-même en facteur d'amplification de la crise. Il le fera si l'État-précaution parvient à établir de nouveaux rapports entre représentations du monde et représentation politique.

Le champ de tension de la précaution

Trois axes définissent le champ de tension dans lequel nous proposons de penser la mise en politique du principe de précaution. Le premier se tend entre les références à la science et à l'imagination, au sens de Hans Jonas ; le deuxième entre le pôle de l'opinion et celui de la raison ; le troisième entre le pôle des intérêts et celui de l'éthique. Idéalement, la précaution devrait occuper une position centrale au croisement de ces trois axes, tendus entre la science et l'imagination, l'opinion et la raison, les intérêts et l'éthique.

Entre science et imagination

Le principe de précaution oblige la prévention à se projeter au-delà des résultats scientifiquement validés. C'est le rôle d'une prospective des risques que de développer une synergie entre science et imagination. L'encadrement de l'imagination des possibles par divers outils scientifiques (modélisation, statistiques historiques, etc.) permet d'imposer le respect de certaines cohérences dans les images des avenirs possibles et d'identifier des bifurcations critiques du point de vue de la politique des risques. Ainsi élaborées, les propositions sur l'avenir sont accessibles à la discussion au sein de collectifs impliquant à la fois des experts et des acteurs sociaux.

Entre intérêts et éthique

La logique des intérêts est impitoyable pour les tiers absents, ceux qui ne disposent pas de procédures sociales adéquates pour faire prendre en compte leurs préférences. Bien que différents groupes d'intérêts ou différents corps puissent asseoir leur position sociale et leur légitimité sur l'affirmation d'une prise en charge d'intérêts collectifs à plus long terme, le centre de gravité du jeu des intérêts est déterminé par les intérêts qui ont une charge actuelle[81]. La logique des intérêts ne garantit en rien une prise en compte suffisante de risques qui pourraient ne se transformer en dommages qu'à un horizon éloigné ou toucher des personnes dénuées de représentation politique. Dans ces conditions, le développement d'une approche éthique est le vecteur d'un élargissement des intérêts et des droits pris en compte. C'est ainsi que la construction d'un intérêt général peut viser au-delà de la prise en charge des intérêts représentés « ici et maintenant ».

Entre opinion et raison

L'opinion publique est souvent décrite comme émotive et irrationnelle. Sa tyrannie est couramment dénoncée, aussi bien lorsqu'elle s'incarne dans la foule que lorsqu'elle est prise dans le jeu de miroirs de la médiatisation. Posons qu'elle reflète des sentiments, des croyances, des attitudes, des intérêts et un état d'information qui constituent une sorte d'expression brute, non travaillée, non éprouvée, des représentations et des préférences collectives. C'est le rôle de la délibération publique que de permettre un travail collectif d'épuration et d'affermissement de ces représentations et préférences. C'est par ce biais que l'opinion brute peut se transformer en une forme du raisonnable. À travers l'exigence de justification des propositions et des normes, se jouent les consentements des participants à la délibération mais aussi, bien au-delà, ceux des citoyens qui adhèrent à la procédure elle-même. Désaccords et conflits peuvent naturellement persister : l'objet du débat n'est pas de produire systématiquement du consensus, mais du respect, de la maturité, de la clarification et de l'adhésion aux règles de fonctionnement collectif.

Les régimes politiques à écarter

Les axes de tension qui viennent d'être décrits permettent d'identifier trois régimes politiques de base qui ont l'inconvénient de ne pas assumer de façon satisfaisante, c'est-à-dire suffisamment complète et équilibrée, la problématique de la précaution. Il manque à chacun une dimension importante, malgré les ingrédients essentiels qu'il contient et dont la précaution a besoin.

Le règne de l'opinion

Ce régime a trois piliers : les intérêts, l'opinion, l'imagination. Ici, la précaution est considérée par les décideurs publics comme une technique de gestion de l'opinion. Cela se produit surtout en période de crise, lorsque l'opinion est sous l'emprise de la peur. Il s'agit alors pour les décideurs de coller à cette opinion en multipliant les promesses et en s'appuyant, pour connaître ses mouvements, sur ses différents moyens de manifestation : les sondages, la couverture médiatique et les initiatives spectaculaires de groupes militants.

Ce régime écarte la précaution assez loin de la conception proportionnée dont les jalons ont été posés dans les sections précédentes. Il engendre à la fois la surenchère sécuritaire sur certains dossiers montés en épingle, un manque de continuité de l'action publique et la stigmatisation de certaines technologies ou de certains produits. Les mesures dites de précaution, mais en fait prises pour satisfaire l'opinion et la rassurer, constituent paradoxalement des sources potentielles de crise à moyen terme dès lors que se présentent des incidents où la parole publique est prise en défaut, même de façon peu significative en termes objectifs.

Le prince éclairé

Ici, les piliers se dénomment *intérêts, science* et *raison*. Le régime du prince éclairé fait écho à la manière dont les ingénieurs des corps de l'État en France se représentaient autrefois la gestion rationnelle des affaires publiques. Il combine en effet la rationalité et l'objectivité de la démarche scientifique avec la rationalité de l'ingénieur et celle du calcul économique public. On y suppose que les décideurs publics sont placés en position de juger du bien-fondé d'une action à partir de la meilleure expertise scientifique et des analyses les plus complètes menées au sein de l'administration, et que ce dispositif est fiable aux yeux de l'opinion, en dépit des incertitudes résiduelles.

C'est dans le contexte de ce régime que prennent forme, au sein des milieux dirigeants et de ceux de l'expertise, les distinctions fréquemment utilisées entre *risque objectif* et *risque perçu*, et entre l'*approche rationnelle* des risques par les scientifiques et l'administration et les *peurs irrationnelles* attribuées à l'opinion. Les actions d'information et d'éducation du public sont alors présentées comme les principales solutions à mettre en œuvre pour combler les écarts entre les experts et les profanes.

En prétendant faire de l'expertise scientifique et du calcul économique public les fondements exclusifs de la régulation des risques, ce régime ne parvient plus à convaincre les organisations de la société civile et l'opinion publique, impressionnées par différentes affaires et crises passées. Les doutes sur la capacité de la science à apporter les réponses aux diverses questions que se posent les citoyens s'ajoutent aux soupçons de capture de la politique par différents lobbies pour nourrir le refus de se satisfaire d'une relation de large délégation des choix aux dirigeants.

Le renforcement exclusif du pôle de l'expertise scientifique, dans lequel ce régime voit une issue aux problèmes de décision soulevés par l'incertitude scientifique, amplifie encore la coupure entre ceux qui savent et qui décident des risques collectifs, et ceux qui ne savent pas et qui sont mis en position de subir ces risques. Or la principale distinction qualitative qui importe aux yeux du public est celle entre le risque subi et le risque choisi. En maintenant la réalité sociale d'un risque très largement subi plus que choisi, cette approche accroît la fracture entre le public et les institutions et tend à renforcer les comportements de rejet de toute prise de risque collectif.

Le gouvernement des prophètes

Le régime du *gouvernement des prophètes* se situe dans le prolongement pratique de la pensée de Hans Jonas, bien que celui-ci n'en appelle de façon explicite qu'à un gouvernement des sages. Il a pour piliers les pôles *raison, éthique, imagination*. Les insuffisances de la raison scientifique sont compensées par la sollicitation de l'imagination et de la sensibilité tournées vers l'avenir, tandis que la réflexion éthique donne un fondement normatif à la gestion publique : l'hypothèse constitutive de ce régime est que l'opinion ne saurait s'opposer de façon légitime aux actions publiques déterminées sur une base morale aussi incontestable que le souci pour l'humanité.

Afin de prévenir les catastrophes qu'ils imaginent au bout des risques potentiels, les prophètes et leurs disciples s'en prennent, au-delà des techniques particulières qu'ils ont pour cibles, à la démesure industrielle. Ils enjoignent les citoyens de consentir à un changement radical de société, tant sur le plan institutionnel que matériel. Certains remettent en cause le principe de développement[82] placé au cœur des sociétés modernes et misent sur la frugalité. D'autres sont animés d'un volontarisme et d'un dirigisme technologiques les conduisant à vouloir imposer le développement de certaines techniques (les énergies renouvelables), en même temps qu'à en interdire d'autres (le nucléaire, les OGM, les pesticides, etc.). En partie les mêmes et d'autres encore se recommandent d'objectifs et de plans à long terme qui ajoutent au volontarisme technologique un volontarisme dans l'ordre de ce qu'ils pensent être l'équité. Ici on préconisera le retour à des valeurs préindustrielles quant à la qualité de l'environnement. Là on clamera que l'équité commande que chaque citoyen du monde ait le même droit à émettre des gaz à effet de serre dans le cadre d'un rationnement mondial.

Tout cela ne se conçoit pas, comme le reconnaissait Jonas, sans imposer à la société des disciplines strictes, peu compatibles avec le fonctionnement démocratique ordinaire des institutions. Le propre du prophète est que sa parole sur la catastrophe qui menace déborde toute possibilité de justification scientifique. Au mieux, elle peut être attestée par sa personne, ses choix de vie, son allure « inspirée[83] », etc. Le prophète parle au nom d'un savoir sur l'avenir qui échappe au sens commun et déborde de l'expérience courante. La prophétie est proposée comme lumière pour donner sens à des événements historiques distingués comme signes de l'avenir, mais le prophète ne peut pas rendre compte rationnellement de la source de sa lumière. La parole prophétique ne se discute pas mais se partage par adhésion ou s'impose par la violence. Messianisme et prosélytisme tiennent ici lieu de délibération collective et visent à imposer à la société des normes définies au sein de groupes militants.

Pour éviter que la figure de l'impératif moral catégorique ne dégénère en figure de la violence, la parole prophétique a besoin de se transformer. De la vérité assenée, il lui faut passer au questionnement. Il lui faut également trouver des médiations et des relais. Il lui faut encore accepter d'entrer dans le jeu de la délibération collective et d'ajuster ses propositions de façon à recueillir l'assentiment d'une majorité de groupes d'intérêts et de citoyens. L'action politique inspirée par une démarche éthique ne peut se désintéresser du jeu des intérêts, qui ont une place légitime à trouver dans un régime de précaution.

Le régime à établir : entre expertise et délibération

Ce régime est fait d'équilibres entre les principales lignes de force dégagées. Il mobilise ainsi les ressources de l'expertise scientifique. Cette dernière doit s'exercer de façon indépendante, pluraliste du point de vue des disciplines représentées, et transparente en ce que ses différents produits doivent être rendus accessibles dans les mêmes termes aux citoyens et aux pouvoirs publics. Ces exigences générales visent l'expertise physique, biologique, médicale, mais aussi l'expertise économique, sociale, juridique et éthique, qui doit être détachée du fonctionnement courant de l'administration et distinguée des procédures de consultation des parties intéressées, afin de mieux éclairer, pour la société tout entière, les enjeux normatifs des décisions à prendre. De multiples passerelles entre le monde de l'expertise scientifique des risques et le public doivent être établies, sans se contenter des rouages habituels de la représentation qui s'accompagnent d'une grande délégation (voir l'encadré 11).

Même rénovée dans ses conditions d'exercice, l'expertise scientifique n'est pas le seul pilier de ce régime. La réflexion éthique et l'imagination prospective sont nécessaires, mais aussi l'organisation de la délibération citoyenne, en tant qu'elle se distingue à la fois des scènes d'expertise et des scènes usuelles de délibération propres aux institutions démocratiques (Parlement, assemblées territoriales, Conseil économique et social). Le sens de cette délibération citoyenne doit être expliqué. Dans ce régime, le jeu des intérêts et les phénomènes d'opinion ne font pas l'objet de déni : on ne bascule pas dans le gouvernement des prophètes. Comment éviter qu'ils ne capturent la gestion des risques ? Pas par la distance souveraine, caractéristique des deux régimes précédents, mais par la pratique la plus large de la délibération.

11. DES PASSERELLES ENTRE CITOYENS ET EXPERTS

Une première innovation consiste à impliquer des citoyens ou des personnes qui ne sont pas des scientifiques dans les groupes d'experts. Observateurs actifs, ces citoyens n'auraient pas à prendre part aux travaux d'évaluation scientifique proprement dits, mais seraient là pour adresser des questions et pour pouvoir témoigner du fonctionnement réel des instances scientifiques : sincérité de l'information transmise, respect des procédures, réalité des débats contradictoires ou de l'unanimité avec laquelle les conclusions sont tirées... Cette solution des témoins civiques serait à mettre en œuvre aux différents stades du travail de l'expertise scientifique qui sont l'objet de soupçon ou de dénonciation de la part de la population. Ainsi, dans les cas où les controverses sociales portent sur la sincérité des données empiriques primaires, c'est au stade de la collecte des données qu'il faudrait prévoir une telle association.

Une seconde forme d'hybridation entre expertise et société civile réside dans la différenciation des sources de l'expertise. Au côté de l'expertise scientifique proprement dite, il y aurait lieu de prévoir une expertise beaucoup plus empirique, acquise à partir de pratiques professionnelles ou associatives dans un domaine donné. Ces experts de terrain proposeraient un regard plus proche de la réalité du fonctionnement des systèmes d'action collective, d'une façon essentielle pour appréhender les risques en conditions réelles. Ces derniers résultent en effet de la projection de « risques théoriques », déterminés par les scientifiques, dans des situations marquées tout à la fois par des particularités et par une mise en œuvre qui peut souffrir de limites et défaillances dans l'application des normes, règles et mesures publiques de prévention et de sécurité.

À travers une organisation adéquate et précise, la délibération doit faire circuler de l'information et faciliter son appropriation par les intéressés. Elle doit aussi permettre aux citoyens d'exprimer leurs doutes, leurs craintes, leurs demandes et leurs questions. Toutefois, l'enjeu n'est pas seulement de donner une tribune à tout un chacun, mais de permettre une appropriation cognitive et symbolique des risques en jeu et de produire, sous l'effet de la discussion et de l'exigence de justification de ce qui est avancé, un basculement d'opinions toutes faites vers des positions réfléchies tenant compte d'un ensemble élargi d'intérêts et de considérations. Les propositions qui en ressortent sont susceptibles d'obtenir une meilleure adhésion que celles qui émanent seulement de comités d'experts. Elles peuvent contribuer à transformer la représentation que les citoyens se font des risques, de risques subis provoquant le rejet en risques choisis.

Il y a néanmoins une condition pour cela: qu'on définisse clairement l'articulation entre ces nouvelles procédures de délibération et le processus de décision public. Faire tourner à vide une machine à délibérer qui ne serait pas institutionnellement en prise sur l'action publique de précaution ne ferait qu'exacerber la coupure entre gouvernés et gouvernants.

La délibération n'est pas la décision. En matière de risques collectifs comme dans d'autres domaines, il incombe à un responsable de décider *in fine* d'une politique ou d'une mesure au terme d'un processus de préparation de cette décision. Il lui faudra le plus souvent trancher dans une matière complexe sans pouvoir s'appuyer sur le consensus ni des experts, ni des citoyens consultés, ni de ceux qui s'expriment de différents côtés par différents moyens. Le pouvoir de décider en matière de risques collectifs présente ainsi une dimension politique, au-delà de la dimension gestionnaire. Aussi est-ce aux instances les plus légitimes du point de vue de la démocratie politique, et non à des instances à caractère technique, d'avoir ce pouvoir pour les grandes décisions touchant aux risques collectifs.

DEUXIÈME PARTIE

CRISE

CHAPITRE IV

Crises : la confrontation brutale à l'extrême

Ce sont choses tellement délicates et si nombreuses, qu'il faut un sens bien délicat et bien net pour les sentir, et juger droit et juste selon ce sentiment, sans pouvoir le plus souvent les démontrer par ordre comme en géométrie, parce qu'on n'en possède pas ainsi les principes.

Il faut tout d'un coup voir la chose d'un seul regard, et non par progrès de raisonnement, au moins jusqu'à un certain degré.

Et ainsi il est rare que les géomètres soient fins et que les fins soient géomètres, à cause que les géomètres veulent traiter géométriquement de ces choses fines, et se rendent ridicules, voulant commencer par les définitions et ensuite par les principes, ce qui n'est pas la manière d'agir en cette sorte de raisonnement.

PASCAL,
« L'esprit de géométrie
et l'esprit de finesse »,
Pensées.

L'INCERTITUDE AU PAROXYSME

La précaution requiert vigilance et rigueur : il faut à la fois discerner les dangers potentiels et ne pas céder à différentes illusions comme à celle de l'éradication générale des risques. De la sorte, au sein de l'incertitude, est-il possible de tracer des voies raisonnables alors que cet univers est marqué par la tentation de la montée aux extrêmes et de la perte du sens des proportions. C'est à ce prix qu'on peut espérer domestiquer la confrontation avec l'incertitude. Cette première posture est indispensable, mais il lui est impossible d'éliminer ce qui fait le noyau de la question de l'incertitude : la possible discontinuité.

Une discontinuité

Dans son essence, l'incertitude est marquée par la possibilité de surprises majeures, de « blancs » dans la connaissance, de bouleversements dans les références, de bifurcations irréversibles dans les phénomènes, de cristallisations soudaines, de phénomènes extrêmes. L'incertain ne se laisse clore par aucun raisonnement. C'est cela qui rend aussi difficile et conflictuelle la décision. La brèche, la discontinuité sont fort éprouvantes pour notre culture, particulièrement mal à l'aise avec les situations limites. Si la discussion sur les risques est devenue si vive, c'est parce qu'ils portent en eux la possibilité de la catastrophe et de la crise : ils peuvent déboucher sur des moments paroxystiques qui nous projettent hors de nos logiques d'ordonnancement du monde.

On pourrait sans doute opposer deux approches, chacune nous apparaissant nécessaire. La première est la recherche de la maîtrise raisonnée du risque ; c'est aussi celle de la domestication des questions. Elle prend le risque de ne pas retenir des enchaînements qui s'écarteraient par trop des frontières du maîtrisé. Elle part du constat selon lequel, dans le plus grand nombre de circonstances, les scénarios extrêmes ne sont pas ceux qui prévalent. Ainsi, la crise de la vache folle n'a pas conduit à quelque nouvelle grande peste ; le bogue de l'an 2000 n'a donné lieu à aucun problème significatif — et les efforts de prévention n'expliquent pas tout.

Dès lors, tout en n'écartant pas les possibilités de montée aux extrêmes, l'approche raisonnée du risque refuse d'en faire un paramètre central, voire exclusif, de la décision ; elle se soucie en contrepoint de la plausibilité des scénarios.

La seconde approche — celle de la crise — part au contraire du constat selon lequel, dans un nombre non nul de circonstances, des scénarios extrêmes se sont bien imposés — bouleversant infiniment les contextes. De même que la guerre de 1914-1918, prétendue « impossible », fut l'un des faits majeurs du XXe siècle, de même nos grands rendez-vous avec le risque, ces dernières décennies, ont largement eu pour objet des événements, des enchaînements non anticipés ou présentés comme « impossibles ». L'approche par la crise veut précisément relever ce défi. Tout en n'écartant pas le fait que, dans la grande majorité des cas, les événements et combinaisons particulières ne sont pas sources de déséquilibres extrêmes, cette approche tend à privilégier l'interrogation sur l'improbable et sur les logiques prenant à revers les hypothèses les plus plausibles.

Pourtant cette seconde approche est encore peu suivie. S'interroger sur les faces les plus insaisissables du réel en situation de crise est aujourd'hui très éloigné de la culture des décideurs et experts. De son côté, le citoyen perçoit bien que le discours de la maîtrise du risque recouvre en fait assez souvent un déni de l'extrême et de la crise, en une forme de tabou moderne.

Les crises se multipliant, ou tout au moins la perception d'un monde marqué par des crises sans cesse plus pressantes s'affirme chaque jour, il est urgent d'affronter cette question de la discontinuité. L'enjeu est lourd : il s'agit d'éviter la défiance du citoyen, le désarroi des responsables, le découplage entre le public et le monde de la décision.

Le risque technologique majeur

Les termes du débat, les éléments de description disponibles résultent d'une histoire récente, marquée par des accidents majeurs, dont la survenue a contribué à radicaliser les appréhensions — et ce d'autant plus que les autorités faisaient montre à ces occasions de différentes faiblesses tant dans le registre de la lucidité que dans celui de la responsabilité face à ces événements « barbares ».

La fin de la décennie 70 fut notamment marquée par les épisodes de Seveso (1976, l'accident chimique), de l'*Amoco-Cadiz* (1978, la marée noire), de Three Mile Island (1979, l'accident nucléaire). Au vu de ces signaux forts, le concept de « risque technologique majeur[1] » fut proposé pour indiquer clairement que nous avions changé de classe de risque, qu'il fallait repenser profondément nos raisonnements techniques et organisationnels, et passer à des approches bien plus politiques. La question fut largement refusée : « Ce n'étaient là que de fausses alertes, n'ayant causé aucun mort. » Mais, au-delà des bilans, un fait avait troublé en profondeur : l'inadaptation des décisions officielles prises face à ces événements hors du commun, l'impréparation à les traiter comme des événements engageant la cité et de très nombreux acteurs, bien au-delà des enceintes industrielles.

On le vit à Seveso, avec ce ministre de la

Santé qui, après avoir pathétiquement nié tout problème, finit par s'avouer impuissant: « Si dans trois mois les mesures prises n'ont pas donné satisfaction, nous laisserons la Nature suivre son cours[2]. » On le vit à Three Mile Island, où le président de l'instance de contrôle (Nuclear Regulatory Commission) finit par avouer: « Nous sommes comme un couple d'aveugles qui titubent et tournent en rond[3]. » Ce qu'un journaliste exprimait clairement au moment de l'événement: « Ce qui irrite le plus les Américains, c'est le sentiment d'être mal, très mal informés. Le porte-parole de la société propriétaire de l'usine affirme depuis le début que tout va bien: c'est évidemment un mensonge. Quant aux experts du gouvernement, leur avis change toutes les deux heures. Ce qui paraît donc insupportable aux Américains, c'est que personne n'ait l'honnêteté de dire: "Nous ne savons pas ce qui va arriver"[4]. »

Les années 80 firent passer de l'alerte à l'alarme: explosion d'un grand stockage de gaz en banlieue surpeuplée de Mexico en 1984, plusieurs centaines (milliers?) de morts; désastre à Bhopal, en 1984 également: près de 10 000 morts à terme, 200 000 blessés. Puis vint 1986: Tchernobyl. Le nuage fit deux fois le tour de la terre. On put encore maintenir la question hors du cadre: « Ce n'étaient là que problèmes du tiers-monde ou du bloc soviétique décadent. » Mais la démonstration de défaillance et d'impréparation, voire d'incompétence, fut à nouveau claire. Quant aux suites de Tchernobyl, l'épisode du nuage supposé arrêté aux frontières de la patrie reste l'idéal type du déni porté par la parole publique qui contribua à sceller pour de longues années la défiance commune à l'endroit de tout décideur appelé à piloter une situation hors norme.

D'autant que les exemples extrêmes furent confortés par nombre d'épisodes intrinsèquement moins graves mais tout aussi destructeurs sur le plan de la confiance. L'usine sœur de Bhopal, aux États-Unis, qui appartenait au même groupe Union Carbide, connut un incident grave moins d'un an après le désastre de la filiale indienne (Institute, 1985) : la gestion de l'événement fut encore défaillante, d'une façon qu'on peut juger consternante, avec notamment le refus d'informer les populations alentour. La même image d'impuissance teintée de mépris domina le traitement de la grande marée noire de l'*Exxon Valdez* (1989) — pétrolier américain, servi par un équipage américain, polluant une côte américaine. Et nombre de petites crises — transformateurs au pyralène, décharges industrielles, alertes alimentaires, épisodes atmosphériques, etc. — présentèrent le même tableau clinique : des réalités bien éloignées des garanties affichées, des capacités de réaction étrangement limitées, des prises de responsabilité le plus souvent minimales. Plus grave encore : des responsables décidément non préparés pour traiter de ces réalités dès lors qu'elles dépassaient le strict champ de leurs habitudes de gestion et de communication[5].

Un autre front s'ouvrit, plus déstabilisant sans doute car moins aisément focalisé sur tel ou tel événement, moment ou acteur. Deux grands dossiers ont mis en lumière les risques liés à la complexité, à l'ignorance scientifique, à l'insuffisance de notre préparation collective.

Le « sang contaminé » : avec son lourd bilan humain, ses confusions organisationnelles, ses convocations en Haute Cour, ses ébranlements pour la justice elle-même, ce drame a bouleversé notre approche de l'incertitude et de la responsabilité. Un argument marqua longtemps les discours de défense : « À l'époque des faits, nous n'avions pas de preuve. » Prévalait à l'époque une culture de certitude, décalée vis-à-vis des réalités actuelles qui exigent que les questions soient posées de façon précoce, imaginative et ouverte. C'est tout l'esprit de la précaution[6].

La « vache folle » : touchant à des affects profonds liés à la nourriture, ébranlant des catégories identitaires (herbivores/carnivores), révélant l'ampleur des nouvelles vulnérabilités collectives dans l'ordre du biologique et les limites de nos capacités scientifiques, dévoilant de nouvelles frontières du risque avec le développement de réseaux et de pratiques à l'échelle des continents, dramatisant l'inquiétude en raison de l'impossibilité initiale de pronostics précis jointe à la certitude d'avoir affaire à des maladies incurables, mortelles et dégradantes, mettant au bord de l'exclusion et de la faillite toute une filière d'activités, cette maladie a globalisé les questionnements, précipité les pertes de repères[7].

Là encore, au-delà de ces cas particuliers, l'horizon est lourdement chargé. Les dossiers se multiplient : risque dans l'ingénierie du vivant, changement climatique, pollution atmosphérique, champs électromagnétiques, contamination des sols et de l'eau, risques informatiques[8]. Des dossiers encore bien plus délicats, comme celui des nanotechnologies[9], nous sont annoncés pour l'avenir proche. Et l'on subit en outre le choc simultané de tous ces défis : nous vivons de plus en plus dans des univers de turbulences permanentes. Comme l'illustrent par exemple ces constats que faisait voici peu le président de British Airways devant son personnel : « Pour tous ceux qui travaillent au sein de British Airways, 1997 a été une année de défis [...]. Nous avons connu une attaque de l'IRA à l'aéroport de Gatwick, un problème majeur sur la livre, un problème financier majeur en Extrême-Orient, une concurrence sévère, des changements internes importants, de graves conflits sociaux et, alors que nous pensions que le pire était derrière nous, l'incendie de notre terminal à Heathrow[10]. »

La fin de l'année 1999 fut fertile en événements destructeurs de confiance. Il y eut, pendant plus de six mois, les grandes craintes autour du passage de l'an 2000, qui se solda finalement par une étrange victoire : aucun accident significatif, aucun de ces effets dominos si longtemps craints. Mais, une fois encore, on constata les grandes réticences à se saisir à temps du problème, puis l'incapacité à expliquer les raisons d'un passage finalement si confortable. L'épisode fut vite éclipsé par deux autres événements : le naufrage de l'*Erika*, l'anti-modèle, qui montrait que l'on n'avait décidément rien appris ou presque dans la prévention et la gestion d'un tel accident ; deux ouragans hors normes, qui balayèrent la France. Ces deux ouragans de la fin décembre 1999 affectèrent profondément nos perceptions, pour plusieurs motifs : la gravité nouvelle des phénomènes climatiques à prendre en compte (le bilan de 92 morts ne doit pas tromper : les spécialistes estiment que le nombre de décès aurait probablement atteint le millier si les tempêtes avaient frappé à tout autre moment) ; l'ampleur de nos vulnérabilités (les infrastructures vitales du pays ont été sévèrement touchées, mais les pertes auraient pu être bien plus lourdes encore si les vents avaient été légèrement différents dans leur trajectoire) ; les limites du raisonnement statistique (en un seul épisode, les forêts sont aussi lourdement affectées qu'elles l'ont été sur un siècle de catastrophes cumulées) ; la diversité des préparations, entre un grand opérateur comme EDF qui s'y était engagé, d'une part, et les capacités nationales de gestion des crises, qui n'étaient pas dimensionnées pour affronter pareils défis[11].

L'inconcevable

L'année 2001 a fait franchir une nouvelle étape avec l'entrée en force de l'inconcevable : le 11 septembre, avec l'attaque terroriste non conventionnelle qui frappe les cœurs économico-financier et militaire de la première puissance mondiale ; les attaques à l'anthrax, qui désorganisent les réseaux postaux américains. Dans ce contexte de surprise radicale, ce fut en France, le 21 septembre, l'explosion de l'usine AZF aux portes de Toulouse : découverte directe de la réalité du risque majeur, angoisse à l'idée que des gaz toxiques auraient pu être libérés, constat d'une gestion de sortie de crise étrangement pauvre... Une fois encore le socle de confiance a été sévèrement atteint. En un seul événement, tout le lien entre une ville et sa chimie se trouve déchiré.

Aujourd'hui, plusieurs lignes de fond se conjuguent pour produire des univers de haute vulnérabilité, de nouvelles configurations de risques[12] :

• L'accélération phénoménale du développement technique dans chaque secteur génère des risques difficiles à appréhender, répertorier et contrôler.

• L'extension, la complexification et l'interdépendance des réseaux vitaux (énergie, information, télécommunication, transport, alimentation en eau, systèmes bancaires, etc.) accroissent considérablement les risques d'effets dominos et de prise en masse à grande échelle en cas de dysfonctionnement local imprévu.

• Les limites de nos capacités d'expertise, bien plus à l'aise pour ouvrir des interrogations que pour apporter des réponses ; les limites de nos ensembles administratifs et organisationnels, jusqu'à récemment cloisonnés et protégés par ces cloisons [13].

• La médiatisation instantanée de tout événement ou de toute suspicion : ce système, en recherche permanente d'instantané, d'image choc, d'émotion brute, donne spontanément une prime à la montée aux extrêmes.

• La politisation du domaine des risques et des crises, avec la recherche systématique de coupables et le refus de l'oubli — qui était hier la voie commune de sortie [14].

Ces facteurs se conjuguent. Par exemple en effaçant les cloisons entre risques naturels et risques technologiques (la tempête de décembre 1999 en France affecta durement une centrale nucléaire, dans l'estuaire de la Gironde) ; entre risques civils et sécurité nationale, comme une commission présidentielle américaine le souligna en 1998 : « La prolifération et l'intégration rapide des systèmes de télécommunications et des systèmes informatiques ont lié les infrastructures les unes aux autres pour parvenir à un réseau complexe d'interdépendances. Ces liens ont créé de nouvelles dimensions de vulnérabilités qui, quand elles sont combinées avec une constellation inédite de menaces, induisent des risques sans précédents pour la sécurité nationale [...]. Nous devons apprendre à négocier une nouvelle géographie, dans laquelle les frontières ne sont plus pertinentes, les distances n'ont plus de signification, dans laquelle un ennemi peut porter atteinte à des systèmes vitaux sans s'attaquer à notre système de défense militaire. La défense nationale n'est plus du ressort exclusif de l'exécutif et la sécurité économique échappe à la seule sphère des affaires[15]. »

Bref, nous quittons ce monde stable, organisé, dans lequel on se plaisait à définir le risque à travers le produit de la gravité et de la probabilité, avec la présomption que la gravité extrême est associée à une probabilité extrêmement faible, proche de zéro. Les crises nous font basculer dans l'inconcevable ; elles appellent des mutations dans nos approches du risque et nos modes de gouvernance.

Il devient nécessaire de penser ces questions non plus seulement à partir de nos savoirs et de nos équilibres — pour toujours repousser la frontière de l'incertitude —, mais à partir de l'anticipation des discontinuités, des blancs et de la surcomplexité.

C'est là l'ambition des démarches engagées autour du thème de la crise. Elles présentent certes, elles aussi, de nombreuses limites, et des risques non négligeables : celui notamment de radicalisations infondées. Mais il n'est plus possible de les refuser.

L'UNIVERS DE LA CRISE

Malaise et résistance

S'il y a un consensus autour de la notion de crise, c'est bien qu'elle est loin de satisfaire d'emblée aux exigences d'une définition rigoureuse. James A. Robinson ouvre ainsi par cette phrase l'article « Crisis » de l'*International Encyclopedia for Social Sciences* : « un terme d'usage courant, à la recherche d'une signification scientifique[16] ». André Béjin et Edgar Morin (1976) notaient déjà : « Ce concept tend à devenir une forme vide, un prêt-à-porter stéréotypé qui ne constitue plus que l'ultime recours au lancinant désarroi des diagnostics et des pronostics[17]. »

D'où les réticences fréquentes de différents spécialistes pour qui la cause est entendue : le recours à la notion de crise ne ferait que traduire une forme de confusion intellectuelle et une appréhension superficielle de la réalité. L'événement, qui est au centre des questionnements sur la crise, ne serait qu'un leurre, prenant au piège ceux qui sont par trop sensibles à la mode et à la facilité. Seule vaudrait l'analyse approfondie des structures et des dynamiques préalables à l'événement, saisies dans leurs régularités.

Dans les années 70, Edgar Morin avait tenté

de lancer une science des crises — « crisologie » selon son propre terme. Il avait clarifié le premier obstacle : « Il n'y a pas de science du singulier, il n'y a pas de science de l'événement, c'est là un des points les plus assurés d'une vulgate théorique encore dominante. L'événement a été chassé dans la mesure où il a été identifié à la singularité, la contingence, l'accident, l'irréductibilité, le vécu. Il a été chassé non seulement des sciences physico-chimiques, mais aussi de la sociologie, qui tend à s'organiser autour de lois, modèles, structures, systèmes. » Il précisait : « Pour cette sociologie, tout ce qui est improbable devient aberrant, tout ce qui est aberrant devient anomique, alors que l'évolution n'est qu'une succession d'aberrations qui actualisent des improbabilités [...]. On assiste aujourd'hui encore aux effets d'une tentative profonde et multiple pour refouler l'événement hors des sciences humaines afin de gagner un brevet de scientificité [18]. »

Uriel Rosenthal, l'un des pionniers des études sur les crises en Europe, allait plus loin à la fin des années 80, au moment des premières études systématiques sur le sujet : « Les scientifiques ne se sentent guère à l'aise avec ces phénomènes qui semblent hors du champ des théories bien nettes et ciselées qu'ils ont développées à partir des circonstances et événements inscrits dans la normalité. Les crises semblent être en opposition absolue avec la base même des sciences sociales modernes [19]. »

Lorsqu'on découvre de l'intérieur les modes

de réflexion des acteurs — en premier lieu des responsables — en situation de crise, on constate, il est vrai, que la réalité de l'aberrant, de l'anormal est le plus souvent tenue pour totalement barbare. Les mots du naturaliste Buffon (1749) restent un ancrage souvent non discutable : « Des causes dont l'effet est rare, violent et subit ne doivent pas nous toucher, elles ne se trouvent pas dans la marche ordinaire de la Nature ; mais des effets qui arrivent tous les jours, des mouvements qui se succèdent et se renouvellent sans interruption, des opérations constantes et toujours réitérées, ce sont là nos causes et nos raisons[20]. »

Des causes et des raisons qui pèsent directement sur nos principes d'action, comme le souligne Ralph Stacey (1996), professeur de management stratégique : « Au moins 90 % du contenu des manuels de management stratégique est consacré à la facette du management qui pose le moins de difficulté — conduire la machine organisationnelle selon un mode qui exclut au maximum la surprise [...]. Bien au contraire, la véritable fonction du management est de conduire les exceptions, rapidement et sous pression, quand elles surviennent de façon non prévue [...]. La véritable mission des responsables est de traiter la non-prédictibilité, l'instabilité, l'irrégularité, le non-sens et le désordre[21]. »

Qu'une attitude d'esquive soit répandue est très compréhensible. Admettre la réalité de la crise, c'est s'engager dans le champ inquiétant des situations limites. Là où les modèles perdent de leur robustesse, car leurs hypothèses de base, leurs règles de fonctionnement les plus élémentaires, leurs cadres ne fonctionnent plus — ou plus aussi bien. Karl Jaspers l'avait remarquablement précisé dans son ouvrage *La bombe atomique et l'avenir de l'homme*[22] :

- Aux situations limites, la pensée cloisonnée n'est plus opératoire ; les « spécialistes », les « scrupuleux de jurisprudence » sont pris de court par l'événement.
- Aux situations limites, l'exigence de connaissance est impérieuse... et non pas à mettre en panne.
- Aux situations limites, la tâche est d'abord de trouver du sens, de trouver des principes d'intelligence d'ensemble et de subordonner l'action à de nouvelles directions politiques : sans cette capacité à assumer l'interrogation qui émerge et à y répondre par un projet, une politique restera désemparée.

Clés et définitions

L'essence même de la crise étant précisément de l'ordre de la brèche dans un ordonnancement du monde, l'idée d'aboutir à une définition univoque et robuste satisfaisant notre goût pour la mise en ordre intellectuelle est une tâche impossible. Il est indispensable, toutefois, de déployer les efforts nécessaires pour décrypter la richesse de la notion et tenter de la cerner au mieux.

Les auteurs rappellent le plus souvent les clés de compréhension suivantes, dans une large mesure legs de la Grèce antique.

• *Décision* : le langage des tribunaux a donné sa première acception au terme de crise : examiner, décider, discriminer, trancher. C'était « le moment du jugement, des décisions à prendre ; un croisement qui imposait une option plus ou moins urgente sur la route à suivre[23] ».

• *Bifurcation* : « Dans la médecine hippocratique, le terme clinique de crise désigne l'instant crucial où la maladie touche à son terme, à sa résolution, pour le meilleur ou pour le pire. [...] La crise est un paroxysme d'incertitude et d'angoisse où tout est en suspens. [...] Dans cette perspective, la crise n'est pas un signe de maladie, mais un signe de résistance à la maladie. Non pas une faillite, mais un sursaut. L'organisme n'est pas devenu incapable de se régler lui-même, mais il opte provisoirement pour un mode exceptionnel de régulations à visée défensive. Il n'y a dans de telles crises ni désordre ni anarchie, mais instauration d'un ordre spécial lié à l'urgence et au péril vital[24]. »

• *Pathologie* : bien plus près de nous, une signification très différente a pris de l'importance. « À cette version hippocratique de la crise, la pensée médicale du XIXe siècle ajoute un point de vue nouveau. La crise n'est plus terminale, résolutive et salutaire ; elle est inaugurale, elle est purement réactionnelle, sans intention de guérison, parfois elle devient même pathogène lorsqu'elle développe des mécanismes excessifs. Tout se passe comme si nous utilisions aujourd'hui, simultanément ou alternativement, ces deux concepts que la pensée médicale a progressivement élaborés : la crise-guérison et la crise-maladie[25]. »

• *Moment de vérité* : dans la tragédie grecque, la crise est ce moment où, brutalement, éclate tout le passé, dont la signification avait échappé aux acteurs[26].

• *Perte de sens :* pour le biologiste théoricien de la complexité qu'est Henri Atlan[27], la crise est ce moment d'interruption de la circulation du sens entre les différents niveaux d'organisation d'un système complexe, l'information devenant bruit.

• *Ouverture* : les crises sont en quelque sorte de « nouvelles donnes », des éruptions nécessaires à la vie. Comme l'a souligné l'historien Burckhardt : « Les crises déblaient le terrain. Elles nous débarrassent tout d'abord d'une infinité de formes extérieures depuis longtemps dénuées de vie, et qu'il aurait été impossible de faire disparaître à cause de leur droit historique. Elles suppriment ensuite un certain nombre de pseudo-organismes qui n'ont jamais eu de droit d'existence et qui, incrustés fortement dans tous les domaines de la vie, sont les principaux responsables de notre prédilection pour la médiocrité et de notre haine pour tout ce qui est exceptionnel[28]. » On rappellera ici cette acception chinoise bien connue de la notion, représentée par le double idéogramme chinois signifiant tout à la fois danger et opportunité.

Décision, bifurcation, pathologie, moment de vérité où le passé réclame son dû, opportunité se rejoignent donc pour constituer cette notion, riche de sa malléabilité.

En outre, il faut ici solliciter la psychologie — essentielle dans la mesure où le vécu de la crise est une dimension cruciale, constitutive de la réalité de la crise. Bolzinger souligne ainsi l'importance des clés suivantes dans la compréhension de la crise :

• « Soudaineté : la crise est ressentie comme un événement foudroyant qui fait irruption dans la vie du sujet, même lorsqu'elle est progressive et s'installe en quelques jours.

• Incoercibilité : la crise s'impose jusque dans l'intimité du sujet, avec une actualité pressante et inéluctable, sans trêve ni repos.

• Incompréhensibilité : la crise est perçue comme un étrange concours de circonstances ; même si le sujet en crise adhère entièrement à la logique de la situation qui le saisit, il conserve néanmoins un fond de surprise et de bouleversement mystérieux.

• Facticité : la crise est, pour le sujet, comme une parenthèse brusquement détachée du déroulement habituel de son existence, un moment paroxystique qui est vécu comme une "réalité objective" mais séparé de la "réalité objective"[29]. »

La crise tient peut-être surtout à ce bouleversement vécu par le sujet ou une population. Et Bolzinger va au bout du raisonnement : « L'expérience subjective devient ainsi condition nécessaire et suffisante pour cerner le concept de crise. Elle relègue au second plan toute appréhension objective, toute observation extérieure de la crise. Le concept de crise est inséparable de son pivot subjectif[30]. »

En complément de ces approches, il est utile de s'engager dans des tentatives de définitions. Nous retiendrons ici les plus connues.

La définition de Hermann (1972), spécialiste des crises internationales, a longtemps fait figure de référence : « Une crise est une situation qui menace les buts essentiels des unités de prise de décision, réduit le laps de temps disponible pour la prise de décision, et dont l'occurrence surprend les responsables[31]. »

Celle de Julien Freund (1976), dans un registre sociologique : « La crise est une situation collective caractérisée par des contradictions et ruptures, grosses de tensions et de désaccords, qui rendent les individus et les groupes hésitants sur la ligne de conduite à tenir, parce que les règles et les institutions ordinaires restent en retrait ou sont même parfois déphasées par rapport aux possibilités nouvelles qu'offrent les intérêts et les idées qui surgissent du changement, sans que l'on puisse cependant se prononcer clairement sur la justesse et l'efficacité des voies nouvelles[32]. »

Celle d'Uriel Rosenthal (1989), spécialiste des crises sociétales : « Une crise est une menace sérieuse affectant les structures de base ou les valeurs et normes fondamentales d'un système social, qui — en situation de forte pression et haute incertitude — nécessite la prise de décisions cruciales[33]. »

Dynamiques de crise

Dès qu'on évoque l'inhabituel, une référence s'impose à l'esprit : celle de l'accident, le terrain des spécialistes de l'urgence. Il se caractérise ainsi : les événements possibles sont répertoriés, les procédures d'intervention sont connues, les intervenants requis sont bien identifiés et ils se connaissent entre eux, les rôles et responsabilités sont clairement partagés, on sait qui commande. La situation évoquée est certes dommageable, voire très grave pour tel ou tel, mais elle est gérable et perçue comme telle : on dispose des moyens voulus pour traiter l'événement, dans des délais raisonnables, à des coûts que l'on peut assumer. En bref, il s'agit d'une simple brèche à colmater, qui se produit dans un univers stabilisé : le système garde ses propriétés générales — selon le principe « toutes choses égales par ailleurs ».

Chacun des acteurs essentiels est formé à intervenir efficacement en fonction de la tâche qui lui est dévolue. L'apprentissage consiste surtout pour les opérateurs techniques à s'entraîner : ils doivent acquérir les bons réflexes, connaître leurs *check-lists* de réponse, leurs plans, leurs rôles respectifs. Des exercices logistiques sont essentiels à la bonne marche de cet ensemble de compétences spécifiques, qui doivent être bien coordonnées.

Les dynamiques de crise forcent à sortir de cet univers bien cadré. On se trouve d'emblée confronté à un tableau de difficultés autrement plus complexes que celles de l'accident : des difficultés opérationnelles qui dépassent les capacités disponibles, un haut niveau d'incertitude, une multiplication des intervenants, des problèmes massifs de communication. Toutes ces difficultés se conjuguent pour conduire à une situation qui ne se laisse pas aisément circonscrire et traiter ; bien au contraire, les phénomènes de mise en résonance tendent à prévaloir. Il ne s'agit plus de brèche spécifique et simple dans un système stable, mais de problèmes et de menaces non circonscrits, dans l'espace, le temps, les acteurs, les coûts, etc. La crise, c'est précisément cette confrontation à des problèmes hors échelle coutumière, à des dérives difficiles à rattraper, à la nécessité de s'engager dans l'action alors que se dissolvent les références qui permettaient jusqu'alors de guider, d'encadrer, de donner sens et valeur à l'action individuelle et collective.

La crise déstabilise les systèmes d'action sous trois modalités :

1. *Le déferlement* : la crise suscite une somme de difficultés qui tend à déborder les capacités de réplique. Les chiffres illustrent bien ce point quantitatif : à Lockerbie (attentat sur le vol de la Pan Am, en 1998), on comptait 3 500 habitants ; dans les vingt-quatre heures suivant l'at-

tentat, 2 500 intervenants extérieurs, 1 000 journalistes et personnels des médias (dont une équipe des îles Fidji) étaient déjà présents sur place.

2. *Le dérèglement* : la crise menace le fonctionnement même des systèmes impliqués. On ne sait plus très bien qui fait quoi, avec qui, sur quelles bases. Illustration : au moment de l'accident nucléaire de Three Mile Island aux États-Unis, le gouverneur de Pennsylvanie apprit par une station de radio qu'il avait donné l'ordre d'évacuer un million de personnes, ordre qu'il n'avait jamais donné ; il s'agissait d'une intervention intempestive d'un bureau de l'administration fédérale à Washington, relayée par un bureau local qui n'était pas le mieux informé et qui avait directement passé l'information à la presse.

3. *La divergence :* la crise ébranle les références les plus essentielles d'un système, les choix collectifs fondamentaux des acteurs affectés. Illustration : dans un épisode comme celui de Three Mile Island, les questions soulevées ne portaient pas seulement sur le point de savoir qui fait quoi dans les cercles officiels (entre les élus et les administrations, entre les échelons fédéraux, régionaux et locaux), mais encore sur le bien-fondé des choix qui ont mené à la crise ; et l'intervention fut mise en avant sans détour : « Pourquoi du nucléaire en Pennsylvanie — et ailleurs ? »

Bien sûr, les trois modalités de déstabilisation s'aiguisent mutuellement. Le dérèglement renforce le déferlement ; les divergences menacent les arrangements organisationnels ; les démonstrations d'incapacité ou de confusion font surgir ou accentuent les remises en cause fondamentales. Il faut mesurer l'ampleur du défi.

Le déferlement, ce sont non seulement des difficultés qui s'amoncellent et se croisent, une logistique impuissante et des protections qui se révèlent illusoires ; mais encore un envahissement par la complexité et l'aléatoire : on semble constamment courir après des ombres insaisissables, des conséquences imprévues, des symptômes trompeurs, les causes réelles échappant au traitement. Et lorsque l'on songe à quelque intervention, les exigences tactiques contradictoires se multiplient.

Le dérèglement, ce n'est pas seulement une confusion — dans laquelle il suffirait de remettre un peu d'ordre. C'est plus exactement une menace de désagrégation du système en tant qu'ensemble organisé : les structures se désengagent, les rouages se distendent, les capacités d'autocorrection se perdent et toute amorce d'écart se creuse ; les conflits latents deviennent manifestes, les alliances se dissolvent, deviennent éphémères et aléatoires ; les fuites dans l'imaginaire guettent tous les intervenants comme les observateurs[34].

Les divergences menacent l'essentiel : le système de références et de règles de base dans lequel se situe l'activité ou l'organisation. Valeurs et choix stratégiques passés sont mis en cause. Tous les dossiers sont rouverts et abordés avec des éclairages radicalement autres. Les contradictions stratégiques s'exacerbent, l'ambiguïté est partout — et détermine en retour des comportements bloqués, des représentations figées. Si l'action n'est pas de qualité, le contexte entre en résonance générale, les problèmes font masse, la crise en vient à prendre son autonomie.

Le cœur du problème ne réside plus dans la capacité à apporter de la façon la plus experte des réponses connues et validées. Le défi est de trouver, entre les différents intervenants et en milieu largement ouvert (les caméras tournent en permanence), les voies de réponse les plus judicieuses aux incertitudes qui marquent toutes les dimensions de l'action. Avec la crise, on passe du savoir à l'incertain, du technique au politique.

LA CRISE ET SES PIÈGES

L'analyse de maints épisodes de crise, au cours des vingt dernières années, a apporté un enseignement fondamental : les dynamiques de crise connaissent des régularités, elles ne relèvent pas du non-sens[35]. Les premières régularités observées, qui sont d'ailleurs les plus nettes, concernent les pièges — sorte d'attracteurs funestes — qui guettent les intervenants dans leur cheminement en univers de crise. Et l'expérience est ici implacable : la gravité des difficultés rencontrées est directement fonction de l'absence d'apprentissage préalable. Les régularités se font même caricaturales lorsque les systèmes et les personnes sont surpris, sans préparation aucune, par une situation de crise. Bien sûr, il n'y a pas de crise sans problème aigu, mais tout défaut de préparation individuelle et collective aggrave considérablement les difficultés et peut les transformer en drame.

Quand la crise surgit : des réflexes aggravants

Aux premiers signaux de situation anormale, les réflexes d'une organisation non préparée vont immédiatement aggraver le potentiel de crise. Au lieu de mettre en place des capacités de veille renforcée, de rechercher et de remonter rapidement de l'information, de commencer à ouvrir des réseaux internes, de préparer les jalons d'une information externe franche et ouverte, jouant sur la confiance et le respect, de déployer une capacité de réflexion stratégique globale, chacun va subir le syndrome du repli défensif. De façon schématique, le tableau est le suivant.

La dénégation

La nouvelle tombe, la réaction est instinctive : « Ce n'est pas possible. » La dénégation est d'ailleurs d'autant plus obstinée que le problème a jusqu'alors été, non pas seulement ignoré, mais écarté, refoulé, nié. Devoir « se rendre à l'évidence » fait surgir un stress considérable. On observe souvent alors une formidable mobilisation personnelle et collective pour assurer — et s'assurer — que « rien n'est arrivé, qu'il n'y a pas de crise, tout juste l'affolement de certains, connus pour leur pessimisme pathologique ». « Ça ne peut pas être grave » ; « Si c'était grave, ça se saurait » ; « Ce n'est pas nous » ; « Ce n'est pas encore prouvé » ; « Les textes ne disent pas que c'est moi ! » Pareilles défenses instinctives sont de remarquables facteurs de paralysie.

Des mobilisations laborieuses

Comme, souvent, la crise ne livre pas d'emblée des preuves simples de sa réalité, la tendance va être de rechercher avec acharnement des raisons prouvant qu'il ne se passe rien — et on va en trouver, même si cela exige des contorsions extraordinaires dans la lecture de la réalité. Celle-ci sera placée de force dans un système de représentations d'autant plus rigide que l'on est mal préparé, pétri d'inquiétude, arc-bouté sur la conviction profonde qu'il serait mortel de reconnaître quelque vulnérabilité que ce soit. Tout questionnement est bloqué : chacun ne procède que par réponse définitive permettant de clore à l'avance toute interrogation, à commencer par celles qui pourraient porter sur les points les plus sensibles.

Venant conforter cette attitude, l'organisation s'efforce de bloquer aussi la recherche effective d'informations. On travaille avec un cadre de représentation très restrictif, sur la base des quelques informations initiales rassurantes, et en ne tolérant que les seules informations qui ne remettent rien en cause et valident les lectures « optimistes ». Bref, un mécanisme général que l'on pourrait qualifier de « réduction à la normalité » se met en place : « Tout est normal. » Un seul signal positif, une seule bonne nouvelle suffisent à effacer des cohortes de signaux d'alerte de la perception des intervenants. Une organisation non entraînée prendra donc un temps considérable avant de se mettre en posture de reconnaissance et de gestion de crise.

La perception intuitive que l'on n'est pas prêt à affronter l'événement va rapidement amplifier le problème en induisant des comportements d'esquive d'une stupéfiante ingéniosité. Ainsi : je transmets une information mais je ne vérifie pas qu'elle est bien parvenue à son destinataire ; j'ai bien un fax au fond du couloir, mais je ne prends pas la peine d'aller y relever régulièrement les messages qui me sont envoyés ; etc. Comme la crise se développe le plus souvent de façon ambiguë, ces comportements de fuite trouveront de nombreuses justifications : « Mon service n'est pas directement concerné », « Je n'ai pas été sollicité », « J'étais certain que les intéressés avaient pris l'affaire en main », « Le plan d'urgence stipule bien que c'est au directeur de déclencher le dispositif de crise : je n'avais donc pas à bouger ». Celui qui tient à se protéger trouvera aisément de bonnes raisons pour le faire : la crise est toujours transverse ; attendre qu'elle frappe clairement l'aire de responsabilité d'un intervenant et de lui seul, revient à induire un évitement systématique de la situation. Un trop grand écart entre les préparations et la gravité de la crise aboutit même, on en a des exemples clairs, à des absences physiques de responsables : la peur, le sentiment que la situation fera courir trop de risques à une carrière poussent certains à ne pas s'attarder sur les lieux en dépit de leurs responsabilités, ou même à ne pas rejoindre immédiatement leur bureau ou la salle de crise prévue.

Une communication compulsive vers l'extérieur

Sans préparation, la communication réflexe vis-à-vis de l'extérieur sera immanquablement du type : « Nous ne savons encore rien, mais vous pouvez vous rassurer : ce n'est pas grave » ; « De toutes les façons, tout est prévu ». Mais, au grand étonnement des officiels, le message standard « Tout est sous contrôle » sera très souvent entendu à l'extérieur comme un signal d'alerte maximum : « Sauve qui peut. » Et, à la première indication laissant entendre que tout n'est pas autant sous contrôle qu'on l'a dit, la défiance sera définitivement installée. Que l'on y ajoute des démonstrations maladroites de dissimulation ou quelque flottement opérationnel, et la crise sera déjà maîtresse du théâtre des opérations, avant même que la situation ait véritablement été qualifiée de préoccupante par les responsables.

Tout au long de la crise : la tendance au délitement

Surpris par l'étrangeté de l'événement qui n'entre pas dans les catégories établies, ébranlés par la rapidité avec laquelle la confusion s'est déjà rendue maîtresse des lieux, paralysés de voir projetées en pleine lumière des questions que l'on avait tout fait pour ne pas laisser affleurer, les systèmes génèrent rapidement d'autres comportements aggravants. Cela va du plus spécifique — l'individu — au plus global : les systèmes, les réseaux, en passant par les groupes, les organisations.

Des individus, soumis à rude épreuve

Le choc de la crise ne peut que déclencher un stress puissant qui, renforcé par une grande fatigue (non seulement les journées de travail s'allongent considérablement, mais il faut surtout reconstruire en permanence tous ses repères), affectera considérablement les capacités de traitement de la crise. Si un léger stress améliore en général les performances, un stress trop élevé conduit au contraire à des difficultés bien répertoriées : la dégradation, voire la désintégration des performances ; des attitudes exacerbées (laxisme ou autoritarisme) ; l'isolement et une mentalité d'assiégé ; l'instabilité et l'arbitraire ; l'incapacité à traiter la complexité ; la faible tolérance à l'ambiguïté ; l'indécision. Exactement l'inverse, point par point, de ce qui est requis pour un traitement adéquat de la situation.

Des petits groupes, confrontés à deux ornières

Le traitement de la crise va devoir être pris en charge par des équipes *ad hoc*. Celles-ci peuvent connaître une première pathologie : la cacophonie. C'est l'ornière de base. On ne sait pas très bien qui fait quoi, qui peut faire quoi, qui représente qui ; le tout se déroule dans la plus grande confusion. Cette pathologie, qui affecte les entités non entraînées, est d'autant plus à redouter qu'elle constitue en elle-même une protection perverse pour toutes les personnes impliquées : la confusion et l'impuissance de tous protègent chacun du devoir d'assumer clairement telle ou telle responsabilité bien précise.

Pour les petits groupes plus structurés, plus soudés, partageant une même culture (une équipe de direction par exemple), soumis à forte pression, une pathologie inverse est à redouter. C'est ce que le psychosociologue américain Irving Janis[36] a qualifié de *Groupthink* — travers défensif qui aboutit à une grave détérioration des capacités de jugement. Plusieurs symptômes traduisent cette pathologie :

• De plus en plus coupés du monde, sûrs de leur supériorité, les membres du groupe développent une *illusion d'invulnérabilité* qui génère un optimisme excessif et pousse à prendre des décisions extrêmement risquées. Dans la même veine, ces personnes développent une *foi sans borne dans leur propre moralité,* qui les conduit à ignorer la portée morale de leurs décisions (une simple formule suffit pour bénir les options discutables : « On ne fait pas d'omelette sans casser des œufs »).

• Sûrs de leur fait, les membres du groupe adoptent une *pensée fermée* : la rationalisation systématique de ce qui se passe écarte toute remise en question, tout signal d'alerte indiquant que l'on fait fausse route ; un regard stéréotypé sur les acteurs extérieurs renforce encore la fermeture opérée.

• Des pressions extrêmes sont exercées sur chacun des participants pour garantir *l'uniformité de la pensée*. L'autocensure, l'unanimisme, les pressions directes sur tout déviant sont autant de facteurs concourant à l'absence de tout questionnement.

Le phénomène s'auto-entretient. Plus l'aveuglement s'impose, moins il est possible de revenir en arrière : cela supposerait que l'on opère une autocritique de plus en plus sévère. Même la conscience de courir à sa perte n'y peut plus grand-chose ; il faudrait un signal d'une énorme intensité pour arracher le voile d'irréalité derrière lequel s'est protégé le groupe. Généralement, ce déchirement ne sera opéré que par la crise elle-même.

Les cellules de crise, entre effervescence et impuissance[37]

S'il n'y a pas eu préparation, l'idée même qu'il puisse exister un lieu de synthèse est étrangère à la culture de l'organisation : cette idée n'est déjà pas bien acceptée par temps calme, comment pourrait-on la tolérer lorsque les risques sont maximum pour chacun ? On y verra donc surtout une menace, ce qui ne prépare pas aux meilleures collaborations internes. D'où des constats fréquents : absence pure et simple de cellule de crise ; réunion très tardive de la cellule prévue ; composition inadéquate, avec notamment l'absence des plus hauts responsables ; fonctionnement confus et sans aucun recul, se focalisant volontiers sur des problèmes techniques secondaires ; fonctionnement de plus en plus dégradé dans le temps, avant une dislocation dans le désordre.

Une expertise problématique

Dans le domaine de l'accident, l'expert applique son savoir ; dans le domaine de la crise, le savoir est souvent à construire. Dès lors, l'expertise risque fort d'arriver bien tard, ce qui risque de surprendre le décideur. Et lorsque les spécialistes apportent leurs ébauches de diagnostics, ce décideur constate qu'il doit se débrouiller dans un foisonnement de savoirs parcellaires marqués par des querelles d'écoles.

En outre, l'expertise n'est pas rendue par des entités suspendues comme hors des réalités sociales ; elle est portée par des individus et des groupes socialement situés, qui sont souvent parties prenantes de conflits et de représentations du monde extrascientifiques.

Les organisations non préparées tombent alors fréquemment dans les ornières suivantes : recherche de l'expert qui va dire que « ça ne peut pas être grave » ; recherche de l'expert qui va apporter la solution miracle ; pression énorme sur les experts pour qu'ils sortent des résultats sans délai ; transformation des experts en décideurs, puis en communicants, avant d'en faire des boucs émissaires. Toutefois, par les temps qui courent, une logique de protection médiatique et judiciaire peut conduire à inverser les demandes : on recherchera l'expertise la plus alarmante pour ne pas s'exposer au reproche de sous-estimation des risques et de légèreté et on utilisera l'incertitude de l'expertise pour justifier les surréactions les plus extrêmes.

Quelle que soit la dérive, un même manque est à l'œuvre : les décideurs n'ont guère été formés aux questions de crise et d'utilisation de l'expertise en situation de crise ; la plupart des experts non plus, d'ailleurs. D'où les difficultés que les uns et les autres éprouvent à trouver le bon positionnement dans ces situations de crise. L'expertise, qui était vécue comme une aide à la décision, tend à devenir un facteur supplémentaire de crise.

Une communication piégée, parfois suicidaire[38]

Au pire moment de son histoire, en plein inconnu, lorsque sa survie même est en cause, l'organisation est brutalement livrée à l'empire de l'information de masse. Un premier choc, qualitatif : ce sont souvent les médias qui informent les responsables. En un instant, c'est aussi le choc quantitatif : comment autant de journalistes peuvent-ils surgir de nulle part en si peu de temps ? Et avec des exigences perçues comme inacceptables : un diagnostic sûr, alors qu'on ne sait rien ; des engagements pour l'avenir, alors que l'on s'efforce de traiter l'urgence ; la désignation des responsables, alors que l'on est bien en peine de comprendre l'enchaînement des faits, et que toute mise en cause se traduirait sur-le-champ par une nouvelle cascade de crises. Le tout se déroule naturellement en direct, sous les projecteurs des caméras, avec la règle médiatique qui veut qu'à toute question il soit répondu en dix secondes, sur un mode binaire, et sans erreur de mise en scène.

Cette pression est d'autant plus impossible à traiter que, faute de préparation, les responsables cherchent à s'appuyer sur des références archaïques, qui s'expriment bien à travers quelques formules définitives souvent entendues : « Si c'est grave, on donne des ordres, pas de l'information » ; « Si on informe, ce sera la panique » ; « On communique seulement si on peut rassurer » ; « On ne communique rien tant que toute la chaîne hiérarchique n'a pas validé le message » ; « Une personne et une seule a le droit de s'exprimer, et il vaut d'ailleurs mieux qu'elle attende d'avoir reçu tous les rapports nécessaires avant de le faire, sinon elle n'aura rien à dire de sérieux ».

La situation est à ce point difficile que la réponse risque à tout moment d'être extrêmement défensive, et en fait aggravante. Les recettes qui garantissent le fiasco médiatique et l'accélération de la crise s'énoncent comme suit : le silence, l'absence, la fermeture : « No comment » ; les démentis : « Il ne se passe rien » ; les déclarations rassurantes : « Nous ne savons rien, mais il n'y a rien de grave » ; le manque de modestie : « Notre technologie est la plus sûre au monde » ; le dégagement sur d'autres responsables : « Ce n'est pas nous » ; l'incapacité à fournir une information minimale ; la mise en cause de ceux qui informent.

Certaines communications sont proprement suicidaires, car elles éveillent des condamnations peu réversibles. À froid, on peut bien juger pareilles déclarations inimaginables. On les entend pourtant bel et bien en situation ; elles manifestent alors le niveau de déstabilisation atteint par une institution et ses responsables : « On n'a jamais vu un pétrolier couler si près des côtes » ; « Ceci n'est pas une catastrophe » ; « De toutes les façons, ils allaient tous mourir » ; « Vous êtes peut-être victimes, mais vous allez recevoir un tel pactole !... » ; « Étouffer les gens, ça fait partie des procédures », etc. Ce qui est perçu par les destinataires ou les observateurs comme une preuve de la vilenie ou de l'incapacité des responsables n'est en réalité qu'une pathologie « normale » — qui va cependant coûter aux officiels le dernier point d'appui à ne pas perdre en situation de crise : la dignité.

Comme l'a précisé Joseph Scanlon, expert canadien de ces questions[39], toute crise est aussi une crise d'information ; le vide d'information devra être comblé ; qui ne maîtrise pas cette crise d'information ne maîtrisera pas la crise, y compris dans ses aspects directement opérationnels.

La difficulté est que tout pousse les intervenants à adopter une ligne inverse de celle qui serait pertinente. La culture technique joue ici avec une régularité rarement démentie. Le responsable se fait la réflexion : « Lorsque je saurai avec précision, j'informerai. » Au cœur de la crise, cela signifie que l'on informera seulement quand la crise sera finie : ce sera donc très rapidement l'échec — puisque, précisément, la crise exige une information précoce, continue et de qualité.

Autre ligne de pensée pénalisante : la population est souvent perçue — à tort comme le soulignent en chaque occasion les spécialistes américains des catastrophes[40] — comme un « conglomérat d'individus prêts à sombrer dans la panique et de hordes prêtes à se livrer au pillage à la moindre nouvelle perturbante[41] ». Communiquer est donc assimilé à rassurer : il ne faut apporter que des bonnes nouvelles. D'où la règle piège : « Je communiquerai lorsque je pourrai rassurer. »

L'expérience conduit à insister lourdement sur un piège général : biaiser avec les demandes et exigences d'information est toujours extrêmement tentant, car cela offre sur le moment un confort ressenti comme exceptionnel : vingt-quatre heures, une semaine, de tranquillité toute relative, mais vécue comme inespérée, à l'abri d'un demi-mensonge subtilement enveloppé. Lorsque le pot aux roses sera découvert, la chute sera brutale, les possibilités de rattrapage quasi inexistantes. Et plus longtemps aura duré la drôle de paix, plus lourd sera le tribut à payer. Il ne s'agira plus alors de simple échec mais de faute impardonnable ; il ne faudra plus seulement alors s'expliquer, mais expier.

Envers les victimes

Dans les organisations non préparées, le réflexe immédiat sera de fuir toute relation avec les victimes. On constate même parfois de l'agressivité à l'encontre des victimes et de leurs familles. Les victimes éprouveront un violent sentiment d'agression, d'abandon, d'injustice — qui achèvera de les désespérer.

Le problème ne concerne pas seulement les contacts initiaux. Une fois passée la phase aiguë de la crise, les victimes seront souvent confrontées à un véritable parcours du combattant, par exemple dans leur quête de réparation, si toutefois elles conservent l'espoir qu'il y a tout de même quelque chose à attendre des responsables et de la société. Qui n'a pas réfléchi à ces difficultés avant la crise et pris les dispositions nécessaires sera incapable de réagir avec dignité en situation.

Il existe un dernier facteur d'aggravation de la situation des victimes, qu'il faut oser mentionner : le traitement des situations de crise par les médias, et plus précisément le traitement réservé aux victimes. La diffusion de photos chocs sera souvent une épreuve pénalisante pour la santé mentale de la victime et de ses proches. Les traques auxquelles la famille sera soumise seront souvent vécues comme une seconde agression, encore plus insupportable que la première — cela a été très nettement documenté dans les cas de couverture d'actes terroristes. Les arguments des médias sont bien connus : « Ce n'est pas au photographe de choisir, mais au patron de la publication. De toute manière, si je ne le fais pas, d'autres le feront. En situation de crise, on n'a pas le temps de réfléchir. Nous n'avons de leçons de déontologie à recevoir de personne ; si on ne peut pas tout publier, c'en est fini de la liberté de la presse, donc de la démocratie, etc. » Lors du déroulement d'une crise, le refus du questionnement est une pathologie normale ; mais poursuivre dans la surdité quand la crise s'est éloignée peut déboucher sur de graves mises en cause qui peuvent même atteindre ceux qui se considèrent à l'abri.

Les organisations et systèmes,
en perte de cohésion

Au-delà d'un certain seuil de turbulence — d'autant plus vite atteint que l'on n'a aucun entraînement à ces situations —, les organisations connaissent une dynamique de désarticulation. C'est d'abord la « bunkérisation » : chacun se préoccupe de mettre à l'abri *son* territoire et *sa* position ; le cloisonnement se fait par métiers, par territoires, par niveaux géographiques, par niveaux hiérarchiques, et plus sûrement encore par clans (ce qui achève de pulvériser les organigrammes théoriques). On observe aussi une confusion dans l'exercice des responsabilités : chaque niveau tend à faire le travail du niveau inférieur, tout en se gardant de prendre les responsabilités attachées à son propre niveau, les conflits au sein des états-majors se multiplient. Les systèmes de communication sont rapidement saturés par des messages peu utiles, mais avec d'étonnantes pertes en ligne pour les quelques messages cruciaux.

Entre chacune des organisations impliquées, on observe des phénomènes semblables. Il n'est pas possible, pour qui n'y est pas entraîné, de tisser à haute vitesse des liens étroits et confiants avec un grand nombre d'entités extérieures, opérant sur des bases techniques différentes, à partir de procédures différentes, et avec des références culturelles tout autres.

Certes, on dispose de cellules de crise, qu'il suffirait de relier entre elles. Mais on observe une grande viscosité à cet égard : les cellules s'informent entre elles de façon accidentelle, tardive et sur les points les moins critiques. S'il n'y a pas de capacité de recul, ni au sein des différentes cellules, ni à l'échelle du système, la désintégration de l'ensemble est assez rapidement une menace.

Des processus de décision grippés

En perte de repères, soumis à fortes pressions, ébranlés par le stress, les acteurs ont rapidement tendance à produire des décisions qui vont accentuer désordre, incompréhension et impasses : décisions en tout ou rien ; incohérence dans la durée ; raisonnements strictement techniques ; fausses solutions miracles (qui recyclent souvent d'ailleurs bien des projets anciens, qui n'avaient jamais pu être imposés) ; remontée de références archaïques, inadaptées mais vécues comme sécurisantes.

Phénomène aggravant, le système ne répond plus, ou mal — au moment même où il devrait faire montre de performances exceptionnelles. À tout niveau, la crise insuffle la peur, ce qui se traduit par une inertie considérable, des manques de coopération stupéfiants. Cela affecte non seulement les options essentielles, mais encore des détails qui se révèlent critiques en la circonstance : par exemple obtenir d'un gardien qu'il veuille bien ouvrir un dimanche la porte d'un bâtiment — *son* bâtiment — alors que le cas n'est pas prévu par les règlements. À ces obstacles divers, il faut ajouter des erreurs et des « gaffes » surprenantes. Tout se passe comme si l'angoisse éveillée par la crise faisait surgir des actes manqués ahurissants à tous les étages.

Enfin, et cela est encore plus perturbant, le dirigeant va rapidement se sentir en plein « trou noir ». Tout le monde se tourne vers lui, dans l'attente d'un miracle — alors qu'il n'a à sa disposition ni diagnostic sûr, ni moyens d'action pertinents, ni même critère de décision. Il sait aussi que ses décisions peuvent avoir des conséquences incalculables. Comme le fait dire un penseur chinois à l'un de ses personnages : « N'est-ce pas ici que, si on fait un demi-pas dans la mauvaise direction, on se réveille à des milliers de kilomètres ? »

En fin de crise

La phase terminale des crises crée des problèmes également récurrents. Au premier signe favorable d'amélioration de la situation, les cellules relâchent leur effort et se dispersent. La crise peut rebondir furieusement en prenant une fois de plus tout le monde au dépourvu. Quand, après moult rebondissements non gérés, la crise lâche finalement prise (comme une épidémie qui a trop détruit pour poursuivre encore ses ravages), elle laisse néanmoins un terrain fragile disponible pour d'autres crises. Les passages de témoins entre les acteurs mobilisés pour le temps de la crise et ceux qui peuvent prendre le relais sur le long terme (par exemple le service juridique, les services clientèle et assurances ; les associations de victimes...) se font mal, ce qui entraîne des difficultés parfois importantes qui s'installent dans la durée.

Après la crise : le syndrome de l'oubli

Sitôt l'événement passé, tout se passe comme si les acteurs de la gestion de crise se donnaient le mot d'ordre : oublier au plus vite et retourner immédiatement à la situation d'avant-crise, alors que serait à engager un travail important de cicatrisation attentionnée, des initiatives fortes pour répondre aux questions de fond révélées par la crise. De surcroît, l'absence d'analyse de la performance collective lors de la crise ne prépare pas à mieux conduire les épisodes futurs quand ils se présenteront ; pis : de fausses leçons sont souvent retenues qui constituent autant de pièges pour l'avenir.

Dans cet univers fait de surprises et de traumatismes, d'affolement et de perte de confiance, de conflits et de malentendus, de comportements de fuite, il n'est pas aisé de promouvoir un apprentissage collectif. Il se heurtera d'abord au désir d'oublier, le plus rapidement possible. En dépit de discours obligés sur l'importance du retour d'expérience et des exercices de préparation pour l'avenir, peu sera fait.

LE PILOTAGE DE CRISE

Que faire lorsque l'on est soudain happé par les turbulences de la crise ? Il est certes un peu tard pour se souvenir que la meilleure gestion de crise consiste encore à la prévenir. Lorsque la situation dans laquelle la crise prend son essor est déjà très dégradée (violation de trop de règles, faible niveau de compétence du management et de l'encadrement au quotidien, climat de défiance solidement installé), il est assez illusoire de vouloir « sauver la situation » en recourant à une « bonne gestion de crise ». Ainsi, une communication formellement séduisante peut être dévastatrice si elle apparaît bien vide et surtout utilisée pour camoufler une incapacité de gestion.

Ce préalable d'une prévention de qualité étant satisfait, ce qui n'est pas aisé en pratique car la sécurité est toujours un travail astreignant, peu gratifiant, fruit d'efforts quotidiens contre des résistances souvent très marquées, il est possible d'offrir quelques repères pour l'action. On le fera en distinguant trois étapes dans la réponse à la crise.

Premiers réflexes : éviter la disqualification immédiate

Décrypter, alerter

Plus on arrive tard sur une crise, plus les dynamiques à l'œuvre auront pris de l'ampleur. Il faut donc savoir et pouvoir déclencher alerte et mobilisation précoces. Cela suppose l'existence de mécanismes de vigilance et de mobilisation, qui doivent être performants dans deux cas de figure.

PHÉNOMÈNES ACCIDENTELS ÉVIDENTS. Au cours des dernières années, des outils ont été mis en place dans de grandes organisations pour la transmission rapide, depuis le terrain, des informations d'urgence suite à un accident : formatage des messages (les types de données à transmettre sont déjà mises en forme et il ne s'agit plus que de remplir des documents préétablis), circuit d'information d'urgence (pour éviter que les données ne se perdent dans le système), règles de déclenchement du dispositif de crise. Bien sûr, l'existence d'un plan « papier » n'est pas une garantie suffisante ; il faut encore que les mécanismes aient été effectivement mis en place, qu'ils fonctionnent, que chacun se les soit appropriés — ce qui suppose un travail d'apprentissage en profondeur, sur les outils, les procédures, l'esprit de la démarche.

CRISES INSIDIEUSES. Par construction, il est difficile de repérer ces crises camouflées. L'expérience montre cependant qu'il est possible de les repérer à leurs symptômes : un étrange flottement, un niveau d'ambiguïté inhabituel dans l'organisation ; la mise en avant d'arguments purement techniques (calendriers déjà engagés, autorisations déjà obtenues, points de non-retour dépassés, etc.) pour bloquer des mesures précoces ; l'absence prolongée, difficile à expliquer, d'interlocuteurs naturels, en particulier l'inexistence d'un responsable à la fois bien identifié et jouant clairement son rôle ; des écarts qui se creusent entre les interlocuteurs, entre la situation qui se développe et les valeurs affichées ; l'impossibilité de monter une réunion sur le problème latent. Aucun de ces facteurs, pris séparément, ne garantit que l'on se trouve en situation de pré-crise. La conjonction de plusieurs de ces facteurs doit cependant inviter à la plus grande vigilance. Si, en plus de quelques autres, le dernier facteur mentionné apparaît, il y a alors de fortes chances que l'on soit bien en situation délicate, et même que l'on y soit déjà très engagé : il est alors urgent de reconsidérer la situation générale, les hypothèses faites, les positionnements déjà adoptés.

Prendre en charge

Sans délai, il faut s'assurer qu'un certain nombre d'actions ont bien été engagées. C'est par l'entraînement que l'on peut trouver le juste équilibre entre l'incapacité à se mobiliser et le désordre constant auquel conduiraient des mobilisations intempestives chaque fois qu'un signal non conforme est reçu.

ENGAGER LES SECOURS D'URGENCE NÉCESSAIRES. Certes, il faut s'interroger sur les aspects les plus complexes d'une crise, mais il ne faut naturellement pas manquer à ses devoirs élémentaires de secours.

RECHERCHER ACTIVEMENT DES INFORMATIONS. Il s'agit de faire remonter de la connaissance factuelle, de mieux cerner les incertitudes, de comprendre ce que l'on va pouvoir savoir rapidement et ce que l'on ne pourra pas savoir avant un certain délai, de connaître ce qui n'a pas été touché, de commencer à cerner la nature du problème (s'agit-il d'un fait isolé, d'un phénomène générique ?). On se souviendra d'une règle de base : les premières informations reçues sont très souvent fausses, surtout si elles se veulent rassurantes.

OUVRIR UN LIVRE DE BORD. Il faut construire sans retard une mémoire de l'événement. L'écrit constitue une base de données qui servira à tous, en évitant les trop grandes pertes d'informations lors des passages de relais (les crises peuvent durer longtemps, et la même personne ne sera sans doute pas en charge de la situation du début à la fin).

RÉUNIR UNE ÉQUIPE, ISOLER LE TRAITEMENT DE LA CRISE. Il faut éviter tout à fois le vide (personne ne prend véritablement en charge la situation) et le trop-plein : une foule de personnes « viennent voir », dissertent sur la situation sans la connaître, commentent les décisions à grand bruit sans jamais s'impliquer... Il faut éviter que toute l'organisation se mette à traiter la crise : sauf événement affectant globalement l'organisation, les services non concernés doivent pouvoir continuer à assumer leurs tâches habituelles.

Communiquer

La situation de crise ou de pré-crise requiert à la fois une présence forte et une grande transparence. Le modèle à suivre, au moins dans la très grande majorité des cas, est à l'inverse de ce que l'on a décrit précédemment et qui part de la nécessité indiscutable de savoir avec assurance et de pouvoir rassurer avant d'informer. Il s'agit avant tout, par une communication dont le contenu informatif sera immanquablement faible au début, de poser trois actes politiques majeurs :

- *la démonstration de sérieux* : les responsables sont bien à la barre et n'ont pas déserté ; ils ont engagé des actions ; ils suivent des procédures qui ne relèvent pas seulement de l'improvisation ;
- *la reconnaissance du problème* (ou tout au moins du fait qu'un problème apparaît possible

à certains) : cela ne sera pas arraché aux décideurs ;

• *la reconnaissance des interlocuteurs* : c'est là l'essentiel. On ne demande pas au décideur de faire un miracle, on exige cependant de lui qu'il ne se moque pas des personnes et des groupes concernés.

Cette triple démonstration de compétence, d'ouverture dans l'information et dans la procédure sociale suivie est la seule voie de réponse qui permettra véritablement de prévenir la montée d'un niveau élevé d'angoisse. Il n'y a rien de plus paniquant que de constater que les responsables ont l'air incapables de gérer la situation et sont embourbés dans des modèles de gouvernance d'un autre âge.

La communication doit naturellement ne pas se borner au seul monde médiatique. Certaines cibles doivent recevoir une attention particulière : en premier lieu les victimes, qui auront droit à du tact comme à de la compétence ; comme aussi les professions les plus directement concernées par tel ou tel problème, par exemple les médecins et les pharmaciens pour une difficulté de santé publique.

Le plus important : on gardera à l'esprit qu'on ne rassure pas en affirmant que « tout est sous contrôle », mais en faisant la démonstration de son sérieux.

Penser à réfléchir pour fonder la réponse

En situation de crise, il ne suffit pas d'engager des moyens. Il faut ausculter le problème posé, savoir avec qui on va devoir opérer, réfléchir aux positionnements possibles sur les questions les plus difficiles, fixer des grandes logiques de réponse. Cette fonction de réflexion bénéficiant du recul intellectuel doit être engagée le plus tôt possible, et se poursuivre tout au long de la crise.

Ouvrir le questionnement

La première exigence, après les gestes d'extrême urgence, est le questionnement au fond sur la situation — à un moment, précisément, où l'urgence et le stress risquent fort de bloquer tout examen sérieux. Il est notamment indispensable d'écarter toute conclusion trop optimiste qui viendrait conforter les hypothèses, lectures et intérêts les plus évidents. Les questions-guides sont notamment : qu'est-ce qui est véritablement en train de se jouer ? Quelle est la signification de cette crise, que révèle-t-elle ? Qu'est-ce qui risque d'émerger ? Quelles sont les failles préexistantes qui risquent de se rouvrir ? Qu'est-ce qui, dans le contexte actuel, peut venir nourrir la crise ? Comment les divers acteurs vont-ils percevoir la situation ? Quels sont les divers développements possibles que l'on peut anticiper : que se passera-t-il demain, dans huit jours, dans un mois, etc. ?

Ce travail de diagnostic est éprouvant, car trop d'éléments semblent insaisissables, trop d'hypothèses suggérées apparaissent extravagantes. Il exige des va-et-vient entre indices, modèles, hypothèses et terrain, mais il permet de définir peu à peu un champ de travail (comme le chirurgien prépare son champ opératoire) et ainsi d'éviter le flottement général et la réponse éclatée, à la poursuite de tous les avatars de la crise.

Dessiner la carte des acteurs

Un travail spécifique est à engager sur la question des acteurs qui vont intervenir dans la crise : acteurs évidents, acteurs périphériques, acteurs surprises ; acteurs qui vont s'effondrer rapidement, acteurs éloignés qui vont s'installer au centre ; relations entre acteurs qui vont se modifier, parfois même radicalement (l'adversaire d'hier pouvant devenir la clé d'aujourd'hui). Si l'on en reste aux lectures spontanées d'avant la crise, le risque est grand de ne jamais être en phase avec la réalité dynamique de la crise : il faut donc, sur ce point comme sur les autres, faire montre de hardiesse dans les questions et de résolution dans les nouvelles approches à retenir.

Ouvrir les réseaux, sortir de son bunker

Pour mener à bien pareil questionnement, pour préparer une action pertinente, il faut sortir des cercles d'acteurs habituels. Il va falloir nouer des liens avec un grand nombre d'entités extérieures. Même si certaines sont en conflit, il est bon qu'elles puissent se reconnaître et se parler, et cela au plus tôt. L'expérience montre qu'il est bon d'établir ou de rétablir ces liens avant que la crise ne force à devoir le faire, sinon ce sera fait sous le signe des urgences extrêmes, des contraintes absolues qui n'offriront plus les souplesses nécessaires à l'ajustement entre personnes, organismes et cultures.

Construire le système de conduite

De nombreux acteurs sont en position de responsabilité et d'influence. La logique de référence pour les urgences, si claire et confortable sur le papier, « un chef, une mission, des moyens », ne s'applique ici que très mal. Le principe à suivre est bien davantage de construire sur mesure un système de décision, en s'appuyant naturellement sur les cadres d'autorité existants, mais en y intégrant de la façon la plus appropriée les grands acteurs qui jouent un rôle clé dans la situation telle qu'elle se présente et risque de se développer. Certains groupes peuvent se révéler décisifs dans la situation, même s'ils avaient été jusqu'alors tenus pour quantité négligeable. Cette architecture devra être explicitée. Pour garantir une prise en charge effective par les acteurs appropriés, pour s'assurer du fonctionnement des interfaces, le système de réponse doit être clair et connu.

Soulignons un point fondamental : dans une

crise grave, l'autorité du décideur ne procédera pas de sa capacité à édicter des ordres abrupts, mais bien plutôt de son aptitude à réunir et redistribuer largement information, intelligence, pouvoirs et moyens. C'est cette intelligence à la fois conceptuelle et opérationnelle qui apportera aux responsables la force d'adhésion indispensable pour mobiliser de grands systèmes sur des buts utiles, et pour assurer les cohérences nécessaires. Cela ne revient pas à dire que l'on a privé les responsables de leurs prérogatives, bien au contraire. L'une de leurs tâches essentielles est bien d'expliciter les règles du jeu, indispensables pour réduire le phénomène d'éclatement qui marque toute réponse à une crise. Elles peuvent être amendées en cours de la crise mais elles doivent toujours être précisées au mieux et bien rapportées aux orientations fondamentales : il ne faut pas confondre flexibilité et fluctuations inconsistantes.

En appui : une cellule de réflexion stratégique

La conduite de toute crise un peu complexe suppose que soit mis en place, en appui aux dirigeants, un groupe d'analystes en recul. Sa mission est d'anticiper les développements possibles de la situation, d'exercer une vigilance active sur tous les aspects de la conduite de la crise, et avant tout sur les erreurs qui guettent les intervenants, de réfléchir aux options nouvelles qu'il serait utile de considérer.

Cette cellule doit être composée de personnes rompues au raisonnement « hors cadre », mais disposant cependant d'un solide bon sens. Elle doit se consacrer exclusivement à cette tâche de réflexion, éprouvante car il faut balayer en permanence tout le champ des possibles et faire des incursions fréquentes dans le champ du prétendu « impossible », pour être certain que l'on n'est pas prisonnier de visions du monde dépassées. Enfin, cette cellule doit être en mesure de produire à tout instant une fiche de synthèse pour le dirigeant. Trop souvent, un dirigeant est noyé sous une foule de détails, et enfermé dans des évidences qui n'en sont plus. Il est impératif de lui livrer, au moment où il le souhaite, une note stratégique, bâtie à partir du tableau ci-dessous :

12. TABLEAU DE BORD STRATÉGIQUE

Date et horaire

- Faits essentiels ;
- Scénarios techniques : développements, effets dominos possibles, surprises ;
- Acteurs : carte des intervenants, surprises, recompositions de forces et des relations ;
- Écarts, dérives, gaffes : identifier sur-le-champ et anticiper toutes les grandes erreurs commises ou sur le point de l'être ;
- Ruptures de fond : ce qui a changé fondamentalement dans le contexte et qui rend caduques nombre d'hypothèses, de règles, de manières de faire, de communications ;
- Les avancées réussies : il est très important de repérer ce qui a été réalisé de façon positive, et qui

permet d'insuffler dans le système de la force, de l'optimisme dans l'action ;

• Des propositions d'actes forts qui constitueraient des leviers décisifs pour transformer la situation, casser les engrenages funestes, ouvrir des possibles jusqu'alors impensables.

Dégager des positionnements fondamentaux

Les valeurs de base en gestion de crise sont la responsabilité assumée (appliquée à la sécurité de la collectivité concernée), l'ouverture dans l'information, la solidarité pour la prise en charge des conséquences économiques ou humaines, la créativité dans les réponses à apporter aux dilemmes rencontrés. Autant de principes qui sont de plus en plus appliqués et qui tranchent avec le retrait et le secret qui marquaient les attitudes ayant prévalu dans le passé. Mais l'urgence, la crainte des discussions, l'attirance pour une résolution « purement » technique, le manque d'habitude peuvent reléguer au second plan cette réflexion fondamentale. C'est pourtant là un passage obligé : aucune crise sérieuse ne saurait se conduire sans définition et affichage des valeurs et critères qui serviront de référence.

Les mêmes exigences portent sur la qualité du processus décisionnel. On ne demandera pas au décideur d'avoir la solution miracle, mais on exigera de lui (immédiatement ou ultérieurement) qu'il s'appuie sur une démarche non seulement techniquement sensée mais encore explicite, transparente, ouverte à discussion pour une double validation technique et sociale. Dans cette ligne, les principes suivis devront être consignés, de façon à pouvoir être compris et discutés, le cas échéant réfutés. Il sera bon de clarifier les grandes logiques qui seront suivies, en particulier les refus qui peuvent borner l'action.

On soulignera aussi que, plus la crise est profonde, plus il faut s'ouvrir à des perspectives de remise en cause. Si la crise est « heure de vérité », alors son traitement véritable appelle à des examens de vérité, à des refondations exigeantes. Il peut y avoir des Rubicons à franchir — qui exigeront tout à la fois hardiesse et discernement, prise de responsabilité et recherche de légitimation. Assurément, c'est là le point le plus délicat de la crise.

Dans l'action : assurer une cohérence générale

Cette troisième phase est celle de la recherche de cohérence dans l'action, qui doit être constamment éclairée par la réflexion fondamentale, jusqu'à la fin ultime de la crise. Et d'ailleurs même au-delà, dans le travail nécessaire de cicatrisation et dans l'organisation de la mutation à opérer après coup puisqu'une crise exprime toujours des inadéquations profondes qui ne sauraient être laissées en l'état.

Conduire un système fragilisé

Le point majeur n'est pas de gérer un ensemble d'outils opérationnels mais bien de construire en permanence un cadre permettant à chacun d'agir de la façon la plus efficace. Cela suppose une attention constante aux grands flux de problèmes, sans se laisser happer par tous les avatars de la crise. Les principes d'action suivants peuvent y aider : assurer la prise en charge effective de la crise par l'organisation ; définir les priorités, les responsabilités ; assurer une communication interne et externe de qualité ; traquer les points faibles pour apporter les appuis nécessaires ; anticiper les développements de la crise ; prendre des initiatives fortes (au lieu de se contenter de « suivre la crise heure par heure », selon l'expression consacrée) ; garder une vue sur l'après-crise.

Une organisation *ad hoc* doit être mise en place pour satisfaire un certain nombre de fonctions clés : la décision (le pilotage d'ensemble), la gestion (le suivi de la situation et des actions techniques), la communication (écoute de l'information, émission de messages). Il faut y ajouter deux fonctions supports : l'observation (intelligence stratégique en recul, au côté du plus haut responsable) ; l'appui logistique (la crise crée en général une cascade de difficultés pour le fonctionnement des cellules elles-mêmes, depuis les questions de nourriture jusqu'aux problèmes de déplacements sur site, de liaisons, etc.).

Des listes de tâches précises peuvent être définies pour chaque personne opérant dans ces cellules. Mais retenons l'essentiel : disposer d'un lieu pour faire fonctionner cette organisation de crise ; rassembler effectivement toutes les personnes requises ; savoir faire fonctionner le dispositif de telle sorte qu'il ne se replie pas sur lui-même ; piloter ces différents groupes en recherchant en permanence non seulement l'efficacité technique immédiate et la cohérence générale, mais encore l'anticipation, le questionnement sur les surprises et les erreurs potentielles.

Maîtriser l'expertise

La question de l'apport possible de l'expertise et de ses limites doit être posée de façon précoce. On s'interrogera : dans quel délai, avec quelle fiabilité, quelle crédibilité, quel réseau d'experts est-il en mesure d'apporter quel type de diagnostic et de réponses ? Et on se souviendra bien qu'en situation de crise le décideur doit souvent agir *sans* le support de l'expertise, ou avec des appuis très partiels de la part des spécialistes.

Pendant toute la durée des travaux des experts, il convient de veiller à la quiétude de ces derniers, alors que tout pousse les décideurs à faire pression pour obtenir des réponses. Dans cette attente, on anticipera les résultats possibles de l'expertise et les options qui resteront alors à disposition selon les réponses reçues.

On veillera à ne pas induire une confusion des rôles. L'expert est là pour apporter un éclairage particulier : la décision comporte toujours de multiples dimensions, et c'est au responsable qu'il revient d'opérer les intégrations nécessaires.

Répondre aux exigences de communication

COMMUNICATION MÉDIATIQUE. C'est le volet le plus visible. L'exigence est claire : se montrer en mesure d'apporter une information de qualité tout au long de la crise, du début jusqu'à son dénouement ultime. Les grands repères d'action sont les suivants :

• Respecter les exigences fondamentales : l'information externe est tout à la fois un devoir dans une société démocratique et une exigence opérationnelle dans toute situation de crise ; qui tente de s'y soustraire risque de s'exposer, immédiatement ou en différé, à de redoutables reprises de crise. Et si l'exigence de dignité est à l'évidence bafouée, on s'expose au risque d'une crise définitivement ingérable.

• Savoir gérer la communication dans la durée : présence et déclarations adéquates, dès l'entrée en crise ; compétence, lorsque les médias reviennent avec des questions plus précises qui portent sur la prévention, les responsabilités, les prises en charge ; persévérance, jusqu'à la fin ultime de la crise.

• Se montrer à la hauteur des exigences de base de la communication en situation de crise : non pas « rassurer », mais « informer » ; fournir des informations fréquentes, exactes, aussi complètes que possible ; garder la cohérence des messages dans la durée (en reconnaissant l'existence d'éventuelles informations erronées).

• Avoir à sa disposition une organisation et des outils *ad hoc* pour assurer cette mission : porte-parole préparés à la communication médiatique ; centres de presse bien identifiés ; respect des horaires (qui tiennent compte des impératifs de « bouclage » des médias) ; traitement approprié des différents médias (qui ont chacun des besoins spécifiques) ; outils de communication : listes de correspondants, données déjà prêtes pour un certain nombre de scénarios éventuels ; schémas, données de référence (sur l'activité concernée, l'organisation, les accidents ou problèmes déjà connus, etc.).

• En dépit de l'urgence, de la fatigue liée aux bouleversements, respecter les interdits majeurs : ne pas mentir, ne pas tomber dans l'arrogance (que peut provoquer le stress) ; ne pas oublier le sens des responsabilités et une certaine pondération du jugement, en évitant de se lancer dans des extrapolations fantasmatiques et des procès expéditifs ; ne pas se mettre à la remorque des médias en leur abandonnant en quelque sorte le rôle de décideur.

• Passer d'une logique défensive (sur la base d'argumentaires fermés) à une logique plus positive d'explicitation des difficultés, des responsabilités assumées, des arbitrages effectués, des valeurs mises au centre du pilotage.

COMMUNICATION NON MÉDIATIQUE. Victimes et familles de victimes, administrations, élus, employés, clients, fournisseurs, etc. doivent faire l'objet d'une attention soutenue. Pour une bonne conduite de la communication, il faut avoir identifié ses multiples publics, ses publics prioritaires, leurs besoins spécifiques.

On aura prévu des réseaux et des moyens spécifiques pour joindre très rapidement et régulièrement le public interne : c'est l'un des points les plus importants, qu'on peut néanmoins oublier sous le choc médiatique. On aura préparé des relais capables de faire des points de la situation avant ou tout de suite après une conférence de presse ; on sera attentif à faire fonctionner les structures de dialogue.

Vis-à-vis des victimes et de leurs familles, les règles d'or sont notamment : une information donnée rapidement (mais en se gardant des dangereuses facilités offertes par les outils modernes de communication : on n'annonce pas des décès par téléphone) ; une présence marquée par le tact et le souci de ne pas laisser la personne ou sa famille à l'abandon ; l'offre de moyens de recours pour vaincre les multiples difficultés qui vont se présenter aux victimes. Il y a, ici encore, des modalités techniques d'intervention à connaître et appliquer, telles la désignation de correspondants de haut niveau à qui les victimes peuvent avoir recours pour aplanir les inévitables difficultés bureaucratiques, la mise sur pied de centres d'information et d'accueil où sont représentés tous les interlocuteurs des victimes, au nombre desquels on n'oubliera pas l'assistance psychologique ni les associations de victimes.

MISES EN GARDE. La « communication de crise », découverte vers la fin des années 80, ne saurait devenir la clé universelle de toutes les difficultés. La communication, lors de la crise, dépend dans une très large mesure de la communication établie au préalable : il ne s'agit donc pas de sortir brutalement un arsenal de « guerre médiatique » de dernière minute. Si la communication est un volet important de la conduite de la crise, elle n'est cependant pas l'unique nécessité, certainement pas non plus la plus importante. On veillera donc à ne pas se laisser enfermer dans une mode qui tendrait à faire de la communication l'alpha et l'oméga de la gestion de crise. Dans la même veine, on se rappellera, encore et toujours, que la gestion de crise n'est possible que si elle s'inscrit dans un effort général de prévention des risques et de maîtrise des vulnérabilités. À défaut, la communication deviendra quasiment impossible le jour de la crise.

Conduire la crise dans la durée, jusqu'à son terme ; conduire l'après-crise

La crise est une dynamique qui, le plus souvent, commence par un pic, se prolonge par une phase de plateau (comportant de nombreux rebondissements) et se termine de façon brusque ou au contraire (c'est le cas le plus fréquent) avec de forts effets de traîne. La phase du choc est celle des faibles moyens de réaction ; la phase plateau, celle des équipes pléthoriques qui peuvent empêcher un travail efficace ; la phase terminale, celle de la lassitude et à nouveau de la faiblesse des moyens. Pour traiter cette dernière phase de crise, des commandements sont à garder à l'esprit : rester mobilisé jusqu'à la résolution finale du problème (on est souvent tenté de se retirer aux premiers signes favorables), mais ne pas maintenir les dispositifs au-delà du nécessaire (il faut aussi savoir terminer une crise) ; ne pas confondre la fin de la crise médiatique avec la fin des problèmes à résoudre. Ces difficultés soulignent une fois encore combien la conduite d'une crise est de part en part une affaire stratégique. Tout refus d'engagement, tout désengagement intempestif des hauts dirigeants sera source de difficultés majeures.

Il faut aussi compter avec l'après-crise, ses rebondissements inattendus (tout système fragilisé peut connaître de multiples complications), et ses séquelles de longue durée. Il faudra savoir conduire le processus de cicatrisation. Doser le besoin d'oubli et la nécessité de revenir sur l'épisode vécu — pour éviter les refoulements dangereux, traiter la culpabilité, corriger les failles découvertes, préparer l'avenir. Le travail post-crise n'est pas à considérer uniquement comme une assistance portée à un organisme durement éprouvé : durant l'épisode, des personnes, des équipes ont pu se révéler, et cela est à valoriser ; des initiatives majeures et positives peuvent être prises, encore faut-il qu'on les ait identifiées, étudiées dans le détail pour se garder du simple gadget.

Bien sûr, pareilles initiatives seront d'autant moins difficiles à envisager, décider et conduire que l'entité aura engagé au préalable un travail approfondi en matière de questionnement et d'apprentissage.

Penser à se préparer

La première précaution, en matière de crise, est de considérer qu'il y a là un vrai sujet de préoccupation, et qu'il faut donc s'y préparer. Non seulement parce que rien dans le cursus de formation n'y a préparé, mais aussi parce que, dans l'univers des crises, les pièges sont immédiats et contre-intuitifs : tout défaut de préparation conduit le plus souvent à connaître de cuisants échecs. Les méthodes d'acquisition de savoir et de savoir-faire sont déjà assez bien établies : la plus grande difficulté tient à l'insuffisance des volontés ou de l'intérêt manifesté *ex ante* pour engager les mises à niveau nécessaires.

Des voies d'apprentissage désormais bien connues[42]

OUVERTURE DES ÉQUIPES DIRIGEANTES À LA QUESTION DES CRISES. Le tout premier pas, indispensable, est d'inscrire le problème des crises à l'agenda des décideurs. Il s'agit d'ouvrir un terrain de travail collectif sur ces questions, ce qui reste peu fréquent. La voie la plus efficace est de réunir le dirigeant et ses premiers cercles pour un séminaire de réflexion qui permette tout à la fois de mettre les participants en situation, d'exercer la réflexion sur des cas concrets, de fournir des références opérationnelles, d'accoutumer à l'idée qu'il y là un terrain de responsabilité pour l'organisation.

RETOUR D'EXPÉRIENCE. La démarche de retour d'expérience est l'exact opposé du syndrome de l'oubli. On ne passe pas une crise par profits et pertes. Au contraire, dans un esprit constructif, on s'efforce de revenir sur l'épisode pour identifier et comprendre les enchaînements qui se sont fait jour dans la conduite de l'affaire. On considère l'expérience comme une opportunité de progrès collectif, non comme une parenthèse à « oublier » (et moins encore comme une occasion de désigner des coupables). Davantage : le fait d'engager immédiatement ce type de réflexion peut être un moyen précieux de cicatrisation. Au moins démontre-t-on une volonté de sérieux dans la conduite des procédures : c'est là souvent l'essentiel quand, à l'évidence, personne n'est en mesure de fournir des solutions « miracles ». Certes, tout retour d'expérience est délicat, surtout dans les milieux peu préparés : l'enjeu est précisément de travailler, selon la pédagogie la meilleure, pour que, peu à peu, la pratique du retour d'expérience devienne possible, et toujours plus riche et plus profitable à tous.

EXERCICES DE SIMULATION. Un groupe non entraîné éprouvera les plus grandes difficultés à prendre en charge une situation hors normes, à innover de façon maîtrisée face à l'inédit. Il faut donc engager une pratique continue d'entraînement, non pas à des défaillances bien codifiées (le rituel de l'« exercice d'incendie ») mais bien à des surprises déstabilisatrices. Il faut le faire en simulation : il est irresponsable de se reposer sur les seules expériences « réelles » pour s'entraîner collectivement, surtout si l'expérience réelle est rapidement exclue du champ du retour d'expérience (la crainte de la justice, qui pourrait se saisir de ces analyses, étant ici souvent un facteur de blocage définitif). Ces simulations doivent être suivies de *debriefings* rigoureux : cet effort est souvent négligé ou refusé, dès lors qu'il s'agit d'aller au-delà du simple satisfecit rituel ; il est pourtant indispensable pour toute dynamique de progrès. Bien évidemment, il faut s'assurer de la réalisation effective régulière des exercices : en cette matière comme en d'autres, une simple politique d'affichage ne peut suffire.

PERFECTIONNEMENTS SPÉCIFIQUES. Il est capital de former spécifiquement un certain nombre de responsables : les dirigeants, qui vont avoir un rôle politique crucial dans le cours de ces crises ; les responsables de cellules de crise, qui vont avoir à piloter des systèmes extrêmement complexes, aux effets pervers massifs et souvent peu connus ; les porte-parole ; les experts ; les observateurs stratégiques, dont on a souligné à quel point la fonction était importante. L'habitude est généralement prise de pratiquer le *media-training* : il faut aller beaucoup plus loin. Ce sont en réalité des pans entiers et nouveaux du management qu'il convient de faire découvrir et de faire partager aux intéressés.

APPRENTISSAGES INTER-ACTEURS. Les crises étant des processus joués au sein de réseaux complexes, il devient important d'élargir l'apprentissage aux partenaires extérieurs de l'organisation concernée : rencontres, retours d'expérience, exercices, explorations de vulnérabilités inédites ne peuvent plus être menés strictement en interne. Il est nécessaire d'élargir constamment les cercles d'acteurs impliqués. Cela doit être engagé dès que l'organisation concernée se sent déjà un peu moins démunie, que de la confiance partagée a pu se développer en interne. Pour engager ces démarches d'ouverture, les plus fructueuses, un seuil doit seulement avoir été franchi : ne plus considérer que l'on puisse piloter seul une situation de crise.

Des conditions fondamentales à respecter

UNE IMPLICATION PERSONNELLE DES DIRIGEANTS. Le propre des crises et des ruptures étant de toucher à des éléments fondamentaux de la vie de l'organisation, rien de sérieux ne peut être fait sans l'implication manifeste et durable de la clé de voûte des entités concernées. L'engagement de chacun dans les processus d'apprentissage change du tout au tout lorsque le « patron » est personnellement engagé sur ce dossier. Le ministre, le président, le directeur doit montrer qu'il est lui-même impliqué dans cette politique. Il lui faut notamment sécuriser tous ceux qui acceptent d'innover sur ces terrains mal connus, valoriser les réalisations les plus prometteuses et leurs acteurs, se doter de moyens *ad hoc* pour suivre le dossier, apporter l'aide méthodologique voulue à tous ceux qui accepteront de s'y impliquer.

UNE PROGRAMMATION GÉNÉRALE DU TRAVAIL. Il faut se garder des opérations spectaculaires et sans lendemain, qui épuisent les énergies, les bonnes volontés et les budgets. À l'inverse, il faut conduire une progression dans le temps des tests et des apports, impliquer de façon graduelle un nombre d'acteurs sans cesse plus important ; d'abord le noyau central, puis, par cercles concentriques, un réseau de plus en plus large. Il faut aussi jouer sur tous les claviers de l'apprentissage : une institution trop peu formée ne peut supporter une multiplication d'exercices ou de retour d'expériences douloureux si elle ne reçoit pas, en parallèle, des appuis efficaces en méthodologie et savoir-faire.

UNE GRANDE MAÎTRISE DU PROCESSUS. Il faut savoir à tout moment ce que l'on fait, exercer un suivi critique des méthodes employées, des résultats obtenus. Cela suppose notamment des pratiques de retour d'expérience sur l'apprentissage lui-même. On se tiendra éloigné de tous ces exercices dont on ne sait finalement pas à quoi ils ont bien pu servir, de ces *debriefings* qui sont davantage des réunions obsédées de protocole que des occasions d'échanges approfondis entre tous les partenaires. Ces exigences conduisent à mettre sur pied une cellule de conduite du projet, particulièrement avertie des difficultés méthodologiques à maîtriser.

L'essentiel : dépasser les résistances

Soyons clair : le sujet fait peur et fait fuir. Il faut avoir conscience de ces mécanismes de défense et de leur force, parfois stupéfiante. Ils se déclinent notamment autour des facteurs suivants :

• *Le sentiment qu'un dirigeant n'a pas de temps à perdre avec ces sujets* : « S'il est dirigeant, c'est qu'il a les réponses. »

• *Le sentiment que ce sujet n'est pas sérieux* : « S'il n'y a pas de réponse codifiée, aisément modélisable et donc susceptible d'être sous-traitée à des spécialistes techniques, c'est que la démarche n'est pas scientifique. »

• *Une incompréhension* : « Un dirigeant est là pour apporter des réponses, non pour se poser des questions. »

• *Un malaise* : la crise exige un profil de créatif, non un profil d'excellence dans la capacité à faire fonctionner des rouages et des logiques techniques donnés. Or, ce type de profil n'est pas un critère central de recrutement ni de promotion (il serait même souvent un critère de rejet) : beaucoup de dirigeants sentent donc confusément que ces questions de crise conduisent à s'aventurer en milieu inconnu, hostile, dangereux — « donc à éviter ».

• *Un sentiment d'illégitimité* : demander à des équipes dirigeantes de se préparer à des situations non conventionnelles est souvent ressenti comme inacceptable puisque trop contraire à ce qu'ont été toutes les règles du jeu ayant permis à ces équipes d'accéder aux postes supérieurs qu'elles occupent.

Naturellement, ces difficultés peuvent être surmontées, mais elles existent et sont la norme dans les organisations non préparées. Elles sont de remarquables alliées de la crise. Les résistances s'exprimeront de multiples manières : « Nous avons déjà des plans » ; « On nous impose déjà des exercices inutiles » ; « Nous n'avons pas le temps » ; « Ce n'est pas prioritaire » ; « C'est beaucoup trop sensible : vous allez ouvrir la boîte de Pandore » ; « Impossible d'impliquer les dirigeants : il y a trop de conflits à un haut niveau » ; « Vous n'allez tout de même pas me dire que je fais mal mon métier ! » ; « Si une situation délicate survient, je saurai faire ; et puis, il y a des services d'urgence pour cela ».

C'est l'ensemble de ces références défensives qui doivent être transformées pour faire apparaître une capacité collective de questionnement sur les incertitudes, les options possibles et les préparations personnelles et collectives à engager.

DE NOUVELLES FRONTIÈRES : DES CRISES AUX RUPTURES

Le franchissement de nouveaux seuils de discontinuité

La réflexion sur les crises et leur pilotage, développée au cours des deux dernières décennies, a pris comme point d'examen des événements ponctuels se développant en phénomènes de fortes turbulences. Depuis peu, un cap est franchi et il faut en prendre acte aussi bien dans les grilles d'analyse que dans les modes de gouvernance à retenir. Sang contaminé, vache folle, changement climatique, dysfonctionnements informatiques à grande échelle, violences nouvelles à l'échelle géostratégique : il ne s'agit plus là de faire face à tel ou tel risque de dérive à partir d'une défaillance localisée ; il faut prendre en compte la perspective de ruptures beaucoup plus globales, qui se manifestent par des chaînes de crises[43]. Le problème est alors moins de prévenir telle ou telle source de déclenchement que de comprendre ce contexte général traversé de failles profondes et enchevêtrées d'où affleurent des *symptômes*, autrement plus complexes à traiter que les accidents des années 80.

Les modèles de connaissance et d'action aujourd'hui à disposition ont été forgés pour un monde aux composantes relativement disjointes et autonomes. Ils sont « formatés » pour traiter des problèmes spécifiques, catégorisés, quadrillés. Ce décor change, à haute vitesse et fondamentalement : l'essentiel tient désormais dans les interactions, jusqu'ici d'importance seconde. Nous étions à l'aise dans le traitement cloisonné des difficultés : nous avons surtout à traiter maintenant des problèmes de connectivité, de liens souterrains, qui interdisent de couper les réalités en tranches pour pouvoir y appliquer les outils standards d'analyse et de gestion. Pourtant, la première réaction est de découper les réalités de façon encore plus fine, à solliciter des experts toujours plus spécialisés. D'autres logiques de connaissance et d'action sont requises, et c'est bien là un premier constat déroutant.

L'expertise : nous étions rompus aux analyses précises et solides, nous voici soudain en présence d'experts qui font surtout état de leur ignorance. Ils doivent travailler hors de leurs cadres fondamentaux, hors du domaine de validité de leurs modèles ; ils sont face à des frontières ténues et instables entre le problème sérieux et le non-sens, l'absence de danger et le désastre de grande envergure. Combien de morts du fait de la vache folle, entre les centaines de milliers annoncés un moment et les quelques centaines mis en avant aujourd'hui par certains pour les cinquante années à venir ? L'inconnu ne porte pas sur les marges du système, là où une faible connaissance n'a pas de conséquence négative majeure ; il s'agit ici de santé, d'alimentation, de climat, de réseaux vitaux. Là encore, un deuil est à consentir : le plus souvent, nous butons sur des ignorances qui ne se laisseront pas aisément transformer en connaissance.

La communication : les exigences nouvelles vont bien au-delà des « bonnes règles de la communication de crise ». La perte de sens immédiat, l'ampleur des bouleversements, l'épuisement des modèles simples d'interprétation, la violence ou l'horreur des images montrées exacerbent rapidement l'angoisse collective. Le système médiatique mondial, précisément configuré pour insuffler et vendre de l'émotion, ne peut que dramatiser au plus haut point ce débordement d'affect. Il rend inaudible toute intervention qui n'en rajouterait pas d'abord sur l'émotion, comme on le vit plus clairement que jamais le 11 septembre 2001 : quels qu'étaient les efforts de réflexion proposés, ils étaient annihilés par ces images des avions percutant les tours jumelles — images passées en boucle, jour après jour, sur toutes les chaînes, en continu, et en superposition du discours de toute personne s'exprimant pour tenter de mettre quelque intelligence dans la situation. Cet effet Larsen instantané — recyclant tout bruit jusqu'à l'inaudible — est désormais le cadre de traitement de tout épisode délicat : on le vit aussi lors de l'épisode de la vache folle et de ses conséquences humaines ou des menaces à base d'anthrax.

Le management est rapidement propulsé sur un terrain bien trop accidenté pour ses modes d'intervention habituels, pour les cultures de ses opérateurs, y compris à haut niveau. Une culture de gestion déjà peu préparée aux simples crises laissera ces dirigeants désemparés si le terrain est celui des ruptures, marqué par des vitesses inédites, des cristallisations instantanées, des surprises extrêmes.

Le politique, finalement, vers qui tous les regards se tournent, pour qu'il se livre à quelque passe de prestidigitation, se trouve lui aussi enfoncé dans le désarroi, en raison de pertes brutales de références sur ses leviers habituels. Il tend alors à appliquer quelques recettes simples, se sent contraint ici ou là à des surréactions extrêmes pour reprendre quelque peu les commandes — et ne pas laisser le champ libre aux imposteurs et autres profiteurs de crises.

Il faut prendre la mesure du désarroi devant ces nouvelles configurations du risque à l'échelle des systèmes de référence les plus structurants. Comment échapper au sentiment d'extrême confusion suscité par le nombre des problèmes de fond qui jaillissent et entrent en résonance ? Au sentiment de grande vulnérabilité au milieu d'un enchevêtrement de lignes de faille, toutes porteuses de crises profondes et au sentiment d'arrachement, de perte ?

C'est pourtant sur ce terrain qu'il nous faut apprendre à œuvrer collectivement. C'est là qu'il faut inscrire de nouveaux repères et de nouvelles aptitudes en matière de gouvernance. Le désarroi vient notamment de la conviction partagée que les difficultés rencontrées ne relèvent pas de telle ou telle erreur de pilotage spécifique, aisée à corriger. D'autres visions, d'autres cultures vont devoir être forgées, qui permettront de construire d'autres organisations, d'autres outils, d'autres modes de gouvernance, adaptés aux nouvelles conditions de notre environnement.

Des ruptures créatrices à assumer par une nouvelle gouvernance

Pour faire face à une crise bien spécifique, il faut être en mesure de mobiliser des aptitudes que l'on connaît désormais. Pour répondre à une dynamique de rupture, on ne dispose pas encore d'un tel capital de connaissances, de savoir-faire, de retour d'expérience. L'urgence, aujourd'hui, est de reconnaître l'ampleur du problème et de se mettre en condition de réussite — en apprenant à se confronter à la surprise et à l'impensable. Des repères sont à rechercher, avec tous les acteurs, mais en sachant bien que l'on n'apprendra pas en restant en position statique : plus qu'ailleurs, il faut apprendre en marchant, en prenant le risque d'initiatives audacieuses — c'est-à-dire inusitées, ouvertes [44].

Pour l'heure, à défaut d'avoir déjà des connaissances éprouvées, on dispose tout au moins de quelques repères, identifiés à partir des quelques expériences analysées — telle celle de l'ESB.

La conduite politique : le besoin d'une implication des dirigeants et d'une mobilisation des acteurs

Dans les urgences, le spécialiste technique est l'opérateur central ; toute une organisation intervient en support, et les équipes de direction doivent s'assurer qu'il n'y a pas de problèmes particuliers de mise en œuvre. Dans les crises, une action d'ensemble est à engager, et ces équipes ont pour première fonction d'assurer un cap, une cohérence, du lien. Dans les périodes de rupture, le dirigeant[45] et son comité exécutif prennent une place beaucoup plus cruciale. La responsabilité concerne le positionnement fondamental de la réponse, le choix de la « posture » appropriée. Comme le dit Henry Kissinger : « Le rôle le plus important d'un dirigeant consiste à prendre sur ses propres épaules le poids de l'ambiguïté qui préside aux choix difficiles. Cela fait, ses subordonnés disposent de critères pour se guider et peuvent passer à l'exécution de leurs tâches[46]. »

Cela exige en premier lieu l'implication forte des dirigeants. Mais pas uniquement pour fixer les réponses. En univers de rupture, il ont à engager de nouvelles dynamiques : élargir les questions, ouvrir le jeu des acteurs, dégager des voies d'action. À eux de bousculer les frontières, puisqu'elles ne sont plus pertinentes ; à eux de se faire « passeurs de frontières[47] », puisqu'il s'agit d'inventer de nouvelles réponses collectives. Les questions de valeurs et de choix viennent au premier rang, en lieu et place des outils techniques de gestion. Il ne s'agit plus seulement de « gérer ».

Cela exige aussi une mobilisation de larges palettes d'acteurs à qui on redistribuera information, leviers, confiance — *empowerment*, disent les Anglo-Saxons. On est ici à l'opposé du *Command and Control* nécessaire à la résolution rapide des urgences techniques. Il va s'agir de revivifier des tissus, autour de refondations qui ne sont nulle part données. Au centre de cette animation, il y a la capacité à promouvoir des partages d'énergie, de créativité, sur des projets spécifiques, afin d'éviter les débats alibis. Pour insuffler de la confiance dans un processus aussi complexe, les responsables doivent avoir acquis une culture et des réflexes leur permettant précisément l'écoute, l'ouverture — sans tomber dans l'ornière de la consultation de façade.

L'expertise technique

Dans les nouveaux univers de rupture, lorsque les connaissances classiques s'avèrent largement insuffisantes, une nouvelle ligne d'action est requise en matière d'expertise. Elle consiste à demander aux experts de clarifier de la façon la plus précoce possible les grandes questions — les risques et avantages en premier lieu — qui peuvent se poser et sur lesquelles il faudra se déterminer collectivement. Sur chaque dossier, il faut très rapidement demander à l'expertise de préciser ses limites, ses ignorances, ses blocages (les ignorances impossibles à lever dans l'immédiat). Cela suppose souvent une inversion des habitudes : non pas réunir des experts pour faire le point des connaissances, mais bien plutôt pour éclairer sur les larges champs d'ignorance, qui doivent être pris en considération. Cela suppose plus encore : un autre regard sur la science et le savoir. Jusqu'à présent, nous avons eu l'habitude de demander à la science de trancher, de dire le vrai, pour légitimer des lignes d'action. Nous avons souvent pensé, dans cette ligne, qu'une meilleure compréhension de la science par les populations permettrait de limiter les débats : c'est le contraire qui est vrai — au XXIe siècle, une élévation du niveau scientifique ne fera qu'aiguiser les exigences de discussion et la vivacité des controverses. Cela conduira à placer les procédures de construction du savoir, de sa communication, de son évaluation au centre de l'exercice de l'expertise et de ses rapports avec la société. Il ne conviendra plus de se focaliser sur les savoirs « indiscutables » des « savants », mais bien plutôt sur les processus de construction de ces savoirs. Toute tentative de biaiser avec cette exigence sera la source de blocages impossibles à surmonter sans changement des règles du jeu.

Il y a ici un deuil douloureux à vivre : notre positivisme n'est plus de saison. Sir Robert May, éminent scientifique ayant contribué à la modélisation mathématique des systèmes complexes et ancien *Chief Scientific Adviser* du Royaume-Uni, le soulignait de façon pénétrante lors d'une conférence de l'Union européenne sur le thème « Science et gouvernance » : « Sur de nombreux grands enjeux — tout à la fois de sécurité et d'éthique — la science donne rarement à elle seule des réponses indiscutables. Comme l'a écrit Brecht dans sa pièce *La vie de Galilée* : "La fonction principale de la science n'est pas d'ouvrir une porte sur la sagesse infinie, mais de fixer une limite à l'erreur infinie"[48]. »

Nous allons souvent devoir inverser nos pratiques et plus encore nos visions fondamentales du recours à l'expertise : cette dernière ne sera plus là pour fermer les débats, mais pour les éclairer ou, dans les cas les plus complexes, pour identifier les réponses à l'évidence erronées. Il n'y a plus d'arbitre technique pouvant aisément dire le vrai, et donc indiquer les choix « rationnels ». Cette situation impose un retour en force du politique, et — sur les dossiers les plus difficiles tout au moins — nul ne pourra le masquer.

Expertise décisionnelle

Bien plus encore que dans les crises spécifiques, l'action en univers de rupture exige un grand recul dans la conduite globale du dossier. Très tôt, des capacités de réflexion, elles-mêmes composées de façon ouverte, doivent être mises en place en appui aux équipes dirigeantes. Il s'agit notamment d'identifier : les surprises et dynamiques dominos qui peuvent se déclencher ; les bouleversements pouvant intervenir dans les champs d'acteurs ; les logiques de base qui ne fonctionnent plus, alors même qu'elles comptaient au nombre des piliers indiscutables de l'organisation et de son environnement ; les erreurs majeures à éviter, les trajectoires à refuser ; des leviers d'action qui permettraient d'avancer positivement dans l'approche collective du dossier — c'est à dire en confortant la confiance.

Pour répondre à la dernière exigence, de loin la plus cruciale, on peut garder à l'esprit les interrogations suivantes : que faire d'intelligent *avec* les gens ? Quels sont les nouveaux acteurs dont il faudrait faciliter l'émergence et l'intervention ? Quelles nouvelles visions contribuer à faire exister ? Quelles nouvelles configurations de responsabilité promouvoir ? Sur quels acteurs externes s'appuyer pour faire émerger telle ou telle initiative ? Comment utiliser le temps, les rythmes, les circonstances, pour lancer l'action ?

À l'heure actuelle, l'expertise est le plus souvent de type technico-scientifique. Il est clair qu'une rupture managériale est ici à introduire, aux niveaux voulus — celui d'une entreprise, d'un pays ou d'un ensemble de pays, selon le type de problème en cause.

Communication

On sait que tout pousse à « rassurer » d'autant plus fermement que l'on ne dispose d'aucune certitude. On risque fort de tomber dans ce piège lors des grands épisodes de rupture qui confrontent à l'ignorance et à des menaces potentielles impossibles à circonscrire, voire à décrypter : les conditions d'éclosion et de renforcement de la pathologie ne sont alors que trop bien réunies. Pour contrer cette ligne de plus forte pente, il faut être prêt :

- à donner beaucoup d'informations, de

façon précoce, et non le minimum, lorsque les jeux sont faits ;

• à communiquer autour des questions, non des certitudes ;

• à communiquer autour des processus, non des résultats ;

• tout en étant naturellement prompt à communiquer les certitudes, les résultats dès que l'on en dispose. Et même à signaler indices et signaux d'alarme, si de tels signaux sont acquis avant réception de tous les résultats d'analyse attendus.

Ici encore, comme sur les autres points, l'essentiel est dans la préparation : si l'on n'a pas forgé des convictions fortes — fondées sur des cultures managériales adaptées aux univers de très grande incertitude, aux univers radicalement ouverts et complexes —, aucune de ces préconisations ne pourra être véritablement mise en œuvre.

Préparations

Dès lors que les risques s'inscrivent sur fond de ruptures, il devient impératif d'inscrire comme priorité une transformation culturelle des acteurs, en premier lieu de ceux qui auront un rôle majeur à jouer dans le choix et la conduite de ces risques. Naturellement, deux erreurs habituelles doivent être dépassées. Premier piège : se dire qu'on ne peut rien faire « puisque c'est imprévisible », et donc que « s'attarder sur ces questions impossibles serait du temps perdu ». Second piège : vouloir construire des réponses pour « tous les scénarios ». Le problème « n'est pas de prévoir l'imprévisible, mais de s'entraîner à lui faire face[49] », et de s'entraîner avec d'autres — sans attendre d'avoir toutes les bonnes réponses pour ouvrir le cercle de réflexion.

Comment procéder ? Les quelques expériences réalisées permettent de cerner un certain nombre de pistes :

• Faire travailler les équipes sur des scénarios « inconcevables », en simulation : le simple fait de demander à un groupe de produire une situation de ce type est en général très constructif, et même fort libérateur — on retrouve rapidement les non-dits et tabous du corps social en question, enfin explicités.

• Travailler sur les modalités de la veille, trop souvent engoncée dans des logiques inadaptées aux univers de ruptures. Il s'agit désormais de savoir se mettre à l'écoute de signaux non conventionnels ; s'entraîner à regarder sur les marges, là où naissent les ruptures ; cerner les « variables dormantes », susceptibles d'émerger brutalement (ce qui était perçu comme « normal » devient soudain inacceptable) ; rechercher des sources d'informations inhabituelles et se rapprocher d'acteurs hors des cercles généralement considérés ; mettre en commun les sensations, les étonnements, et prévoir des mécanismes de remontée, de partage de ces sensations difficiles à classer dans les cases établies (pour travailler sur les convergences d'intuition, et non plus sur des « preuves » techniques scrupuleusement documentées).

• Faire réfléchir aussi sur les visions, les identités, les postures, les liens : ce qui est encore pertinent, ce qui ne l'est plus du tout, ce qui serait à construire.

Des initiatives audacieuses

Tout ou presque reste à élaborer en matière de stratégie créatrice sur les grands dossiers de ruptures. Le réflexe est d'attendre d'y voir clair pour agir, d'avoir un bon modèle d'ensemble avant d'engager des opérations innovantes à moindre risque. Cette perspective est à transformer. Il faut s'engager fermement dans des démarches en rupture : aller sur des terrains totalement décalés ; prévoir des mécanismes d'échange avec des acteurs éloignés ; travailler sur les différences, les grands écarts de vision du monde.

La rapidité des mutations, les dangers d'une attente statique obligent à prendre des risques, à opérer des ouvertures hardies avec d'autres acteurs, sur des bases repensées. À titre d'illustration, on retiendra ici quelques avancées intéressantes.

RETOUR D'EXPÉRIENCE À L'ÉTRANGER ET PRÉPARATION À DES SCÉNARIOS HORS NORME : EDF ET L'EFFONDREMENT DU RÉSEAU ÉLECTRIQUE DU QUÉBEC (1998). Au mois de janvier 1998, un épisode météorologique sans précédent conduit à des chutes de pluies verglaçantes inédites sur le sud du Québec, l'Ontario et les provinces américaines adjacentes. Ces précipitations affectent gravement le réseau électrique (voir chapitre V). Rapidement, EDF organise une mission d'étude à Montréal pour recueillir les enseignements de cet épisode hors du commun auprès de son homologue québécois (Hydro-Québec). La délégation est conduite par le directeur de l'environnement, en charge des questions de crise à la tête de l'entreprise; la mission accueille aussi un expert extérieur et deux journalistes. Les principales clés de l'action — remarquable — déployée par Hydro-Québec sont identifiées et étudiées. Dès le retour en France, l'équipe diffuse des notes de synthèse et va même au-delà: des séminaires sont organisés dans les filiales d'EDF à l'étranger et dans plusieurs régions françaises. Des partenaires extérieurs (État, journalistes) sont invités à vernir partager les leçons de l'expérience du Québec, et à travailler sur des scénarios de grande surprise de même nature.

À la fin 1999, moins d'un an et demi après, EDF était confrontée à deux ouragans qui, eux aussi, allaient détruire en partie le réseau. Les grands enseignements recueillis à Montréal furent immédiatement rappelés à toutes les équipes, adaptés et appliqués.

Il faut retenir cette aptitude, encore très peu développée, à s'intéresser aux crises des autres (y compris lorsqu'elles surviennent à l'étranger), à s'inscrire de façon très opérationnelle dans des scénarios jusque-là « inconcevables », à ouvrir largement le travail de préparation à des partenaires extérieurs.

Poursuivant dans la même veine, EDF engagea dès la fin de l'épisode des tempêtes de décembre 1999 une grande consultation sur Internet pour nourrir un retour d'expérience — lui aussi ouvert — sur sa propre conduite dans l'épisode climatique qui venait d'affecter la France et son réseau électrique.

RETOUR D'EXPÉRIENCE PUBLIC ET PRÉPARATION DE L'AVENIR : L'INITIATIVE D'ESCOTA (JUIN 2001). Les 27 et 28 févier 2001, un orage de neige faisait tomber en quelques heures 80 centimètres de neige sur l'autoroute A8, dans le Var. 4 000 à 5 000 automobilistes et des milliers de poids lourds se retrouvèrent pris au piège, souvent pour près de trente-six heures. Par chance, il n'y eut aucune victime. Immédiatement, la société d'autoroute en charge du réseau fut vivement critiquée : pourquoi ne pas avoir rapidement fermé l'autoroute, ne pas avoir informé les automobilistes ? Pourquoi une absence quasi complète de secours aux naufragés de l'autoroute ?

La société ESCOTA (Autoroutes Estérel-Côte d'Azur-Alpes) aurait pu se contenter d'invoquer la « force majeure », désigner d'autres responsables : Météo France, dont les prévisions n'étaient pas à ce point alarmistes ; les camionneurs, qui refusèrent souvent de respecter les interdictions de circulation et furent l'élément clé dans le blocage du réseau ; les services de l'État, lents à autoriser la fermeture de l'autoroute (cela n'est pas du ressort de l'exploitant) et quelque peu défaillants dans l'application effective de cette décision, etc.

ESCOTA allait innover de façon très nette, en choisissant d'ouvrir un travail de recueil d'informations auprès de chacune des parties prenantes — à commencer par les automobilistes. Les témoignages de tous furent sollicités. Sur cette base, ESCOTA décida d'aller encore plus loin dans l'innovation et d'organiser un retour d'expérience public, avec tous ceux qui souhaiteraient y participer (il y eut une large annonce dans les journaux) : préfecture, gendarmerie, élus, journalistes, syndicats de transporteurs routiers, automobilistes, associations, compagnies pétrolières, concessionnaires des aires de services, etc.

Cette rencontre publique eut lieu le 20 juin 2001, avec un double objectif :

- un retour sur le vécu des naufragés de l'autoroute et des intervenants, avec large échange à partir de modalités favorisant les prises de parole (pas de tribune, pas de plan de table, travail en sous-groupes avant synthèse en séance plénière) ;
- une interrogation collective sur les innovations à apporter ; la société présenta des projets techniques relevant de sa responsabilité, tout en engageant chacun (par exemple les camionneurs, les opérateurs des aires de services, ses clients) à réfléchir aux nouvelles fonctions qu'il pourrait assurer pour concourir à la sécurité

générale sur un réseau aussi complexe qu'une autoroute.

Les multiples participants (près d'une centaine) exprimèrent leur étonnement, positif, en constatant que l'épisode n'était pas immédiatement oublié : les responsables savaient écouter les doléances, savaient tirer des enseignements ; chacun des acteurs était invité à être partie prenante d'une interrogation nouvelle sur la sécurité de ces réseaux — qui, jusqu'à présent, échappaient largement à tout examen global et « citoyen[50] ».

La dynamique ne s'est pas arrêtée à cette rencontre. Plusieurs mois après, lors des premiers événements neigeux de l'hiver 2001, des effets positifs ont pu être enregistrés sous la forme d'une réactivité collective bien plus forte que par le passé. De l'avis de l'exploitant, la réactivité générale, c'est-à-dire celle des dépanneurs, de la gendarmerie, des stations-service et des compagnies pétrolières, etc., a été grandement améliorée grâce aux efforts engagés dans la durée à la suite de l'épisode neigeux — la réunion publique ayant donné à l'ensemble un élan décisif.

RETOUR D'EXPÉRIENCE PUBLIC ET PRÉPARATION DE L'AVENIR : L'INITIATIVE DE LA SNCF (AVRIL 2002). Le samedi 2 mars 2002, peu après dix-huit heures, la caténaire était arrachée sur la ligne TGV entre Lyon et Paris. Un samedi de grand retour, en fin de vacances d'hiver. En vingt minutes, douze TGV — soit 10 000 voyageurs — étaient pris au piège. Attente, transbordements, rebroussement, détournement sur la ligne classique, certains trajets se sont faits en dix heures au lieu de trois. La gare de Lyon, à Paris, a compté jusqu'à 20 000 personnes entre minuit et trois heures du matin, sans compter les arrivées à la gare TGV, déserte, de Massy-Palaiseau (banlieue sud de Paris). Pas de métro, pas de RER, pas de taxis. En outre, ce qui déclencha une forte polémique, la SNCF — mesurant l'ampleur des travaux de remise en état — annonça le dimanche la suspension de l'« engagement horaire garanti » qui prévoit des remboursements en cas de retard. La SNCF rencontra les associations de consommateurs pour s'expliquer, faire le point. Mais il fallait faire bien davantage.

Il ne s'agissait pas d'un retard classique, sur *un* train, appelant un traitement localisé somme toute assez banal. Il s'agissait en réalité d'un dysfonctionnement sérieux, sur un des grands réseaux vitaux du pays : le transport ferroviaire à grande vitesse entre la Méditerranée, les Alpes, la Suisse, Paris, le nord de l'Europe durant la période de pointe la plus marquée de l'année. Il y avait un effet de masse et un effet dominos. D'autres modalités d'actions devaient être envisagées, inventées. Afin d'élaborer les réactions à envisager pour l'avenir, de très nombreux partenaires devaient être sollicités — y compris les voyageurs eux-mêmes.

La SNCF s'inspira de l'initiative d'ESCOTA : le retour d'expérience public, largement ouvert, réunissant voyageurs, associations, syndicats hôteliers, syndicats de taxis, RATP, journalistes, etc. La rencontre publique se tint huit semaines après les faits, le 27 avril 2002, pour réaliser un double travail :

• un retour sur l'expérience et les doléances adressées à la société : manque d'information en général ; pas d'information à l'embarquement sur un possible retard, sur le fait qu'il n'y a rien à manger à bord ; lacunes dans les annonces de sécurité, pas de prise en charge lors de l'arrivée à Paris, etc.

• une réflexion collective sur les innovations à apporter pour réagir dans des circonstances de ce type. Une des participantes, médecin, qui avait subi l'épisode au milieu d'un groupe d'enfants, insista fortement sur l'idée qu'il fallait faire appel aux compétences des voyageurs eux-mêmes, dans les trains : assurément, elle aurait pu être mise à contribution ; dans le même sens, il fut suggéré que les contrôleurs, en nombre insuffisant pour pouvoir traiter des problèmes sortant à ce point de l'ordinaire, sachent faire appel à des passagers volontaires pour aider, par exemple, à recenser les voyageurs selon leur destination, et ainsi faciliter le traitement des acheminements. Beaucoup fut dit sur la nécessité d'informer, avant l'embarquement, de ce qui attend les voyageurs à un autre point du réseau (« vous aurez X heures de retard », donnée qui permet à chacun de mieux anticiper, et même de décider s'il maintient son voyage ou non). Autre nécessité, dépassant de loin la seule SNCF : mettre en place à Paris un plan de secours à la hauteur de ces situations, en mobilisant la RATP et les taxis, selon des modalités à trouver.

En somme, deux grandes lignes d'innovation : de l'information, indispensable à chacun pour mieux se préparer, choisir, réagir (par exemple, savoir avertir tout de suite, en cas de panne, que, dans les vingt minutes, le courant a toute chance d'être coupé dans les rames) ; de l'organisation à la mesure des enjeux, ce qui suppose, là aussi, la mobilisation de réseaux complexes (aussi complexes que les réseaux en panne), et donc une bonne dose d'imagination, de décision et d'entraînement — car on sort là des pratiques habituelles.

Naturellement, certaines des propositions qui furent avancées ne peuvent pas être satisfaites pour des raisons techniques ou d'organisation. Par exemple : avoir toujours de la lumière et de la climatisation — les quantités d'énergie nécessaires sont telles qu'aucune solution technique de secours n'est envisageable ; obtenir le remboursement sur-le-champ — on ne peut installer les guichets nécessaires pour traiter ce problème en pleine nuit, si 10 000 personnes sont concernées.

Ici encore, l'impression dominante fut la surprise, positive, des multiples participants : les responsables SNCF tiraient des enseignements et chacun des acteurs était invité à être partie prenante de la réflexion ; l'opérateur acceptait ce principe si contraire aux idées *a priori* qu'en situation très anormale les compétences de tous puissent être sollicitées (alors que le « Laissez-nous faire, on s'occupe de tout », qui laisse d'ailleurs rapidement la place à un « C'est une situation exceptionnelle, on ne peut pas faire grand-chose », est si fréquent, dans tous les secteurs). En outre, la SNCF avait l'honnêteté de clarifier immédiatement ce qui était possible, même si c'était innovant et complexe, et ce qui était impossible, même si c'était *a priori* séduisant ; comme aussi de clarifier ce qui relevait d'un choix, par exemple augmenter le budget consacré à l'indemnisation des retards (l'opérateur est le seul à s'être engagé dans cette politique) ou garder ce budget pour consolider les actions de fiabilité du réseau — qui exige de très lourds investissements en raison, là encore, du développement spectaculaire du réseau TGV.

DES DISCUSSIONS PRÉCOCES ET OUVERTES POUR EXPLORER DES DOSSIERS DE GRANDE INCERTITUDE : DANONE (1999). La sécurité alimentaire est, à l'évidence, une dimension essentielle de l'activité d'un groupe comme Danone. Organisations et outils sont constamment renforcés pour anticiper les risques et les maîtriser. Connaissance des matières premières achetées, traçabilité, maîtrise des processus de fabrication, expertise avancée et rigueur des contrôles sont des éléments clés de cette politique.

Mais, au-delà de cette démarche de qualité,

adaptée pour des risques connus et identifiés, il faut dorénavant pouvoir anticiper et traiter des dossiers encore émergents, profondément marqués par l'incertitude, ou même l'inconnu. Questions nouvelles, réponses nouvelles : il ne s'agit plus seulement de s'assurer que les meilleures sécurités sont appliquées ; il s'agit d'ouvrir le questionnement, de partager les interrogations, de donner l'information à disposition, de mieux comprendre aussi les inquiétudes diffuses ressenties par les consommateurs.

Le Groupe Danone a adopté l'approche suivante : mettre en commun et en débat les connaissances et les inconnues est indispensable dans le traitement des questions scientifiques extrêmement complexes qui se présentent désormais. C'est un problème d'intelligence de la décision, de confiance partagée. Le groupe a donc proposé et engagé, depuis 1999, des rencontres novatrices : autour d'un scientifique, qui fait le point sur l'état de la science et permet d'avoir un apport extérieur dans le débat, des représentants d'associations de consommateurs sont invités à échanger avec les représentants de l'industrie alimentaire sur des sujets de préoccupation émergents, pour lesquels les inconnues sont très importantes. Le premier thème traité a été celui des résidus de pesticides en tant que « perturbateurs endocriniens » : ces résidus, qui sont ressentis par les consommateurs comme l'un des tout premiers risques alimentaires, sont soupçonnés de pouvoir entraîner des désordres hormonaux. D'autres réunions ont permis d'aborder les allergies, l'ESB ou les mentions à faire figurer sur les étiquettes. Le bien-fondé de l'organisation d'échanges d'informations et de débats ouverts très en amont dans l'examen des risques a recueilli un écho très favorable. L'écoute et la crédibilité de chacun des participants s'en trouvent renforcées.

Fort de cette avancée, le groupe a consolidé depuis peu la démarche : le processus s'est ouvert à l'ensemble des industriels qui le souhaitent ; le problème de l'allergie a fait l'objet d'approfondissements ; de nouvelles questions ont été inscrites à l'ordre du jour, en particulier la question importante en santé publique de l'obésité. À côté des industriels, des scientifiques et des consommateurs, une nouvelle catégorie d'acteurs, les médecins, a été invitée à participer à la démarche. Et tout récemment, un pas de plus a été fait dans le travail : il ne s'agit plus seulement d'informer sur les inconnues, ou de débattre d'orientations possibles ; les partenaires commencent à construire une démarche commune pour aborder, traiter, suivre les dossiers les plus complexes.

CHAPITRE V

Leçons de crises : trois études de cas

Le terrain des crises est à ce point surprenant, complexe — et plus encore inquiétant — qu'il pose de réelles difficultés sur le plan pédagogique. L'interlocuteur peine à tenir pour réelles les questions identifiées. Et rapidement, il dénoncera le propos : « impossible, exagéré, pessimiste ». L'étude de cas, qui permet d'entrer plus directement en rapport avec des situations concrètes, apparaît dès lors indispensable.

Nous retiendrons ici trois exemples, choisis pour leur richesse et leur diversité. Le premier concerne une crise ponctuelle grave. C'est un cas d'école, qui montre la capacité peu commune à décrypter sans délai un signal de très faible intensité ; l'aptitude à opérer alertes et mobilisations fortes ; la prise en charge résolue, à tous les niveaux — opérationnel, stratégique, éthique —, d'une crise grave. Le second retient un problème d'effondrement de réseau, crise marquée par des effets dominos de très grande ampleur potentielle : ce sont là des problèmes d'avenir. Le cas du Québec, déjà évoqué, a été la première réussite du genre, et il est important de l'examiner de façon plus précise. Enfin, avec l'examen de la conduite de l'épisode de l'ESB au Royaume-Uni entre 1986 et 1996, nous choisirons un cas parmi les plus complexes, qui se situe entre crise et rupture. Nous disposons pour ce faire du remarquable rapport de la commission d'enquête britannique, présidée par Lord Phillips, et dont nous retiendrons l'essentiel des messages.

LA CRISE PONCTUELLE : JOHNSON & JOHNSON ET LA CONTAMINATION CRIMINELLE DU TYLENOL (1982)

Une capacité de réaction

Le 30 septembre 1982[51], le directeur des relations publiques du groupe pharmaceutique Johnson & Johnson s'entretint avec un membre de son équipe qui venait de recevoir un appel téléphonique étrange d'un journaliste du *Chicago Tribune*. Le journaliste lui avait d'abord posé des questions élémentaires sur le Tylenol (produit très prisé), le groupe J&J, les relations de J&J avec sa filiale McNeil Consumer Products Company (qui distribuait cet analgésique). La conversation avait laissé une impression de malaise chez l'employé, qui en référa à son directeur. Le directeur rappela le journaliste et demanda à savoir ce qui se passait. Réponse : le journaliste enquêtait sur la suspicion d'un médecin de Chicago — un lien entre le Tylenol et une mort récente.

Le directeur des relations publiques appela son supérieur hiérarchique, le vice-président du groupe pour les relations publiques. Sans attendre, ce dernier alerta son propre supérieur, le président de J&J. La première idée du vice-président était qu'il y avait eu un problème dans une usine, mais il espérait bien que la mise en relation du produit et de ce décès était une erreur. Le président réunit son état-major. Mais la seule chose que savait ce groupe de dirigeants, c'était qu'une rumeur circulait à Chicago établissant un lien entre un produit de J&J et la mort. La mort... alors que tout l'univers de J&J est précisément la santé.

Le président ne perdit pas de temps : il annonça au vice-président du comité exécutif et au directeur des relations publiques qu'un hélicoptère les attendait pour les emmener immédiatement au siège de McNeil en Pennsylvanie, non loin du siège de J&J dans le New Jersey. Le président s'adressa sans détour à son vice-président : « À vous de jouer » *(« Take charge »)*. Quatre-vingt-dix minutes plus tard les deux hommes étaient à pied d'œuvre.

Arrêtons-nous un instant sur cette phase réflexe. On pourrait penser qu'il y a là surréaction intempestive dans le traitement d'un simple signal. Observons au contraire que, dans le secteur de la santé comme dans l'alimentation, l'établissement d'un lien, en termes de vie ou de mort, n'est pas de l'ordre du « bruit » appelant attente de confirmation : il y a bien lieu d'opérer une mobilisation instantanée.

Le choix du responsable de crise ne devait rien au hasard : le vice-président désigné était un ancien patron de McNeil et il connaissait Chicago. La dimension communication était intégrée. L'exigence de base était respectée : recueillir de l'information, au plus près de l'événement. En appui, une cellule de crise était mise sur pied ; sept personnes, avec une mission déjà bien structurée autour de deux questions clés : « Comment protégeons-nous les consommateurs ? Comment sauvons-nous le produit ? » ; et le président restait à la barre.

Cette phase réflexe, remarquable, qui permit de confirmer la réalité des questions soulevées, fut prolongée par des interventions résolues : information du public via les médias, avec offre d'échange du produit conditionné en flacon pour le même produit conditionné en tablettes (moins vulnérables à la malveillance) ; alerte spécifique de la communauté médicale ; retrait du produit dans la région de Chicago ; arrêt de toute publicité pour le produit ; inspection de millions de flacons de Tylenol.

L'ancrage dans les valeurs

On était en plein inconnu : où était le problème ? Défaillance ou malveillance criminelle ? La menace restait insaisissable. Il fallait travailler avec le FBI, administration peu connue dans le milieu de la santé. L'image de la firme était en passe d'être laminée : « J&J, du berceau à la tombe. » Le personnel était attaqué, jusque dans sa vie de famille : « Ton père est dans une firme qui tue » commençait à devenir une remarque acide dans les cours de récréation des enfants du personnel.

On sortit du noir absolu peu après, avec la découverte de deux autres flacons contaminés par du cyanure dans des magasins de Chicago : ces lots avaient des provenances différentes, tant du point de vue de leur fabrication que de leur circuit d'acheminement. Il y avait donc sabotage chez des détaillants, ce qui fut définitivement confirmé le 2 octobre par une demande de rançon.

Dans l'inconnu, toujours le plus déstabilisant, J&J put au moins compter sur une charte interne très solide qui constitua une sorte d'ancrage dans le cyclone. C'était le credo défini quarante ans auparavant par le fils du fondateur, président de 1938 à 1963. Ce texte était particulièrement en avance sur son temps : « Les institutions tant publiques que privées n'existent que parce que les gens les veulent, croient en elles, ou tout au moins sont désireux de les tolérer. Le temps est révolu, s'il a jamais existé, où l'activité économique était une affaire privée. Dans une société économique, tout acte en affaires a des conséquences sociales et peut attirer l'attention du public. À chaque fois que, dans les affaires, on loue, construit, vend, ou achète, on agit pour le public comme pour soi-même, et l'on doit être prêt à en assumer la totale responsabilité… »

Le groupe avait toujours fait des efforts importants pour donner vie à ce credo. Des réunions avaient été organisées sur le thème, et elles avaient rassemblé plus de 4 000 employés ; elles avaient toutes été présidées par le président lui-même. En 1975, des discussions au plus haut niveau avaient été lancées pour réexaminer la formulation du credo, qui fut quelque peu modifiée. C'est en référence à ce credo que furent arrêtées les actions immédiates lors de la crise : la sécurité et le bien-être des consommateurs devaient passer au premier rang, les autres aspects devenant secondaires. La réponse apportée était inscrite en première ligne de la charte : « Nous croyons que notre première responsabilité est de satisfaire les médecins, les infirmières, les patients, les mères, et tous ceux qui utilisent nos produits et services… »

J&J le souligna avec force : cet ancrage fut pour chacun d'une aide considérable lorsqu'il fallut prendre des décisions importantes en plein inconnu. Il y avait là un début d'éclairage, une référence certes ténue, mais extrêmement précieuse en termes de légitimité. C'est ce qui fonda notamment les réflexes immédiats pour protéger le public : « agir vite et de façon responsable ». C'est ce qui fonda la politique de communication : « dire ce que nous savions, dès que nous le savions ». C'est ce qui structura immédiatement le lien établi avec l'extérieur : « demander au public sa confiance ».

Une action de grande échelle

La nouvelle de la contamination volontaire de nouveaux lots, et la découverte de la vulnérabilité du conditionnement, conduisirent le groupe à prendre des décisions de grande envergure : retrait général du produit ; destruction de tout le stock ; mise en place d'un numéro vert pour rester à l'écoute des inquiétudes du public et y répondre ; formation d'employés pour recevoir les appels (il y en aura 30 000 en un mois).

Mais il n'y eut pas que ce repli général. Le Tylenol étant un produit fort utile, et rentable, tout fut aussi mis en œuvre pour ne pas laisser le dernier mot à la menace. Seul le conditionnement était en cause : à court terme, il fallait orienter la demande sur une autre présentation du produit (en tablettes et non plus en flacons) ; à moyen terme, on réintroduirait le produit dans des flacons mieux protégés.

Cette politique fut appuyée par une forte action de communication et de marketing :

publicité (une page entière dans les principaux journaux du pays, le 12 octobre, offrant la possibilité d'échanger les flacons pour des tablettes) ; établissement d'une ligne directe gratuite pour les consommateurs, dans la première semaine de la crise (136 000 appels dans les onze jours qui ont suivi l'annonce de la mise en place de ce service ; 210 000 appels en trois semaines) ; spot publicitaire de soixante secondes, en octobre et novembre, montrant le directeur médical annonçant le retour imminent des flacons sous un autre conditionnement.

L'interne ne fut pas oublié : ce fut l'intervention du président pour faire savoir sans délai qu'un retour était envisageable. Il n'y avait pas de dynamique d'échec : « *We're coming back.* » La dimension solidarité fut aussi clairement affichée : J&J faisait corps avec sa filiale, qu'il s'agisse d'appuis financiers, ou de travail à redonner aux employés provisoirement désœuvrés.

Au-delà, pour exercer au mieux sa responsabilité sociale, le groupe se rapprocha de l'administration comme du Congrès pour promouvoir de nouvelles normes de conditionnement des produits. Ce fut un programme imposant de visites auprès de plus de 160 parlementaires à Washington, pour plaider la mise en place de nouvelles dispositions, notamment l'inscription de la malveillance sur les produits de consommation comme un délit criminel.

La capacité d'initiative, ancrée sur les valeurs de base de l'entreprise, marqua ainsi toute la gestion de la crise. Elle se manifesta au mois de novembre à nouveau, avec le retour du produit sur le marché (11 novembre) : les flacons de Tylenol furent en effet réintroduits avec un conditionnement présentant une triple sécurité. L'entreprise était ainsi la première à se conformer aux nouvelles normes prescrites en la matière par la FDA (organisme fédéral de contrôle des médicaments). J&J fit une nouvelle fois preuve de ses capacités opérationnelles, tant en matière de communication que de marketing : plus de 2 250 personnes de la force de vente du groupe furent mobilisées pour faire des exposés aux membres de la communauté médicale ; 450 000 messages électroniques furent adressés aux professions médicales et aux distributeurs ; des coupons de réduction de 2,50 dollars furent mis en circulation à travers la presse et à partir d'un numéro vert où toute personne pouvait déposer une demande pour de tels coupons.

La gestion médiatique releva de l'énormité : 80 000 coupures de presse relatives à la crise, 2 000 appels téléphoniques de journalistes, des centaines d'heures de reportages radio et télévisés — « l'affaire la plus couverte depuis la guerre du Vietnam ». Et la réponse à certains appels exigeait des investigations lourdes : préciser dans le détail tel ou tel cheminement suivi dans les livraisons (pour permettre à un journaliste d'investigation de suivre une hypothèse particulière) ; ou examiner telle ou telle hypothèse de sabotage.

Des passes critiques

On côtoya aussi dangereusement les précipices lorsqu'un journaliste posa la question de la présence de cyanure chez l'industriel. Le groupe répondit bien sûr, spontanément, qu'il n'y avait pas de ce poison dans ses murs, et donc que le problème ne pouvait être interne. Or, il fut découvert avec stupeur qu'il y avait bel et bien du cyanure dans un laboratoire de recherche du groupe. Que la presse l'apprenne et c'est toute la crédibilité de J&J qui pouvait être détruite : on lui aurait menti. Que la presse divulgue l'information, et le climat général conduirait inévitablement à des lectures expéditives : le cyanure du laboratoire n'avait absolument pas pu intervenir dans l'affaire, mais au beau milieu d'une crise, qui pourrait répondre d'une information publique hâtive et approximative sur ce point ? Le journaliste fut rappelé, la réponse corrigée, une demande de discrétion exposée avec ses motifs. Un deuxième journaliste eut connaissance de l'information ; puis un troisième. À chaque fois, le même soin fut apporté dans la relation avec ces investigateurs scrupuleux — qui, après avoir compris qu'il n'y avait là rien de pertinent, acceptèrent l'embargo. L'information fut donnée par la suite, à un moment où le risque d'amalgame infondé pouvait être maîtrisé.

Une attention tout aussi scrupuleuse fut accordée à la communication interne, et à la communication avec les actionnaires (informés eux aussi sur le traitement de la crise). Comme le souligna un haut responsable du groupe : « Notre public le plus précieux, c'est notre personnel. Nous l'avons compris dès le premier jour. En tout, nous avons produit quatre cassettes vidéo sur la crise. Nous avions un réseau vidéo avec nos 165 filiales et divisions, et nous leur avons adressé les cassettes. Les bandes, d'une durée de plus de 3 heures, couvraient tous les aspects importants de l'affaire et reprenaient longuement les téléconférences et la prestation du président à l'une des grandes émissions de télévision américaine. Le président et le directeur général cosignèrent une lettre qui fut adressée à chaque employé aux États-Unis, expliquant la crise, ce que l'entreprise faisait, et les mesures qu'ils allaient prendre. La réponse du personnel fut extraordinaire. La crise fit se rapprocher les employés, et les réunit comme ils ne l'avaient jamais été auparavant dans l'histoire de l'entreprise. Bien sûr, nous aurions préféré ne pas avoir cette crise. Mais, parce que la compagnie répondit comme elle le fit, les employés furent très fiers de leur entreprise[52]. »

De fortes capacités stratégiques

La crise avait fait sept morts. 31 millions de flacons avaient été récupérés, pour un coût de 100 millions de dollars. En quelques mois, le marché fut reconquis — à 98 %. Expliquant cet épilogue, il y avait eu trois capacités stratégiques fondamentales :

1. La capacité réflexe tout à fait remarquable de la chaîne hiérarchique, en dépit de la faiblesse du signal décrypté à l'origine ; l'aptitude à opérer les mobilisations essentielles, jusqu'au président ; la capacité du président à mettre le système en position de réponse active. Tout cela en une heure et demie.

2. La fixation de grandes logiques de réponse, profondément ancrées dans les valeurs clés de l'entreprise : arrêter les décès ; découvrir la cause ; venir en aide aux victimes ; observer une politique de transparence ; adopter une attitude d'humilité.

3. Une conduite globale, maîtrisée sur tous les fronts : cohérence générale, communications spécifiques pour chaque catégorie d'interlocuteurs, mobilisation de tout le personnel y compris des retraités, suivi de l'opinion, interventions fortes du président, action médiatique de grande envergure.

Trois mots avaient marqué la conduite de cette crise : compétence (tant stratégique que tactique), responsabilité (tant externe qu'interne), dignité.

L'EFFONDREMENT DE GRANDS RÉSEAUX VITAUX : HYDRO-QUÉBEC ET LA DESTRUCTION DU RÉSEAU ÉLECTRIQUE QUÉBÉCOIS (1998)

Un phénomène hors normes, des effets dominos

Dans la semaine du 5 au 8 janvier 1998[53], le Québec a connu le plus grave épisode de pluies verglaçantes de son histoire. Jusqu'à 90 millimètres d'épaisseur de glace ont été mesurés, soit plus de deux fois les normes maximales de référence. Aucun réseau ne pouvait résister à pareilles chutes, aggravées par des vents violents qui taillaient la glace en forme d'aile d'avion : les pylônes étaient rapidement emportés, les uns après les autres, entraînant la destruction physique des grandes artères énergétiques du pays. Il ne s'agissait donc pas seulement de pannes électriques, dues à des problèmes sur le réseau de distribution (situation « classique »), mais de la destruction d'un réseau de transport d'électricité. Quelques chiffres : 3 000 kilomètres de lignes à très haute tension inutilisables, 1 500 pylônes très haute tension détruits ou à réparer ; 26 000 poteaux de distribution brisés. 3 200 000 personnes furent privées d'électricité, certaines pendant trois semaines, et cela en plein hiver canadien. 700 municipalités ont été affectées.

Et l'on passe à la menace de la destruction par plaques des réseaux vitaux. Le vendredi 8 janvier, Montréal tombe dans le noir ; il ne reste plus que deux heures d'alimentation en eau, on commence à perdre les raffineries, les télécommunications, etc. ; la ville se chauffe avec des moyens de fortune, s'éclaire à la bougie, tandis que les pompiers vont manquer d'eau.

En cinq semaines — ce qui suscite l'étonnement admiratif de tous les hommes de l'art —, le réseau est globalement remis en ordre de marche. On comptera 27 décès, bilan qui aurait pu être autrement plus lourd, vu les conditions de vie de ces millions de personnes dans tout le sud de la province.

Des difficultés inédites, une réplique remarquable

Un responsable d'Hydro-Québec résume le défi pour l'entreprise *:* « Nous avions une organisation pour gérer une panne. Le problème était de reconstruire un réseau — et cela en extrême urgence. »

On est donc loin de l'application méticuleuse d'un savoir-faire rôdé. Les défis à relever sont lourds, multiples, souvent déroutants : percevoir le plus rapidement possible le caractère inédit de la situation, penser des stratégies de réponses organisationnelles nouvelles, conduire des actions de terrain s'inspirant de modes opératoires inusités, opérer bien au-delà du seul domaine technique. Il faut aussi rehiérarchiser les priorités, inscrire son action dans des théâtres d'opérations radicalement élargis, résoudre des difficultés ponctuelles critiques (par exemple, sauver *in extremis* tel pylône dont la perte serait fatale pour l'alimentation de Montréal), traiter souvent avec des maillons faibles à l'extérieur (bien des municipalités ne sont en rien préparées aux situations d'urgence), etc. Le plus remarquable dans la conduite de la crise par Hydro-Québec est sans doute d'avoir été capable de maîtriser tous les aspects de la crise, depuis la gestion du petit matériel, jusqu'à l'établissement de priorités partagées avec les autorités politiques, en passant par une présence médiatique de haute qualité et un travail de maillage avec tous les partenaires. On peut présenter la réussite d'Hydro-Québec à travers quelques repères clés.

Décrypter très vite des signaux
indiquant que l'on est bien
en situation totalement hors normes

Les événements débutent, le lundi 5 janvier, par une première vague de pluies verglaçantes qui n'a rien d'exceptionnel ; on enregistre même, juste après cette première vague, un certain répit. Pourtant, les responsables d'Hydro-Québec vont très rapidement se mettre en veille renforcée et en alerte, à partir d'une perception encore non fondée sur des « preuves » assurées ; tel responsable clé, qui entame sa semaine de vacances, « sent » dès le mardi 6 au matin que la situation est potentiellement très sérieuse et rejoint Montréal (à remarquer d'ailleurs que ce virtuose du signal faible dira être dans l'incapacité d'expliquer pourquoi il a « senti » qu'il fallait immédiatement regagner son bureau). Les grandes crises ne commencent pas obligatoirement par de grands événements.

Engager l'action, en dépit de l'impossibilité d'établir un diagnostic.

Situation classique en crise : il faut agir, alors que l'on est en plein brouillard, et pour longtemps. Hydro-Québec se heurte à une météo très défavorable qui empêche les reconnaissances par hélicoptère ; lignes à terre et chutes d'arbres gênent considérablement l'accès aux sites ; la détérioration constante de la météo et les effets croissants sur le réseau rendent constamment obsolètes les données recueillies comme les points de situation. Les responsables techniques réagissent en engageant des actions de préparation qui seront de toute manière indispensables : déblaiement des lieux, sécurisation des routes.

Sortir des voies normales, qui seront rapidement des impasses

En l'occurrence, il s'agit de sortir des logiques spontanées des « plans de secours », alors que les opérateurs techniques en charge d'un réseau de distribution ont coutume de tout faire pour remettre rapidement en route *leur* réseau. Au mois de janvier 1998 au Québec, les techniciens comprennent très rapidement que le problème est beaucoup plus sérieux : le réseau de transport (« les artères ») est touché, il faut repenser totalement les logiques d'action habituelles. Des priorités stratégiques *ad hoc* sont formulées, pour la gestion du territoire, pour la gestion du temps : dans chaque zone à traiter, réalimenter 50 % du réseau (le territoire concerné pourra au moins survivre, à partir de ces 50 % : il échappera à l'évacuation) et privilégier le centre-ville de Montréal (objectif critique) ; récupérer ensuite les 100 % ; remettre en état pour l'hiver 1998-1999 ; assurer une robustesse durable du réseau. Immédiatement, il faut concevoir une réponse dépassant les pratiques, les habitudes, les interdits communs. Ainsi : il n'est pas usuel, ni très bien toléré en interne, de faire appel à des ressources (moyens humains, moyens matériels) extérieures (« On avait 1 500 personnes à disposition, il nous en fallait 4 000 »). Il faut songer très tôt à cette nécessité, l'étudier, convaincre, obliger le cas échéant. Le Québec a l'habitude (et la fierté) d'apporter de l'aide aux États-Unis ; cette fois, il va falloir inverser la logique et aller demander de l'aide aux Américains.

Penser de nouvelles organisations

On est organisé pour traiter des épisodes localisés, avec pour principe de base la mobilisation d'organisations géographiques de niveau croissant (local, régional, provincial). On se rend compte qu'il va falloir donner beaucoup plus de marge de liberté aux équipes d'intervention, et l'on repense profondément l'organisation de secours. On élabore le concept de « mission » : une force d'intervention dotée d'une large autonomie pour l'action sur une zone donnée (les missions regroupent des compétences techniques, mais aussi des capacités en matière d'approvisionnement, et une capacité de communication). Il y en eut une trentaine, fortes de 150 personnes chacune. L'ensemble est piloté par un état-major central, en appui au président de l'entreprise. On garde centralisé tout ce qui nécessite effectivement des décisions stratégiques. La centralisation a aussi des raisons opérationnelles impératives dans un épisode aussi global. Ainsi, par exemple, on se rend compte que les besoins en matériels de la distribution, d'une part, et du transport, d'autre part, pèsent en fait sur les mêmes usines — et aux États-Unis le plus souvent : la politique d'approvisionnement doit donc faire l'objet d'une conduite coordonnée entre les deux secteurs, ce qui n'était jamais apparu nécessaire jusqu'alors.

Définir de nouvelles logiques de priorités pour les réalimentations

La liste des clients prioritaires est standard : en classe 1, les hôpitaux, les forces de sécurité, les pompiers, les ambulances ; en classe 2, les centres d'hébergement, etc. Dans un cas comme celui-ci, aussi structurel et global, il faut établir de nouvelles règles d'action. Ainsi, le rétablissement du réseau dépend de la faculté des fournisseurs à assurer la fabrication et le transport des pièces détachées nécessaires à la reconstruction ; il est donc indispensable de donner une priorité de niveau 1 aux fournisseurs, ou plus exactement : aux activités critiques des fournisseurs clés. Mais il faut apporter les corrections nécessaires dès que tel matériel n'est plus d'utilité critique. De la sorte, le problème n'est pas de rappeler des priorités inscrites dans des plans-papiers, mais d'assurer en continu la maîtrise de priorités qui évoluent et doivent évoluer. On découvre notamment qu'il n'est pas facile d'agir sur la base de 33 priorités de premier ordre, à redéfinir chaque jour…

Assurer une gigantesque opération d'approvisionnement et d'intervention

La difficulté est de se mettre rapidement en phase avec l'échelle des problèmes : il faut repenser les approvisionnements à l'échelle du Canada (jusqu'à Vancouver) et même de l'Amérique du Nord (il n'y aura bientôt plus de groupes électrogènes disponibles jusqu'à Miami et San Diego). Il faut même parfois aller beaucoup plus loin encore : engager des contacts avec le Département d'État américain pour solliciter des avions Antonov russes, seuls capables de transporter des pylônes de grande taille (finalement ce moyen ne sera pas utilisé). Un numéro vert est mis en place pour recevoir toutes les offres de service venant des États-Unis. Le défi est de se détacher très vite des représentations spontanées (une « panne », que l'on pourrait traiter dans le cadre des hypothèses implicites imposées par l'habitude), pour penser « hors échelle », « international ». Et en outre, sur le terrain, il faut être en mesure de se brancher sur ces supports d'envergure inédite : convaincre les personnels de la nécessité de cet appui qui leur semble porter atteinte à leur fierté (comme à leurs intérêts) ; mettre sur pied, dans les missions, des dispositifs pour l'accueil des personnes appelées en renfort.

Forger et faire pratiquer de nouvelles règles techniques

L'urgence exige de faire du provisoire efficace ; il faut sortir des méthodes normales pour faire du « bricolage intelligent ». Des ingénieurs doivent réfléchir à de nouvelles pratiques, plus frustes, permettant de pallier des déficits sur tels matériels. Reste ensuite à convaincre les utilisateurs du bien-fondé des écarts à introduire avec les pratiques normales (spontanément, dans l'esprit des intéressés, on leur demande de « se mettre à mal travailler »). La même flexibilité est nécessaire dans les acheminements de matériels, eux aussi très délicats : les conditions météo ne sont pas favorables, les routes sont encombrées, le carburant manque ; là encore, il faut être en mesure de changer les priorités en fonction de la situation. La qualité de la communication entre tous les acteurs (équipes stratégiques, camions, lieux de livraison) apparaît, là encore, essentielle (d'où aussi l'intérêt d'équiper les véhicules en liaison radio et système GPS).

Assurer une forte mobilisation interne, sur longue période

Les équipes vont travailler sans interruption pendant cinq semaines ; souvent, les journées sont de seize heures, dans un froid intense. Une priorité est la sécurité, mais on souligne que ce point serait encore à renforcer. De même, on est attentif à détecter les trop grandes fatigues et à contraindre les intervenants au repos minimal (on demande à un certain moment que les horaires journaliers soient ramenés de seize à douze heures). Hydro-Québec va aller jusqu'à mettre en place des capacités d'hébergement, des cantines, des garderies pour les enfants de son personnel. Hydro-Québec a aussi su mobiliser de jeunes retraités ou même des personnes ayant très récemment quitté l'entreprise (notamment pour cause de licenciement économique).

Garantir une présence médiatique de haute qualité

Le hall d'entrée du siège d'Hydro-Québec est transformé en gigantesque studio ; des points sont régulièrement faits avec les journalistes. Des règles sont définies : par exemple, aucune interview sur l'analyse au fond de l'événement — on se concentre exclusivement sur le factuel. On prend soin de désigner une seule personne (certes, avec une relève) pour répondre dans la durée à tel média : de la sorte, on construit encore, pour l'auditeur-téléspectateur, de la cohérence, de la continuité, de la fidélisation. Chaque jour, le Président intervient en conférence de presse, aux côtés du Premier ministre. Point de situation ; perspectives précises de rétablissement. L'option est de construire du positif en évitant d'en rajouter en inquiétude : on affiche des objectifs de dépannage qui seront assurément tenus, la marge conservée avec prudence permettant d'éviter toute mauvaise nouvelle — et mieux, de valoriser le dépassement des objectifs.

Mais on n'omet pas de clarifier le piège : il ne suffit pas d'être bon devant les caméras ; il faut comprendre que les populations ayant le plus besoin d'information sont précisément celles qui n'ont plus de télévision. D'où le principe d'avoir dans chaque mission des personnes chargées de l'information, directement sur le terrain, à destination des élus locaux notamment. Des conférences téléphoniques sont assurées avec des publics cibles comme les maires, les députés.

Point majeur : la tonalité du discours. On sort de la logique *Command and Control* (logique hiérarchique) si habituelle dans les situations de catastrophe, pour développer une politique de confiance, de collaboration avec les citoyens et leurs élus. Par exemple, même si on met en place des centres d'hébergement, on invite chaque famille disposant d'électricité à accueillir les autres membres de la famille qui en sont privés (« Si vous avez de la parenté dans les zones sans électricité, invitez-les à venir chez vous ; et insistez même un peu pour qu'ils viennent », conseille en substance le Premier ministre à la télévision).

Assurer une implication forte du Président

Ce dernier entre sur la scène publique dès son retour rapide de l'étranger. Tout au long de l'épisode, il prend en charge la fixation des priorités essentielles, les objectifs opérationnels majeurs de la journée, la conduite de la gestion symbolique, le problème du ciment interne, les actes essentiels de communication externe. La conférence de presse journalière du président est un rendez-vous majeur : il intervient en tandem avec le Premier ministre, adopte un langage échappant totalement au jargon technique, donne des précisions sur les objectifs de la journée suivante, joue sur la confiance, la solidarité. Le Président renverse même l'approche classique (« Voici ce que nous allons faire pour vous ») en introduisant la réflexion : « Comment pouvez-vous aider Hydro-Québec ? » La tenue vestimentaire est même adaptée : le polo remplace la tenue de rigueur ; il rappelle que le Président revient du terrain, qu'il est proche des populations et de ses équipes qui se battent sur les chantiers. En fin de crise, le Président veillera à la cicatrisation finale en interne, en intervenant notamment en conclusion d'un film à destination des personnels sur l'événement et son traitement par Hydro-Québec : « Il vient de se passer quelque chose d'inusité... Je le sens bien, vous le sentez... Les employés d'Hydro-Québec ont retrouvé toute leur fierté... »

Les phénomènes de traîne

Comme indiqué précédemment, les fins de crise sont toujours délicates. Pour certains dossiers, la crise se prolonge, alors que l'on ne dispose plus des équipes de crise, dotées de moyens hors normes. C'est l'un des aspects sur lesquels Hydro-Québec a rencontré quelque difficulté après le mois de février (notamment les questions de factures).

Des questions critiques

Des maillons extérieurs parfois insuffisamment préparés

Dans cet épisode, des problèmes comme les suivants ont été source de difficultés : les structures d'État se sont montrées moins réactives que l'entreprise ; des collectivités locales sont souvent apparues peu préparées. À la communauté urbaine de Montréal, on a vu la sécurité publique tenter d'imposer sa loi et ses normes hiérarchiques strictes à un organe de sécurité civile plus en phase avec les exigences modernes de gestion de crise publique (rejoignant d'ailleurs bien les principes d'Hydro-Québec). Des entités comme les usines de traitement des eaux se sont découvertes dépourvues de groupes électrogènes de secours appropriés.

Une idée a fait son chemin à l'occasion de cette épreuve, et c'est là un enseignement général : la nécessité de demander à tout citoyen ou entité clé de prévoir une autonomie de subsistance de trois jours (en s'assurant de stocks de base pour quelques denrées essentielles). Cela permettrait de réduire d'autant les « urgences absolues » et donnerait une bien plus grande marge d'action à l'entreprise en charge de l'alimentation électrique (ce principe serait d'ailleurs à examiner pour bien d'autres vulnérabilités en matière de réseaux vitaux).

Des problèmes critiques de communication publique

Dans cet épisode, on a vu surgir une question extrêmement délicate : une opération technique risquée devait avoir lieu le vendredi 8 janvier ; si elle échouait, on pouvait perdre l'alimentation en eau de la ville de Montréal. On disposait encore en stock de deux à quatre heures de consommation. En cas d'échec de l'opération technique, on se serait retrouvé en situation inextricable. Fallait-il, pouvait-on communiquer cette information ? Une ligne de communication prudente fut retenue, à partir de la réflexion suivante : « Si on communique largement sur cette incertitude critique, chacun commencera à faire des stocks d'eau, et on arrivera à la rupture en une heure, ce qui précipitera l'événement redouté. » On en resta au conseil : « limiter la consommation d'eau, faire bouillir l'eau avant de la consommer ». Des journalistes eurent vent du problème, appelèrent ; l'information filtra, mais ne fut pas largement diffusée. En cette occasion comme en d'autres (touchant notamment aux vulnérabilités critiques du réseau), on fit appel au sens des responsabilités des journalistes — et personne n'eut à se plaindre du traitement global de l'épisode par la presse. Il serait extrêmement utile de creuser ce point et toutes les questions qu'il soulève. En se dégageant de tout *a priori*. Mais en sachant au moins que ce type de question ne se pose que pour les institutions déjà extrêmement performantes et ouvertes en communication : les autres vont au fiasco avant d'atteindre ces lignes de crêtes instables et aux conditions fort imprévisibles.

Les discussions finales sur les grandes décisions de renforcement du réseau

C'est sur ce point que la crise se montra finalement la plus délicate pour l'opérateur. Pour Hydro-Québec, il est apparu absolument nécessaire de renforcer le réseau pour ne pas courir le risque d'un épisode dramatique dans les années futures, à commencer par l'hiver suivant. Cela exigeait des renforcements substantiels (nouvelles lignes, notamment). Il est clair que cet objectif, qui exige engagement technique immédiat (on ne réalise pas ces renforcements structurels en quelques semaines), ne pouvait être atteint si l'on devait s'inscrire dans les procédures habituelles de discussions sociales (consultations sur les études d'impact) prévues pour tous les grands projets de ce type. Dès lors, il fut jugé indispensable — et cela a été obtenu du pouvoir politique — que ces procédures de consultations soient allégées. Pour ses détracteurs, Hydro-Québec profitait indûment de la crise pour faire passer en force des projets déjà en portefeuille. Il fallait ouvrir des discussions au fond sur la consommation énergétique, la dépendance vis-à-vis de l'électricité, les modes de production (petites centrales), les lignes, la prévention, etc. On connut ici le moment le plus délicat — en fin de crise, après le rétablissement technique. C'est là un problème classique, qui souligne l'absolue nécessité de ne pas désactiver trop rapidement les organes de gestion de crise, de ne pas se passer trop hâtivement de l'attention vigilante des plus hauts responsables.

ENTRE CRISE ET RUPTURE : L'ÉPIDÉMIE DE LA VACHE FOLLE AU ROYAUME-UNI (1986-1996)

La crise de l'ESB est l'un des dossiers les plus riches à étudier, et l'on dispose de documents d'une valeur exceptionnelle pour le faire. Le Premier ministre britannique, Tony Blair, décida en effet, en 1997, d'engager un très ambitieux travail de retour d'expérience et confia cette tâche à un éminent juriste, Lord Phillips de Worth Matravers. Durant trois ans, la commission d'enquête ausculta le cas avec la plus grande attention. Le travail (publié en octobre 2000)[54] fut mené en toute transparence, avec publication massive des documents et témoignages recueillis.

L'échec

La trajectoire d'ensemble du cas de l'ESB est classique : des signaux faibles et non conventionnels, un réflexe instantané de secret et de réassurance du public, un manque de réactivité organisationnelle, un fiasco final qui ancre la défiance et traduit un début de découplage entre société civile et responsables officiels. Le rapport britannique résume la trajectoire en trois points :

1. On rassure : « Dix ans durant, le Gouvernement assura : qu'il n'y avait aucune preuve que l'ESB puisse se transmettre à l'homme ; qu'il était hautement improbable que l'ESB pose quelque risque que ce fût pour les humains ; et qu'il était sans danger de manger du bœuf » (§ 2).

2. On capitule : « Le 20 mars 1996, Stephen Dorrell, secrétaire d'État à la Santé, prit la parole au Parlement et annonça que dix jeunes personnes avaient contracté un nouveau variant, terrible et invariablement mortel, de la maladie de Creutzfeldt-Jakob, nv-MCJ, et qu'il était probable que cela était en lien avec l'ESB » (§ 3).

3. On s'effondre : « La réaction du public fut qu'il avait été trompé, délibérément trompé, par les pouvoirs publics » (§ 115).

Le piège de fond : croyances et représentations

Les grands systèmes ne peuvent fonctionner s'ils ne disposent pas de références globalement admises, permettant de traiter les difficultés quotidiennes sans remises en question permanentes. Par construction, ces systèmes classiques sont donc en situation de vulnérabilité si une difficulté inédite émerge soudain. La tendance sera de ne pas prêter trop d'attention à ce « non-événement », si du moins le système de veille a pu le repérer (ce qui risque d'arriver tardivement puisque, précisément, le système de veille est lui aussi calibré pour détecter ce que les modèles explicites ou implicites ont labellisé comme pertinent). Si le problème « anecdotique » se fait insistant, le rejet risque de se faire avec netteté : « Les références admises sont validées par des lustres d'expérience et par tout ce que la meilleure science comme le plus évident bon sens enseignent sur l'état du réel. » Le cas de l'ESB est particulièrement illustratif de ce problème fondamental. Un mot revient constamment dans le rapport Phillips : *belief*.

Quelle était cette croyance fondatrice ? « L'ESB n'est pas un risque pour l'homme, tout au plus, peut-être, un risque théorique. » Et l'on passe vite du « théorique », au « tout à fait théorique », puis au « négligeable », enfin au « négligé ». L'examen publié par la commission est sans appel : nombre d'initiatives n'ont pas été prises ou l'ont été avec des retards stupéfiants ; si elles l'avaient été, certes, elles n'auraient pas fait disparaître le problème de façon magique, mais on aurait évité d'aggraver singulièrement la situation.

La commission fait de cette « croyance » la matrice des réactions de l'ensemble des acteurs.

C'est elle qui va entraîner, comme souvent, une sous-estimation systématique de la gravité potentielle de la situation : « Au plus profond d'eux-mêmes, ils avaient la conviction que cela n'arriverait jamais » (§ 1176).

Le rapport Phillips est truffé d'exemples montrant à quel point, sur toutes les facettes du problème, cette croyance de base affectait les lectures, freinait les prises de conscience et les actions, bloquait le questionnement, détournait les flux d'information et imprimait un tempo inapproprié à la gravité de la situation. Ainsi :

• Santé humaine : « La grande majorité croyait que l'ESB n'était pas une menace pour la santé humaine » (§ 234 ; § 1176).

• Risque professionnel pour les travailleurs des abattoirs : « Le tempo très lent de l'action, vint [entre autres] de la croyance [...] que l'on n'agissait que pour des raisons politiques et médiatiques » (§ 10).

• Santé animale — contaminations croisées : « L'Union des industriels de l'alimentation animale croyait que la quantité d'aliments destinés aux porcs et à la volaille qui pourrait se retrouver dans l'alimentation des ruminants du fait d'une contamination croisée dans les usines de fabrication n'était pas un sujet de préoccupation » (§ 1196).

Cette croyance entraîne un manque de vigilance sur tous les fronts :

• On omet de s'interroger sur la dose minimale d'infectiosité des matériaux pour les transmissions interanimaux (§ 1195).

• Dans les usines de transformation de déchets, on part du principe que les problèmes de contamination par cette voie ne devraient pas se poser, et l'on se contente de prendre, tardivement, quelques demi-mesures (§ 1197).

• En matière de santé humaine, on omet d'interroger les scientifiques de façon un peu rigoureuse sur les risques présentés par les viandes séparées mécaniquement et là aussi sur les quantités minimales suffisantes pour une contamination (§ 1198) ; la croyance est établie que l'interdiction des matériaux à risques spécifiés ne répond pas à des exigences scientifiques (§ 606), etc.

Protégée par cette croyance de fond qu'il n'y a rien de bien grave dans la préoccupation qui se fait jour, l'action stratégique reste totalement décalée au regard des risques encourus.

Cimentant le tout, une crainte commune — autre croyance de fond — s'imposait : l'« irrationalité du public », l'« hystérie collective » : « Tous avaient peur que le public réagisse de façon irrationnelle » (§ 1178).

Ces ancrages de fond construisent une barrière très difficile à passer. Le problème préoccupant n'est bien sûr pas qu'il y ait des systèmes de représentation — il y en a nécessairement — mais bien qu'il n'y ait pas de capacité à examiner ces systèmes de façon critique.

L'information et la communication

Une attitude d'information ouverte et rapide n'est pas spontanée en situation de crise. Dans les contextes de rupture, lorsque l'inconnu domine, que l'information peut conduire à des réactions collectives brutales, la réticence ne peut qu'être décuplée. L'épisode britannique constitue un cas d'école à cet égard :

• *Le secret*. Comme le dit un inspecteur du service vétérinaire, tout le début de l'affaire (1987) fut marqué par : « la suppression de toute information sur le sujet » (§ 176). Et il faut savoir qu'un secret inaugural reste ensuite la référence dans toute la suite d'une crise majeure.

• *L'angoisse à l'égard de toute information du grand public*. Elle marqua tous les acteurs : gouvernement, comités d'experts, responsables de la sécurité des médicaments, responsables de la santé publique, etc. (§ 1294).

• *Une tendance constante à minorer le risque.* Comme le note la commission : « Les fonctionnaires et les ministres suivirent une approche dont l'objet était en quelque sorte de mettre l'opinion sous tranquillisant » (§ 1179).

• *La peur du débat*. « On eut tendance à traiter les scientifiques dissidents par la dérision, à les jeter dans les bras des médias et à les condamner à des déclarations exagérées sur les risques. Dès lors, les vues exprimées sur les risques devinrent polarisées. La polémique remplaça le débat » (§ 1182).

• *Des « cartons rouges »*. Ainsi cette déclaration d'un responsable de la filière bovine, en 1990 : « Un homme devrait consommer une quantité faramineuse de cerveau pur de vache au moment où elle est au pic de la maladie pour atteindre l'équivalent de dose nécessaire pour contaminer une vache » (§ 645).

Le rapport d'enquête tente de cerner quelques-uns des facteurs ayant conduit à ces insuffisances dans l'information : la crainte d'une exagération médiatique, les guérillas interministérielles, la peur de porter atteinte aux intérêts agricoles.

Le défaut d'information a conduit à deux conséquences très graves. En premier lieu, naturellement, à la perte de crédibilité et de légitimité. Mais aussi, ce que les responsables perdent souvent de vue, à des défaillances opérationnelles directes. En l'espèce, il toucha les cercles officiels eux-mêmes, ce qui entraîna des retards de diagnostic, des retards dans la politique d'abattage, des retards dans le domaine de la sécurité des médicaments. Le rapport se fait incisif sur ce point : « Nous pensons que le manque de diligence dans l'application des règlements et le manque de réactivité dans d'autres domaines de la réponse à l'ESB furent attribuables, en partie, au succès des efforts constants qui furent faits pour s'assurer que les informations au sujet de l'ESB ne provoquent pas de préoccupation dans le public » (§ 1186).

Souvent, on explique ces retards à l'information par des conflits d'intérêts, et l'on préconise une séparation nette entre contrôleur et contrôlé. Ces arguments ont tout leur poids : en l'espèce, le double rôle du ministère de l'Agriculture, chargé tout à la fois de protéger les producteurs et les consommateurs ne fut pas étranger aux défaillances d'information. Mais la question est plus profonde : si tout le monde baigne dans une même culture du secret, si personne n'est préparé à l'information en situation d'incertitude et d'enjeux importants, de toutes parts on choisira la rétention d'information — quels que soient les arrangements institutionnels. La commission note avec perspicacité : « Les fonctionnaires du ministère de la Santé, qui n'étaient pas confrontés à ce conflit potentiel d'intérêts, se montrèrent tout aussi soucieux que leurs collègues de l'Agriculture de présenter l'information d'une manière calculée de façon à causer le moins d'inquiétude possible » (§ 1189).

L'expertise

Le monde de la décision a une longue expérience de recours à l'expertise — mais dans un contexte qui n'est plus celui d'aujourd'hui. Le décideur a eu l'habitude de consulter tel ou tel expert proche de ses cercles, pour obtenir des réponses bien solides, qui permettent d'arrêter des politiques fondées sur les faits et la logique rationnelle. Il lui faut désormais avoir recours à des comités (les savoirs à réunir sont trop larges pour qu'un seul « savant » puisse suffire) ; ces comités se retrouvent face à des champs d'ignorance bien plus importants que ceux de la connaissance ; le travail et le positionnement de ces comités dans la construction de la décision restent encore mal cernés. Ces facteurs ont joué à plein dans l'affaire de l'ESB en Grande-Bretagne. Le rapport Phillips fait une analyse serrée des travaux du premier groupe d'experts scientifiques qui eut à se prononcer dans le cours de la crise (groupe Southwood). Il relève notamment :

• *L'affirmation générale non motivée* : un groupe d'experts doit veiller à l'extrême rigueur de ses analyses et se garder des positions trop confortables, non critiquées.

• *Les risques liés aux inquiétudes des experts* : prendre position sur un risque hypothétique peut à juste titre être inquiétant pour des experts. Il y a la crainte d'être poursuivi pour sous-estimation du risque. Il y a la crainte inverse : celle de déclencher des effets en chaîne — effets d'opinion, effets économiques, effets judiciaires (pour surréactions). Le risque final est le retrait des experts dans une tonalité vague, se voulant plus ou moins « rassurante ».

• *L'explicitation insuffisante des limites de fiabilité des expertises* : le comité Southwood mentionna certes les limites possibles de son expertise, mais de façon insuffisamment nette. Cela conduisit rapidement à l'occultation totale de ces réserves par ceux qui reçurent les rapports, et qui, eux non plus, n'étaient pas enclins à rechercher dans les expertises autre chose que les éléments leur permettant de se rassurer, de rassurer, et de classer le dossier.

• *L'usage inapproprié des comités d'experts* : il ne suffit pas de sacrifier à la règle de mettre en place un comité. Il faut savoir poser des questions précises, réexaminer de façon critique l'avis reçu, ne pas oublier les limites de l'expertise obtenue, ne pas confondre l'expertise scientifique avec la décision politique. Sur tous ces points, il y eut défaillance. Jusqu'à l'absurde : « Les avis du comité Southwood continuèrent à être cités comme traduisant les mesures de précaution indiscutablement édictées par la science, longtemps après que certaines hypothèses sur lesquelles le comité s'était appuyé eurent été démontrées comme erronées » (§ 1221).

• *L'abdication du politique* : il est bien confortable de se mettre à la remorque de comités scientifiques, surtout lorsque les enjeux sont graves et inquiétants. Des cercles de décision non entraînés ont toute chance de tomber dans l'ornière. Là aussi, il y eut défaillance. « Jusqu'au mois de mars 1996, moment où furent prises des décisions politiques, le gouvernement se défaussait systématiquement sur le SEAC [un autre comité d'experts] pour répondre à des questions de nature politique ; c'était devenu une pratique si établie que les fonctionnaires et les ministres avaient pris l'habitude d'attendre de voir ce que le SEAC avait à dire au lieu d'engager leur propre exploration des options politiques dans le cadre d'un dispositif d'urgence » (§ 1224).

Une impréparation structurelle

Les analyses de crise sont le plus souvent focalisées sur les moments paroxystiques du cours des événements. Elles ne doivent cependant pas omettre d'examiner le terreau qui nourrit en profondeur ces moments de cristallisation. Le cas de l'ESB en Grande-Bretagne est ici encore d'une grande richesse d'enseignements. Le rapport Phillips souligne notamment les points suivants.

• *Des sécurités de base très insuffisantes* : on découvre ainsi une situation catastrophique dans le domaine des abattoirs. Des obligations légales essentielles ne sont pas observées (par exemple la mise à l'écart des matériaux à risques). Une ambiance générale anti-réglementation conduit à craindre le pire : « une campagne médiatique qui clouait au pilori les agents de contrôle employés par les autorités locales — en les traitant de "bureaucrates sortis tout droit de l'enfer" ou de "petits Hitler" » (§ 455).

• *L'impréparation au non-conventionnel* : on prend un à un les problèmes (ou, plus exactement, les problèmes classiquement reconnus comme significatifs), chacun dans son compartiment, et seulement lorsque la nécessité de s'en préoccuper est patente. Or, ici, les problèmes sont immédiatement transdisciplinaires, transadministratifs, transfrontaliers — et largement inconnus. Et la principale source de risque est liée à ce qui intéresse le moins : les déchets. Résultat : il fallut dix ans pour prendre le problème en considération dans son entière complexité.

• *Un vide stratégique* : dès lors qu'il y a situation à risque potentiel élevé, et plus encore si cette situation est inédite, il y a lieu de développer des capacités de réflexion et de pilotage prenant du recul avec les visions immédiates. Or, précisément, les organisations tendent à reculer le plus longtemps possible le moment où elles mobilisent de telles capacités. On en reste à des logiques de gestion au jour le jour. Et on ne se pose aucune question, qu'il s'agisse des voies de transmission, des vaccins, des effluents, etc. On se replie sur des principes d'action pour le moins primaires, comme celui arrêté par M. Gummer, ministre de l'Agriculture (1989-1993) : « solliciter le comité d'experts, se borner à appliquer son avis » (§ 372).

• *Le cloisonnement* : les lignes de démarcation sont la règle. Entre Laboratoire vétérinaire central (CVL) et Unité de neuropathogenèse (NPU), entre Agriculture et Santé, entre Agriculture et Commerce (pour les cosmétiques, il n'y eut pas de codes de pratiques pour les professionnels avant 1994 ; on épuisa les stocks avant d'agir avec rigueur) ; entre l'échelon national et l'échelon local ; entre l'échelon décisionnel local et les divers acteurs locaux ; au sein d'une même entité (par exemple au sein du ministère de la Santé, entre la médecine et la pharmacie, entre anciens et nouveaux médicaments).

• *L'instrumentalisation* : lorsque l'on se décide à l'ouverture vers un partenaire administratif, c'est moins pour partager un pilotage nécessairement commun que pour utiliser le partenaire/adversaire. C'est ainsi que, lorsque l'Agriculture sollicite la Santé, ce n'est pas pour mettre à plat les enjeux de santé ; il s'agit seulement d'obtenir des arguments pour ficeler un dossier de demande d'indemnisation au bénéfice des éleveurs (sans atteinte à la santé humaine, le ministère des Finances ne donnera rien). Il faudra attendre mars 1996 — après l'explosion de la crise — pour que l'on engage réflexion et action globales sur les risques liés à l'ESB.

• *Des cultures incapables de se mouvoir dans des univers de crise* : les systèmes d'intervention sont parcellisés, lents à repérer un problème, encore plus lents à y porter remède. Plus la situation est grave, plus on affine les procédures à suivre : il faut deux ans et demi pour produire une circulaire sur les risques de dissection des yeux de bovins dans les écoles (un système « Rolls-Royce » comme le qualifie joliment la commission). L'analyse comme l'action sont marquées par la confusion, le manque de rigueur, l'évitement devant les clarifications nécessaires (un problème non clarifié est un problème de moins à prendre en charge). On ne se pose aucune question, et notamment pas celles de la dose minimale contaminante pour le bétail (« Il fut simplement posé par hypothèse que toute contamination serait trop faible pour poser problème », § 1214), de la dose minimale contaminante pour l'homme, des voies d'infection, qu'il faudrait approcher de façon globale.

En résumé, la cascade funeste est la suivante : il faut beaucoup de temps pour aller véritablement examiner ce qui se passe sur le terrain ; s'il y a identification de problèmes, le réflexe immédiat est de tenir l'information comme confidentielle, assurément destinée à rester interne ; s'il faut en parler à l'extérieur, on précise que les problèmes sont en voie d'être réglés. Si la suite ne se révèle pas plus favorable, on souligne en défense que « le risque nul n'existe pas ». Tout cela est logique pour un risque bien connu et faible. Lorsqu'on est confronté à un défi non conventionnel de grande envergure, le décalage entre les exigences et les aptitudes conduit immanquablement, à un moment ou un autre, à des paroxysmes que l'on sera encore plus incapable de traiter.

Une impréparation aux phases les plus aiguës

Le cas de l'ESB au Royaume-Uni est caractérisé par une longue montée des problèmes, jusqu'au 20 mars 1996 — moment où l'orage éclate. Les tendances de fond que l'on vient d'examiner se cristallisent alors dans cette période la plus aiguë. Il y avait :

• séparation entre ministères : la tension et l'inquiétude ne font que renforcer les logiques de tranchées ;

• difficulté à faire remonter les informations : la viscosité devient extrême ;

• faible écoute de l'externe : on en arrive à une surdité étonnante ;

• pauvre réactivité : on tend à s'inscrire dans des logiques d'attente encore plus prononcées — jusqu'à la tétanisation ;

• tendance à transformer les scientifiques en inspirateurs premiers des politiques : on se met clairement à la remorque des groupes d'experts — sans préparer aucune réponse politique d'urgence ;

• manque de rigueur : on continue à naviguer dans des logiques d'évitement, de reconstruction de la réalité, de mélange des rôles ;

• tendance forte à rassurer : on continue dans la même veine, en dépit de l'accumulation des signaux, de plus en plus stridents et massifs. Et cela jusqu'à la capitulation.

Le rapport Phillips permet d'entrer directement dans l'expérience, et il est important de suivre ici la dynamique avec précision : nous entrons dans ce que les crises comportent de plus étrange pour qui n'y est pas habitué.

Fin 1995 : la pression des événements s'accentue

Des voix autorisées se lèvent de plus en plus à l'extérieur des milieux officiels pour souligner les motifs d'inquiétude. Le 1er décembre 1995, Sir Bernard Tomlisson, professeur émérite de pathologie à l'université de Newcastle, déclare lors d'une interview à la radio qu'il ne mangerait plus de hamburger et que tous les abats devraient être retirés de la consommation publique. Ses déclarations reçoivent une large couverture médiatique.

En réponse, les autorités s'enferment dans un discours, supposé « rassurant » — ce qui ne résout rien. L'Association des cantines scolaires municipales, submergée d'appels de parents et de directeurs d'école inquiets, conseille de substituer au bœuf de la dinde, du poulet ou du porc. En réponse encore, le 7 décembre, Dr Robert Kendell, *Chief Medical Officer* pour l'Écosse, fait une déclaration publique qui se veut toujours « rassurante » : « Les experts scientifiques indépendants, conseillers du Gouvernement, disent avec constance qu'il n'y a aucune preuve qu'il soit dangereux de manger du bœuf ou d'autres nourritures dérivées du bœuf » (§ 772). Et le Premier ministre se porte en première ligne, toujours pour rassurer : « Il n'existe aucune preuve selon laquelle la maladie puisse se transmettre à l'homme » (§ 774).

Le 8 décembre, *The Independent* rapporte que 1 150 écoles ont retiré le bœuf de leurs menus ou offrent d'autres plats. Sur la défensive, les officiels organisent une campagne de réassurance, en faisant pression sur le principal comité d'experts. Ministre et ministres délégués de l'Agriculture se réunissent le même après-midi et décident d'utiliser le SEAC (comité d'experts) pour tenter de faire passer le message que le bœuf est sans danger. Et le SEAC finit par adresser aux ministres de la Santé et de l'Agriculture une lettre conforme aux plus vives attentes de l'exécutif : « Sur la base des mesures prises, le SEAC a un haut degré de confiance sur le fait que le bœuf arrivant dans les magasins est sans danger à consommer » (§ 772).

Janvier-février 1996 : signaux stridents, mobilisation maximale de mécanismes tueurs d'alerte

Le ministère de la Santé, lui aussi, a une obsession : obtenir du comité d'experts des réponses rassurantes exploitables. Le lobby de la viande, de son côté, se mobilise pour obtenir d'un expert du SEAC — consultant auprès du lobby — que le SEAC apporte des réponses proches d'un modèle calé sur des réassurances maximales. Le ministère de l'Agriculture met au point un dépliant d'informations, destiné à consolider la filière bovine : « aucune preuve de lien entre l'ESB et la maladie de Creutzfeldt-Jakob (MCJ) ; le comité d'expertise indépendant considère que le bœuf britannique est sans danger » (§ 791). La représentante du ministère de la Santé aux travaux du SEAC (le Dr Wight) rencontre des fonctionnaires du ministère de l'Agriculture le 28 février ; le lendemain elle expose au *Chief Medical Officer* (haut fonctionnaire du ministère de la Santé) le projet, qu'elle estime très positif, d'un dépliant cosigné avec l'Agriculture. Le CMO a la sagesse (c'est là une heureuse exception) de considérer qu'il y a quelque risque à le faire : il craint que des affirmations catégoriques ne se révèlent fausses. Le projet de dépliant avortera ; il est présenté au ministre de l'Agriculture le jour même où sort le premier rapport suggérant l'existence d'un nouveau variant de MCJ. La commission Phillips note avec justesse que « l'idée de cette collaboration avec le ministère de l'Agriculture, pour mettre au point un matériel publicitaire, montrait de la part du Dr Wight une absence totale de perception de l'orage qui se préparait ; et qu'il en allait de même pour les fonctionnaires du ministère de l'Agriculture qui plaidaient pour ce document publicitaire au moment même où le tonnerre commençait à gronder » (§ 794).

Il y a en effet bien des motifs de questionnement et de mobilisation. Au SEAC, le directeur de l'Unité de surveillance de la MCJ exprime son inquiétude : les cas observés sur des personnes jeunes sont survenus sur une courte période de temps. Toutefois, le Dr Wight, dans le compte rendu qu'elle adresse au *Chief Medi-*

cal Officer, prend la liberté d'ajouter : « Bien qu'il y ait eu une augmentation significative de l'incidence au Royaume-Uni dans ce groupe d'âge au cours de la période de surveillance récente, cela n'est pas sans précédent dans le monde » (§ 788). Pathologie classique : on donne une information dérangeante, mais on ajoute immédiatement un commentaire ou un détail de nature à tuer les réflexes de questionnement et de mobilisation. L'esprit recherche spontanément des éléments rassurants : le premier que l'on trouve justifie que l'on se garde de toute inquiétude. Et plus la situation est potentiellement inquiétante, plus le mécanisme s'impose. Tandis qu'à l'extérieur c'est le mécanisme inverse qui se met en place : tout signal préoccupant conduit à une lecture « catastrophiste » de la réalité. Les deux mécanismes se renforcent mutuellement. La commission indique : « Le "cluster" de cas de jeunes observé dans une si brève période de temps était sans précédent dans le monde [...]. L'indication du Dr Wight selon laquelle "ce n'est pas sans précédent dans le monde" était de nature à égarer et encourageait une fausse réassurance » (§ 799).

Ajoutons ceci à la remarque de la commission : utiliser la voie unique d'un compte rendu, qui de surcroît tue le message d'alerte par des considérations rassurantes, et qui est acheminé par les canaux les plus communs... a peu de chances de produire quelque effet de mobilisation — surtout si l'état initial du milieu n'est guère favorable au questionnement.

Le SEAC se réunit à nouveau le 1er février. Les spécialistes en arrivent à la conviction que les cas observés sont très significatifs en termes statistiques : « Cela a toutes chances de signifier une transmission de l'ESB à l'homme » (§ 803). Une « bombe » est même annoncée : « Le Dr Will [directeur de l'Unité de surveillance de la MCJ] dit au SEAC qu'il avait l'intention de publier deux articles scientifiques, dont l'un au sujet des cas de MCJ affectant des personnes jeunes » (§ 803). Tout observateur aurait dû recevoir ces informations comme signaux d'alerte stridents pour les hauts décideurs : on allait passer à de la mise sur la scène publique, avec signature des plus autorisées. Il fallait immédiatement se mettre en posture de crise dans les ministères. Mais l'expérience enseigne qu'un milieu humain non préparé est capable de ne pas percevoir les signaux les plus forts. Et la pathologie est respectée : le compte rendu adressé au ministre de l'Agriculture mentionne les articles en question en indiquant seulement qu'ils sont « susceptibles de soulever des problèmes — des problèmes essentiellement de présentation » (§ 804).

Remarquable exemple de note tueuse d'alerte. La bombe — sur le fond — est présentée comme un simple problème de « présentation ». Sans changement en profondeur, visant à faire acquérir une culture de crise, on peut se demander quel signal serait de nature à déclencher une alerte dans un milieu aussi peu préparé.

Mars 1996 : l'orage se prépare

Le SEAC se réunit à nouveau, le 8 mars. Un expert de l'Unité de surveillance de la MCJ fait un exposé indiquant que la pathologie identifiée chez les jeunes diffère des cas rares de MCJ chez les jeunes survenus à l'étranger. Plus tard dans la journée, le représentant du ministère de la Santé au secrétariat du SEAC adresse une note aux responsables clés du ministère de la Santé. Il les informe que le SEAC a conclu que l'exposition à l'ESB dans la décennie 80 était une explication probable pour les nouveaux cas de MCJ. La grenade est dégoupillée.

Réaction ? On se presse lentement, en commençant par laisser passer le week-end. La note est reçue le lundi 11 mars. Une réunion avec le ministère de l'Agriculture est décidée, pour le 13 mars. Ce même 13 mars, les responsables « tombèrent d'accord sur le point qu'il était nécessaire d'obtenir un avis clair de la part du SEAC sur les faits, et sur les mesures que le Gouvernement devrait prendre » (§ 815). Nous sommes là très près du modèle à ne pas suivre dans les relations décideurs/experts. On va tenter de faire jouer aux experts le rôle des décideurs : à eux d'assumer le fardeau de l'ambiguïté ; à eux, non seulement de donner un éclairage scientifique, mais encore de prescrire des lignes de conduite — ce qui n'est pas de leur ressort. Après avoir attendu que les faits précipitent dans la crise, on attend que les experts conduisent la sortie de crise.

16-18 mars 1996 : l'orage va éclater

Le SEAC tient une nouvelle réunion le 16 mars. Il en arrive à la conclusion selon laquelle l'explication la plus plausible des cas de MCJ est une exposition à l'ESB avant le retrait des matériaux à risques spécifiés (MRS) en 1989. Et le comité ne parvient pas à dégager une ligne d'action politique, entre l'interdiction des bêtes de plus de trente mois dans la chaîne alimentaire ou simplement des mesures techniques renforcées (désossement, retrait supplémentaire de certains tissus).

Le ministre de l'Agriculture, M. Hogg, tente alors de faire valoir un plan d'action qu'il a lui-même concocté. Il en discute le 18 mars avec ses fonctionnaires. Il suggère une interdiction sur les bêtes de plus de trente mois. Mais il se heurte immédiatement à de fortes résistances, de ses conseillers tout d'abord, puis de ses collègues ministres, le 19 mars.

Dans les milieux non préparés, la défense contre la crise exige toujours un flou protégeant chacun de l'inconfort de la situation, et des risques d'une décision. C'est ce qui marque la réunion des ministres : on s'en remet aux experts, qui ne se réuniront pas tout de suite, mais que l'on encourage vivement à se réunir rapidement... Il faut donc que les experts agissent dans l'extrême urgence (ce qui n'est sans doute pas dans leur culture), contrairement aux politiques (qui devraient être en mesure de jouer effectivement des partitions dans l'urgence absolue). Il faut que les scientifiques trouvent rapidement les mesures à arrêter, ce qui n'est pas leur rôle. On joue les équilibristes, et l'on termine dans l'impuissance — le gouvernement s'offrant toutefois le luxe de jouer sur le registre de la convocation, en faisant savoir qu'il a vraiment besoin d'une position pour le lendemain dix heures trente.

20 mars 1996 : l'orage éclate
— l'éclair médiatique frappe ;
les officiels tentent de suivre

Dans une telle partie de chaises musicales, les médias ont toutes chances de rafler la mise en s'invitant comme juge-arbitre. Ils font en effet irruption dans le jeu de lenteur. « Le 20 mars au matin, le *Mirror* annonçait en une : "Les officiels : La vache folle peut vous tuer". D'autres journaux rapportaient aussi l'affaire en faisant savoir que le Gouvernement allait annoncer la possibilité que l'ESB pouvait être transmise à l'homme » (§ 826). La bataille de l'information est donc perdue dans une large mesure.

Le SEAC se réunit et met au point son avis à neuf heures trente : « L'explication la plus plausible à cet instant est que les cas sont liés à une exposition à l'ESB avant l'interdiction des MRS en 1989. La MCJ demeure une maladie rare et il est trop tôt pour prédire combien il y aura de cas supplémentaires, s'il y en a, de cette nouvelle forme » (§ 827). Sur le plan technique, le comité ne retient pas le plan de retrait des bêtes de plus de trente mois, mais les adaptations techniques plus limitées.

L'exécutif décide de suivre entièrement le SEAC. Le cabinet arrête en outre que les ministres de la Santé et de l'Agriculture s'exprimeront à la Chambre des communes dans l'après-midi. Ce qui sera fait, et qui va déclencher le cyclone. L'ensemble de la gestion de l'épisode depuis dix ans apparaît comme un fiasco.

Le même jour, le *Chief Medical Officer* — premier haut fonctionnaire du ministère de la Santé — déclarait encore, pathétique : « Pour ma part, je continue à manger du bœuf [...] » (§ 1179).

La crise comme situation limite

L'impossibilité de garantir le risque nul

Le rapport Phillips clarifie une question cruciale : aucune logique de précaution, aucune gestion de crise ne peuvent garantir que tout soit « sous contrôle ». Quelles que soient la qualité des préparations et l'intelligence déployée sur l'événement, les sociétés peuvent connaître des problèmes opérationnels démesurés et des situations non maîtrisées, en raison précisément de l'existence toujours possible de surprises radicales, de conjonctions défavorables, de contradictions impossibles à dépasser. Intrinsèquement, la vie comporte des sauts, des « blancs » qu'il serait illusoire — et dangereux — de vouloir nier. Le rapport Phillips est ici d'une finesse et d'une clarté remarquables, et on doit le suivre en détail :

« Il y a eu toute une série de facteurs qui ont rendu inévitable que, *quelles que soient les mesures prises en réponse à son apparition, l'ESB se développe en désastre* :

• la maladie avait une période d'incubation de cinq années en moyenne ;

• la maladie tendait à ne frapper qu'un seul animal par troupeau ;

• la maladie avait des signes cliniques semblables à nombre d'autres maladies dans les troupeaux ;

• la maladie ne pouvait être diagnostiquée avant l'apparition de signes cliniques ;

• la maladie était transmissible à l'homme, mais avec une période d'incubation bien plus longue que pour le bétail » (§ 108).

« Ces facteurs ont eu les conséquences suivantes :

• l'émergence de la maladie a bien pu rester non détectée pendant dix ans ou plus à partir du premier cas ; un éleveur n'allait pas demander d'analyse pour un cas isolé. C'est seulement quand, par coïncidence, plusieurs cas se présentèrent dans une même ferme, que la pathologie put être identifiée ;

• avant ce moment où l'ESB fut identifiée comme nouvelle maladie, jusqu'à 50 000 bêtes avaient probablement été infectées ;

• et, durant ce laps de temps, il est probable que quelques-unes des victimes humaines avaient été infectées ;

• il a fallu attendre près de dix ans, après que l'ESB eut été identifiée comme une nouvelle maladie dans les troupeaux, pour que succombent les premières victimes humaines, montrant ainsi, contrairement à ce qui était attendu, que le mal était transmissible à l'homme » (§ 109).

« Étant donné la pratique du poolage et du recyclage des restes d'animaux dans l'alimentation du bétail, pareille séquence d'événements ne pouvait que se développer à partir des premiers cas d'ESB. Il était inévitable que, quelles que soient les mesures prises, des milliers et des milliers de bovins succombent à la maladie dans les années qui allaient venir. Il était inévitable que, si les humains étaient sensibles à la maladie, certains d'entre eux soient infectés avant même que l'existence de la maladie ait été suspectée » (§ 110).

« Au moment où le dispositif d'abattage et d'indemnisation fut introduit, on s'attendait à ce qu'il s'applique à environ 60 bêtes par mois. Au pic de l'épidémie d'ESB, 8 000 cas suspects furent déclarés en un seul mois » (§ 534).

« Le résultat de l'expérimentation du Laboratoire vétérinaire central, qui montra, à la fin de 1994, qu'un seul gramme avait pu transmettre l'ESB par voie orale, causa une énorme surprise et une profonde inquiétude » (§ 1195).

Est-ce à dire qu'il faille ici abandonner la

partie et la laisser au destin ? En aucune manière. Des milieux mieux préparés sont bien plus à l'aise pour approcher et traiter les grandes surprises. Et c'est bien là notre responsabilité. Ce n'est pas parce que l'on ne peut tout prévenir qu'il faut considérer qu'il n'y a rien à faire : il y a au contraire d'immenses marges de progrès qu'il serait irresponsable de ne pas tenter de conquérir. Le rapport pointe notamment deux lignes de progrès à prendre en considération :

• *Un questionnement transverse, précoce, non conventionnel*. Ainsi, l'enquête a bien montré, sur le point du « gramme », que l'information était bel et bien disponible, depuis des années, et dans le laboratoire le plus officiel : « Si les scientifiques de la NPU avaient été interrogés en 1988, ils auraient indiqué que la quantité de matière suffisante pour une transmission par voie orale à un veau pouvait fort bien être très faible » (§ 1195).

• *Une anticipation déterminée*. Ainsi, les deux déclarations ministérielles du 20 mars 1996 à la Chambre des communes, outre le choc provoqué, conduisirent à une confusion qu'il aurait été possible d'éviter.

Le ministre de l'Agriculture, M. Hogg, ne retint que l'option du désossement de la viande, et non pas le plan de l'exclusion des bêtes de plus de trente mois, qui était pourtant son choix. Il pensait en effet qu'il n'était pas possible de faire l'hypothèse que les abattoirs seraient en mesure d'appliquer l'option du désossement avec toute la rigueur nécessaire. Il voulait « la ceinture et les bretelles ». Mais cette option ne plaisait ni à son entourage ni au gouvernement. La commission souligne : « L'option du désossement, qui avait été recommandée par le comité d'experts, soumis à pression énorme, fut instantanément adoptée par le Gouvernement, sans aucun laps de temps pour examiner ses implications. La décision se révéla presque immédiatement non viable. Cette option n'était pas acceptable pour le marché, elle n'était pas non plus praticable. Les supermarchés adoptèrent la même position que le ministre. Si le ministère de l'Agriculture, avec l'assistance du SEAC, avait commencé à examiner des options en février, dans le cadre d'une réponse d'urgence, il est au moins possible que l'on aurait anticipé les problèmes liés à l'option du désossement — problèmes qui obligèrent à revenir sur cette option dès l'instant même où elle fut adoptée » (§ 846).

De son côté, le secrétaire d'État à la Santé, M. Dorrel, évoqua dans sa déclaration les risques pour les enfants, au centre de l'angoisse publique. « Mais il fut incapable de répondre à une question évidente : les enfants étaient-ils plus sensibles que les adultes à l'ESB ? Tout ce qu'il put dire fut qu'il avait demandé au SEAC d'apporter son avis sur ce point. Finalement, le SEAC rendit un avis au terme duquel il n'y avait aucune raison de croire que les enfants étaient sensibles de façon spécifique. Une action d'urgence aurait dû conduire à anticiper cette question. On aurait pu demander au SEAC d'y répondre. Si son avis avait été sollicité avant le 20 mars, les parents auraient pu être rassurés plutôt qu'inquiétés » (§ 847).

De façon plus générale, le rapport d'enquête montre que l'absence de questionnement comme d'anticipation, le défaut de mobilisation transverse, l'incapacité à solliciter l'expertise comme il aurait convenu sur des questions de cette nature, la défaillance de leadership déterminé — bref, toutes les carences identifiées au chapitre V — ont finalement conduit au fiasco. Une culture de crise, une préparation aux ruptures auraient singulièrement aidé, non à éviter tout problème, mais à alléger considérablement la gravité des effets en chaîne.

La proportionnalité en situation de perte de référence

Le dilemme est fréquent en crise : d'une part, un problème potentiellement sérieux surgit, mais on ne connaît pas la réalité exacte de cette menace, ni son échéance ; d'autre part, le traitement du problème risque, par effet direct ou indirect, de causer des dégâts graves, certains et immédiats. La proportionnalité doit être une dimension clé de l'action. Mais que veut dire « proportionnalité » lorsque l'on flirte avec de possibles basculements et montées aux extrêmes ?

Ce fut la question posée dans le domaine, particulièrement sensible et instable, des vaccins et de la vaccination. Pouvait-on s'aventurer, par souci de précaution (en raison de risques de contamination), dans des retraits préventifs de vaccins ? Dans le cas de certains vaccins, on risquait de détruire jusqu'à cinq années de stocks, et de se découvrir ainsi gravement en cas de besoin urgent. Pouvait-on, par souci de transparence, engager des communications fortes sur les risques potentiels liés à la vaccination ? « J'avais à l'esprit, déclara le *Chief Medical Officer* à la commission d'enquête, un affaiblissement de l'acceptation du vaccin contre la coqueluche — affaiblissement marqué et général qui était déjà survenu par le passé. Cette résistance avait fait suite à des déclarations publiques inexactes, faites par un scientifique, et selon lesquelles l'administration du vaccin comportait un risque significatif d'encéphalite. D'un côté, j'étais conscient du fait que, dans la période 1980-1988, en raison d'une vaccination incomplète de notre population d'enfants, il y avait eu 123 décès liés aux oreillons et 50 du fait de la coqueluche en Angleterre, ainsi qu'un nombre bien plus élevé de maladies et des complications à long terme. En regard, j'avais à prendre en considération le risque théorique d'une maladie mortelle » (§ 928). Le président du Comité sur la sécurité des médicaments estima sans hésitation que « le risque associé à l'interruption du programme de vaccination britannique était de loin plus élevé que le risque potentiel de transmettre l'ESB » (§ 929).

Les réflexions de la commission d'enquête

sont intéressantes. D'un côté, elle souligne qu'elle se garde de la « sagesse de l'après-coup », et indique : « Nous avons pesé avec soin tous les éléments qui nous ont été communiqués. Il est clair que l'opinion dominante des experts médicaux à cette époque était que les stocks existants ne devaient pas être retirés immédiatement. Les fonctionnaires du ministère de la Santé acceptèrent cet avis et, selon nous, il était raisonnable qu'ils adoptent ce point de vue. L'expérience avait montré qu'une vaccination incomplète des enfants conduisait à un nombre important de décès qui auraient pu autrement être évités » (§ 930).

Mais cela n'empêche pas d'aller au-delà et le rapport Phillips souligne que l'on aurait pu piloter autrement le dossier. La première exigence est que l'analyse du risque soit extrêmement rigoureuse, et qu'on ne minore pas les messages inconfortables : « Le comité Southwood avait une préoccupation : éviter une rupture de stock sur les vaccins. Néanmoins, comme nous l'avons indiqué précédemment, il n'aurait pas dû permettre que son rapport donne de son évaluation du risque posé par les produits médicaux une fausse impression. Le message qui se dégageait de son rapport était que le risque était théorique, même si aucune mesure corrective n'était prise. Cette interprétation devint la référence conventionnelle tout à la fois au sein des ministères, dans les firmes pharmaceutiques et chez les autres acteurs hors pouvoirs publics » (§ 921).

En d'autres termes, la référence à la proportionnalité ne clôt pas le débat. Elle ne fait qu'indiquer une exigence — elle aussi le plus souvent ouverte.

Information publique et posture des responsables en situation limite

Il ne faut pas se le cacher : une information forte et claire, à la mesure des risques potentiels encourus, peut avoir des effets immédiats éventuellement graves. Ici encore, nul ne peut brandir de recette simple et apportant à tout coup la voie de sortie idéale. La commission Phillips adopte ici un parti fondamental qui pourrait s'exprimer par la règle de conduite suivante : lorsque l'on est confronté aux questions insolubles des crises majeures, l'impératif ultime est d'éviter le découplage entre les responsables et le public. Car, sans confiance, point de crédibilité, point de légitimité. Et si ces socles sont perdus, dans une démocratie, il n'est pas de sortie autre que le fiasco.

C'est à partir de cette posture qu'est analysée la question de l'information sur les risques possibles liés aux vaccins. La commission souligne : « Nous pensons que les "paniques" au sujet des vaccins, comme les paniques alimentaires, ont toutes chances d'être déclenchées par la croyance, de la part du public, que le dossier n'est pas totalement dévoilé. Une décision, sur un dossier spécifique, de ne pas donner toute l'information dans le but de ne pas inquiéter le public a toutes chances de perpétuer, à long terme, la défiance qui conduit aux réactions d'alarmisme. Nous pouvons comprendre l'attrait à court terme, dans le cas de l'ESB, de ne pas dire au public qu'il y avait un certain degré de préoccupation concernant les vaccins. Si l'on prend la vue à long terme, cependant, nous croyons que la politique donnant au public toute l'information sur le risque est bien la ligne correcte à suivre — qu'il s'agisse de nourriture, de vaccins ou de n'importe quel domaine de risque potentiel. Si nous sommes dans le vrai, l'exigence éthique doit aussi être une exigence d'ouverture » (§ 933).

La commission revient à plusieurs reprises sur ce point particulièrement délicat. De la déposition de Sir Robert May, haute figure britannique dans le domaine de la gouvernance en situation d'incertitude, elle retient notamment les convictions suivantes : « On peut parfois avoir la tentation de retenir des informations pour qu'il soit possible de mener une discussion interne et d'arriver à la formation d'un consensus de telle sorte qu'un message simple puisse être exprimé à l'extérieur. Mon opinion est très ferme : il faut résister à cette tentation, et c'est tout le processus, désordonné, par lequel se construit la compréhension scientifique, avec toutes ses contradictions, qui doit être ouvert à l'extérieur » (§ 1297).

Mais nous sommes ici bien loin d'un simple problème de stratégie de communication. Nous sommes au cœur de la réflexion sur l'exercice du politique aux situations limites. Notre culture nous pousse à considérer que le responsable a le devoir de protéger le citoyen, et lui éviter la confrontation avec l'inconnu — cela en lui garantissant que les officiels contrôlent bien la situation, et la contrôleront quoi qu'il arrive. Dans la mesure où le citoyen, tout en réclamant sans doute pareille protection, sait bien qu'elle est illusoire et représente même un mensonge, pareille posture devient contre-productive. À la première manifestation de non-maîtrise, le pacte illusoire vole en éclats.

C'est finalement le message le plus crucial de l'enquête sur l'épisode le l'ESB au Royaume-Uni. « L'expérience que nous avons acquise à travers cette longue enquête nous a conduit à la conclusion ferme qu'une politique d'ouverture est l'approche correcte. Dans une situation d'incertitude, quand ils répondent au public, ou lorsque les médias exigent un avis, les pouvoirs publics doivent résister à la tentation d'essayer d'apparaître comme ayant toutes les réponses. Nous pensons que les inquiétudes sur la nourriture ou les inquiétudes sur les vaccins viennent du sentiment que les pouvoirs publics pratiquent la rétention d'information. Si les doutes sont exprimés clairement et analysés de façon ouverte, le public est capable de répondre de façon rationnelle et sera plus susceptible d'accepter réassurances et avis au moment où il sera possible de les fournir — et si cela peut être effectivement le cas. Nous notons, par exemple, que le SEAC et le ministère de l'Agriculture ont rendu public le fait qu'une recherche est conduite sur la question de savoir si l'ESB est passée au mouton. Nous observons que cela n'a pas conduit à un boycott de la viande d'agneau » (§ 1301).

Et la commission de conclure : « Nous n'avons aucun doute sur le fait que, si une approche de la communication sur le risque telle que suggérée ici avait été appliquée, l'annonce du 20 mars aurait constitué un choc moindre, et que le public n'aurait pas ressenti qu'il avait été trompé sur le risque représenté par l'ESB » (§ 849).

DES LEÇONS AUX PERSPECTIVES

L'objet de ce chapitre était d'engager la réflexion par l'immersion dans des cas concrets analysés. C'est là une voie pédagogique indispensable dès lors que la complexité réduit considérablement la pertinence des modèles de synthèse, qui gomment inévitablement bien des aspérités, des détails, des éléments hors cadre — qui, précisément, sont essentiels à la compréhension d'une crise. Il est crucial également de savoir — et d'oser — se projeter directement sur les terrains de la surprise. On gardera cependant à l'esprit qu'un pas de plus est encore nécessaire : passer de l'examen de surprises auxquelles d'autres ont été confrontés, à la mise en situation directe, personnelle et collective, à travers des exercices de simulation, construits avec audace (nombre d'exercices sont trop souvent inspirés de méthodes largement dépassées, utiles pour s'entraîner à répéter des comportements, non à forger des réponses et des attitudes innovantes[55]).

Chacun des cas choisis (d'autres cas auraient naturellement pu retenir l'attention, mais il est vrai que le nombre d'analyses à disposition reste limité, même s'il y en a de qualité exceptionnelle[56]) a ouvert sur un domaine qui reste largement à explorer.

Le premier exemple, celui du Tylenol, couvre le cas de crises spécifiques. Nous avons volontairement retenu un cas de succès, pour bien montrer qu'il n'y avait pas de fatalité de l'échec en ces matières. Il n'y a une telle fatalité que pour ceux qui ont refusé de se préparer. Ce succès, pourtant déjà ancien, ne doit pas cacher la réalité : le niveau d'excellence est bien loin d'être acquis par un nombre suffisant d'organisations. Il suffirait pour s'en persuader de poser quelques questions du type : quelle est la dernière simulation, à fort coefficient de surprise, à avoir impliqué le dirigeant, son premier cercle, ses équipes ? Qu'en ont-ils retiré ? Quel programme de préparation à ces situations est en cours ? À coup sûr, un tel audit donnerait des résultats le plus souvent impubliables. Il en va pourtant de la pérennité de bon nombre d'organisations. Mais, pour le moment, on se satisfait largement de ce vide dans trop de secteurs.

Le second exemple, l'effondrement du réseau

électrique québécois, engage l'examen sur les vulnérabilités des grands réseaux. C'est là un sujet encore naissant, promis à des développements très importants dans l'avenir, en raison de la globalisation de nos activités, de plus en plus enchevêtrées et dépendantes de ces réseaux de services vitaux. Des chocs majeurs, d'une grande brutalité, peuvent être escomptés si l'on en reste à des avancées timides sur ces sujets. Nous avons donné des exemples d'initiatives particulièrement intéressantes. Il faut désormais passer d'avancées encore isolées à de véritables politiques d'anticipation et de préparation.

Le malaise sur ces sujets, qui pousse à l'évitement (sous couvert d'« optimisme », selon la défense pathétique des responsables les plus paralysés), devra être encore mieux dépassé dans le cas des ruptures. Pour l'heure, le déficit est très préoccupant : le plus souvent, jusqu'à un certain niveau d'alerte, les questions pour lesquelles on ne dispose pas de réponses codifiées, qui pourraient déranger les quadrillages organisationnels installés, qui exigeraient quelque innovation dans l'approche technique ou sociale, sont régulièrement rejetées hors du champ opératoire. Et, dès l'instant où le signal s'impose comme problème immédiat et incontournable, les mêmes qui opposaient leur « optimisme » à tout examen lucide ont tendance à disparaître du champ de l'action : ils attendent que les choses redeviennent « normales », ils attendent que les critères habituels de l'action marchent à nouveau — toute dérive grave étant perçue comme ne relevant pas de leur responsabilité. Une telle attitude est de celles qui préparent des fiascos de grande échelle dès lors que les réalités, têtues, se font plus pressantes, avant de s'imposer avec brutalité. L'échec se déploie alors sur tous les champs : technique, économique, humain. Les plus graves, peut-être, sur le plan collectif sont encore les fiascos institutionnels. Si les préparations indispensables — des responsables, des organisations, des réseaux d'acteurs — ne sont pas engagées et conduites dans la durée, le champ des discontinuités, qu'il s'agisse de crises ou plus encore de ruptures, est laissé en déshérence et bientôt abandonné aux activistes ou aux aventuriers de la politique. Comment ne pas songer alors à l'avertissement lancé il y a un demi-siècle par Karl Jaspers face à la menace atomique. « Mettre aujourd'hui sa confiance dans des prophètes, c'est s'égarer [...]. Car à la place du prophète, c'est le "Führer" qui apparaît [salué] comme le sauveur, alors qu'il n'est que le charmeur des rats de Hameln. » La réflexion vaut pour les grandes incertitudes et les nouveaux risques d'aujourd'hui : « Attendre des prophètes et des guides c'est mal placer sa confiance. Rien ne viendra au secours des hommes, personne ne les aidera sinon eux-mêmes, à condition qu'ils se trouvent ralliés sur le terrain commun de la raison et de la responsabilité qu'elle implique[57]. »

TROISIÈME PARTIE

ASSURANCE

CHAPITRE VI

Des outils robustes, des vulnérabilités nouvelles

INTRODUCTION

Malgré l'application scrupuleuse et réfléchie d'un principe de précaution — voire de simples mesures de prévention dans beaucoup de cas — et malgré des capacités accrues en matière de gestion de crise, un événement catastrophique peut néanmoins se réaliser, qu'il s'agisse d'un sinistre ponctuel ou diffus.

En pareil cas, l'urgence se focalise avant toute chose sur l'aide à apporter aux victimes. Celle-ci répond en premier lieu aux urgences médicales, psychologiques et sociales. Très vite cependant, la question du coût du sinistre et de l'indemnisation des victimes devient capitale. Mais qu'entend-on précisément par indemnisation ? Quelles formes peut-elle prendre ? Les indemnisations requièrent-elles toujours la mise en place, *ex ante*, de mécanismes de partage de risques, en particulier l'existence de systèmes d'assurance ? Et si oui, lesquels, et quels rôles peuvent-ils jouer dans la prévention des risques ?

Historiquement, il convient de distinguer deux fondements à l'assurance[1]. Le premier s'appuie sur l'idée de secours mutuel et a été notamment développé au XVIe siècle dans certains villages éloignés des Alpes et au XIXe siècle dans des communautés ouvrières britanniques. C'est l'idée d'écrêtement de charges trop lourdes et de solidarité qui fonde le principe de mutualisation des risques, à savoir un transfert redistributif des risques au sein d'une communauté bien définie. La devise de Lloyd's, « *The contribution of the many to the misfortunes of the few* », paraît appropriée. Néanmoins, cette pratique apparaît bien avant dans l'histoire puisque déjà au XXVIIe siècle avant Jésus-Christ, les tailleurs de pierre de Basse-Égypte avaient élaboré un système de mutualisation au sein de leur communauté afin d'aider financièrement les membres ayant des difficultés à payer les rites funéraires d'un défunt de leur famille.

Aujourd'hui, cette question de la mutualisation des risques est plus que jamais d'actualité. Selon les études économiques réalisées par la Compagnie suisse de réassurance, un des deux leaders mondiaux du marché de la réassurance, l'année 1999 a été la seconde année la plus coûteuse de toute l'histoire de l'assurance mondiale, en raison notamment d'une recrudescence du nombre de catastrophes touchant des régions industrialisées et à forte densité de la population[2]. En août 2001, face à ce constat, une conférence internationale s'est tenue à Vienne en Autriche, organisée conjointement par l'International Institute for Applied Systems Analysis (IIASA) autrichien et le Disaster Prevention Research Institute (DPRI) de l'université de Kyoto au Japon. Regroupant plus de 60 spécialistes mondiaux des catastrophes — dont la cause peut être naturelle, mais dont l'ampleur des dommages est due principalement aux concentrations d'activités humaines —, elle a notamment évoqué la mise en place de systèmes d'assurance fondés sur une mutualisation internationale, pour venir en aide aux pays touchés par une catastrophe et ne disposant pas des ressources nécessaires pour faire face aux dépenses de premiers secours, de remise en état et d'aide aux victimes.

Parallèlement à ce principe de mutualisation, l'assurance trouve son autre fondement dans le transport maritime de marchandises, et son développement au cours du XVIe siècle, sous la forme du « prêt à la grosse aventure » (*bottomry* en anglais). Si la plupart des textes font naître cette pratique au XIVe siècle, elle serait beaucoup plus ancienne et remonterait à l'âge d'or de la civilisation babylonienne. En effet, dès 1700 avant notre ère[3], le code d'Hammourabi évoquait une société de marchands où cette pratique existait déjà.

Au Moyen Âge, les routes maritimes étaient très peu sûres. Le risque était élevé de voir le bateau pris dans une tempête ou encore attaqué par des pillards. La navigation maritime était donc périlleuse. Pour éviter au marchand le risque d'une perte trop lourde, le «prêt à la grosse aventure» (sous-entendu *de mer*) garantissait les cargaisons contre les risques maritimes. Néanmoins, ce prêt fonctionnait apparemment à l'inverse de la logique d'assurance, car le prêteur à la grosse aventure avançait à l'armateur la valeur de sa cargaison en contrepartie d'un remboursement augmenté d'un intérêt substantiel en cas d'arrivée du bateau (de l'ordre de 30 à 50 %). En cas de perte du bateau et donc de la marchandise, l'armateur n'avait rien à rembourser (voir l'encadré 13). Cette pratique apparaît comme l'ancêtre des fameux *cat bonds* (voir le chapitre VII), émis depuis quelques années sur les marchés financiers par les compagnies d'assurance, afin de disposer immédiatement de liquidités en cas de catastrophes majeures[4].

Néanmoins, un tel mécanisme d'assurance aurait-il pu naître et se développer face à un risque susceptible de toucher d'un seul coup un large groupe de marchands ? Et si la flotte du célèbre Zaccaria avait transporté l'ensemble des marchandises de toute une ville, quel assureur aurait été assez téméraire pour la couvrir ? La crise de l'assurance de la responsabilité civile aux États-Unis, dans les années 80, due notamment à des montants d'indemnisation très élevés accordés par les tribunaux aux victimes de l'amiante, ainsi qu'au programme fédéral de dépollution systématique des sols pollués, soulève pareillement la question des capacités d'assurance des risques majeurs.

Cette ambivalence de l'assurance demeure aujourd'hui. D'une part, l'assurance est très individualiste : il s'agit de se protéger soi-même ou de protéger son entreprise contre un aléa aux conséquences négatives lourdes, qui concerne l'assuré indépendamment des risques encourus par les autres assurés. D'autre part, l'assurance est collective quand il s'agit de protéger contre un même aléa l'ensemble d'une communauté.

13. LE PRÊT À LA GROSSE AVENTURE DE ZACCARIA

L'histoire du Génois Zaccaria[5] traduit un perfectionnement de ce type de prêt à la grosse aventure. En 1298, Zaccaria, un marchand génois, doit transporter d'Aigues-Mortes à Bruges 30 tonnes d'alun pour les vendre. Afin de limiter le risque de perdre la valeur de sa marchandise lors du voyage en mer, Zaccaria décide de vendre, le temps du voyage, ces 30 tonnes à deux autres Génois, Suppa et Grilli. Le contrat stipule que Zaccaria rachètera l'ensemble de la marchandise si elle parvient sans encombre à Bruges. Bien sûr, le prix de rachat négocié par Suppa et Grilli est sensiblement supérieur au prix auquel l'alun leur a été vendu à Aigues-Mortes. Si le transport tourne mal, Suppa et Grilli en seront pour leurs frais et Zaccaria ne leur devra rien. Dans ce cas, il aura perdu sur le prix de vente à Bruges mais n'aura pas perdu le montant total de la vente ; le risque est ainsi transféré aux deux autres Génois. En combinant des opérations de vente et d'achat, l'opération de Zaccaria contourne un jugement négatif de l'Église, puisque le risque est bien présent et le fait de le rémunérer en conséquence, reconnu. Il ne s'agit plus d'un prêt en tant que tel. L'indemnité pour le risque de perte du bateau, propriété de Zaccaria, apparaît justifiée.

Du risque particulier aux risques à grande échelle

La théorie de l'assurance analyse d'abord des situations relevant de cas habituels où une perte individuelle est un événement essentiellement indépendant des pertes des autres assurés. Les pertes cumulées sont ainsi quasi certaines pour la compagnie d'assurance. L'effet du grand nombre, lorsque les risques individuels sont faiblement corrélés, permet en effet, pour reprendre l'expression de Maurice Allais, de rendre le risque « globalement éliminable ». Cependant, les événements discutés dans cet ouvrage se manifestent à une tout autre échelle. Les conséquences sociales et les pertes financières liées à ces événements sont fréquemment catastrophiques et fortement corrélées. Il paraît donc pertinent, dès maintenant, de s'arrêter quelques instants, au regard de l'assurance, sur la notion même de *catastrophe*, utilisée à maintes reprises dans le cours de l'ouvrage.

Qu'entend-on par *catastrophe*[6] ? La notion serait pour certains directement liée à l'importance des pertes occasionnées. Néanmoins, lorsque la Bourse de Paris perd quelques points de pourcentage, correspondant à une variation de plusieurs milliards d'euros, personne ne parle de catastrophe. Pour d'autres, elle serait directement liée au nombre de victimes affectées par l'événement. Des milliers de personnes trouvent la mort sur les routes de France chaque année ; pourtant, on ne parle pas de catastrophe, mais seulement d'accidents de la route. Lorsqu'un avion de ligne s'abîme en mer avec à son bord des centaines de passagers, on parle en revanche d'une catastrophe aérienne. La simultanéité et la nature des dommages subis joueraient donc pleinement dans l'idée de catastrophe.

Néanmoins, si l'on rapporte la perte d'un avion aux centaines de millions de passagers utilisant les transports aériens chaque année, on serait tenté de réserver le terme de catastrophe à l'occurrence d'un tremblement de terre de forte amplitude touchant une zone habitée, ou à une explosion radioactive dévastatrice[7]. L'usage commun du mot ne correspond donc pas exactement à sa signification en assurance. De plus, entre ces deux événements — accident aérien et tremblement de terre dévastateur —, il convient de tenir compte d'un nombre croissant de sinistres de masse à caractère diffus et à l'occurrence progressive, n'apparaissant comme tels qu'avec l'amélioration des connaissances scientifiques ; l'amiante ou la pollution des sols sont deux cas exemplaires.

La plupart de ces exemples présentent un dénominateur commun : l'origine de l'événement est un même fait générateur, l'échelle atteinte par les conséquences du sinistre est très significative (grand nombre de victimes avérées ou potentielles, capacité d'ubiquité forte), conduisant à des coûts financiers extrêmes. On a bien affaire à des *sinistres à grande échelle*.

La question importante pour l'industrie de l'assurance est alors de savoir quoi faire lorsque les risques pris en charge par des assureurs différents sont sujets à un degré élevé de corrélation. Si un même sinistre ébranle l'ensemble de la profession (tremblement de terre sévère dans des zones à forte proportion d'assurés, ou procès intentés par des centaines de milliers de victimes américaines de l'amiante), l'événement constitue une catastrophe à l'échelle de l'industrie de l'assurance. Une première conséquence est la rupture dans la prise en charge par l'assurance des sinistres semblables à venir. L'impact sur l'assurance mondiale des événements survenus aux États-Unis le 11 septembre 2001 en témoigne.

Dès 1978, Howard Kunreuther, l'un des pionniers des études sur l'assurance des catastrophes, soulignait qu'une des principales caractéristiques de ces événements était le passage d'une situation de risque privé, telle que décrite précédemment, vers une situation de risque collectif ou risque social[8].

Dès lors, la question ne relève plus exclusivement du secteur privé à travers les compagnies d'assurance et de réassurance, mais devient également publique, elle devient une question de gouvernance.

Le dilemme du politique

Parce que les individus sont les premières victimes des catastrophes, nous pourrions attendre d'eux une nette implication dans la mise en place de mesures de prévention permettant de diminuer à la fois la probabilité d'occurrence de dommages et leurs montants, en cas de sinistre. Or, à propos des catastrophes naturelles, Howard Kunreuther définit le *natural disaster syndrome* comme la combinaison de deux composantes : 1) l'intérêt plus que limité dans la mise en place de mesure de protection *ex ante* alors même que 2) les coûts en cas d'événement catastrophique sont très élevés pour les victimes, les assureurs et le gouvernement.

Cette déficience marquée de mesures de prévention peut notamment trouver son origine dans deux comportements distincts.

Le premier, bien connu des recherches comportementales en univers risqué, est la sous-évaluation quasi systématique du risque encouru[9]. C'est le vieil adage « cela n'arrive qu'aux autres ». Cette sous-estimation a fait l'objet de très nombreux travaux de recherches, tant théoriques que fondés sur des études comportementales. De plus, la notion même de probabilité, fondement des calculs actuariels, devient floue dans la plupart des risques considérés ici, puisque chaque événement apparaît toujours unique à bien des égards. Même les événements similaires revêtent, en fait, des différences importantes quant à leur nature, la zone d'occurrence, les personnes ou les institutions affectées. Et lorsque des probabilités peuvent être estimées, elles sont souvent très faibles, ce qui incite à les négliger *ex ante*[10].

Le second comportement en cause est une tendance presque naturelle à privilégier des dépenses pour ce qui est certain plutôt que pour ce qui relève de la potentialité. Pourquoi investir dans des mesures coûteuses de protection d'une habitation, qui demanderaient dix ans pour être amorties par exemple, alors qu'on a mille usages tangibles pour cet argent ? D'autant que rien ne garantit qu'on restera dans le même logement pendant dix ans. Cela joue d'autant plus que la probabilité n'est pas connue.

Ces biais cognitifs et de perception chez les citoyens sont réels[11] ; réelle aussi, après un grand sinistre, l'adoption fréquente de comportements altruistes forts, qu'il s'agisse d'actes de solidarité personnels ou d'une demande forte d'aide publique aux victimes. Les décideurs publics, comme individus, n'ont pas de raison de se comporter différemment ; leur comportement de compassion a donc tendance à être en phase avec celui de tout citoyen, ce qui les porte à octroyer des aides massives. Identique à une exception près : la volonté de se faire réélire. Des travaux montrent comment ce souci de réélection a un impact considérable sur les décisions publiques de compensation et de prévention[12].

L'attribution d'aides gouvernementales massives, après un sinistre touchant de nombreuses personnes, entre dans le jeu politique. Ainsi, toute volonté marquée d'imposer des normes, ou d'obliger à engager des dépenses de prévention souvent mal comprises, est susceptible d'avoir une influence défavorable sur sa cote de popularité.

Le responsable politique fait donc face à un dilemme permanent, que nous pourrions appeler le *dilemme du politique* : édicter *ex ante* des prescriptions contraignantes pour plus de prévention, au risque d'être perçu comme alarmiste et trop contraignant, ou laisser faire les citoyens et les entreprises avec la perspective de distribuer les fonds publics en guise d'indemnisation *ex post* et de bénéficier alors d'un regain de popularité. Lorsqu'elle est générale, une telle attitude débouche sur une politique de prévention ou de précaution sous-dimensionnée (les discussions postérieures à la catastrophe de Toulouse de septembre 2001 l'ont confirmé), et à des anticipations d'indemnisations excessives. Les assureurs, quant à eux, même s'ils peuvent faire des avances, doivent tout de même vérifier la cause du sinistre [13], estimer les dommages, et ménager leurs profits.

Le dilemme du politique et les limites de l'assurance interviennent plus encore dans des situations d'incertitude relevant du principe de précaution.

Lorsque les décideurs publics n'engagent pas une réflexion suffisante sur les situations d'incertitude, on voit mal comment les citoyens, qui n'ont en général pas accès aux informations scientifiques les plus récentes, pourraient engager la prévention adéquate et se couvrir de façon satisfaisante.

Des acquis fondamentaux

Dans la suite, nous progresserons en une démarche duale, dans ce chapitre et le suivant, l'un consacré aux acquis, l'autre à certains défis pour les années à venir.

Après avoir rappelé les principes généraux de l'assurance, nous exposerons plus en détail les principaux facteurs limitant l'assurabilité, et nous examinerons le rôle de la réassurance (l'« assurance de l'assurance »), qui a permis de dépasser plusieurs limites théoriques.

Nous verrons ensuite comment, depuis quelques années, la rencontre, certes encore timide, de deux mondes distincts, l'assurance et la finance mondiale, ouvre des perspectives significatives. Pour augmenter leur capacité financière et éviter une faillite inéluctable en cas de sinistre à très grande échelle, comme lors de l'ouragan Andrew qui a frappé les États-Unis en 1992 — et conduit à la faillite neuf compagnies d'assurance — des assureurs et réassureurs se sont tournés vers les marchés financiers pour y transférer certains risques associés à des événements extrêmes, en particulier des événements naturels.

Si l'expression adéquate, « titrisation des catastrophes naturelles », est devenue très à la mode tant dans les milieux professionnels qu'académiques, la démarche n'est pas toujours compréhensible pour des non-initiés. Aussi commencerons-nous par décrire ces mécanismes de transfert de risques le plus simplement possible. Les concepts de base seront présentés, ainsi que les outils récents utilisés sur les marchés financiers, outils susceptibles de pallier les limites financières de l'industrie de l'assurance et d'offrir aux investisseurs une nouvelle classe d'actifs permettant une diversification de portefeuille appréciable. Ces éléments relèvent presque exclusivement d'une prise en charge par le secteur privé.

Cependant, un partenariat entre le secteur public et l'industrie de l'assurance et de la réassurance apparaît nécessaire face à certains types d'événements extrêmes. Plusieurs exemples de couverture mixte seront considérés, comme celle du risque pharmaceutique ou du risque de pollution maritime.

Les catastrophes naturelles constituent l'exemple de sinistre à grande échelle le mieux exploré, et offrent donc une solide base de réflexion pour appréhender l'assurance d'autres événements aux caractéristiques plus floues, et pour lesquels on dispose d'une information de moindre qualité. Contrairement à certains risques et sinistres dans les domaines de la santé et de l'alimentaire, qui ont ébranlé la crédibilité des autorités, la gouvernance des risques liés aux catastrophes naturelles bénéficie, en France, d'une appréciation publique assez positive. La France a été le premier pays, en 1982, à mettre en place un système innovant, fondé sur un principe de solidarité nationale, qui garantit à chaque citoyen et à toute entreprise privée une couverture d'assurance de ses biens contre un grand nombre de sinistres d'origine naturelle. Le système, même s'il présente de réels inconvénients, en particulier parce qu'il n'incite pas assez à la prévention, a permis que l'indemnisation des victimes n'ait jamais été mise en défaut.

On a là les outils principaux actuellement utilisés pour prendre en charge les conséquences d'événements catastrophiques. Ce sont des acquis fondamentaux ; ils apportent de réelles capacités de partage des risques à grande échelle, entre assurés et assureurs, entre assureurs, réassureurs et investisseurs sur les marchés financiers, entre secteur privé et secteur public. Ils sont passés en revue et évalués dans ce chapitre.

I. ASSURANCE, RÉASSURANCE ET MARCHÉS FINANCIERS

Comment évoquer l'assurance sans simplifier à l'excès ? L'assurance est aujourd'hui présente partout dans les pays industrialisés. Il s'agit d'assurance du très grand nombre, telle que l'assurance maladie, l'assurance automobile, l'assurance des habitations contre le vol ou l'incendie, ou encore l'assurance chômage. Pour un séjour touristique organisé ou un vol aérien, l'agence de voyages propose une assurance annulation valable sous certaines conditions. C'est aussi l'assurance des achats effectués sur Internet par carte bleue, dont le numéro aurait pu être dérobé. Il est d'ailleurs notable que la première carte soit justement née, au milieu des années 50, avec Diner's Club aux États-Unis, d'une inquiétude croissante des commerçants envers les chèques impayés.

L'assurance peut également couvrir des événements plus particuliers tels qu'une vente aux enchères chez Christie's à Londres, ou bien le transport des œuvres d'art lors d'une exposition internationale à Tokyo. La couverture d'assurance peut même apparaître parfois anecdotique lorsqu'elle touche à la notoriété de l'assuré. Ainsi une publicité vantant les qualités d'un modèle de voiture française a été récemment présentée sur les chaînes de télévision : un top model, Claudia Schiffer, effectue un *crash test* au volant du véhicule. La top model est assurée. Plus exactement, son visage est assuré pour près de 5 millions d'euros. En Espagne, le Real Madrid est entré dans l'histoire des transferts en recrutant le joueur de football le plus cher du monde, Zinedine Zidane. Parallèlement à ce recrutement, le club madrilène a souscrit une assurance afin de se prémunir contre l'invalidité permanente ou le décès de ce joueur : moyennant 225 000 euros par an, il garantit ainsi son investissement de 75 millions d'euros[14].

Les principes généraux de l'assurance

Les concepts de base de l'assurance

Chacun sait à peu près en quoi consiste la démarche d'assurance, car nous sommes tous, en France du moins, détenteurs de contrats d'assurance, qu'ils soient obligatoires (assurance responsabilité civile de l'automobiliste) ou volontaires (assurance familiale). L'assurance, sur un plan plus économique, est « un contrat par lequel un assureur garantit à l'assuré, moyennant une prime ou une cotisation, le paiement d'une somme convenue en cas de réalisation d'un risque déterminé[15] ».

Dans une approche purement économique, un assuré paie donc un certain prix (la *prime d'assurance*) pour recevoir un certain montant d'argent (l'*indemnisation*) si l'*aléa* (le risque pour lequel il est assuré) se réalise. Ainsi, une des caractéristiques de l'assurance est-elle l'inversion du cycle de production : on paie aujourd'hui pour un produit dont on ne connaîtra la valeur qu'à la fin de la période couverte par le contrat.

Pour déterminer son offre de contrat, la compagnie d'assurance doit, d'un côté, recenser l'ensemble des risques possibles ainsi que l'ensemble des événements conditionnant ces risques (*couverture* du contrat d'assurance et *clauses d'exclusion* explicites) et, de l'autre, être en mesure d'affecter à chaque risque une probabilité d'occurrence. Dans ces conditions, lorsqu'un sinistre couvert par le contrat d'assurance survient (on dit que le risque se réalise), il déclenche la prestation de la compagnie d'assurance (l'indemnisation).

Un des fondements du recours à une assurance est la peur du risque, la peur de la réalisation d'un certain aléa contre lequel on veut être protégé. Néanmoins, l'intensité de cette crainte n'est pas la même pour tous les agents économiques. Le fait que certains agents économiques aient plus d'aversion pour le risque que d'autres (assurés/assureurs, assureurs/réassureurs [16]) fournit l'une des bases de fonctionnement de l'assurance.

La notion d'*aversion pour le risque* [17] constitue donc l'un des concepts généraux de l'assurance et plus généralement de toute opération de transfert de risques [18]. Plus un agent économique a peur d'un événement, plus son consentement à payer dans le cadre d'un contrat d'assurance est élevé.

Après la réalisation d'un sinistre, une première étape du processus de l'indemnisation sera l'estimation des dommages subis par l'assuré (sur simple déclaration pour de faibles montants, après estimation par les experts de la compagnie d'assurance pour des dommages plus importants). Le règlement à l'assuré se fera alors sur la base de cette estimation, suivant les conditions particulières spécifiées dans le contrat comme, par exemple, l'application de franchises ou de limites de garantie[19].

L'estimation et l'indemnisation peuvent parfois être très longues, de quelques mois à plusieurs années lors de sinistres impliquant de nombreuses parties prenantes et relevant de décisions de justice.

Ce délai peut paraître d'autant plus long que l'événement est grave et plonge le sinistré dans une situation financière et morale difficile. Si le versement d'acomptes est très répandu, les assurés ayant payé leur cotisation ont souvent le sentiment que les compagnies d'assurance ne jouent pas le jeu de la rapidité dans l'indemnisation des victimes. À titre d'exemple, le jugement final dans l'affaire du naufrage de l'*Amoco-Cadiz* n'est intervenu qu'en 1992, soit quatorze ans après la catastrophe.

L'assurance permet donc aux agents économiques (personnes ou entreprises) de se protéger financièrement contre les conséquences de certains aléas, qui seraient pour eux difficilement supportables. En cela, le contrat d'assurance se présente comme un outil contractuel de transfert de risque.

Repousser les limites de l'assurabilité des risques : des exemples réussis

En 1827, dans son traité des assurances, B. M. Émérigon définit l'opération d'assurance comme « une espèce de jeu qui exige beaucoup de prudence de la part de ceux qui s'y adonnent. Il faut faire l'analyse des hasards, et posséder la science du calcul des probabilités ; prévoir les écueils de la mer, et ceux de la mauvaise foi ; ne pas perdre de vue les cas insolites et extraordinaires ; combiner le tout, le comparer avec le taux de prime, et juger quel sera le résultat de l'ensemble. Pareilles spéculations sont l'ouvrage du génie. Mais si la théorie, dirigée par l'expérience, n'est que trop souvent fautive, quel sera le sort des négociants, qui alléchés par l'appât du gain, signent les polices qu'on leur présente, sans considérer où la fortune aveugle et leur témérité peuvent les entraîner[20] ? ».

Cette définition nous renvoie à la distinction essentielle déjà introduite entre *risque* et *incertitude,* le risque étant l'incertitude probabilisable. En l'appliquant dans le domaine de l'assurance, il s'agit alors de différencier les cas où le marché de l'assurance opère aisément et celui où il montre des limites opérationnelles, en d'autres termes de repérer les situations limitant l'assurabilité.

Dans son ouvrage *Limits of Insurability of Risks* (1982), B. Berliner proposait neuf critères nécessaires à l'assurabilité d'un risque[21]. Selon cette approche, un risque cesse d'être assurable si l'un des critères suivants n'est pas respecté : la survenance de l'événement a un caractère aléatoire ; la perte maximale possible n'est pas catastrophique au regard de la solvabilité de l'assureur ; le montant des pertes moyennes est identifiable et quantifiable ; la période moyenne d'occurrence entre deux sinistres n'est ni trop faible ni trop grande (absence de données statistiques) ; il n'y a pas d'aléa moral (cas où l'assuré peut agir sur la fréquence ou la taille du sinistre) ; l'opération d'assurance se fait dans un environnement économique et politique stable ; il y a compatibilité avec les restrictions légales du pays où l'assureur opère.

À s'en tenir à cette théorie, seul un risque répondant à l'ensemble de ces critères serait assurable. Néanmoins, la pratique montre qu'il n'est pas nécessaire que l'ensemble de ces neuf critères soit vérifié. Pour le comprendre, nous nous concentrerons ici sur trois limites à l'existence d'un marché d'assurance : la non-application d'une loi des grands nombres, l'existence d'asymétrie d'information entre les deux parties signataires du contrat d'assurance, et enfin des probabilités faibles associées à des montants de sinistres catastrophiques avec les problèmes de solvabilité des assureurs qui s'y rattachent. Au travers de quelques exemples, nous montrerons comment l'assurance a su contourner chacune de ces limites.

La loi des grands nombres

Pour la plupart des actuaires, une limite importante d'assurabilité se situe dans la non-applicabilité d'une *loi des grands nombres*, laquelle garantit aux assureurs un niveau d'indemnisations à payer à peu près certain. L'idée sous-jacente à cette loi a été introduite au XVIIIe siècle dans les travaux de D. Bernoulli (1738)[22], et approfondie dans ceux de J.-P. Süssmilch (1741)[23] dans son ouvrage *L'ordre divin*... concernant les nombres de mariages, de naissances et de décès, ainsi que dans les travaux de P.-S. Laplace[24] sur les décisions des tribunaux, les résultats des élections populaires, l'influence des peines sur la répression des crimes[25]. On doit notamment aux travaux de Pascal et Poisson cette *loi des grands nombres* qui, dans sa forme actuelle appliquée à l'assurance, peut s'énoncer comme suit : pour une série de variables aléatoires dont la corrélation ne dépasse pas certaines limites, la variance de la moyenne devient aussi petite qu'on le souhaite pour autant que le nombre de variables soit suffisamment grand (voir annexe mathématique II). Ainsi, en termes d'assurance, plus le nombre des contrats agrégés est grand, plus il autorise, toutes choses égales par ailleurs, une perspective de prévision certaine en moyenne.

Cet effet du grand nombre est très utile mais néanmoins pas strictement nécessaire à l'acte d'assurance[26]. Paul Samuelson a montré que le partage de risques (prise en charge d'une certaine proportion d'un risque donné par chacune des parties) peut être plus fondamental pour réduire le risque que la réplication de risques identiques et indépendants.

Plusieurs exemples peuvent être avancés comme celui de la couverture des grands événements sportifs contre les aléas naturels ou le terrorisme, en particulier les Jeux olympiques (voir l'encadré 14). Compte tenu des événements survenus aux États-Unis le 11 septembre 2001, nous reviendrons plus spécifiquement sur les couvertures d'assurance des actes terroristes dans le chapitre VII.

14. L'ASSURANCE DES JEUX OLYMPIQUES

Aujourd'hui, les principales recettes des JO proviennent des retransmissions télévisées, qui représentent plusieurs centaines de millions d'euros. Il est donc légitime que les organisateurs souhaitent s'assurer. Néanmoins, les JO présentent des caractéristiques très différentes des uns aux autres (période de l'histoire, pays organisateur, contexte économique et politique, etc.). Ces différences, et un nombre limité de manifestations, ne permettent clairement pas d'appliquer une loi des grands nombres. Néanmoins, ces événements sont couverts contre plusieurs types d'aléas. Nous en retiendrons deux : les conditions climatiques et les actes de terrorisme.

Le risque d'annulation ou de report d'épreuve pour raison climatique touche plus particulièrement les Jeux d'hiver. En effet, lors des Jeux d'été, seules quelques disciplines comme l'athlétisme ou l'aviron peuvent souffrir des intempéries (pluie, vent), conduisant à d'éventuels retards ou reports (mais rarement à l'annulation des épreuves dans une discipline). La Compagnie suisse de réassurance, en évaluant ce risque pour les Jeux d'hiver de Nagano en 1994, fit le constat suivant : « Si l'on compare Nagano (en l'occurrence Habuka, où se déroulent les descentes) aux derniers Jeux d'hiver de Lillehammer, on observe certes des parallèles, mais aussi de grandes divergences. Les températures moyennes des deux sites se situent en dessous de zéro et la moyenne du mois le plus chaud y dépasse à peine 0 °C. Mais les températures varient différemment. Alors qu'à Lillehammer, le thermomètre n'indique guère de variation d'un hiver sur l'autre, à Habuka, il accuse des écarts relativement importants. En 1990, la température la plus basse était de – 1,8 °C et la plus élevée de + 16,2 °C, la moyenne se situant à + 1 °C. Mais un fait donne à réfléchir : cette même année, la température moyenne a été supérieure à zéro durant quinze jours. L'enneigement moyen est certes suffisant, mais il présente des maxima et des minima très différents. Les bourrasques sont possibles » (Peter Luck, 1998). Ces craintes se sont révélées justifiées puisque, d'abord, il n'y a pas eu assez de neige, puis beaucoup trop, et finalement la pluie, le vent et du brouillard... Depuis les Jeux de Munich en 1972, le terrorisme (attentat, sabotage) constitue certainement l'un des risques majeurs liés à l'activité des JO et un risque qui inquiète au plus haut point les organisateurs. Les Jeux d'Atlanta ont montré que ce risque n'est en effet pas à négliger.

Nous envisageons maintenant deux autres freins à l'assurance traditionnelle ; d'une part les limites liées aux asymétries d'information ; d'autre part, les difficultés inhérentes aux événements qui ont une très faible probabilité d'occurrence (voire sans aucun sens probabiliste réel) mais sont susceptibles d'engendrer des pertes catastrophiques.

Les asymétries d'information

Une limitation forte au déploiement de l'assurance réside dans la présence d'asymétries d'information entre l'assuré et la compagnie d'assurance. En effet, lorsque l'information disponible sur le risque n'est pas également répartie entre les deux parties, toutes deux peuvent en souffrir sous la forme de difficultés à contracter. Les asymétries d'information ont été largement étudiées dans la théorie microéconomique, et les résultats de ces études s'appliquent tout à fait à l'assurance.

La présence de *sélection adverse* — ou *anti-sélection* — apparaît lorsque l'assuré possède une meilleure information sur son risque que l'assureur, mais ne peut pas modifier ce risque. Une conséquence directe est que l'assureur ne sait pas *a priori* distinguer parmi ses assurés les faibles risques des hauts risques (on parle aussi de « bons » et de « mauvais risques »). L'assureur est donc tenté de traiter de manière identique tous ses assurés, en leur demandant une même prime alors que les risques sont différents ; de ce fait, il est susceptible de perdre les « bons » risques et de ne garder que les « mauvais ».

On doit à G. Akerlof (1970)[27], qui a reçu en 2001 le prix Nobel d'économie pour ses travaux fondateurs sur les asymétries d'information, la description du phénomène suivant, directement lié à l'existence d'anti-sélection. Dans un même groupe d'assurés, l'assureur propose une prime moyenne. De fait, les mauvais risques (il parle alors de *lemons*, en référence à l'expression américaine désignant les voitures d'occasion en mauvais état) paient ainsi une prime inférieure à celle correspondant à leur niveau réel de risque. Inversement, les bons risques paient, quant à eux, une prime supérieure à celle correspondant à leur niveau de risque. Si, dans une telle situation, les agents ont le choix du niveau de leur assurance, les bons risques estimeront la prime moyenne proposée par l'assureur trop élevée au regard de leur risque. Il a ainsi été montré qu'en présence d'anti-sélection les bons risques tendront à s'assurer moins, voire à ne pas s'assurer du tout alors que les hauts risques seront entièrement couverts[28].

Ce faisant, le niveau de risque moyen augmente, nécessitant une hausse de la prime demandée par l'assureur et provoquant de nouveaux départs parmi les bons risques restants. C'est le cercle vicieux décrit par Akerlof, qui peut aboutir à la disparition du marché d'assurance[29].

Néanmoins, des moyens existent pour limiter ce phénomène : tarification différenciée suivant les caractéristiques de l'assuré (exemple de l'assurance automobile), autosélection de l'assuré suscitée par l'offre de différents contrats standard susceptibles de révéler son type (la théorie parle de *contrats révélateurs*), un bon risque acceptant par exemple plus facilement une franchise plus élevée qu'un mauvais, ou encore, cas extrême, assurance obligatoire qui évite le cercle vicieux décrit plus haut en empêchant le départ des bons risques.

Nous reviendrons sur ces différentes solutions, notamment lors de l'analyse du système français d'assurance contre les conséquences de sinistres majeurs d'origine naturelle.

Notons que dans de nombreuses situations, l'asymétrie d'information est inversée : l'assureur dispose, du fait de son expertise et de sa connaissance statistique des risques, d'une meilleure information sur le risque que l'assuré. Des travaux récents montrent que le statut des assurés est inversé en pareil cas : les bons risques s'assurent complètement alors que les mauvais risques ne sont que partiellement assurés[30].

La présence de *risque de moralité*, ou *aléa moral*, constitue un autre cas d'asymétrie d'information. Cela correspond aux situations où le comportement de l'assuré est en mesure d'affecter la probabilité d'occurrence du sinistre et le niveau de pertes qui en résultent. Or, le plus souvent, l'assureur ne peut pas observer le comportement de l'assuré et en particulier les mesures de prévention qu'il adopte (on parle alors d'aléa de moralité *ex ante*). Dans le cas extrême de fraude à l'assurance, un assuré peut même provoquer le sinistre de façon à être indemnisé, si le prix des biens assurés est devenu inférieur au montant du remboursement qu'il attend de son assureur (incendie volontaire, fausse déclaration de vol, surestimation des dommages réels ; on parle alors d'aléa de moralité *ex post*). Comme le soulignait déjà Kenneth Arrow (1963), « la police d'assurance qui couvrirait plus que la valeur des locaux pourrait être un encouragement à l'incendie criminel, ou pour le moins à l'imprudence ». C'est ici que se situe la contradiction possible entre d'un côté les demandes d'assurance et, de l'autre côté, les impératifs de prévention ou de précaution.

Les solutions aux problèmes d'aléa moral relèvent de l'incitation à la prudence. La motivation des assurés importe ici au plus haut point : les contrats d'assurance devraient être établis de manière à ce que les assurés prennent soin de leurs biens. Par exemple, pour l'assurance incendie, l'assureur peut exiger à la signature du contrat la mise en place de portes coupe-feu ou de systèmes d'extincteurs, afin de limiter les pertes. Plus généralement, la mise en place de franchises modulées permet d'inciter les assurés à plus de prudence en leur faisant supporter une part financière du sinistre.

Les événements à faible probabilité mais aux conséquences catastrophiques

Une troisième limitation forte à l'assurabilité se rencontre dans le cas des risques à faible probabilité d'occurrence mais aux conséquences catastrophiques (*Low Probability-High Consequences : LP-HC events* dans la littérature anglophone) qui nous intéressent plus particulièrement dans cet ouvrage.

Sommairement, il existe trois niveaux de connaissance d'événements possibles : celui où l'ensemble des événements possibles est déterminé et les probabilités d'occurrence de ces événements connues, celui où les possibles sont connus mais non les probabilités, enfin celui où il y a présomption des possibles qui ne sont pas tous connus. Dans ce dernier cas, on parle d'incertitude radicale, caractéristique des situations dites d'ignorance[31]. Le premier niveau caractérise une situation traditionnelle d'assurance. Les deux autres niveaux constituent des limitations à l'assurabilité des risques. Les assureurs sont le plus souvent allergiques à l'ambiguïté, c'est-à-dire aux situations où, précisément, la loi de probabilité n'est pas connue et le niveau des pertes difficilement calculable[32]. Face à une situation de pure ignorance, les agents se comportent souvent comme si l'acte devait se produire de manière sûre ou ne devait pas se produire du tout (probabilité subjective binaire, 0 pour les uns, 1 pour les autres)[33]. Ces comportements sont de nature à compliquer le traitement économique et assurantiel de ces situations. Les compagnies d'assurance peuvent refuser de s'y impliquer, dans la mesure où elles estiment ne pas les maîtriser.

Néanmoins, l'assurance a su faire en partie face à de telles situations d'incertitude et accroître son domaine d'intervention. Deux développements récents en témoignent : d'abord, les extensions de garanties en responsabilité civile couvrant l'entreprise contre les dommages causés à autrui du fait de la consommation ou de l'utilisation de produits qu'elle fabrique ou commercialise (« responsabilité après livraison ») ; ensuite, l'assurance des lancements de satellites.

Abordons le premier de ces développements en mentionnant deux exemples.

a) En 1961, on a observé un taux important de malformations chez de jeunes enfants dont la mère avait utilisé de la Thalidomide, un calmant fabriqué en Allemagne. Plus de 8 000 enfants dans le monde ont été touchés. Les montants des dédommagements aux victimes ont été considérables, et l'événement est à l'origine de l'assurance du risque pharmaceutique actuellement en vigueur en Allemagne (voir plus bas).

b) Considérons maintenant d'un point de vue assurantiel le cas Johnson & Johnson analysé dans le chapitre V sous l'angle de la gestion de crise. En 1982, sept personnes sont mortes aux États-Unis après avoir avalé des flacons de Tylenol fabriqués par un laboratoire dépendant de la firme Johnson & Johnson. Des analyses ont montré que les flacons contenaient du cyanure de potassium. Le groupe a alors décidé de retirer du marché 30 millions de flacons, pour un coût total dépassant 150 millions de dollars de l'époque, et de modifier le conditionnement du produit.

Ces deux cas, pour similaires qu'ils puissent paraître, sont néanmoins radicalement différents : dans le premier, le manque d'informations médicales sur les éventuels effets secondaires de la prise du calmant ne permettait pas à la firme allemande d'envisager de ne pas commercialiser le produit, mis en vente dès 1957[34]. Dans le second, la position de l'industriel est plus claire. Ce marché dit de la

« responsabilité civile après livraison », qui compte parmi les garanties de responsabilité civile offertes aux assurés (industriels ou particuliers), a connu un essor remarquable. En France, entre 1972 et 1988, la part des contrats d'assurance en responsabilité générale contenant une clause pour l'assurance des dommages après livraison a été démultipliée, passant de 7,8 à 70 %.

Plus près de nous, l'affaire Perrier illustre également cette capacité de l'assurance à étendre son champ d'application à un domaine où la connaissance probabiliste est faible, voire inexistante. En février 1990, les bouteilles d'eau minérale du Groupe Perrier sont suspectées de contenir des traces de benzène, en proportion infime. La compagnie décide alors, à grand renfort de publicité, de retirer de la circulation plus de 160 millions d'exemplaires de la célèbre bouteille verte. Il n'y aura dans ce cas aucun dommage externe. Pour l'entreprise, il s'agit néanmoins d'un sinistre à grande échelle : les bouteilles doivent être rappelées en extrême urgence de tous les continents, soit des 121 pays d'expédition. L'opération aura coûté 260 millions de dollars. Bien que couverte pour l'essentiel de ces pertes, l'entreprise continue de payer, dix ans plus tard, sous forme de parts de marché perdues (aux États-Unis notamment) qui, elles, n'étaient pas couvertes. En 2000, l'entreprise a vendu 100 millions de bouteilles sur le marché américain, contre 300 millions avant la crise (60 millions, juste après la crise).

Encore plus près de nous, au printemps 2001, l'entreprise américaine Firestone est mise en cause par Ford pour un modèle de pneus susceptibles d'avoir provoqué 200 accidents mortels. Les seuls frais du rappel de pneus se sont chiffrés à quelque 400 millions de dollars.

Les garanties des pertes liées à un rappel de produits (*recall insurance*) ont également connu un développement rapide. Les rappels de produits doivent être pratiqués alors même que l'entreprise est sur le devant de la scène médiatique, en pleine crise : remise en cause de la qualité des produits, de la sécurité sanitaire (plus récemment l'exemple de Coca-Cola en Belgique) ou technique (rappel de la Mercedes Classe A), et plus généralement de l'image même de l'entreprise suspectée ou fautive. Une étude sur le sujet, publiée en 1996 dans la *Harvard Business Review*[35], montre qu'il s'agit de bien plus qu'un simple transfert de risques entre l'entreprise et son assureur. Bien souvent, l'offre d'assurance constitue alors un véritable élément stratégique : les compagnies d'assurance fournissent *ex ante* des formations en gestion de crise aux dirigeants des compagnies qui souscrivent leurs contrats (préparation à la crise), et des experts intervenant à chaud afin de minimiser le coût du sinistre au moyen d'une gestion d'urgence efficace. Ainsi, le géant américain de l'assurance AIG (American International Group) offre actuellement une couverture intitulée *Crisis Recall Insu-*

rance, en collaboration avec le cabinet international Kroll Associates, pionnier en matière de gestion de crise. Ce contrat d'assurance garantit au client, sur simple appel téléphonique, la mise à disposition en moins de deux heures d'une équipe d'intervention visant à réduire les pertes de la firme... et donc celles de la compagnie d'assurance. C'est là une autre illustration du lien entre prévention et assurance.

Un second exemple dans lequel l'assurance a su accroître son domaine d'intervention est celui de l'assurance des satellites. Le premier risque spatial de toute l'histoire de l'assurance fut pris en charge en 1965 par la Lloyd's, qui reste aujourd'hui le leader du secteur. En 1977 est mis en place le *March Space Project*. Il s'agit de la première équipe au monde spécialisée dans l'assurance spatiale. Le marché, très sensible, s'est effondré au début des années 80 avec la multiplication d'accidents (Challenger, Ariane, Titan). S'il convient de différencier les lanceurs des fabricants de satellites, la structure du marché demeure oligopolistique. Les contrats d'assurance sont donc signés entre le fabricant, le lanceur, l'opérateur et l'assureur. Certains ont proposé, dès 1989[36], que le risque soit à la charge du lanceur et du constructeur. De nouveaux outils sont alors apparus sous forme de captives[37] qui permettaient au lanceur de proposer un service d'assurance.

Avec le développement exponentiel des télécommunications, l'assurance des satellites joue aujourd'hui un rôle essentiel dans cette industrie, notamment parce que le coût des programmes dépasse régulièrement, même pour les satellites de petite taille, 150 millions d'euros. Un exemple : en mars 2001, le retour sur terre de la station spatiale russe Mir a été assuré. La garantie couvrait les conséquences d'une chute de débris sur le transport maritime, la navigation aérienne ou encore les activités au sol, tous événements difficilement probabilisables. En 2000, le montant des primes du secteur spatial dépassait le milliard d'euros. Une autre source de sinistres est liée à l'augmentation significative de « déchets » (par exemple, des satellites ne fonctionnant plus ou ayant quitté leur orbite) dans la stratosphère. De fait, la probabilité que, lors de l'envoi d'un satellite dans l'espace, celui-ci percute de tels déchets, grandit ; d'autant plus qu'une nouvelle collision fait de nouveaux déchets et accentue le phénomène.

Dans ces deux exemples, nous sommes clairement dans des situations où l'ensemble des possibles est à peu près connu (le rappel d'un lot, de tout ou partie de la production ; la perte du satellite), mais où la notion de probabilité, et donc de risque, n'a plus de signification réelle — situation incertaine selon Knight et Keynes. La connaissance du risque est manifestement assez floue dans de pareils cas. En effet, compte tenu des spécificités de chaque entreprise et d'un manque de statistiques appropriées, un rappel de produit peut-il, sérieusement, être probabilisé ? D'ailleurs, peut-on encore parler de probabilité lorsqu'on envisage l'éventualité qu'une entreprise soit, comme l'a été Perrier, simplement suspectée, cette suspicion agissant comme catalyseur d'une profonde déstabilisation ? Pourtant, le développement de ce type de couverture est possible et important, ce qui montre que la connaissance de la distribution de probabilités du sinistre n'est pas systématiquement nécessaire à l'acte d'assurance.

Les sinistres analysés ici conduisent à des montants de réparations susceptibles de mettre en cause la stabilité financière des compagnies d'assurance qui ont accepté de supporter les risques. En cela, ces risques à conséquences catastrophiques posent des problèmes de liquidité et de solvabilité. Les montants élevés en jeu ne constituent cependant pas une barrière en soi à l'acte d'assurance, puisque les assureurs comme les industriels disposent aujourd'hui de nombreux moyens pour partager les risques, fussent-ils catastrophiques. En particulier, la coassurance permet aux entreprises d'un même domaine d'activité de partager entre elles, au travers d'un pool constitué à cet effet, des risques importants, ce qui facilite un élargissement du domaine assurable, et renouvelle la démarche de mutualisation, ancienne dans d'autres situations.

Le recours à la co-assurance

L'exemple du pool industriel est certainement un des plus parlants en matière de co-assurance. Trois exemples sont abordés ici, le risque pharmaceutique, le risque chimique, et les récents débats autour de l'assurance des grands risques industriels suite à l'explosion de l'usine AZF de Toulouse.

La tragédie de la Thalidomide a fortement contribué à la prise de conscience, par les industriels pharmaceutiques allemands, des risques liés à leur activité. L'Allemagne a mis en place une assurance obligatoire pour les industriels de la pharmacie. La création d'un pool d'assureurs et de réassureurs, Pharma-Pool, permet de couvrir les risques de développement inhérents à la mise en vente de nouveaux médicaments[38]. La responsabilité des industriels, entièrement couverte par le pool, est limitée à 100 millions d'euros par produit et l'indemnisation est limitée à 250 000 euros par victime[39].

De même que certaines compagnies d'assurance peuvent s'organiser en pool, certaines entreprises industrielles s'unissent pour s'assurer mutuellement. Dans l'industrie chimique, l'Affiliated Chemical Group aux États-Unis peut être cité en exemple. Il s'agit d'un pool d'entreprises chimiques, créé en 1978 avec douze membres, qui offre à chacun d'entre eux une couverture « au premier dollar ». Comme l'explique Nicolas Legrand : « En 1985, avec l'exclusion définitive de la pollution dans les polices, la décision fut prise d'assurer des non-membres. 220 demandes furent reçues et examinées par le pool et 16 retenues. Cela montre bien la demande en ce sens des entreprises chimiques[40]. »

En 1993, le pool comptait 34 membres. L'avantage majeur de ce type de pool industriel réside évidemment dans la mutualisation, mais aussi dans le fait que le pool connaît les techniques, les pratiques et donc les risques liés à l'activité en cause, qu'elle soit pharmaceutique (relevant là plus de la précaution) ou chimique (relevant plus de mesures de prévention). De ce fait, le pool ne conserve que les candidats sérieux présentant une exposition aux risques maîtrisée. Une telle sélection des membres permet d'offrir une prime d'assurance plus faible que celle du marché traditionnel de l'assurance contre le risque chimique.

Dans le registre des risques industriels, l'explosion de l'usine AZF de Toulouse a coûté entre 1,5 et 1,8 milliard d'euros. En réaction, les assureurs ont résilié au 31 décembre 2001 l'ensemble de leurs contrats couvrant les grands risques industriels et ils ont proposé de nouvelles conditions d'assurance pour les dommages majeurs encourus par tout groupe industriel (le marché français des grands risques industriels totalise environ 1,5 milliard d'euros de primes annuelles). Les assureurs ont en particulier réclamé des primes majorées de 80 à 200 %, acculant les industriels au choix de s'assurer aux nouvelles conditions ou de ne plus être assurés. À moins que les industriels ne décident de s'orienter vers d'autres solutions, comme celle de s'unir au niveau européen sous forme d'un *pool industriel* qui s'auto-assurerait. Il s'agirait de réunir une cinquantaine de groupes industriels européens au sein d'une captive qui mutualiserait les risques. À ce jour, en France, l'Association pour le management des risques et des assurances de l'entreprise (AMRAE) a mandaté le cabinet Ernst & Young pour analyser la faisabilité d'une telle captive européenne de co-assurance. Au niveau européen, la Fédération européenne de risk-management (FERMA) est en discussion avec ses adhérents, implantés dans neuf pays européens. Si une telle mutuelle industrielle voyait le jour, les premières primes pourraient être encaissées dès janvier 2003.

Le pool d'assurance apparaît souvent comme une solution. Il propose en effet une couverture avantageuse qui correspond réellement à la demande des firmes. De plus, le pool est constitué d'entreprises qui connaissent bien les problèmes de leur secteur et sont donc capables de détecter parmi les entrants potentiels les candidats sérieux (problème d'anti-sélection résolu). Néanmoins, la plupart des pools industriels ne possèdent pas la capacité financière et le pouvoir de diversification des risques des grands assureurs et réassureurs, qui sont donc souvent amenés à prendre le relais de ce type d'initiative. Nous y reviendrons par la suite pour évoquer certains exemples de partage de grands risques.

Le recours à la réassurance

Lorsqu'un particulier veut se prémunir contre la réalisation d'un risque pouvant porter atteinte à son bien-être, voire à sa vie, il contracte une police d'assurance.

On observe généralement qu'un assureur souhaitant à son tour se prémunir contre un risque de grandes pertes (grand risque ou multitude de petits risques trop corrélés) peut se co-assurer (répartir un même risque horizontalement entre plusieurs compagnies d'assurance, chacune d'entre elles n'étant engagée que pour une portion du risque total) ou se tourner vers une compagnie de réassurance (le partage est vertical).

Ainsi, la réassurance — ou assurance indirecte — est souvent définie de manière tautologique comme l'« assurance de l'assurance ». Selon la Fédération française des sociétés d'assurance (FFSA), « la réassurance est un service fourni par des réassureurs (réassureurs professionnels[41] ou autres assureurs) par lequel tout ou partie du risque souscrit par un autre assureur (la cédante) est assumé par eux moyennant rémunération ».

On peut considérer que les Ordonnances de Louis XIV de 1681 constituent les premiers textes de loi traitant de la réassurance. On peut y lire que « s'il advient que les assureurs ou aucun d'eux, après avoir signé quelque police se repentent ou aient peur ou ne voudraient plus assurer sur tel navire, il sera en leur liberté de faire réassurer par d'autres, soit en plus grand nombre ou moindre prix ». Bien que l'assurance incendie, second grand pôle d'assurance de l'époque, soit en développement rapide, il a cependant fallu attendre 1778 pour que l'on discute réellement de réassurance dans cette branche, et 1821 pour la signature du premier contrat[42].

Chronologiquement, la Cologne de réassurance, fondée en 1846, a été la première compagnie de réassurance par ses statuts et demeure la plus ancienne à ce jour. La Compagnie suisse de réassurance a vu le jour en 1863 et la Munich de réassurance en 1880. Ces trois compagnies sont encore aujourd'hui parmi les quatre leaders mondiaux du marché.

La réassurance est un candidat naturel au partage de risques catastrophiques

Les compagnies de réassurance brassent des montants financiers très élevés. Puisque le marché est mondial, elles disposent de fait d'un réel pouvoir de diversification géographique et peuvent assez facilement accepter de couvrir des risques de natures très diverses. La réassurance apparaît alors comme un candidat naturel au partage des risques catastrophiques, et ce pour plusieurs raisons.

D'abord, et nous l'évoquions précédemment, elle permet de limiter le risque de faillite de l'assureur. Si l'assureur doit supporter un sinistre catastrophique, celui-ci peut le conduire à la faillite. Dans un cas moins extrême, des sinistres importants peuvent mettre en péril son équilibre financier, suite à une crise de trésorerie. En l'absence de réassurance, la compagnie d'assurance devrait conserver un niveau de capital et de liquidité plus important pour faire face à d'éventuels sinistres majeurs. Grâce à l'opération de réassurance, l'assureur peut placer les primes qu'il perçoit, d'une part à plus long terme, ce qui est généralement plus rémunérateur, et d'autre part de manière plus diversifiée. Ces placements lui garantissent des revenus financiers et permettent ainsi de consentir des tarifs plus faibles.

La réassurance remplit deux autres fonctions : l'augmentation de la capacité de souscription de l'assureur et le nivellement de ses paiements d'une part, la diversification des risques assurés de l'autre.

Le recours à un réassureur permet à l'assureur d'élargir sa base de clients, davantage encore s'il fait appel à plusieurs réassureurs. Ce recours le protège également contre des écarts de remboursements trop brusques. En effet, puisque la cession en réassurance a un prix prédéterminé, il ne conserve qu'un montant prédéfini de sinistre probable et nivelle donc la limite supérieure de montants d'indemnisation potentielle associés aux risques qu'il assure.

La réassurance permet également de ne conserver que certains des risques assurés.

En choisissant de ne conserver que des risques suffisamment indépendants, une meilleure diversification du portefeuille est réalisée, qui réduit d'autant les possibilités de déséquilibre qui résulteraient de la dépendance excessive des sinistres.

Les atouts d'un recours à la réassurance sont donc importants. Plusieurs types de contrats standard sont utilisés à cet effet. Considérons-en les principaux.

Les concepts généraux

Un contrat type de réassurance est signé entre deux parties moyennant une prime de réassurance : la compagnie d'assurance — ou cédante — qui souhaite transférer une portion de ses risques à une compagnie de réassurance, la seconde partie.

En signant un contrat de réassurance, la compagnie d'assurance se protège contre certaines des pertes éventuelles de ses assurés. Il n'existe pas de contrat universel en réassurance. Bien souvent, dans la pratique, il convient d'effectuer de nombreuses combinaisons contractuelles. Il existe néanmoins deux types fondamentaux de réassurance, la réassurance facultative et la réassurance obligatoire, et deux formes contractuelles précisant l'engagement des parties, la réassurance proportionnelle et non proportionnelle.

En réassurance facultative, la cédante (l'assureur direct) propose au réassureur un contrat sur un risque particulier d'un de ses assurés. Le réassureur est libre d'accepter ou de refuser. En cela, elle est facultative. La décision du réassureur est souvent prise après une enquête approfondie sur l'assuré en question et sur le risque lui-même, et requiert donc du personnel et des outils technologiques spécialisés.

À l'inverse, dans un contrat de réassurance obligatoire (on parle alors de traité), l'assureur direct cède une part de son portefeuille au réassureur ; celui-ci ne peut pas choisir parmi les risques proposés mais doit accepter cette part intégralement s'il signe le traité. En cela, il s'agit de réassurance obligatoire. Ainsi, le traité ne porte plus sur une police ou un risque isolé mais sur une partie du portefeuille de l'assureur. Ces traités ne peuvent donc pas s'accompagner d'un examen systématique de chacune des polices comme en réassurance facultative. Ils requièrent du réassureur une bonne connaissance des pratiques de l'assureur, en particulier de sa capacité à expertiser et à contrôler les risques qu'il assure et à inciter les assurés à la prévention ou à la précaution.

Il existe plusieurs formes de réassurance de base susceptibles d'être combinées pour obtenir des montages plus complexes.

Lorsqu'un contrat de réassurance dite *proportionnelle* (ou en quote-part) est signé, l'assureur et le réassureur s'engagent à partager proportionnellement le montant des dommages que l'assureur pourrait subir. La réassurance en quote-part permet notamment de lisser les fluctuations d'un portefeuille contenant de très grands risques. Ce type de réassurance permet des contrats faciles à gérer, tant pour l'assureur direct que pour le réassureur. Cette simplicité d'utilisation (le contrat se résume au ratio et à la limite de prise en charge du réassureur) s'avère tout particulièrement pertinente lorsque les primes sont difficiles à calculer.

La réassurance non proportionnelle constitue l'autre forme élémentaire de réassurance ; l'objet du traité est différent. Deux grands types de contrats existent : 1) le traité en excédent de sinistres (*excess of loss*) modulé par risque ou par événement ; 2) le traité de réassurance *stop-loss*.

Dans le cas de l'excédent de sinistres par risque, l'assureur direct limite le niveau de sinistre qu'il souhaite supporter pour chacun de ses risques, c'est la *priorité* de l'assureur (*priority* ou *deductible*). Pour tout sinistre associé à ce risque, le réassureur supporte l'excédent (montant supérieur à la priorité) à hauteur d'un montant maximum de prise en charge, la *tranche* du réassureur. Néanmoins, un tel traité présente un inconvénient pour l'assureur : celui-ci devra débourser plusieurs fois sa priorité si un événement occasionne plusieurs sinistres associés à plusieurs lignes de risques de son portefeuille (cette question a été fortement discutée lors des attentats du 11 septembre 2001 pour savoir s'il fallait considérer qu'il s'agissait d'un même événement — une attaque terroriste — ou de deux événements distincts — deux attaques sur deux tours différentes). Pour pallier cet inconvénient, la cédante pourra signer un traité en excédent de sinistres par événement : elle se protégera ainsi contre un sinistre à grande échelle (contre l'effet de cumul sur plusieurs de ses risques) induit par un événement particulier. L'avantage pour l'assureur est qu'il déboursera une fois pour toutes sa priorité puisque le contrat est signé pour l'ensemble des risques susceptibles de se réaliser suite à l'événement en question[43].

L'objet du traité de réassurance type *stop-loss* est le résultat financier de l'assureur direct sur une période d'activité (tous événements confondus), souvent d'un an. Si les pertes totales de l'assureur dépassent (tous les sinistres confondus) une certaine limite, le réassureur prendra en charge le surplus de pertes. L'assureur est ainsi protégé contre toute éventualité et est certain de demeurer solvable moyennant un prix de réassurance souvent très élevé[44].

L'évolution du marché de la réassurance mondiale

Citons quelques chiffres concernant le marché mondial de la réassurance. En 2000, le niveau des primes directes perçues par les assureurs était de 2 443 milliards de dollars, dont 1 521 pour l'assurance vie, et 922 milliards pour l'assurance non-vie qui nous intéresse ici plus particulièrement. Les montants des primes versées aux réassureurs par les assureurs représentent environ 5 % de ce montant total.

Géographiquement, l'industrie de la réassurance est dominée par quelques grands spécialistes basés en Allemagne, en Suisse, aux États-Unis et en France (essentiellement la SCOR et Axa Re). Avant les attentats du 11 septembre 2001, le marché londonien s'était bien remis des difficultés éprouvées au début de la décennie. Les opérateurs américains opèrent essentiellement sur leur territoire, même s'il est à noter qu'ils tendent à s'internationaliser de plus en plus. Enfin, la croissance spectaculaire des implantations aux Bermudes est notable, en particulier dans le secteur de la réassurance catastrophe (1 400 sociétés d'assurance et plus d'une cinquantaine de réassureurs). Au premier rang de ces nouvelles compagnies, Partner Re regroupait en 1997 un tiers de la capitalisation totale de ce marché[45]. Insignifiant en 1990, le marché des Bermudes représentait 5 % du marché de la réassurance en 1997 et une des principales sources externes de capacité de réassurance des événements naturels[46]. Il bénéficie notamment d'un régime fiscal et réglementaire attrayant et d'une situation géographique favorable. Il s'agit donc aujourd'hui d'un pôle de taille qui a su se diversifier (les risques américains ne représentant plus aujourd'hui que la moitié des portefeuilles aux Bermudes). À eux seuls, ces six marchés représentent 80 % de la capacité mondiale du marché de la réassurance. Notons également que 60 % de l'offre mondiale de réassurance est européenne, alors que le marché américain et les Bermudes représentent 39 % des primes cédées au niveau mondial.

La demande de réassurance

De manière générale, les assureurs de petite taille sont plus demandeurs de réassurance car ils ont plus de mal à diversifier leur portefeuille. Ils peuvent ainsi se prémunir contre les risques de faillite qui les touchent plus particulièrement. Inversement, les gros assureurs ont peu de chances d'être ruinés compte tenu de leur puissance financière et de leur capacité de diversification. Ils préfèrent s'auto-assurer ou se co-assurer ; leur demande de réassurance est souvent plus faible. Plusieurs travaux confirment ce point de vue[47]. Ils montrent en particulier que la demande de réassurance est décroissante à mesure qu'augmente la taille de l'assureur.

Cependant, une étude réalisée entre 1985 et 1993 sur le marché américain de la réassurance catastrophe, à partir de données provenant de Guy Carpenter, un des plus importants courtiers d'assurance sur ce marché (environ 60 % du marché américain), aboutit à la relation inverse[48]. À savoir, que la demande de réassurance catastrophe est croissante avec la taille de l'assureur. La divergence de résultats peut néanmoins s'expliquer par le champ de l'étude : elle se focalise sur les seules catastrophes alors que les précédentes études considèrent le marché global de la réassurance. Même si l'on peut penser que les grandes compagnies d'assurance assurent plus contre des risques élevés de catastrophes naturelles, ce résultat est cependant assez surprenant. Justement face à des risques à grande échelle, et compte tenu de leur capacité financière, les plus gros assureurs ont une probabilité de faillite plus faible que les assureurs de moindre taille.

Cependant, le recours à la réassurance permet en fait deux choses. En premier lieu, pour l'assureur direct, il augmente ses chances de rester solvable après un grand sinistre. En second lieu, il lui garantit également de conserver un certain niveau de liquidité.

Les grands assureurs vont donc se focaliser essentiellement sur leurs besoins en liquidités. L'effet liquidité pourrait donc l'emporter sur l'effet solvabilité. Cet argument est corroboré par une étude réalisée en 1992 sur une population de dix-huit compagnies d'assurance couvrant des biens contre les tremblements de terre en Californie[49]. La simulation reproduit, aux conditions actuelles, le tremblement de terre survenu en 1906 à San Francisco. Onze des dix-huit firmes, celles dont le surplus est inférieur à 2 milliards de dollars, feraient faillite. Parmi les sept demeurant solvables, trois seraient confrontées à de réels problèmes de liquidité[50].

Dans leur article intitulé « Reinsurance for Catastrophes and Catatclysms », David Culter et Richard Zeckhauser définissent une *catastrophe* comme un sinistre dont le montant des pertes assurées dépasse 25 millions de dollars.

Il s'agit d'un *cataclysme* lorsque le montant des pertes dépasse 5 milliards de dollars[51]. Selon la dichotomie catastrophe/cataclysme, certes tout à fait relative mais assez usuelle, la réassurance paraît parfaitement adaptée pour traiter des catastrophes pour peu qu'elles ne soient pas à répétition sur un court laps de temps. Cependant, pour faire face aux cataclysmes comme on en a connu ces dernières années, le recours à la réassurance elle-même peut s'avérer insuffisant. L'ouragan Andrew, qui a dévasté les côtes de la Floride en 1992, a coûté à lui seul plus de 19 milliards de dollars au marché de l'assurance. Encore est-il admis que si l'ouragan avait touché des zones plus peuplées de la Floride, ce montant aurait pu être multiplié par quatre. À titre indicatif, on chiffre à 1 000 milliards de dollars le montant des pertes éventuelles, directes et indirectes, qui résulteraient d'un tremblement de terre à Tokyo. On parle dans ces derniers cas de *Big One* ou de *Big Cat*. Nous y reviendrons au chapitre VII.

Le recours aux marchés financiers : de quoi parle-t-on ?

L'idée d'un recours aux marchés financiers comme une possible extension des mécanismes de réassurance a fait son chemin depuis quelques années. Elle est cependant plus ancienne, puisque déjà en 1973, elle était discutée dans un article publié dans le *Journal of Business Finance*[52].

Ce regain d'intérêt récent s'explique en partie par, en amont, les montants de pertes catastrophiques auxquels ont dû faire face les compagnies d'assurance et de réassurance au cours de la décennie écoulée et, en aval, par la réalisation concrète de ce recours aux marchés financiers comme instrument de réassurance de risques catastrophiques.

Au lendemain de la survenance, aux États-Unis, de l'ouragan Andrew (Floride) en 1992, et du tremblement de terre de Northridge (Californie) en 1994 (pertes assurées atteignant 36 milliards de dollars pour les deux événements), on a assisté à une pénurie mondiale de capacités de réassurance pour ce type de catastrophes, et donc de l'offre. Pas moins de neuf compagnies d'assurance américaines sont devenues insolvables à la suite de l'ouragan[53]. Les tarifs de la réassurance des catastrophes naturelles se sont envolés : l'indice de référence (indice Paragon) a augmenté de plus de 50 %.

Ainsi, les questions de la liquidité, de la solvabilité, et des faillites potentielles des assureurs et des réassureurs sont-elles devenues primordiales. Comme le soulignent les professionnels de la réassurance, très peu de réassureurs offrent une couverture pour des événements susceptibles d'occasionner des pertes supérieures à 5 milliards de dollars. En outre, le nombre de catastrophes dont les montants assurés dépassent le milliard de dollars est passé de sept dans les années 70 à 32 dans les années 90. Pour les compagnies d'assurance, voire de réassurance, il s'agit alors de trouver, pour certaines, de nouvelles sources de liquidité (les plus grandes) ou, pour d'autres, de solvabilité (celles de moindre taille).

L'idée de transférer une partie de ces risques catastrophiques vers les marchés financiers a alors été développée, puis concrétisée aux États-Unis. Elle s'appuie sur un argument assez simple : la capitalisation boursière des marchés financiers américains dépasse 19 000 milliards de dollars, avec des fluctuations journalières moyennes de l'ordre de 130 milliards de dollars. Ces marchés offrent en théorie une capacité de couverture sans commune mesure avec les capacités de l'industrie de l'assurance et de la réassurance. Ainsi, une catastrophe causant des dommages assurés de 100 milliards de dollars, capable de conduire à la faillite plusieurs grands assureurs et réassureurs, représenterait moins de 0,5 % de la capitalisation de ces marchés financiers et pourrait donc être absorbée relativement facilement.

Si l'idée était intéressante, il restait à faire se rencontrer deux mondes bien différents : le monde de l'assurance et celui de la finance. L'histoire, les références, les outils, les procédés, les acteurs y sont différents. Il a fallu élaborer des outils permettant de convertir certains risques catastrophiques, d'ordinaire couverts par la réassurance, en titres financiers échangeables sur les marchés boursiers. Cette conversion a permis, d'un côté, aux investisseurs de s'intéresser à ces nouveaux titres issus du monde de l'assurance, et de l'autre, pour les assureurs, de solliciter les capacités de couverture de nouveaux acteurs.

Trois principaux outils ont été mis en place : 1) les échanges de portefeuilles entre assureurs différemment exposés aux risques de catastrophe et proposés sur CATEX de New York, 2) les options, et 3) les obligations, indexées sur la survenance de catastrophes, proposées sur le marché de Chicago. Ils permettent aux compagnies d'assurance et de réassurance de réduire leur exposition et de disposer des liquidités nécessaires en cas d'événement catastrophique. Les émissions de « titres catastrophiques » représentaient un volume de 500 millions de dollars avant 1997, 1 milliard en 1997, 1,4 milliard en 1998, puis 1 et 1,2 en 1999 et 2000 respectivement — baisse qui s'explique en partie par la chute, très transitoire, des prix de la réassurance des catastrophes naturelles[54]. Dans les paragraphes suivants, nous tenterons de présenter, de manière simple, chacun de ces outils.

Les *swaps* du Catastrophe Risk Exchange (CATEX) de New York

Le Catastrophe Risk Exchange (CATEX), basé à New York[55], est avant tout, pour les assureurs, un lieu d'échange d'expositions aux risques de catastrophes naturelles. Certaines zones exposées des États-Unis, telles que la Californie ou la Floride, font l'objet d'études actuarielles aboutissant à un zonage par degré d'exposition aux risques et par maximum des pertes possibles en cas de catastrophe. Une telle approche permet de diviser le risque global du portefeuille d'une compagnie d'assurance en plusieurs « unités standard d'exposition ». Chacune de ces unités correspond à une exposition (estimation de la perte maximum possible) d'un million de dollars.

Sur la base de cette standardisation de l'exposition aux risques catastrophiques, ces derniers deviennent échangeables — on parle de *swaps* — entre les portefeuilles de différents assureurs (l'échange ne dépend donc pas directement de la nature de l'événement couvert par les assureurs), notamment en fonction de la probabilité estimée des catastrophes.

L'avantage de cette bourse d'échange est de permettre à des assureurs, établis dans des régions connues pour être exposées aux catastrophes naturelles, de réduire une surexposition due à la concentration de leur activité au sein d'une même zone géographique.

Par exemple, un assureur de Floride et un assureur de Californie peuvent s'échanger 25 unités standard d'exposition aux ouragans en Floride contre 50 unités standard d'exposition aux tremblements de terre en Californie, si chacun d'entre eux estime que la probabilité de survenance de tempêtes en Floride conduisant à une perte de 25 millions de dollars pour l'un est deux fois plus élevée que celle de tremblements de terre en Californie occasionnant des pertes de 50 millions de dollars pour l'autre.

Le fonctionnement du CATEX est le suivant. Une cotisation annuelle de 75 000 dollars est demandée à chaque participant, qui doit également s'acquitter d'un droit annuel à échanger de 24 000 dollars. Le CATEX prélève aussi des frais sur toute transaction effectuée : 2 000 dollars par unité standard d'exposition échangée pour chacune des parties[56].

Si le CATEX constitue le premier marché d'échange au monde disponible sur Internet pour les assureurs et réassureurs, et concernant les risques liés aux événements d'origine naturelle, il offre également à ses membres, grâce aux droits prélevés, de puissants outils de gestion des risques. En effet, les compagnies membres peuvent non seulement échanger entre elles, mais disposent également des informations les plus récentes sur les risques qui les intéressent : des données historiques, de nombreuses évaluations, et des simulations individualisées, qui leur sont fournies par le CATEX et ses firmes partenaires. Parmi celles-ci, Applied Insurance Research (AIR), basée notamment à Boston, offre des simulations de catastrophes et des analyses de risques. Des cas standard sont téléchargeables en ligne et d'autres peuvent être construits sur mesure, réservés aux membres du CATEX. Le National Hurricane Center américain offre quant à lui un très grand nombre de scénarios possibles, et même des données en temps réel, sur la course des ouragans et les estimations, toujours en temps réel, des dommages qui pourraient en résulter. Les récents partenariats entre le CATEX et Science Applications International Corporation (SAIC), le leader américain en recherche et ingénierie, ou encore avec la compagnie Captive, l'un des leaders mondiaux dans l'offre d'informations relatives aux techniques alternatives de couverture, devraient renforcer considérablement le bras armé du CATEX, le News & Analytics Module, qui concentre son pouvoir d'information sur les risques échangés, dont peuvent bénéficier ses adhérents.

Bien que cette bourse d'échanges ait débuté le 1er octobre 1996, la première transaction effectuée entièrement sur Internet a été annoncée le 28 juillet 1997. Le nombre d'adhérents a considérablement évolué : on en comptait 13 fin 1996, 40 en 1997, 90 en 1999, on en compte 240 à ce jour. Plus d'un millier de transactions ont été enregistrées représentant quelques 5,5 milliards de dollars de limite de couverture. Il s'agit incontestablement d'un succès[57]. Le champ d'activité pourrait s'étendre dans les années à venir pour rendre également échangeables des expositions hors des États-Unis.

Les options sur indice du Chicago Board of Trade (CBOT)

Une option est un titre financier fonctionnant de la manière suivante. Une personne ou une institution devient détentrice de cet actif par le versement d'une cotisation initiale. Lorsqu'elle effectue ce versement, elle obtient le droit de vendre ultérieurement (ou d'acheter, suivant la nature de l'option) le titre à partir duquel l'option est définie, à une date donnée et à un prix (on l'appelle le prix d'exercice de l'option), fixés lors du versement initial. Une option offre donc à son détenteur la possibilité de bénéficier d'une variation favorable des conditions de marché entre le moment du versement de la cotisation et celui d'exercice de l'option, sans avoir à supporter les conséquences d'une variation défavorable.

Reste donc à définir la valeur d'une option. Bien sûr, le calcul de la valeur d'une option dépend des caractéristiques des marchés concernés. Pour ce qui nous concerne ici, à savoir les options sur indice catastrophique, la valeur de l'option dépend de celle d'un indice particulier, calculé par le Property Claims Service (PCS) américain ; aussi ces titres sont-ils connus sous le nom de *PCS Catastrophe Insurance Options*. L'indice de référence pour ces options est l'un des dix indices PCS existants (*PCS Loss Index*), dont la construction est assez simple.

Chacun de ces indices est calculé pour une zone géographique déterminée (cf. tableau 1). Le PCS calcule la somme des pertes assurées dues à des événements catastrophiques dans la zone géographique et pour la période couverte par le contrat (c'est la période d'exposition)[58].

Tableau 1 : Indices catastrophes PCS

Régions	*Période d'exposition*	*Mois de contractualisation*	*États américains couverts*
National	Trimestrielle	Mars, Juin, Sept., Déc.	50 États et la ville de Washington
National	Annuelle	Annuel	50 États et la ville de Washington
Est	Trimestrielle	Mars, Juin, Sept., Déc.	Les régions du Nord-Est et Sud-Est incluses
Nord-Est	Trimestrielle	Mars, Juin, Sept., Déc.	ME, NH, VT, MA, CT, RI, NY, NJ, PA, DE MD, DC
Sud-Est	Trimestrielle	Mars, Juin, Sept., Déc.	VA, WV, NC, SC, GA, FL AL, MS, LA
Midwest	Trimestrielle	Mars, Juin, Sept., Déc.	OK, AR, TN, KY, OH, MI, IN, IL, WI, MN, ND, SD, IA, NE, KS, MO
Ouest	Annuelle	Décembre	HI, AK WA, OR, CA, NV, AZ, NM, UT, CO, WY, MT, ID
Floride	Trimestrielle	Mars, Juin, Sept., Déc.	FL
Texas	Trimestrielle	Mars, Juin, Sept., Déc.	TX
Californie	Annuelle	Décembre	CA

Source : Chicago Board of Trade.

Chaque indice PCS, exprimé en points, correspond à ce montant divisé par 100 millions de dollars. Par exemple, supposons que cet indice ait existé antérieurement à l'ouragan Andrew qui a dévasté la Floride en août 1992. Cette catastrophe a occasionné des pertes assurées évaluées à l'époque à plus de 18 milliards de dollars. La contribution à l'indice pour la zone géographique Floride, ou Sud-Est, ou National, aurait été 180. Huit indices PCS de catastrophes couvrent différentes zones des États-Unis et deux indices nationaux existent aussi, comme l'illustre le tableau 1.

Concrètement, plaçons-nous à la date d'exercice, fixée lors du versement de la cotisation. Si le détenteur, disons un assureur, décide d'exercer son option, deux cas de figure peuvent se présenter. D'une part, l'indice PCS actuel peut être inférieur à l'indice de base du prix d'exercice spécifié par le contrat. Dans ce cas, l'assureur ne perçoit rien et perd donc l'intégralité de son versement initial (les conséquences des catastrophes au cours de la période d'exposition ont été inférieures à celles que l'assureur aurait pu craindre). D'autre part, l'indice PCS actuel peut être, par exemple, supérieur de dix points à l'indice correspondant au prix d'exercice spécifié par le contrat. Dans ce cas, il perçoit la valeur au comptant de chacun des dix points d'indice, chacun valant au comptant un certain montant qui est aujourd'hui fixé à 200 dollars. Ainsi, dans l'exemple précédent concernant l'ouragan Andrew, le détenteur d'une option « National 100 » aurait reçu 16 000 dollars par option achetée ((180 – 100) × 200 = 16 000).

Les options sur indice PCS offertes par le CBOT s'apparentent donc à de la réassurance en excédent de pertes basée sur des excès de pertes agrégées, celles de l'ensemble des compagnies retenues dans l'indice PCS de la région géographique concernée.

Le CBOT — le plus ancien marché d'échange du monde, puisqu'il fut fondé en 1848 — a été le premier marché organisé, en 1992, à mettre en place des produits dérivés sur les événements naturels extrêmes. Les premières options PCS, telles qu'elles existent dans leur forme actuelle, furent mises en place le 29 septembre 1995. Néanmoins, elles n'ont jamais pu créer de capacité supérieure à 89 millions de dollars. Le nombre d'options échangées sur le CBOT a considérablement chuté en 1999 et les échanges ont été suspendus en 2000, vraisemblablement parce que les tarifs de la réassurance étaient de nouveau assez bas à cette époque[59]. Nous discuterons plus loin les principaux inconvénients de ces options, qui contribuent à expliquer sans doute cette situation.

Les obligations indexées du CBOT

Les obligations indexées sur un risque catastrophique — ou *cat bonds* — constituent une autre forme de transfert de risques entre l'industrie de l'assurance et la sphère financière. Le principe de ces obligations indexées est le suivant : un acteur (assureur, réassureur) émet une dette obligataire dont le remboursement (sous forme d'un nominal et/ou de coupons) est contingent à la survenance d'un événement naturel donné — ou, plus précisément, au niveau des sinistres occasionnés par cet événement — au cours d'une période déterminée[60].

Plusieurs acteurs interviennent dans ce mécanisme. D'un côté, une compagnie d'assurance ou de réassurance est désireuse de transférer une part des risques catastrophiques qu'elle couvre. De l'autre, des investisseurs sont à la recherche de placements attractifs. Classiquement, comme intermédiaire, on met en place une compagnie *ad hoc* spécifique — *Special Purpose Vehicle* (SPV) ou *Special Purpose Company* (SPC) dans le jargon d'assurance —. Celle-ci fait office de réassureur pour la compagnie d'assurance. Notons que, pour des raisons fiscales évidentes, la plupart des SPV sont aujourd'hui basées aux Bermudes pour les cédantes américaines, à Guernesey ou Dublin pour les cédantes européennes. La compagnie d'assurance souhaitant utiliser des *cat bonds* établira son propre réassureur SPV auprès duquel elle signera un contrat de réassurance (prime de réassurance et couverture). Une fois le contrat signé, le SPV met en place les *cat bonds* correspondants et les vend aux investisseurs présents sur les marchés financiers (figure 3).

Le SPV peut proposer différents types de rémunération de *cat bonds* aux investisseurs : a) les coupons sont à risque (suivant le niveau des sinistres), mais le nominal (ou principal) est garanti : dans ce cas, l'investisseur espère faire fructifier son capital, garanti, grâce à la rémunération des coupons ; b) les coupons sont garantis mais le nominal est sous risque ; c) enfin, tant les coupons que le nominal sont à risque[61]. Dans le second cas, si les intérêts reçus par l'investisseur sont constants, il peut perdre tout ou partie du capital investi. Dans le troisième cas, l'investisseur peut perdre l'ensemble de son investissement.

Comment le SPV couvre-t-il l'assureur et rémunère-t-il les investisseurs ? D'une part, le plus souvent, les montants payés par les investisseurs, qui achètent les *cat bonds*, sont convertis par le SPV en obligations d'État américaines sans risque, afin de garantir l'engagement des investisseurs. D'autre part, la prime de réassurance payée par la cédante au réassureur SPV lui permet de rémunérer les investisseurs, par l'émission de coupons. D'où l'idée de véhicule.

Deux cas de figure peuvent alors apparaître suivant que l'assureur subit, durant une période de temps spécifiée par le contrat, des pertes supérieures ou inférieures à un seuil de référence prédéterminé, ou que la profession subit des pertes supérieures ou inférieures à un certain indice.

Si les pertes sont supérieures à ce seuil, les coupons et/ou le principal sont réduits d'un montant tel que défini par le contrat. Les investisseurs perdent donc ce montant, qui est rétrocédé par le SPV à la compagnie d'assurance.

En ce sens, l'assureur est indemnisé par le SPV qui fait office de réassureur.

Dans le second cas, absence de sinistre ou des montants de sinistres en deçà du niveau spécifié par le contrat, la compagnie d'assurance ne perçoit rien et perd sa prime versée au SPV. Les investisseurs reçoivent alors le principal augmenté d'un intérêt substantiel financé par la prime de réassurance (diminuée des frais de commission du SPV), afin de compenser leur exposition aux risques et de rémunérer l'utilisation de leurs fonds initialement versés au SPV. Le rendement est alors beaucoup plus avantageux pour eux que celui obtenu sur des obligations d'État non risquées.

Figure 3
Architecture dans le cas de *cat bonds*

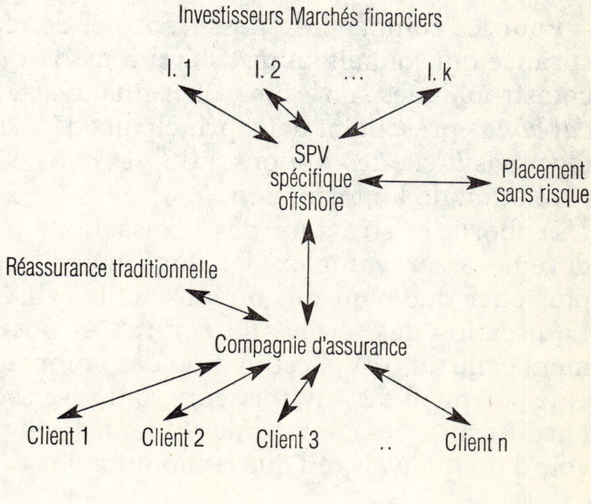

En cela, certains *cat bonds* (nominal et coupons à risque) suivent une logique similaire à celle du prêt à la grosse aventure de mer mentionnée en introduction de ce chapitre. En effet, l'investisseur payait à l'armateur, d'avance, le prix de la cargaison (ici, le capital investi auprès du SPV en échange de *cat bonds*), en échange d'une promesse de revente de la cargaison au prix de départ augmenté d'intérêts substantiels (ici, restitution du nominal et des coupons à risque). En cas de perte du bateau, le propriétaire du bateau ne devait rien à l'investisseur et conservait la somme initialement versée par celui-ci (en cas de catastrophe naturelle, l'investisseur perd sa mise et l'assureur reçoit le capital investi en fonds d'État, ce qui lui permet d'indemniser ses propres assurés).

Cat bonds versus options sur indice

Pour les compagnies d'assurance et de réassurance qui souhaitent transférer leurs risques catastrophiques sur les marchés financiers, les *cat bonds* présentent deux principaux désavantages vis-à-vis des options PCS : le coût et la révélation de l'information.

D'abord, la structure des transactions peut devenir assez complexe et donc coûter bien plus cher que pour des options standardisées. La création des termes du contrat, et notamment celle du SPV, l'estimation des dommages et le paiement des investisseurs sont assez coûteux. Ensuite, les compagnies cédantes peuvent voir d'un mauvais œil que le montant de pertes potentielles, puis éventuellement effectives, soit rendu public.

De plus, du côté des investisseurs, l'effet de levier est moindre dans le cas des *cat bonds*, pour lesquels la totalité de l'investissement doit être transférée au SPV. D'après la loi, les options, elles, ne requièrent qu'un montant initial investi de 20 % des pertes maximales potentielles, les 80 % restants pouvant être utilisés au gré de l'investisseur (et pas seulement dans des placements sans risque). Ainsi, les *cat bonds* ne permettent pas aux investisseurs de jouir d'un effet de levier, ce qui peut limiter leur intérêt aux yeux d'investisseurs souhaitant, au moins en partie, des placements plus risqués.

Cependant, les *cat bonds* présentent de leur côté un certain nombre d'avantages pour les compagnies d'assurance et de réassurance. Nous en retenons quatre. Ils contribuent à expliquer le manque d'intérêt des investisseurs pour les options sur indice PCS, qui a conduit à leur suspension[62].

Premièrement, les *cat bonds* sont plus flexibles que les contrats standard d'option. En particulier, les options reposent sur l'indice du *Property Claims Services* représentant les pertes de l'ensemble de l'industrie de l'assurance de la région couverte par l'indice en question, alors que les *cat bond*s peuvent être indexés précisément sur les pertes de la compagnie cédante qui crée le SPV et non pas sur les pertes de l'ensemble de l'industrie.

Deuxièmement, la structure des obligations

indexées peut s'apparenter à un traité de réassurance *stop-loss* ou bien de réassurance proportionnelle, où les investisseurs supportent les pertes de la compagnie cédante.

Troisièmement, parce que le SPV utilise les fonds de l'investisseur en effectuant des placements sans risque, ces fonds serviront à rembourser l'assureur en cas de catastrophe. En cas d'absence de catastrophe, la prime de l'assureur est distribuée sous forme d'intérêts aux investisseurs et le paiement des intérêts est donc garanti. Ainsi, dès la signature des deux contrats (réassurance d'une part entre l'assureur et le SPV et émission de *cat bonds* de l'autre entre le SPV et les investisseurs), le risque de crédit (insolvabilité) est limité pour les deux parties prenantes que sont l'assureur et les investisseurs[63].

Enfin, un autre avantage important des obligations sur les options PCS tient à des aspects légaux quant aux possibilités d'achat et d'investissement. Aux États-Unis, les fonds de pension sont limités dans l'achat de *derivatives* (par exemple les options PCS) alors qu'ils peuvent investir dans des actifs tels que les *cat bonds*.

En résumé, il existe des différences importantes entre les *cat bonds* et les options sur indice. Ces différences ont été non seulement déterminantes pour une compagnie qui souhaitait transférer une part de son portefeuille de risques catastrophiques sur les marchés financiers, mais aussi pour des investisseurs potentiellement intéressés par ces nouveaux actifs. Le développement des *cat bonds* témoigne de ces avantages importants. En particulier, une étude récente a montré que le risque de base expliquait pour beaucoup le manque d'intérêt porté par les investisseurs aux options sur indices PCS[64].

Les problèmes résolus par la titrisation

Pour les compagnies d'assurance et les assurés, la titrisation présente plusieurs avantages. Concentrons-nous sur trois principaux.

En premier lieu, elle limite le risque dit de crédit ou de contrepartie — c'est-à-dire la possibilité que l'autre partie (ici le réassureur) ne soit pas en mesure d'honorer ses remboursements tels que spécifiés dans le contrat de réassurance. Pour les options sur indices du CBOT, il s'agit de contrats standard garantis par des chambres de compensation. Pour les obligations indexées, nous avons montré comment le SPV détient un capital correspondant au montant du sinistre potentiel, puisque les fonds à garantir sont investis dans des placements sans risque. Ces utilisations des marchés financiers offrent donc une meilleure garantie de crédit que la réassurance traditionnelle.

Deuxièmement, ces outils offrent une disponibilité de couvertures plus étendues et une garantie de déblocage des fonds très rapide. En effet, il arrive assez souvent que des assureurs ne puissent pas trouver les couvertures de réassurance importantes qu'ils recherchent, soit qu'elles soient inexistantes (limitation de l'exposition du réassureur par risque), soit qu'elles soient pour eux inabordables. La titrisation est à même de les leur fournir. De plus, les outils de titrisation apportent souvent une couverture pluriannuelle pour un prix prédéfini, ce qui limite l'impact de possibles élévations brutales du prix de la réassurance des catastrophes naturelles comme après l'ouragan Andrew ou le séisme de Northridge en Californie en 1994 ou, plus près de nous, du fait des événements du 11 septembre 2001 aux États-Unis, ou de la catastrophe de Toulouse (réassurance des grands risques industriels).

Par ailleurs, lorsque les assurés voient leurs biens détruits à la suite d'une catastrophe, la valeur qu'ils attribuent aux remboursements de leur compagnie d'assurance est d'autant plus élevée qu'ils sont indemnisés rapidement. En cela, la titrisation pourrait aussi permettre une élévation du consentement à payer des assurés, dans la mesure où ils peuvent attendre une indemnisation rapide.

Un troisième avantage consiste à limiter le phénomène d'aléa moral présent dans une relation traditionnelle entre un assureur et son réassureur dans la mesure où l'instrument financier peut se baser sur des pertes qui sont indépendantes des actions de l'assureur. Par exemple, dans le cas des options sur indice, l'index PCS n'est pas fonction des pertes de l'assureur mais des pertes de toute l'industrie de l'assurance dans une zone géographique déterminée, et est donc indépendant des actions des parties prenantes. Ou encore, pour les *cat bonds*, l'aléa moral est nul si l'indice pour les tremblements de terre est basé sur l'échelle de Richter. Comme le soulignent Niehaus et Mann, « à cause des problèmes d'aléa moral, le transfert de risque à un réassureur est toujours partiel alors qu'il peut être complet dans le cas d'outils financiers[65] ».

La titrisation des risques de catastrophes naturelles offre également plusieurs avantages pour les investisseurs sur les marchés financiers.

Tout d'abord, ces outils offrent un rendement attractif. Selon une étude récente de la Suisse de Ré[66], qui considère un échantillon représentatif de 17 obligations indexées sur des catastrophes naturelles émises entre 1997 et 2000, il apparaît que le taux d'intérêt moyen de ces obligations était de 4,2 points de pourcentage au-dessus du LIBOR (*London Interbank Offered Rate*), taux d'intérêt sans risque de référence.

Par ailleurs, ces nouveaux outils sont considérés par beaucoup comme une nouvelle classe d'actifs capable d'offrir aux investisseurs une réelle diversification de portefeuille.

Les études empiriques montrent en effet que la survenance de catastrophes naturelles assurées est non corrélée aux rendements des autres actions et obligations du marché. Ainsi, dans une étude publiée en 1997[67], le coefficient de corrélation entre l'évolution annuelle de l'indice américain S&P 500 et celle de l'indice PCS National annuel a été calculé pour la période 1949-1997. Il apparaît que ce coefficient est significativement non différent de zéro. Les deux évolutions sont donc absolument non corrélées. À titre indicatif, la même étude montre qu'un portefeuille de dix compagnies importantes de réassurance est, lui, fortement corrélé avec l'indice S&P 500. Enfin, d'autres études montrent qu'introduire ces titres dans son portefeuille conduit l'investisseur à réduire le risque afférent. Cette introduction rapproche le contenu du portefeuille de la « frontière d'efficience » chère à la théorie financière[68]. Dit simplement, cette frontière est constituée de l'ensemble des combinaisons optimales d'un risque minimal et du meilleur rendement possible pour les investisseurs, le risque étant mesuré par l'écart type du rendement. Le courtier Guy Carpenter estime ainsi qu'ajouter 2 % de risque catastrophique à un portefeuille composé de 60 % d'actions et de 40 % d'obligations réduit l'écart type du rendement du portefeuille de 0,25 % et en augmente le rendement de 1,25 %. Ces outils de gestion des risques constituent donc une nouvelle classe d'actifs attrayante pour les investisseurs.

Deux exemples récents

Une des opérations les plus importantes a été mise en place en juin 1997 par l'assureur américain USAA, pour se prémunir contre des pertes supérieures à un milliard de dollars. La vente de 477 millions de dollars de *cat bonds* a nécessité la construction d'une architecture classique, telle que décrite plus haut, avec un *Special Purpose Reinsurer*, dénommé Residential Re et basé dans les îles Caïmans. Cette institution a pour seule fonction d'offrir à l'assureur une couverture de réassurance pour une durée d'un an à hauteur de ces 477 millions, et de mettre en place l'émission des obligations catastrophes pour une somme identique afin de garantir l'engagement. Lors de cette opération, des titres de deux types ont été proposés : 1) nominal protégé et coupons à risque (la tranche avec capital protégé ne sera remboursée en cas de sinistre qu'avec un différé de dix ans), 2) principal et coupons à risque. Plus précisément, Residential Re devait couvrir 80 % des pertes de USAA occasionnées par un ouragan touchant ses assurés et qui s'abattrait sur la côte Est des États-Unis, si les pertes dépassaient un milliard de dollars.

Comme aucun ouragan n'a infligé une perte supérieure à un milliard durant cette année, les investisseurs ont touché l'intégralité du principal et des coupons rémunérés dans le cas (2) à 5,76 points de pourcentage au-dessus du LIBOR (financés par la prime de 24 millions de dollars payée par USAA à Residential Re). Comme l'indiquait un article publié dans le *Financial Times*[69], la presse américaine a abondamment salué le succès de l'opération puisque le nombre d'acheteurs a largement dépassé le nombre d'obligations, la demande excédant donc significativement l'offre. Une émission identique pour 450 millions de dollars a été mise en place par USAA en 1998.

Plus près de nous, en France, en janvier 2002, Euronext, qui gère le marché français des actions, a mis en place avec Météo France six indices de température calculés quotidiennement. Ces nouveaux produits, baptisés Next-Weather, sont constitués par un indice national et cinq indices régionaux liés à la pluie ou à la température, sur une zone géographique et une période prédéterminées. Chaque jour, Météo France relève les températures et les compare aux moyennes historiques, de façon à construire une courbe de référence des températures.

Une telle initiative devrait pouvoir être étendue en Europe. Ces indices ne serviront pas dans un premier temps d'instruments financiers (« dérivés climatiques ») négociables sur un marché, mais ils seront utilisés comme base de données. D'ici 2003, ils serviront de support à de nouveaux instruments financiers permettant à des entreprises (et leurs assureurs) dont le résultat dépend des aléas de la météo de se couvrir contre des risques climatiques.

Ces nouveaux produits financiers semblent offrir une contribution précieuse pour résoudre les problèmes de solvabilité et de liquidité des assureurs face à des sinistres à grande échelle, aux conséquences financières extrêmes.

D'ailleurs, le nombre d'entrants sur ce marché est croissant. Parmi les premiers figuraient le géant de l'assurance, AIG, avec sa structure spécialisée AIG Financial Product, la Compagnie suisse de réassurance et sa structure Swiss Re New Market, ou encore la banque d'affaires Goldman Sachs. D'autres ont aujourd'hui suivi comme, pour n'en citer que quelques-uns, AXA, Lane Financial, Merrill Lynch, ou encore la Société générale, les AGF et la SCOR.

II. LA PRISE EN CHARGE DES RISQUES À GRANDE ÉCHELLE : DES PARTENARIATS ENTRE SECTEURS PUBLIC ET PRIVÉ

Les événements catastrophiques et le partenariat des secteurs public et privé

Le débat sur l'efficacité respective des secteurs public et privé pour la gestion des risques à grande échelle est animé. Certains prétendent que le marché peut, seul, traiter efficacement les enjeux des risques catastrophiques. D'autres pensent que ce domaine relève de l'intervention publique. Bien évidemment, il ne s'agit pas ici d'offrir une liste exhaustive des différents points de vue et arguments mis en avant de part et d'autre. Il paraît néanmoins utile de dégager certaines interrogations majeures qui devraient plutôt nous conduire vers une approche reposant sur le partenariat public-privé, capable de s'appuyer sur les avantages des deux secteurs tout en évitant certaines de leurs limites respectives.

Les limites du marché

Une première interrogation de fond porte sur la capacité des assureurs et réassureurs privés à résoudre seuls les problèmes posés par l'échelle et la nature des risques en cause.

La première section de ce chapitre a présenté un large éventail des solutions de partage des grands risques offerts par le secteur privé. Si les avantages des acteurs de ce secteur sont multiples, les questions de solvabilité des assureurs et de solidarité envers les victimes deviennent de première importance lorsqu'il s'agit de risques catastrophiques. Aucun argument ne semble pouvoir être avancé de manière complètement convaincante quant à la capacité illimitée du seul secteur privé à faire face à des sinistres aux conséquences catastrophiques. On peut d'ailleurs observer une attitude de retrait des assureurs privés vis-à-vis de certaines catégories de risques.

L'intervention gouvernementale est quasi inéluctable dans de telles circonstances pour prendre en charge une partie des indemnisations lorsque les assureurs deviennent ou pourraient devenir insolvables.

Mais l'intervention gouvernementale ne se limite pas à cela, loin s'en faut. Elle opère également pour protéger les citoyens selon trois voies différentes. La première consiste à les protéger contre leur propre imprévoyance (mise en place d'assurances obligatoires). L'intervention publique peut également se justifier pour garantir la protection des assurés. En effet, ces derniers n'ont aucune garantie lors de la signature du contrat que la compagnie d'assurance sera en mesure de satisfaire à ses obligations au terme du contrat. En cela, les instances publiques de régulation défendent les intérêts des assurés en imposant des contraintes de solvabilité aux assureurs[70].

Un troisième argument légitimant l'intervention du secteur public trouve son fondement dans des considérations éthiques, liées notamment à la recherche de l'équité[71]. L'assurance, dans une logique de marché, cherche à différencier au maximum ses tarifs de façon à représenter au mieux la diversité des risques actuariels correspondants. Si cette discrimination tarifaire apparaît justifiée pour certains types de risques (qu'un automobiliste inexpérimenté paie une prime d'assurance plus élevée paraît normal[72]), elle l'est beaucoup moins dans d'autres situations où l'individu ne peut guère peser sur le caractère inhérent du risque qu'il doit supporter. Cet argument est notamment valide pour certaines maladies, pour le risque d'une contamination après une catastrophe industrielle, ou pour les conséquences d'actes terroristes, et, dans une certaine mesure, celles des catastrophes naturelles, ce que nous examinerons plus en détail dans ce qui suit, reportant au chapitre suivant la discussion du risque terroriste.

La légitimité de l'intervention publique

Une seconde interrogation apparaît alors : si le secteur public doit intervenir, peut-il, lui, prendre seul en charge la gestion de certains événements ? Le secteur public présente au moins quatre avantages :

• *Pouvoir de redistribution de richesses* : il détient le pouvoir de répartir les coûts de la catastrophe sur une longue période de temps et de le faire sur la plus large entité sociale existante, la population tout entière des citoyens et des entreprises, fondant sa démarche sur un « principe de solidarité nationale ». Il peut effectuer cette répartition sur plusieurs générations. Il pourrait donc, s'il est bien établi[73], résoudre seul le problème de limite de capacité dans le financement des risques à faible probabilité mais aux conséquences catastrophiques.

• *Capacité à diversifier des risques* : le secteur public peut atteindre un très haut degré de diversification en regroupant de multiples sources de risques largement indépendantes.

• *Politique de subvention des primes d'assurance* : il peut offrir des conditions non commerciales d'assurance très favorables, notamment par l'établissement de mécanismes de subventions directes ou croisées (au sein d'un même groupe d'assurés) des primes d'assurance.

• *Loi rendant une assurance obligatoire* : les pouvoirs publics peuvent, dans certains pays, adopter des lois rendant certaines assurances obligatoires. La France détient certainement le record du nombre d'assurances obligatoires : elles sont aujourd'hui plus de 90.

L'exemple suivant illustre bien la combinaison de ces avantages. Le programme américain d'assurance publique contre les inondations (*National Flood Insurance Program,* NFIP) réalise de manière originale la prise en charge de ces événements par le secteur public. Cet exemple est intéressant pour la problématique développée ici car les compagnies d'assurance privées n'y participent pas, il est donc exclusivement public. L'objectif de ce programme est double : 1) offrir une assurance contre le risque inondation au plus grand nombre grâce à des primes de faible niveau, car subventionnées et 2) inciter les citoyens et les entreprises assurés à mettre en place des mesures de prévention plus nombreuses et plus efficaces.

Une étude très fine et de grande envergure a été menée en 1996 par le NFIP. Cette étude a identifié l'ensemble des municipalités, petites ou grandes, englobant des zones à risque d'inondation (plus de 18 700 municipalités). Les moyens déployés pour la réalisation d'une telle analyse de risques ont été considérables : pas moins de 2 milliards de dollars pour fournir une véritable cartographie actuarielle du seul « risque inondation » aux États-Unis. Le *Community Rating System* (CRS), créé en 1990, a alors pu être appliqué à l'échelle du pays. Ce système encourage les municipalités à s'engager dans des activités de prévention. Chaque ville est notée en fonction de son degré naturel de risque mais aussi en fonction des mesures de prévention prises pour limiter le risque et les pertes potentielles consécutives à une inondation.

Pour faire simple, le CRS distingue dix classes de municipalités. Les localités notées 1 sont considérées comme les plus engagées dans des efforts de réduction des risques. Celles notées 10 ne le sont pas ou très peu. La part des subventions gouvernementales est la plus importante pour les municipalités notées 1. Les habitants sont donc incités à faire pression sur leurs élus pour que la municipalité entre dans le programme et joue pleinement le jeu de la prévention. Ainsi, les habitants peuvent d'une part disposer d'une assurance à moindre frais et d'autre part contribuer à limiter les conséquences des inondations futures.

Pour donner un ordre d'idée, Edward Pasterick estime ainsi que « environ 35 % des polices d'assurance inondation vendues par ce programme public sont subventionnées, à des degrés divers. Il en coûte un demi-milliard de dollars par an au programme pour la seule subvention des primes[74] ».

On estimait en 1998 à plus de 4 millions le nombre de polices d'assurance, pour un montant de primes d'environ 1,7 milliard de dollars et une couverture nationale dépassant les

455 milliards de dollars[75]. Néanmoins, le taux de pénétration du marché demeure faible et une grande part des pertes dues aux inondations est encore non assurée. On estime que les 4 millions de polices d'assurance vendues ne représentent pas la moitié de la demande potentielle, et cela malgré l'effort fédéral pour offrir une assurance à prix réduit et accessible à tous.

Comme nous l'avons indiqué dans l'introduction à ce chapitre, ce résultat mitigé corrobore de nombreuses études comportementales montrant que les individus tendent à sous-évaluer les risques qu'ils courent. Comme l'ont montré deux études récentes publiées en 2000[76], cette sous-évaluation influence l'achat d'assurance contre les catastrophes, d'autant plus que la probabilité d'occurrence de ces dernières est faible.

Un autre phénomène peut réduire la demande d'assurance ou du moins le consentement à payer des individus. Le *risque de charité*, défini comme « la tendance d'un individu à risque de ne pas se couvrir par l'achat d'une assurance puisqu'il compte sur la charité [...] des programmes d'indemnisation gouvernementaux[77] », influence la décision d'achat d'assurance. En effet, après une catastrophe, le gouvernement devra toujours aider les citoyens, qu'ils soient assurés ou non, au travers de mesures d'urgence, de la gestion de la crise, des aides financières qu'il est amené à leur accorder. Cette anticipation peut inciter certains assurés potentiels à considérer comme trop élevée la prime proposée, puisque leur consentement à payer pour être couverts diminue d'autant plus que le risque de charité est plus marqué.

Il s'agit là d'un argument majeur en faveur d'une assurance obligatoire pour certaines catégories de risques. En ajoutant de manière obligatoire une garantie additionnelle sur un contrat préexistant (cas de certains désastres naturels en France) ou en interdisant l'exclusion de garantie (cas des dommages matériels suite à des attentats), le législateur rend cette obligation plus simple à gérer que s'il impose une obligation d'assurance pure et simple. Une incidence directe de cette obligation d'assurance est d'éliminer le phénomène d'anti-sélection. Une seconde incidence, comme nous l'avons indiqué plus haut, est de favoriser une logique d'équité plutôt qu'une logique de différenciation, opérant au sein d'un marché concurrentiel et pouvant être jugée moralement ou socialement inacceptable. En revanche, inconvénient significatif, l'assurance publique indifférenciée accroît le poids de l'aléa moral, sauf si une certaine différenciation est réintroduite pour encourager les efforts de prévention.

Les limites d'une prise en charge exclusivement publique

Néanmoins, la prise en charge publique exclusive présente certains inconvénients. Il s'agit d'abord des conditions, parfois floues, d'attribution des indemnisations ou des subventions.

Ainsi, George Priest, de la Yale Law School, recensait de tels dysfonctionnements dans une allocution prononcée lors de la conférence sur les risques catastrophiques organisée à l'université Stanford en 1994[78]. Selon lui, de nombreuses attributions douteuses dans le cadre de l'aide à l'agriculture sinistrée avaient été relevées par deux rapports de commissions gouvernementales après l'ouragan Andrew de 1992 et les inondations du Mississippi en 1993. Dans un autre domaine, les débâcles bancaires en nombre important depuis vingt ans ont révélé certaines facettes plus noires de l'intervention publique : rigidité face à des situations de crise, incompétences techniques et de gestion, réseaux publics de corruption, etc.

Une autre lourdeur du système public, souvent citée, concerne l'aspect réglementaire. La difficulté d'adaptation à des changements rapides, la complexité des procédures et la superposition de réglementations redondantes jouent en sa défaveur. Comme le souligne Jean-Charles Rochet, « une entreprise inefficace, un produit inadapté aux besoins des consommateurs disparaissent rapidement sous la pression de la concurrence. Quand une réglementation est inadaptée ou obsolète, il est très rare qu'elle disparaisse. Dans la plupart des cas, on lui adjoint une nouvelle réglementation qui la rend redondante ou parfois, au contraire, inapplicable[79] ».

Cette constatation fait écho au débat qui a lieu

aux États-Unis depuis le début des années 90, concernant la régulation des taux de primes d'assurance des catastrophes naturelles, régulièrement jugée trop contraignante par les assureurs américains[80].

De cette courte analyse, une conclusion intermédiaire appelle donc à imaginer une forme de partenariat entre les secteurs public et privé, susceptible de combiner au mieux leurs avantages respectifs, tout en minimisant leurs faiblesses potentielles.

Plusieurs combinaisons sont possibles. Plusieurs devront être testées pour aboutir, suivant la nature de l'événement considéré et les particularités des pays d'application, à des partenariats équilibrés et efficaces. Une fois établis, ils devront évoluer non seulement avec l'apparition de nouveaux événements sur le territoire national, mais aussi au regard des politiques mises en place à l'extérieur de celui-ci.

Un exemple de partenariat : les risques liés au transport pétrolier

Après la catastrophe pétrolière du *Torrey Canyon* en 1967, les États ont exigé une couverture responsabilité civile pollution pour les pétroliers. Le plafond était initialement de 15 millions de dollars ; il dépasse aujourd'hui 100 millions de dollars pour certains navires. Parallèlement à cette obligation d'assurance, le Fipol, « Fonds international d'indemnisation pour les dommages dus à la pollution par les hydrocarbures», a été créé en octobre 1978 pour gérer les contributions des compagnies pétrolières à l'indemnisation des victimes des marées noires. L'expérience de ce fonds basé en Angleterre, géré par l'ONU, est intéressante car il a su combiner judicieusement les atouts d'une institution internationale (diplomatie) — sans, en général, tomber dans ses travers classiques (lourdeur administrative, indemnisations tardives) — et de l'assurance privée. Son fonctionnement nécessite une collaboration étroite entre les compagnies pétrolières et les armateurs, gérée par l'assurance maritime[81]. Il a donc bénéficié d'une gestion privée attentive digne de la City, où est situé son siège. En 1980, ses ressources étaient inférieures à 30 millions d'euros. Depuis 1992, le plafond d'indemnisation par le Fipol pour l'ensemble des victimes atteint 183 millions d'euros, incluant la part de l'assureur du navire[82], et garanti par les contributions des 70 États membres. L'indemnisation des victimes se fait donc uniquement jusqu'à concurrence de ce plafond (voir plus bas). Comme l'écrit M. Rémond-Gouilloud: «La fonction contentieuse de l'institution a été affermie par vingt ans de combats judiciaires. Le rapport de 1995 mentionne les interrogations suscitées par d'éventuelles actions en justice à propos de la marée noire du Braer (îles Shetland, Royaume-Uni, 5 janvier 1993), des développements du contentieux né de celle du Haven (Italie, 1er avril 1991) et organise l'action à intenter auprès des juridictions canadiennes dans l'affaire du Rio Orinoco contre le propriétaire du navire et son assureur suédois (Canada, 16 octobre 1990). Cette expérience lui vaut aujourd'hui une influence dissuasive tant à l'égard des pollueurs que des auteurs de demandes abusives[83]. »

Plus de vingt années de procédures de contrôle des accidents et des demandes d'indemnisation confortent la réputation d'expertise de l'équipe en charge du fonds. Cette expertise, combinée avec une gestion assez souple des réclamations et le souci d'information du public, contribue à faire du Fipol un exemple intéressant de partenariat international, tout du moins sur le plan de l'indemnisation, beaucoup moins du point de vue de la prévention des accidents, comme l'attestent l'âge et l'état de beaucoup de navires.

Le naufrage de l'*Erika* en décembre 1999 a d'ailleurs ravivé de vieux cauchemars. En effet, il semblerait que les précédents en la matière, comme le naufrage de l'*Amoco-Cadiz,* n'aient pas suffi à susciter une prise de conscience débouchant sur des actes forts et des moyens importants pour plus de sécurité, et une application stricte de la régulation : le fonctionnement du Fipol n'a manifestement pas favorisé la prévention.

En matière d'indemnisations, la catastrophe de l'*Erika,* avec des réparations partielles et tardives, a quelque peu terni l'image du fonds. Compte tenu de l'ampleur de la catastrophe, le

Fipol a en effet décidé en février 2000 de différer le paiement intégral des premières indemnisations, afin de garantir une répartition plus équitable des sommes entre l'ensemble des victimes (une demande d'indemnisation peut être formulée dans un délai de trois ans), et en conséquence de ne régler que 50 % des préjudices reconnus (plus de 1 800 demandeurs). Une avance de trésorerie du gouvernement français pour accélérer l'indemnisation complète des préjudices reconnus a été nécessaire[84]. D'ailleurs, les plaintes déposées par certaines victimes contre l'État français et la société TotalFinaElf, associées à des demandes d'indemnisation allant très au-delà du plafond du Fipol, montrent bien les limites actuelles de la capacité du fonds à faire face à des sinistres d'une telle ampleur.

Ses limites financières pourraient être rapidement surmontées par une augmentation des contributions. À la suite du naufrage de l'*Erika*, le Parlement européen a d'ailleurs souhaité le développement des régimes collectifs d'indemnisation du type Fipol, et la consécration du principe de responsabilité du transporteur et du propriétaire de la cargaison.

Le régime français d'assurance des catastrophes naturelles

Le système français de couverture contre les conséquences négatives d'événements naturels, créé il y a vingt ans, constitue un autre exemple de partenariat entre l'État et l'industrie de l'assurance. Avec la fréquence croissante des catastrophes naturelles, mais aussi celle d'événements de moindre ampleur mais plus récurrents, de nombreux pays cherchent aujourd'hui à s'inspirer de ses aspects positifs pour mettre en place une politique nationale d'assurance contre ces sinistres[85].

Au début des années 70, on envisagea de créer des programmes spécifiques d'indemnisation, mais ces projets furent très vite abandonnés. Quelques années plus tard, le gouvernement français demanda aux compagnies d'assurance d'étudier la création éventuelle d'un marché d'assurance contre les tremblements de terre et les inondations. La réponse des assureurs fut négative, et cela pour deux raisons principales.

D'une part, les menaces de faillite pour les compagnies qui offriraient une telle couverture étaient réelles. Néanmoins, des pertes potentiellement très grandes ne constituent pas un problème insurmontable si les risques sont suffisamment diversifiables. Dans ce cas en effet, si l'assureur est assez stable financièrement et que son portefeuille est constitué de risques faiblement corrélés, la diversification peut être suffisante pour limiter les pertes en interne. Or, les catastrophes naturelles affectent des zones géographiques étendues. Dans ce cas, les assureurs ayant concentré leur activité dans la même zone sont tous exposés au même type de risque. Comme l'expliquent David Culter et Richard Zeckhauser[86], qui ont beaucoup travaillé sur ces questions à l'université Harvard, en pareil cas, d'une part la diversification en interne n'est plus possible, mais surtout l'industrie de l'assurance dans son ensemble pourrait être affectée si un événement catastrophique survenait.

En France, dès 1981, le pire scénario imaginé était l'éventualité d'un séisme qui ravagerait la région de Nice. Les pertes assurées, consécutives à un tel événement, étaient estimées dans une fourchette large comprise entre 10 et 15 milliards d'euros, représentant une large part des réserves des compagnies d'assurance françaises.

Comme nous l'avons montré plus haut, ce type de problème est d'ordinaire résolu par un recours à la réassurance, à ses capacités de diversification non plus au niveau national, mais sur l'ensemble des cinq continents. Aussi, le bien-fondé d'une intervention publique ne saurait reposer sur cet unique argument. Cependant, aucun réassureur, au début des années 80, n'était capable de garantir de tels niveaux d'indemnisations en offrant des solutions de réassurance à un prix abordable pour les assureurs français.

La seconde raison de la réaction négative de ceux-ci tenait au manque d'information sur les risques réellement encourus.

Une des caractéristiques des événements à faible probabilité mais aux conséquences catastrophiques est justement la difficulté pour les assureurs à calculer des primes. À cette époque, il n'existait pas d'analyse approfondie des risques de catastrophes naturelles en France. Sans cette information actuarielle, deux comportements tendent à s'opposer : d'un côté la population et les entreprises (acheteurs potentiels de couverture d'assurance) sous-estiment le risque réel, et de l'autre les assureurs ont tendance à le surestimer. Comme les assureurs n'avaient jamais auparavant assuré de tels événements sur une échelle significative, leur connaissance des risques était assez pauvre. Confrontée à des perspectives de marché non rentable, l'industrie française de l'assurance conclut donc à la non-assurabilité des dommages dus aux catastrophes naturelles.

Cependant, des inondations majeures ont eu lieu en France à la fin 1981, notamment dans les vallées du Rhône, de la Saône et de la Garonne. Après le refus des assureurs privés et sous la pression publique, il était devenu impératif de créer un système innovant.

En novembre 1981, un projet de loi a proposé la création d'un système d'indemnisation pour les victimes de désastres naturels, et très vite la première loi significative en la matière a été votée par le Parlement[87]. Elle prenait en compte les dommages occasionnés à compter du 14 août 1982 et marquait la naissance du système français « Cat. Nat. » (pour catastrophes naturelles). D'autres lois furent votées depuis, nous en évoquerons certaines, mais les principales composantes du système n'ont pas significativement changé.

Un principe de solidarité nationale

L'article 2 de la loi de 1982 stipule que « la garantie est couverte par une prime ou cotisation additionnelle, calculée à partir d'un taux unique défini par arrêté pour chaque catégorie de contrat. Ce taux est appliqué au montant de la prime ou cotisation principale ou au montant des capitaux assurés, selon la catégorie du contrat ».

Les décideurs publics français choisirent d'appliquer un *principe de solidarité nationale* : tous les citoyens et toutes les entreprises paient le même taux de surcharge au titre de l'assurance contre les catastrophes naturelles et cela quel que soit leur degré d'exposition au risque. Cette surcharge est un pourcentage de la prime d'assurance (habitation, véhicules à moteur) payée par chaque assuré et est fixée par la Direction du Trésor au ministère de l'Économie, des Finances et de l'Industrie. Au début du système, ce taux de surcharge — obligatoire, ce qui supprime les phénomènes d'anti-sélection — était défini comme suit : 5,5 % de la prime payée par l'assuré pour l'assurance incendie et dommages aux biens et 9 % pour l'assurance vol et incendie des véhicules à moteurs [88].

Il est à noter que, ce faisant, le gouvernement réglait le problème du calcul de la prime d'assurance, puisque les deux taux sont les mêmes pour toutes les personnes physiques ou morales assurées. Ainsi, le principe d'égalité devant les catastrophes naturelles proclamé dans la Constitution est-il mis en œuvre.

Les acteurs du système

En plus des assurés, il existe trois acteurs principaux dans le schéma français : l'industrie de l'assurance (compagnies d'assurance, de réassurance et mutuelles), la Caisse centrale de réassurance (CCR) et le gouvernement. Les assureurs collectent les primes, et donc les surcharges de primes au titre des catastrophes naturelles. Et comme ils avaient d'abord refusé d'assurer ces risques, le gouvernement leur a offert des commissions de gestion afin de les inciter à participer au système (comme nous le verrons au chapitre VII, ces commissions ont été substantielles). Afin de parer aux dangers de faillites et aux problèmes de liquidité possibles, le système offre la possibilité aux assureurs de se réassurer auprès de la CCR[89]. Celle-ci a été créée après la Seconde Guerre mondiale, en 1946. Détenue majoritairement par l'État, elle est aujourd'hui classée parmi les trente premiers réassureurs mondiaux. En outre, une convention passée avec les pouvoirs publics l'habilite à offrir des couvertures en réassurance avec une garantie de l'État, notamment dans le domaine des catastrophes naturelles. Elle bénéficie donc d'une garantie illimitée de l'État français — sous forme de réassurance entre l'État et la CCR[90] — qui lui confère un statut de réassureur à jamais solvable. Le gouvernement est ainsi l'assureur en dernier ressort : il paiera de façon à ce que la CCR ne se trouve jamais en faillite.

Le gouvernement joue un rôle essentiel dans le système. Tout d'abord, l'« état de catastrophe naturelle », nécessaire à la mise en route du processus d'indemnisation des victimes, est déclaré par lui. Ensuite, le taux de surcharge est décidé par la Direction du Trésor au ministère de l'Économie, des Finances et de l'Industrie, qui décide également du montant de la commission accordée aux assureurs pour gérer le système.

Un régime à « double couverture »

Avant même 1982, les risques de tempêtes ou de gel étaient considérés comme « assurables » par les assureurs privés, du fait d'une possible diversification géographique du risque. Un assuré pouvait ainsi demander une extension de garantie à son assureur afin d'être couvert contre ces risques spécifiques. Néanmoins, seul un faible pourcentage des assurés souscrivait une telle couverture. Cette situation a conduit le gouvernement français à faire voter la loi du 25 juin 1990[91]. Cette loi rend obligatoire l'assurance contre les effets du vent pour tous les assurés. Plus précisément, depuis cette date, toutes les polices d'assurance ouvrent directement aux assurés le droit à une assurance contre le gel, la neige et les effets du vent, qui sont alors couverts par la *garantie tempête* incluse dans tout contrat habitation ou automobile de base. Ainsi, les conséquences directes de ces événements sont aujourd'hui indemnisées exclusivement par les assureurs privés[92].

Une telle distinction de couverture conduit à la coexistence de deux systèmes d'indemnisation des victimes d'événements naturels (figure 4) :

• une *garantie tempête* est opérée uniquement par le secteur privé de l'assurance pour des risques naturels considérés comme « assurables », tels que les tempêtes, la grêle, le gel et le poids de la neige ;

• une *garantie Cat. Nat.* est mise en œuvre dans un partenariat public-privé pour les risques naturels considérés par les assureurs du marché français comme « non assurables », tels que les tremblements de terre, les inondations, les sécheresses, les glissements de terrain, les avalanches ou encore les raz de marée.

Ainsi, en France, l'expression « catastrophe naturelle » est juridiquement plus précise que son sens commun. Paradoxalement, une très forte tempête qui dévasterait une grande partie du territoire national, couverte par la garantie tempête, n'est pas — d'un point de vue légal — considérée comme une « catastrophe naturelle ». Un tel événement est exclusivement couvert par les assureurs privés sans aucune intervention publique dans l'indemnisation des victimes.

Une telle distinction n'est pas sans poser problème puisque, si elle est bien connue des spécialistes de l'assurance, elle l'est beaucoup moins du grand public. La figure suivante représente de manière simplifiée le système actuel d'assurance contre les conséquences négatives d'événements naturels.

Figure 4
Le système français d'assurance des événements naturels : une couverture duale

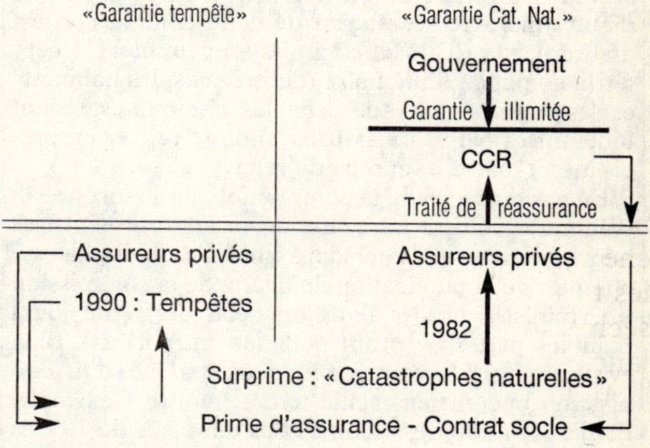

Source : Michel Kerjan (2001).

15. L'INDEMNISATION CAT. NAT.

Le processus des indemnisations s'effectue comme suit. Supposons un événement couvert par la garantie Cat. Nat., par exemple des inondations. L'indemnisation des victimes de ces inondations ne peut être actionnée que si l'«état de catastrophe naturelle» est officiellement déclaré par le gouvernement (le ministère de l'Intérieur), ce qui n'est pas systématique. Lorsque le gouvernement déclare l'état de catastrophe naturelle dans les régions affectées, il est du ressort de chaque maire des communes touchées de faire une demande afin que sa municipalité soit déclarée en état de catastrophe naturelle (dans un délai d'un mois à compter de la déclaration d'« état de catastrophe naturelle »). Une commission interministérielle étudie alors l'ensemble des demandes émanant des maires des communes. Cette commission est constituée de représentants de plusieurs ministères : la protection civile et la sécurité nationale, la Direction du Trésor, le ministère de l'Environnement et le secrétariat d'État aux Territoires et Départements d'outre-mer. Le secrétariat de cette commission est assuré par la CCR. La commission peut alors accepter la demande d'un maire (dans ce cas, les habitants et les entreprises situés sur les communes seront indemnisés par leurs assureurs) ou la rejeter en précisant au maire les motifs du rejet.

En cas d'accord de la commission, les assurés de la commune doivent faire une déclaration de sinistres auprès de leur assureur dans un délai de dix jours à compter de la publication du décret de la commission interministérielle (et dans un délai de trente jours pour les pertes de profit pour les entreprises). Bien évidemment, il se peut que les deux systèmes d'indemnisation opèrent en même temps. À titre d'exemple, l'indemnisation des victimes des tempêtes de 1999 a nécessité le fonctionnement des deux systèmes. En effet, les pertes assurées dues aux effets du vent ont été exclusivement indemnisées par les assureurs privés (garantie tempête). Mais ces violentes tempêtes ont également occasionné des inondations et des coulées de boue avec glissement de terrain. À ce titre, le gouvernement a déclaré 69 départements en « état de catastrophe naturelle ». Les dommages dus aux inondations ont été indemnisés par le système Cat. Nat. En résumé, les citoyens et les entreprises assurés ont pu demander les deux types de remboursements. D'une part, les remboursements pour les dégâts occasionnés par le vent, de l'autre pour ceux dus aux inondations.

Les forces principales du système

Le partenariat entre les secteurs public et privé a vingt ans d'âge. Quelles sont ses forces et ses faiblesses ? Du point de vue des assurés, il faut d'emblée souligner un point important : les procédures d'indemnisation n'ont jamais été mises en défaut ; tous les assurés touchés par des événements naturels classés comme « catastrophes naturelles » ont été indemnisés[93].

Afin de bien comprendre le système français, il convient de rappeler que l'assurance habitation et celle des véhicules à moteur sont aussi obligatoires en France. C'est un point clé pour comprendre les forces du système. L'assurance des catastrophes naturelles s'appuie sur une assiette de prélèvement maximale, l'ensemble des assurés, donc la quasi-totalité des citoyens et des entreprises du pays.

Le partenariat avec les assureurs privés présente au moins trois avantages clairs. Ces derniers expliquent d'ailleurs pourquoi la solution du fonds public d'indemnisation n'avait pas été retenue.

En premier lieu, il existe un vaste réseau d'assureurs couvrant l'ensemble du territoire, dans les villes mais aussi dans les communes rurales ou montagnardes. Il est en outre techniquement facile aux assureurs privés d'ajouter et de gérer une nouvelle ligne de risques « catastrophes naturelles » sur chaque contrat. La question de la collecte des surcharges et de leur gestion est ainsi résolue : les assureurs privés reçoivent toutes les surcharges payées par leurs assurés au titre de l'assurance Cat. Nat.

Deuxièmement, les assureurs sont capables d'estimer relativement rapidement les dommages grâce à leurs réseaux d'experts ; les délais d'indemnisation s'en trouvent réduits d'autant.

Enfin, et c'est la troisième force du système, le partenariat avec les assureurs privés limite certaines dérives possibles dans un système exclusivement public, comme aux États-Unis après les inondations du Mississippi.

Néanmoins, en France, ce partenariat a largement bénéficié aux assureurs privés. En effet, ces derniers ont prélevé, avec l'accord du gouvernement, des frais de gestion tout à fait disproportionnés. Le rapport d'évaluation de la politique publique de prévention des risques naturels, dirigé par P.-H. Bourrelier, et publié en 1997[94], dénonçait déjà les coûts de fonctionnement du système. Sur la période 1982-1995, les compagnies d'assurance ont versé environ 3 milliards d'euros d'indemnisations alors qu'elles prélevaient quelque 500 millions d'euros de commissions et environ 1,2 milliard d'euros au titre des frais de fonctionnement. Cela fait 1,7 milliard d'euros de recettes hors primes pour les assureurs. Or, quels sont les coûts des assureurs dans ce système ? Puisque l'assurance catastrophe accompagne automatiquement les contrats dommages, les coûts de mise sur le marché et de gestion sont, au total, quasi nuls. Les frais autorisés représentent donc, sur cette période, plus de la moitié des prestations versées aux assurés. En d'autres termes, on peut considérer que lorsqu'une victime de catastrophe naturelle a reçu 2 000 euros de sa compagnie d'assurance, cette dernière a bénéficié de plus de 1 000 euros comme frais de gestion... Les assureurs français semblent avoir bien tiré profit du régime Cat. Nat.[95], *a fortiori* lorsque l'on compare leur situation à celle de leurs homologues européens, et plus particulièrement en ce qui concerne le système espagnol. Le Consortio de Compensación de Seguros offre une couverture globale dans toute l'Espagne contre les dommages de catastrophes. Contrairement au système français, il s'agit d'un monopole d'État, s'appuyant sur les assureurs privés, en matière de couverture contre les catastrophes naturelles et les actes de terrorisme[96]. On observe que l'ensemble des frais administratifs ne représente que 10 % des primes (5 % pour les assureurs qui encaissent les primes et 5 % pour les frais de gestion du Consortio) et se situe donc bien en deçà des montants prélevés au même titre par les assureurs privés français[97].

Pour revenir au système français, les assureurs partagent les montants versés au titre des dommages avec la CCR dans la mesure où ils se sont réassurés auprès d'elle. Puisque la CCR dispose d'une garantie illimitée de l'État, les assureurs sont sûrs d'être remboursés par la CCR. La garantie publique permet à la CCR d'offrir une garantie de solvabilité aux assureurs, et donc la certitude que les assurés pourront toujours être indemnisés. Puisque la CCR n'a pas le monopole de la réassurance des risques de catastrophes naturelles en France (les assureurs ont toujours le choix de se réassurer auprès d'autres réassureurs), cette garantie constitue un argument concurrentiel manifeste face aux autres réassureurs privés. D'ailleurs les assureurs français se réassurent en très grande majorité auprès de la caisse.

Pour la CCR, et pour la période 1989-1999, les montants de remboursements payés au titre de l'indemnisation Cat. Nat. se sont élevés à quelque 3 milliards d'euros pour les dommages réassurés dus aux phénomènes de sécheresse (souvent beaucoup moins présents dans les médias que ne le sont les inondations) et 2,8 milliards d'euros pour ceux dus aux inondations. Ces montants d'indemnisations payés par la CCR ne lui ont pas permis d'accroître suffisamment ses réserves afin de pouvoir faire face à un événement très coûteux. Pire encore, ses réserves n'ont cessé de diminuer entre 1992 et 1999. En 1992, elles dépassaient 500 millions d'euros, en 1996, elles n'étaient plus que de 300 millions. Face à une sinistralité accrue, on a craint que les assureurs ne veuillent se réassurer au maximum possible auprès de la caisse, ce qui aurait contribué à lui faire supporter des coûts plus élevés encore. Il a alors été décidé de diminuer le taux maximum possible de réassurance proportionnelle auprès de la caisse. Celui-ci est passé de 90 % à 60 % au 1er janvier 1997[98]. Malgré cela, en 1999, alors que la CCR allait devoir payer pour les inondations de l'Aude en novembre et celles consécutives aux tempêtes de décembre, ses réserves n'étaient plus que de 150 millions d'euros. Avant ces deux événements, dès septembre 1999, deux composantes du système ont été modifiées pour pallier un trop faible niveau de réserves. Du côté des assurés, la Direction du Trésor a décidé de relever le taux de la surcharge appliquée sur les contrats assurance habitation et payée par l'ensemble des assurés au titre des catastrophes naturelles. Celui-ci a été augmenté de 30 %, passant ainsi de 9 à 12 % du montant de la prime de base payée par tout assuré. Du côté des assureurs, la CCR a décidé de ne plus offrir qu'un taux unique de réassurance proportionnelle, fixé à 50 % (au lieu de l'intervalle 40-60 % en vigueur depuis 1997). Ces deux mesures ont pris effet au 1er janvier 2000.

Les tempêtes de décembre 1999

L'année 1999 a jusqu'à présent été la seconde année la plus coûteuse, pour les désastres d'origine naturelle, de toute l'histoire de l'assurance mondiale (après l'année 1992 et ses quelque 19 milliards de dollars assurés rien que pour l'ouragan Andrew). En France, aux dramatiques inondations de l'Aude en novembre ont succédé les « tempêtes du siècle », fin décembre. Les inondations de l'Aude ont conduit 411 communes à être déclarées en « état de catastrophe naturelle » et ont causé la mort de 30 personnes.

Quant aux tempêtes Lothar et Martin, elles furent tout à fait exceptionnelles dans leur ampleur et dans leurs conséquences. Des vents soufflant à plus de 190 km/h, des inondations et des glissements de terrain en chaîne ont conduit à déclarer 80 % des communes françaises en « état de catastrophe naturelle ». Près de 370 000 foyers restaient privés d'électricité huit jours après les événements. Une analyse plus détaillée amènerait à aborder de multiples sujets relatifs notamment aux mesures d'urgence, à la gestion de la crise, etc. Il en a été question dans une autre partie de l'ouvrage[99].

Le caractère extrême d'un tel événement est indéniable dans un cadre purement français. Le reste-t-il au regard d'autres événements survenus à l'étranger ? En fait, l'assurance compte peu d'événements aux conséquences financières d'ampleur comparable : en Floride, en 1992, l'ouragan Andrew (30 milliards de dollars de dégâts dont 18,4 assurés[100]), à Los Angeles, le tremblement de terre de Northridge, en 1994, (44 milliards de dollars, dont 12,5 assurés[101]), au Japon, le tremblement de terre de Kobe en 1995 (100 milliards de dollars de dégâts dont une très faible proportion était assurée). Seuls ces événements dépassent en coûts financiers les tempêtes de décembre 1999 dont le montant total des dommages, aujourd'hui estimé avec plus de précision, dépasse 14,5 milliards d'euros. À titre indicatif, la grande tempête de verglas qui a paralysé l'Amérique du Nord, et plus particulièrement le Canada, en janvier 1998 a coûté 2,5 milliards de dollars.

En France, un peu moins de la moitié des 14,5 milliards d'euros était assurée. Les autres dommages ont concerné les dégâts au patrimoine non assurable des collectivités locales, ceux aux réseaux de transport et de distribution électrique, les préjudices subis par la forêt, et d'autres encore. On estime à 6,5 milliards d'euros les indemnisations versées par les assureurs au titre de la garantie tempête, qui représentent la majeure partie des remboursements d'assurance, 380 millions d'euros au titre du régime « catastrophes naturelles », et près de 300 millions d'euros dans le cadre du régime des « calamités agricoles » qui, à l'instar du système Cat. Nat., couvre les dommages agricoles résultant d'événements climatiques considérés comme non assurables. Les montants indemnisés au titre du régime « tempête » démontrent, s'il en était besoin, tout l'intérêt de l'inclusion obligatoire réalisée en 1990 dans les polices d'assurance multirisques.

La garantie Cat. Nat. a été mise à contribution au titre d'événements autres que le vent. Comme le souligne le rapport Sanson, « statistiquement, on remarque que 5 % environ en général des dégâts causés par les tempêtes ne sont pas dus au vent mais à l'eau : inondations, coulées de boues, submersions maritimes. "Lothar" et "Martin" n'ont pas fait exception ».

Alors que les 380 millions d'euros de remboursements au titre des catastrophes naturelles semblent représenter une faible part des dégâts totaux, il faut se souvenir qu'ils sont du même ordre que les indemnisations à l'occasion des inondations de l'Aude, et qu'ils constituent de ce fait les deuxièmes inondations les plus coûteuses depuis la mise en place du système en 1982. Cependant, les provisions de la CCR étaient inférieures à 150 millions d'euros en 1999, insuffisantes donc pour honorer l'ensemble des remboursements dus aux assureurs après ces deux événements. La garantie de l'État a donc été activée, pour un montant total dépassant 150 millions d'euros[102].

D'un côté, il s'agit bien d'un succès pour le système dans sa configuration actuelle. Le fait que les indemnisations aient été relativement rapides démontre son efficacité. Dès les premiers jours, la Direction du Trésor au ministère de l'Économie, des Finances et de l'Industrie, la Fédération française des sociétés d'assurance (FFSA) et le Groupement des entreprises mutuelles d'assurance (GEMA) se sont mis d'accord pour définir ensemble des procédures visant à faciliter l'indemnisation des victimes. À titre d'exemple, des Commissions départementales d'évaluation des conséquences des tempêtes (CODECT) ont été mises en place pour traiter, directement avec les sinistrés, les problèmes locaux. En moins de deux semaines, un plan global d'intervention était prêt et faisait l'objet d'une annonce publique. 700 000 foyers, soit environ 28 % des assurés touchés, ont été indemnisés sous trois mois et 90 % au plus tard douze mois après les événements.

D'un autre côté, il apparaît évident que le système d'assurance des événements naturels, dans sa forme actuelle, touche à ses limites. Alors même que la part prise en charge par le système Cat. Nat. a été faible (2 % du montant des dégâts totaux), la CCR a déjà dû faire jouer la garantie de l'État.

Les modèles actuels prédisent qu'une inondation majeure de la Seine similaire dans son extension à celle de 1910, et qui paraît aujourd'hui tout à fait possible malgré la construction de plusieurs bassins de rétention d'eau en amont du fleuve, occasionnerait des dommages assurés à hauteur de 7 milliards d'euros. Un tremblement de terre dans la région de Nice pourrait infliger des dégâts de l'ordre de 15 milliards d'euros. Qu'adviendrait-il si la France devait faire face à ce type d'événement pris en charge exclusivement par le régime Cat. Nat ?

CONCLUSION

L'objet de ce chapitre était d'apporter une meilleure compréhension des capacités offertes par l'assurance comme outil de transfert du risque d'une part, et de prévention des risques de l'autre. Nous nous sommes concentré sur les risques susceptibles d'occasionner des sinistres à grande échelle, laissant de côté la remarquable capacité de l'assurance à protéger chacun contre des risques particuliers et suffisamment indépendants les uns les autres, bien que cela représente la majeure partie du marché.

Nous avons montré comment l'assurance résout, notamment par un recours à la réassurance mondiale, certains problèmes de liquidité et de solvabilité.

En période de sinistralité forte et prolongée, et face à des catastrophes en série et très rapprochées dans le temps, la capacité de la réassurance elle-même semble atteindre ses limites et les prix du marché augmentent considérablement. Les assureurs ne trouvent plus de capacité de transfert de risques à prix acceptable au sein de l'industrie de la réassurance et doivent inventer d'autres types de transfert, plus complexes et faisant interagir un plus grand nombre de parties prenantes. Cela a notamment été le cas en recourant aux marchés financiers internationaux. Cette capacité d'adaptation est une caractéristique remarquable de l'activité d'assurance.

Néanmoins, pour certains risques, l'assurance privée s'estime en limite d'assurabilité. En pareil cas, les gouvernements doivent intervenir pour venir en aide aux victimes de sinistres majeurs, qu'ils aient pour origine un événement ponctuel ou prolongé dans le temps. Précisément, le chapitre suivant aborde la question de l'assurance de certains de ces événements, dans des configurations nouvelles, comme celles nées des conséquences du 11 septembre 2001.

CHAPITRE VII

La couverture des situations hors normes : de nouveaux repères à inventer

INTRODUCTION

Des sources de déstabilisation plus nombreuses

Malgré la capacité de l'assurance à inciter à la prévention et à s'adapter à des risques nouveaux tout en continuant à augmenter la couverture de risques devenus plus conventionnels, le secteur fait face aujourd'hui à des bouleversements importants. De telles situations de rupture, avec leur charge d'irréversibilité, transforment un quotidien fait de risques en y introduisant de nouvelles incertitudes et des scénarios jusqu'alors inconnus. Comme pour le passage des crises aux ruptures, là où il y avait ébranlement fort, mais localisé et passager, une ample transformation s'engage. Si, à l'avenir, le nombre et l'intensité, l'origine et la capacité d'ubiquité de ces situations hors normes se développaient, il conviendrait alors de repenser les instruments actuels de partage de risques et les mécanismes d'indemnisation des victimes.

D'aucuns prétendent qu'il s'agit là de simples secousses, incapables d'affecter sérieusement l'industrie de l'assurance dans la durée. Peut-être. Pourtant, des signaux forts apparaissent depuis plusieurs années. Nous retiendrons dans ce dernier chapitre trois sources de déstabilisation de l'industrie de l'assurance qui paraissent essentielles : les catastrophes naturelles, le risque de responsabilité, le risque terroriste.

Les catastrophes naturelles

L'hypothèse que le réchauffement climatique puisse être à l'origine d'une augmentation continue du nombre de catastrophes naturelles et de leur intensité ne fait pas l'unanimité au sein de la communauté scientifique, mais gagne du terrain. En tout cas, si les variations climatiques observées récemment se confirment, les fondements du système d'assurance français contre les catastrophes naturelles seront touchés. À la lecture du rapport Sanson (2001), on comprend déjà que des changements devront nécessairement être mis en œuvre rapidement. Au regard d'expériences actuellement menées à l'étranger, nous proposons quelques pistes pour réformer le système actuel.

Le risque de responsabilité

Voici un domaine où assurance et précaution interagissent particulièrement, et où des transformations majeures sont en cours. Dans les années 80, la « crise de la responsabilité » aux États-Unis — avec ses légions de victimes, en particulier de l'amiante, déposant plainte en justice — a frappé l'industrie mondiale de l'assurance et de la réassurance. Les tendances actuelles, tant les évolutions en cours au niveau européen que les positions défendues par les assureurs français, seront examinées, tout comme la question épineuse de l'assurabilité du *risque de développement*. Dans le cas emblématique du génie génétique, on découvrira que les inquiétudes les plus vives des assureurs, et plus particulièrement des réassureurs, ne portent pas sur les techniques dont on parle le plus.

Le risque terroriste

Même s'il est beaucoup trop tôt pour tirer des conclusions définitives à propos des bouleversements en cascade liés aux actes terroristes du 11 septembre 2001, la question de l'assurance des victimes d'attentats doit être examinée. On est en particulier amené à s'interroger sur les fondements même du concept d'assurance — au moins privée — pour de tels actes, et sur l'élaboration des schémas de partage de risques qui soient les plus adaptés aux particularités des pays susceptibles d'être touchés.

Éléments de déstabilisation

Alors que ces trois domaines sont de nature bien différente, des difficultés communes apparaissent :

- impossibilité de fournir des données statistiques ;
- problèmes de quantification du risque ;
- environnement juridique non stabilisé : niveaux d'indemnisations incertains ;
- incapacité à définir le prix de l'assurance des risques en jeu ;
- limites du mécanisme de mutualisation en univers incertain ;
- difficulté à imputer une responsabilité ;
- extension de la garantie dans le temps ;
- renforcement marqué du « droit aux victimes » ;
- sinistres qui dépendent souvent des actions de l'État.

I. DES CATASTROPHES AUX CATACLYSMES : VERS UNE AMPLIFICATION DES ÉVÉNEMENTS NATURELS EXTRÊMES ?

Aux États-Unis, les zones exposées sont parmi les plus industrialisées et les plus peuplées du pays, et la croissance y est particulièrement forte. La mise en place en 1999, au sein du National Bureau of Economic Research (NBER) américain, d'un groupe d'experts qui étudient spécifiquement les questions relatives aux risques et à l'assurance montre une volonté claire de mieux appréhender l'évolution et les problèmes de cette industrie[103]. Dit brièvement, son objectif premier est de faire partager la connaissance des plus récents développements et pratiques en matière d'assurance et de gestion du risque. Les travaux de l'*Insurance Project* du NBER donnent donc une image représentative de l'état de l'art et des pratiques aux États-Unis. Il est remarquable que l'édition 1999 se soit focalisée sur les questions relatives à l'assurance des événements naturels de grande ampleur. Sur cette question, le lecteur pourra s'orienter avec intérêt vers les deux ouvrages collectifs — publiés sous la direction des professeurs Howard Kunreuther de la Wharton School et Kenneth Froot de l'université Harvard qui animent ce groupe — dont les titres évocateurs, *Paying the Price*[104] et *The Financing of Catastrophe Risk*[105], suggèrent bien la question fondamentale qu'ils étudient : comment faire face et financer les coûts de sinistres devenus, semble-t-il, plus nombreux et plus dévastateurs ? L'édition 2001, élargie à quelques participants non américains, n'était pas exclusivement consacrée aux catastrophes naturelles. Néanmoins, ces questions ont, une fois encore, représenté une large part des analyses et des plus récents travaux menés outre-Atlantique[106].

Le développement de l'informatique et des modèles de calcul permet aujourd'hui une meilleure connaissance de ces risques à grande échelle, et donc une réponse plus pertinente à la question : va-t-on vers des événements naturels extrêmes plus nombreux et plus dévastateurs ? Il semble bien que oui, et qu'ils soient liés au processus de changement climatique. Il s'agit alors d'une source de déstabilisation, voire de rupture de fond. Il faudra l'affronter, non plus à reculons comme c'est trop souvent le cas, mais bien avec une volonté affirmée de se doter de moyens à la hauteur du bouleversement. Cela impliquera une approche plus rigoureuse du changement climatique — donc des réductions des émissions de gaz à effet de serre plus significatives que celles prévues par le Protocole de Kyoto[107] —, et de l'aménagement du territoire, donc des freins aux concentrations de personnes et de biens.

Il est aujourd'hui admis que l'activité humaine influence les écosystèmes planétaires, même si l'ampleur des effets sur le climat ne peut encore être précisément évaluée, en particulier leur répartition géographique. Elle pourrait notamment favoriser l'émergence des catastrophes : c'est la notion d'*incertain endogène*.

L'évolution mondiale des catastrophes naturelles : plus nombreuses, plus coûteuses

Les Français sont d'ordinaire relativement à l'abri des grands événements naturels dévastateurs. Néanmoins, la France a été touchée par des périodes de sécheresse alternées avec des inondations importantes dans les années 90. Les tempêtes de décembre 1999, parce qu'elles sortaient des cadres envisagés par les modèles de prévision météorologique traditionnels, ont accentué le sentiment de vulnérabilité.

Et, lorsque l'on passe de l'échelle nationale à une vision internationale, la croissance du nombre de catastrophes naturelles devient encore plus significative.

Le tableau 2 recense, pour la seule année 1999, les quinze catastrophes naturelles les plus coûteuses pour l'assurance mondiale. Afin de comprendre l'évolution de la sinistralité, figurent également dans le tableau 3 les vingt sinistres les plus coûteux de la période 1970-2000.

Tableau 2 : Les 15 sinistres d'origine naturelle les plus coûteux de l'année 1999[108]

	Dommages assurés (millions USD, prix 1999)	*Victimes*	*Date de début*	*Événement*	*Pays*
1	4 500	80	25/12/1999	Tempête hivernale Lothar	France et autres
2	2 980	26	22/09/1999	Typhon Bart	Japon
3	2 360	70	10/09/1999	Ouragan Floyd, côte Est	États-Unis et autres
4	2 200	45	27/12/1999	Tempête hivernale Martin	France et autres
5	2 000[109]	19 118	17/08/1999	Tremblement de terre à Izmit	Turquie
6	1 485	54	03/05/1999	Tornades, Middle West	États-Unis
7	1 000	3 400	20/09/1999	Tremblement de terre à Nantou	Taiwan
8	982	1	14/04/1999	Tempête de grêle à Sydney	Australie
9	755	39	01/01/1999	Tempête de neige, Middle West	États-Unis
10	575	—	13/01/1999	Vent, pluie, neige	États-Unis

Tableau 2 : Les 15 sinistres d'origine naturelle les plus coûteux de l'année 1999 (suite)

	Dommages assurés (millions USD, prix 1999)	*Victimes*	*Date de début*	*Événement*	*Pays*
11	500	20	04/12/1999	Tempête hivernale Anatol	Danemark et autres
12	400	50 000	15/12/1999	Inondations, coulées de boue	Venezuela
13	390	—	23/04/1999	Grêle, tornade et vent	États-Unis
14	382	29	12/11/1999	Inondations, Sud-Ouest	France
15	320	7	11/05/1999	Inondations et glissements de terrain	Suisse et autres

Source : Sigma, n° 2, 2000.

Tableau 3 :
1970-2000 : les 20 sinistres d'origine naturelle les plus coûteux[110]

	Dommages assurés (millions USD, prix 2000)[111]	*Victimes*[112]	*Date de début*	*Événement*	*Pays*
1	19 649	38	23/08/1992	Ouragan Andrew	États-Unis
2	16 277	60	17/01/1994	Tremblement de terre de Northridge	États-Unis
3	7 142	51	27/09/1991	Typhon Mireille	Japon
4	6 053	95	25/01/1990	Tempête hivernale Daria	Europe
5	5 998	80	25/12/1999	Tempête hivernale Lothar	Europe
6	5 829	61	15/09/1989	Ouragan Hugo	Puerto Rico
7	4 550	22	15/10/1987	Tempête et inondations	Europe
8	4 206	64	26/02/1990	Tempête hivernale Vivian	Europe
9	4 178	26	22/09/1999	Typhon Bart	Japon
10	3 731	600	20/09/1998	Ouragan Georges	États-Unis et Caraïbes
11	2 795	6 425	17/01/1995	Tremblement de terre à Kobe	Japon

Tableau 3 :
1970-2000 : les 20 sinistres d'origine naturelle les plus coûteux (suite)

	Dommages assurés (millions USD, prix 2000)[111]	*Victimes*[112]	*Date de début*	*Événement*	*Pays*
12	2 482	45	27/12/1999	Tempête hivernale Martin	France et autres
13	2 441	70	10/09/1999	Ouragan Floyd	États-Unis et autres
14	2 374	59	04/10/1995	Ouragan Opal	États-Unis
15	2 087	246	10/03/1993	Tempête de neige, tornades	États-Unis
16	1 965	4	11/09/1992	Ouragan Iniki	États-Unis
17	1 785	6	12/09/1979	Ouragan Frederic	États-Unis
18	1 758	39	05/09/1996	Ouragan Fran	États-Unis
19	1 747	2 000	18/09/1974	Cyclone tropical Fifi	Honduras
20	1 696	116	03/09/1995	Ouragan Luis	Caraïbes
21	1 620	350	18/09/1988	Ouragan Gilbert	Jamaïque

Source : Sigma, n° 2, 2001.

L'évolution du nombre de sinistres d'origine naturelle recensés entre 1970 et 1999 est effectivement significative. Sur la période 1970-1980, on comptait annuellement autour de 40 sinistres importants. Sur la période 1980-1990, le nombre croît pour avoisiner les 100 sinistres annuels importants. Finalement, on recensait 130 sinistres importants en 1995 et plus de 160 en 1998 (le seuil minimal pour être considéré comme « sinistre important » est 67 millions de dollars de pertes assurées). Parallèlement à cette évolution, le coût des dommages assurés a été démultiplié. Entre 1970 et 1999, on a recensé 46 événements occasionnant des pertes chiffrées à plus d'un milliard de dollars. 32 ont eu lieu entre 1989 et 1999. Il est d'ailleurs remarquable que, sur la proposition du président de l'Académie des sciences des États-Unis, l'ONU ait proclamé la période 1990-2000 décennie de la prévention des catastrophes naturelles.

Ainsi, depuis les années 70, le coût pour l'assurance des dommages dus aux catastrophes naturelles n'a cessé de croître. Pour l'industrie de l'assurance, un même événement naturel, suivant qu'il touche une zone désertique, une région fortement industrialisée mais peu assurée (cas de Kobe en 1995) ou une région à forte densité assurantielle n'aura bien évidemment pas le même impact financier. L'évolution est donc notamment imputable à l'accroissement de la densité de population dans des régions exposées (à titre d'exemple, la population en

Californie a plus que triplé entre 1950 et 2000, passant de 10,6 à 34 millions d'habitants), à une densité d'activités industrielles accrue, et à l'augmentation des valeurs assurées dans ces régions. Aux États-Unis, à titre d'illustration, la valeur des risques assurés sur les côtes américaines a augmenté de 178 % entre 1980 et 1993, et de 69 % entre 1988 et 1993, pour atteindre 3 150 milliards de dollars en 1998. De manière plus générale, l'explosion démographique mondiale constitue un facteur déterminant dans le poids des conséquences des catastrophes naturelles[113].

Les tableaux 2 et 3 ci-dessus offrent un classement par niveau de dommages assurés. Puisque nous analysons la question de l'assurance, un tel classement est légitime. Il est néanmoins de portée limitée, pour au moins deux raisons. D'une part, certains événements frappent des régions présentant un taux d'assurance qui est faible ; elles n'apparaissent donc que rarement dans ces classements. Ainsi, les pertes directes dues au séisme d'Izmit en Turquie dépassent les 20 milliards de dollars, dont seule une faible portion était assurée. Quant au tremblement de terre à Taiwan, on a comptabilisé un milliard de dollars assuré et 14 milliards de dollars de pertes chiffrées. D'autre part, lorsque ces événements naturels touchent des pays pauvres où les mesures de protection sont quasi nulles, l'assurance inexistante, mais les concentrations humaines élevées, les sinistres se transforment très vite en de véritables hécatombes humaines, peu apparentes dans les bilans de l'industrie de l'assurance. Ainsi, le cyclone 05B, qui a dévasté l'État d'Orissa en Inde fin octobre 1999, a fait au moins 15 000 victimes ; il est le troisième sinistre le plus meurtrier pour cette seule année 1999 après les terribles inondations au Venezuela (50 000 victimes approximativement) et le séisme en Turquie ; parce que les pertes assurées s'élèvent « seulement » à 100 millions de dollars, il n'apparaît pas dans le tableau 3. Cependant, c'est le Bangladesh, pays parmi les plus pauvres de la planète, qui détient le triste record du pays le plus meurtri par les événements climatiques. Pas moins de 300 000 victimes ont péri suite à l'ouragan et aux inondations de novembre 1970, puis 140 000 à cause du cyclone tropical Gorky en avril 1991.

En Amérique centrale, l'ouragan Mitch, en 1998, s'abat sur le Honduras et le Nicaragua, et fait 9 000 victimes. Ces pays sont manifestement exposés puisque l'ouragan Michelle s'abat, deux ans plus tard, en novembre 2001, sur la même région.

Cette situation exige manifestement qu'on réfléchisse concrètement, dans une relation « Nord-Sud », aux mécanismes de soutien international aux victimes. Il est remarquable que d'un côté se trouvent les pays riches où le produit national brut par habitant est élevé, qui bénéficient, en grande partie, d'un climat tempéré (tout en étant exposés, pour certains d'entre eux, à des risques sismiques majeurs), de mécanismes d'assurance élaborés et de moyens de se protéger contre les événements majeurs, donc de diminuer les pertes humaines et financières. De l'autre, se trouvent les pays les plus pauvres qui se situent dans des zones tropicales (humides ou sèches) soumises à des effets climatiques dévastateurs : Inde (moussons), Bangladesh (inondations), Mali, Burkina Faso, Éthiopie (sécheresses), etc. Ces pays n'ont ni protection ni assurance. Cette situation est une composante des obstacles au développement des pays très pauvres, qui comptent des milliers de victimes à chacune des catastrophes d'origine naturelle qu'ils ont à affronter. On estime que 95 % des décès liés à des catastrophes naturelles ont lieu dans les pays en développement. Sur un plan économique, on estime que les pertes dues aux catastrophes naturelles sont vingt fois plus importantes (en pourcentage du produit intérieur brut) dans les pays en développement que dans les pays industrialisés. Dans des pays où aucun marché d'assurance ne pourrait survivre sans soutien, les pays riches, peut-être au travers d'organisations internationales telles que la Banque mondiale, auront un rôle majeur à jouer.

Dans un contexte plus étroit, que devient le système français d'assurance des dommages liés aux événements naturels présenté dans le chapitre précédent ? L'objet du paragraphe suivant est d'analyser plus en détail les inadéquations du système à l'évolution actuelle et de proposer certaines pistes d'amélioration.

Retour sur le système français : est-il bien adapté ?

Dans le chapitre précédent, nous avons présenté le système français en mettant surtout en lumière ses aspects positifs, en particulier un processus fiable d'indemnisation des victimes. Néanmoins, les tempêtes de 1999 l'ont souligné, on se heurte à des limites sérieuses.

Une assurance sans assurance

Une limite fondamentale : il paraît tout simplement aberrant que le système Cat. Nat. ne couvre que les dégâts matériels et aucunement les dommages corporels, lesquels requièrent une police spécifique. Ceci est trop souvent ignoré du grand public. Un projet de loi a été soumis en juillet 2001 par Françoise Rudetzki, déléguée générale de l'association SOS Attentats et membre du conseil d'administration du « Fonds de garantie des victimes d'actes de terrorisme et d'autres infractions » (notamment les agressions, voir la troisième section de ce chapitre), au ministre de l'Économie, des Finances et de l'Industrie. Le projet prévoyait une indemnisation intégrale par ce fonds des dommages corporels dus aux catastrophes naturelles. Aucune suite n'a, à ce jour, été donnée à ce projet. Le système Cat. Nat. continue d'exclure l'indemnisation des dommages corporels.

Sur le plan de la connaissance des risques et

de la prévention, les plans d'exposition aux risques, transformés en plans de prévention des risques (PPR) en 1987, ne fournissent qu'une analyse très sommaire des risques. Bien qu'ils aient été renforcés en 1995 (loi Barnier du 2 février 1995), ils ne jouent que très partiellement le rôle qui leur est dévolu. On estime aujourd'hui que seulement 5 000 PPR seront effectifs en 2005. Or, d'après le rapport Sanson, il y a en France environ 11 600 municipalités à risque d'inondation, 5 500 concernées par les risques de tremblement de terre, 4 500 par la sécheresse et environ 600 par les avalanches. En résumé, 60 % des communes sont exposées à un risque de catastrophe naturelle pris en charge par le système Cat. Nat. En juillet 2000, seuls 2 300 PPR étaient approuvés. Il n'y a pas, dans ces conditions, de politique de prévention ou de précaution possible [114].

En outre, la mesure de l'efficacité économique d'un programme national de couverture contre les catastrophes naturelles postule la connaissance de la nature des risques et de leur répartition, donc la capacité de calculer les primes actuarielles théoriques correspondant à une couverture d'assurance traditionnelle [115]. La connaissance des risques donne aux pouvoirs publics les bases nécessaires pour mener une politique de prévention et effectuer des choix distributifs : un système d'assurance fondé sur le niveau de risque, comme celui développé par le NFIP aux États-Unis (avec des subventions pour en corriger certains effets distributifs), ou bien un système fondé sur une solidarité nationale où chacun paie une prime indépendante de son exposition, comme c'est le cas en France. Une connaissance actuarielle des risques permet de mesurer les avantages et les inconvénients du système retenu. Si les décideurs publics souhaitent, pour des raisons légitimes d'équité, effectuer des subventions croisées entre différentes régions plus ou moins exposées, au moins le coût de ces subventions devrait-il être connu. Or, aucune étude actuarielle d'ampleur nationale n'a jamais été menée en France. Dans ces conditions, il est très difficile de connaître le degré réel d'efficacité du système actuellement en place, et de définir en détail les éléments d'une réforme. Or, une réforme est possible, qui favoriserait la prévention et ne léserait aucun assuré par rapport à la situation actuelle : les primes d'assurance seraient différenciées en fonction des risques encourus, mais serait mis en place un système général de subventions des « gros risques » par les « faibles risques », sans pour autant revenir à l'égalité de toutes les primes, égalité qui supprimerait les incitations à des mesures de prévention. Il est possible de montrer que le système de subventions pourrait être calibré de telle façon à maintenir des incitations suffisantes à la prévention pour que les bénéfices tirés de celle-ci permettent d'améliorer la situation de tous les assurés par rapport à ce qu'elle est avec un taux de prime uniforme[116]. On peut faire la comparaison avec le partage d'un gâteau : il peut être plus avantageux pour toutes les parties prenantes de partager en parts inégales un gâteau plus grand, qu'en parts égales un gâteau plus petit.

Une politique de prévention encore lacunaire

Nous sommes aujourd'hui devant une situation paradoxale : le processus d'indemnisation des victimes était très indigent avant la loi de 1982 ; alors qu'il pourrait aujourd'hui à certains égards constituer un exemple pour d'autres pays, les aspects de prévention des risques sont très négligés. Bien sûr, l'assurance privée ne met pas automatiquement en place les incitations optimales à la prévention et à la précaution. Mais aujourd'hui, les entreprises et les ménages français sont indemnisés indépendamment du niveau de risque caractéristique de l'endroit où ils vivent (ou opèrent), et des efforts de protection qu'ils ont pu consentir. Cela a déjà été mis en avant par une étude économique du système effectuée entre 1994 et 1997 sans pour autant être véritablement reconsidéré par les pouvoirs publics[117]. Une telle situation crée un phénomène d'aléa moral très dommageable. Une manière usuelle de limiter ce phénomène est d'imposer des franchises qui favorisent des comportements de prévention de la part des assurés. Les récentes tempêtes, mais aussi de nombreux épisodes d'inondations et de sécheresses, ont conduit les pouvoirs publics à réfléchir peut-être plus activement à la question de la prévention (notamment, mais timidement, au travers d'un accroissement du nombre de PPR). De plus, deux arrêtés importants ont été pris le 5 septembre 2000, avec application au 1er janvier 2001, et sont donc aujourd'hui en vigueur : le premier augmente les niveaux de franchise des assurés [118] et semble poser une première pierre d'une politique plus déterminée d'incitation à la prévention ; le second instaure une modulation de franchise dans les communes dépourvues de PPR. Cette modulation fait dépendre le niveau de franchise du nombre d'arrêtés de reconnaissance de l'état de catastrophe naturelle déjà pris dans la municipalité pour un même type de sinistre. Pour un ou deux arrêtés, la franchise de base est retenue, pour trois elle est doublée, pour quatre elle est triplée, pour cinq ou plus, elle est quadruplée.

Rappelons à titre indicatif que, entre 1982 et 1996 (les chiffres excluent donc les nombreux arrêtés de catastrophes naturelles publiés à l'occasion des inondations de 1999), pas moins de 30 000 des 36 673 communes, soit 82 %, ont été déclarées au moins une fois en situation de catastrophe naturelle. Sur la même période, plus de 10 000 municipalités ont été reconnues en état de catastrophe naturelle à plus de trois reprises pour cause d'inondation, et 76 communes à plus de neuf reprises. En impliquant les assurés, une telle démarche devrait d'une part inciter ceux-ci à faire pression pour la mise au point d'un PPR dans leur commune de résidence ou d'activité, et, d'autre part, favoriser la réalisation de travaux d'autoprotection et de protection à l'échelle de la municipalité.

La réforme du système Cat. Nat. entreprise depuis 1999 va aussi dans le sens d'une plus grande information du public : dans les six mois suivant l'arrêté du 5 septembre 2000, environ 900 communes avaient prescrit un PPR, contre une moyenne de 144 par an depuis 1982[119]. Néanmoins, elle paraît bien timide. Comme le mentionne le rapport Sanson : « Il n'est guère possible d'obtenir de réels effets de levier pour une meilleure prévention en jouant sur des prélèvements de franchises parce que ceux-ci concernent en tout état de cause des montants très bas dont les variations sont peu incitatives[120]. »

En d'autres termes, il paraît difficile de soutenir que les niveaux actuels de franchises, extrêmement bas (de l'ordre de quelques centaines d'euros pour un logement), pourront seuls favoriser une réelle dynamique de prévention.

Concernant spécifiquement le financement de dommages dus aux très grandes catastrophes naturelles en France, le recours aux marchés financiers pourrait offrir aux assureurs français, mais aussi à l'État, des voies pertinentes pour limiter leur engagement. Néanmoins, ce recours nécessite pour les investisseurs potentiels l'existence d'une échelle de valeurs[121] et des estimations bien plus précises des pertes potentielles dues à des catastrophes naturelles que celles actuellement offertes par les PPR, quand ils existent. En outre, des politiques de prévention efficaces permettraient également de faire de la France une zone plus attractive pour ce type d'investissements.

Élaborer une analyse approfondie des risques à l'échelle nationale

Quelles autres pistes d'amélioration pourraient être suivies pour constituer des instruments de connaissance du risque, outils de régulation nécessaires entre économie et prévention ? Comme le *Community Rating System* mis en place outre-Atlantique pour le risque inondation, l'élaboration d'une analyse des risques réellement approfondie pourrait-elle être réalisée avec profit en France[122] ?

En effet, en faisant correspondre différents niveaux d'exposition (aux inondations, glissements de terrain, séismes, etc.) à différents taux de surcharge Cat. Nat., combinés avec des politiques de prévention ciblées, on disposerait non pas d'une classification moyenne comme c'est le cas aujourd'hui, mais bien d'un outil efficace pour réduire l'exposition et donc les vulnérabilités face aux événements naturels. Ce type d'analyse requiert une expertise dans un domaine qui se développe beaucoup à l'échelle internationale ; c'est notamment le cas de firmes spécialisées comme Risk Management Solutions (RMS), EQE International ou encore Applied Insurance Research (AIR).

Au moins deux raisons peuvent expliquer l'absence actuelle de telles analyses en France :

• Elles s'avèrent coûteuses ; l'analyse américaine, pour le seul risque d'inondation, aurait coûté environ 1,15 milliard de dollars aux contribuables américains pour 18 700 municipalités analysées [123].

• Les municipalités ne sont pas très enclines à mener de telles analyses qui révéleraient publiquement les risques encourus par leurs habitants et leurs entreprises (chute du prix des valeurs mobilières) et feraient fuir des entrants potentiels dissuadés par les risques [124]. À ces réserves, il n'y a pas que de mauvaises raisons.

Le bonheur est-il dans l'ignorance ?

Supposons en effet qu'une analyse de ce type soit réalisée, ses résultats rendus publics et accessibles : les assurés comme les assureurs et le secteur associatif et public (associations, municipalités, préfectures, gouvernement) connaissent les niveaux de risques sur le territoire national.

Trois comportements pourraient alors émerger de cette connaissance commune des risques : la limite d'un consentement à la solidarité nationale, la diminution de la demande de couverture d'assurance, et le renforcement de la sélection des risques par les assureurs.

Nous avons insisté à plusieurs reprises sur le fait que le gouvernement français avait toujours refusé d'abandonner l'idée d'un taux unique de surcharge au titre de la garantie « catastrophes naturelles ». Une analyse nationale des risques, outre le fait qu'elle répondrait à une demande grandissante de transparence et d'information par les citoyens, rendrait claire la distinction entre « bons risques » et « mauvais risques ». Les personnes ayant décidé de vivre ou de travailler dans des zones peu exposées, et donc de payer plus cher (leurs terrain, habitation, locaux), accepteraient-elles longtemps de continuer à payer pour celles qui ont décidé de vivre dans des régions reconnues à risques (sachant qu'elles seront indemnisées quoi qu'il arrive et quel que soit leur effort de prévention) ? Nous pourrions assez rapidement observer les limites d'une solidarité nationale.

Imaginons maintenant une entreprise importante de haute technologie, localisée dans une zone non risquée, et utilisant du matériel très coûteux. Supposons que cette entreprise veuille s'assurer contre le risque d'incendie. Compte tenu de la valeur de son installation, la prime s'élève à plusieurs centaines de milliers d'euros. Dans le système actuel, la firme paie en plus de cette prime une surcharge au titre des catastrophes naturelles (12 % de la prime de base) alors même qu'elle n'est pas exposée aux catastrophes naturelles. Afin d'alléger ses coûts d'assurance, cette firme pourrait être incitée à diminuer exagérément sa couverture contre le risque d'incendie[125].

Enfin, une troisième attitude pourrait émerger, chez les assureurs cette fois. Puisque le taux de réassurance en quote-part à la CCR est fixé à 50 % depuis le 1er janvier 2000, les assureurs n'ont plus la possibilité d'être entièrement réassurés par la Caisse. Ils supportent donc une part importante des dommages. Certains d'entre eux pourraient alors être incités à augmenter les primes socles (le prix de l'assurance incendie par exemple), ou de ne le faire que dans les régions connues comme risquées, voire pour certains assureurs de se désengager de certaines régions.

Ce dernier point est important. Lorsque la connaissance du risque est telle que ni l'assureur ni les assurés eux-mêmes ne connaissent le niveau de risque — on parle alors d'ignorance symétrique —, l'assurance sera uniforme pour tous les assurés. Cette ignorance symétrique permet donc une couverture d'assurance maximale, à l'avantage des assurés les plus exposés. *A contrario*, si la connaissance sur les différents types de risques est connue de tous, les assureurs choisissent la différenciation par des contrats ajustés aux différents sous-groupes de risques, ou se désengagent en partie.

Une meilleure information sur les risques peut donc engendrer deux effets opposés :

• D'une part, une information plus précise apporte un surplus de bien-être aux assurés. Elle leur permet en effet de mieux anticiper les états futurs envisageables et ainsi d'améliorer la qualité des décisions qu'ils prennent. On parle de l'*effet Blackwell*[126].

• D'autre part, l'information publique peut avoir une valeur négative pour la collectivité si elle diminue les possibilités de partage des risques. On parle de l'*effet Hirshleifer*[127]. Par exemple, les assureurs pourraient refuser de couvrir les victimes de maladies génétiques à partir du moment où les résultats de tests génétiques leur seraient communiqués.

Lorsque ceux qui courent ces risques ne peuvent rien faire pour les réduire, on a un pur effet Hirshleifer. Lorsqu'il est en leur pouvoir de les réduire, il faut mettre en balance l'effet Hirshleifer et l'opportunité de réduire l'aléa moral.

Prenons un exemple extrême. Supposons que l'analyse fine des risques révèle qu'une inondation majeure aura lieu l'an prochain dans une certaine ville et supposons que cette information soit publique. Dès lors, aucune compagnie d'assurance n'acceptera de couvrir les habitants et les entreprises de cette ville contre le risque d'inondation pour l'année suivante, puisqu'il ne s'agit plus d'un pari sur le futur : l'inondation est inéluctable. On aboutit alors, par la révélation publique de cette information, à l'absence pure et simple d'assurance. Dans des cas moins extrêmes, on constate que la révélation de l'information diminue les opportunités de partage de risques entre les agents.

Il ressort de l'analyse du régime français d'assurance des catastrophes naturelles que l'effet Hirshleifer serait implicitement plus important que l'effet Blackwell, au regard des actions des décideurs publics et des assureurs français.

Quel traitement pour les *Big Ones* ?

Le tableau 3 met en évidence des événements causant des pertes dont les seuls montants assurés dépassent les 10 milliards de dollars. Les recherches actuelles sur les catastrophes considèrent des risques susceptibles de provoquer des dommages encore supérieurs. La distinction introduite plus haut, entre une catastrophe (montants des dommages assurés inférieurs à 5 milliards de dollars) et un cataclysme, défini comme un événement capable de déstabiliser les réserves mondiales de l'industrie de l'assurance et de la réassurance, est intéressante. Même si cette distinction s'inscrit dans une logique purement assurantielle[128] et que la barre des 5 milliards de dollars est arbitraire, elle présente néanmoins le mérite de mettre en lumière des sinistres potentiels qu'on n'imaginait pas il y a vingt ans seulement.

Outre-Atlantique, les recherches actuelles analysent la capacité de l'industrie de l'assurance à faire face aux scénarios du pire, les *Big Ones*[129]. Les modélisations retenues considèrent tout à fait sérieusement un tremblement de terre susceptible d'occasionner des pertes assurées de l'ordre de 72 milliards de dollars, ou encore un ouragan en Floride causant des pertes assurées dépassant 76 milliards de dollars. Ces niveaux, qui ne considèrent que les dommages assurés, pourraient dépasser les 100 milliards de dollars pour un tremblement de terre dans la zone sismique du New Madrid (du sud de l'Illinois au nord-est de l'Arkansas).

Si ces niveaux ne sont pas envisagés en France, on sait qu'une inondation de la Loire, similaire à celle observée en 1856 (niveau record atteint), pourrait affecter plus de 300 000 personnes et coûter, uniquement pour les dommages directs, environ 6 milliards d'euros en dommages assurés et non-assurés. On estime aussi qu'une inondation de la Seine, similaire dans son extension à celle de 1910 (dont les dommages actualisés s'élèvent à 380 millions d'euros), causerait des dommages directs de l'ordre de 7 milliards d'euros et des dommages indirects de l'ordre de 6 milliards d'euros[130]. Enfin, des modèles de simulation font penser qu'un tremblement de terre dans la région de Nice pourrait occasionner des pertes avoisinant les 15 milliards d'euros[131]. Rappelons que dans le système français d'assurance des événements naturels, les victimes de ces trois « cataclysmes », pour reprendre la dichotomie précédemment introduite, seraient indemnisées par le système Cat. Nat. Or, lors des tempêtes de décembre 1999, « seulement » 380 millions d'euros avaient été pris en charge par cette garantie (contre 7 milliards d'euros indemnisés exclusivement par les assureurs au titre de la garantie tempête) et les réserves de la CCR n'avaient déjà pas été suffisantes ; il avait fallu faire appel à la garantie de l'État. Il apparaît donc clairement que le système en place, dans sa forme actuelle, n'est pas du tout conçu pour faire face à ces scénarios d'inondations ou de séismes, sauf à accepter une prise en charge presque exclusive par l'État, c'est-à-dire par l'ensemble des contribuables.

Les mécanismes mis en place à l'étranger pourraient inspirer, au moins partiellement, une réforme française. Que l'on pense à la *California Earthquake Authority* créée en septembre 1996 par l'État de Californie (prise en charge, en tranches successives des dommages, par les assureurs privés, les réassureurs, les marchés financiers et l'État ; le schéma est calibré pour un événement occasionnant des pertes totales maximales de 10,5 milliards de dollars), aux contrats fédéraux de réassurance XOL actuellement discutés aux États-Unis au travers desquels le gouvernement fédéral prendrait en charge les dommages assurés dans une tranche comprise entre 25 et 50 milliards de dollars [132], ou encore à la mise à en place d'une expertise en matière de titrisation des catastrophes climatiques (voir ci-dessous). L'initiative récente des Assurances générales de France (AGF) de titriser le risque de tempêtes, et celui d'un tremblement de terre à Monaco, à travers l'émission de *cat bonds*, s'inscrit pleinement dans cette dernière logique. Elle fait suite à celle du réassureur français SCOR pour couvrir les tremblements de terre au Japon et aux États-Unis, ainsi que les risques de tempêtes dans sept pays de l'Europe de l'Ouest.

Événements extrêmes, incertitude non probabilisable et marchés financiers

Comme nous l'avons vu plus haut, l'ouragan Andrew a frappé la Floride en 1992 et y a causé des dommages évalués à 30 milliards de dollars (assurés et non-assurés) ; s'il avait frappé de plein fouet Miami, qu'il n'a fait que frôler, les dommages auraient été environ trois fois plus élevés, de l'ordre de 100 milliards de dollars.

En 1994, le tremblement de terre de Northridge a causé en Californie des dommages, assurés et non-assurés, évalués à 44 milliards de dollars ; s'il avait frappé le centre de Los Angeles, au lieu de sa proche banlieue, les dommages auraient été environ quatre fois plus élevés, de l'ordre de 120 milliards de dollars.

À Kobe, au Japon, le tremblement de terre de 1995 a frappé en plein centre, et les dommages ont largement dépassé les 100 milliards de dollars, si l'on compte les effets indirects.

Il s'agit là de montants qui dépassent la capacité de couverture des assureurs et même des réassureurs, d'autant plus que les probabilités de catastrophes dont les dommages sont susceptibles de dépasser 100 milliards de dollars sont loin d'être négligeables. Comment le sait-on, et, en particulier, comment peut-on parler de probabilités d'événements qui, sauf au Japon ou en Californie, ne se sont jamais produits ?

Considérons par exemple les ouragans sur

la côte sud-est des États-Unis (Floride, Carolines, Louisiane, Texas). Si l'on considère les 102 ouragans recensés entre 1925 et 1995 qui ont causé des dommages supérieurs à un million de dollars, les trente plus importants ont causé à eux seuls des dommages cumulés de l'ordre de 300 milliards de dollars. La courbe de fréquence cumulée des dommages observés (assurés ou non), et ajustée à des événements qui ont coûté plus de 100 millions de dollars a, sur un graphique en double échelle logarithmique, la forme représentée à la figure 5.

Figure 5
Fréquence cumulée
des dommages dus aux ouragans

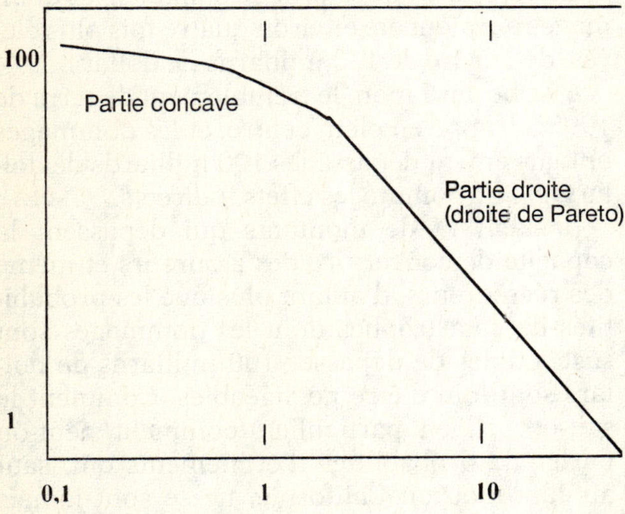

Source : D. Zajdenweber (2000).

Une telle courbe de fréquence cumulée répond à la question : combien y a-t-il d'ouragans (en ordonnées) qui ont occasionné des pertes supérieures à une certaine valeur (celle considérée en abscisse) ? La graduation en double échelle logarithmique (et non arithmétique) permet de faire figurer des montants très élevés de dommages dans un format lisible. Ainsi, un intervalle de même longueur entre deux valeurs consécutives sur chacun des deux axes correspond à une puissance de 10 (1, 10, 100...).

On voit que, pour des indices proches et supérieurs à 10 (événements dits extrêmes), les observations s'alignent sur une droite (de façon précise, cette droite est obtenue par estimations économétriques à partir des observations) plus pentue que la courbe concave qui la précède. Cette droite est appelée droite de Pareto (de Wilfredo Pareto, qui l'a mise en évidence pour la distribution des revenus élevés dans une population comme celle de la France ou de son pays, l'Italie) et la distribution de probabilités qui l'engendre est dite *L-stable*[133].

À partir d'une telle estimation et des propriétés des distributions L-stables, il est possible d'estimer la probabilité d'occurrence d'un ouragan qui causerait des dommages s'élevant, par exemple, à 120 milliards de dollars (des chiffres aussi élevés s'expliquent, nous l'avons vu plus haut, par la concentration de richesses dans les États américains menacés, en particulier la Floride).

Mais une telle estimation n'est possible que si

« toutes choses sont égales par ailleurs », c'est-à-dire si les causes (climatologiques et démographiques) sous-jacentes des ouragans et des dommages qu'ils causent ne se transforment pas, ou se transforment selon un processus prévisible (urbanisation des zones concernées). C'est sans doute vrai pour les tremblements de terre dont le nombre demeure relativement stable, mais non pour les ouragans, dont le régime est affecté par les conséquences du réchauffement climatique. Or, les perspectives de changements climatiques dus aux activités humaines engendrent de nouvelles incertitudes ; puisqu'il n'y a pas de précédent qui permette l'estimation de probabilités, ces perspectives sont incertaines au sens de l'incertitude non probabilisable à la Knight-Keynes.

Dommages très élevés, perspectives incertaines non probabilisables, voilà deux facteurs fondamentaux qui expliquent que l'assurance et la réassurance ne permettent pas de faire face à elles seules. Il faut l'aide d'autres mécanismes économiques, en l'occurrence les marchés financiers.

Ceux-ci ont l'habitude de montants très élevés, et de fortes variations affectant ces montants. Nous le mentionnions déjà au chapitre précédent. En outre, les transactions financières s'accommodent de l'incertitude non probabilisable ; il suffit de penser aux conditions habituelles dans lesquelles les bourses fonctionnent. Tout ceci justifie que l'on ait besoin d'un cadre au sein duquel articuler mécanismes d'assurance et de réassurance, et marchés financiers. Un tel cadre a été proposé par Graciela Chichilnisky et Geoffrey Heal (voir annexe mathématique III) et il s'y inscrit déjà des transactions effectives, telles celles sur les *cat bonds*.

L'intervention des marchés financiers est d'autant mieux venue que les instruments tels que les *cat bonds* d'une part, et d'autre part les titres qui constituent le support essentiel des transactions financières, sont moins statistiquement corrélés (l'absence de toute corrélation n'est pas requise, contrairement à ce qui est généralement dit et écrit), car ainsi les nouveaux instruments permettent-ils une plus grande diversification des portefeuilles financiers, ce qu'apprécient les investisseurs prudents[134].

Venons-en au cadre proposé par Chichilnisky et Heal, partiellement mis en application par les assureurs ou réassureurs et certaines institutions sur les marchés financiers. Dans ce cadre, deux familles d'instruments sont utilisées : des contrats d'assurance couvrant essentiellement la partie de l'incertitude qui se manifeste sous forme de risques probabilisables, et des titres financiers articulés aux états de la nature incertains auxquels il n'est pas possible de faire correspondre des probabilités (que les auteurs appellent « états statistiques »)[135].

Par exemple, les états statistiques, dans le cas des ouragans sur les côtes sud-est des États-

Unis, peuvent être caractérisés par les valeurs d'un indice d'intensité des dommages totaux dus aux ouragans pendant une période donnée de temps (une année par exemple) ; ces valeurs dépendent des perspectives de réchauffement climatique, donc sont affectées d'une incertitude non probabilisable. Dans un état statistique donné, la répartition des dommages entre les diverses personnes physiques ou morales installées sur les côtes sud-est des États-Unis n'est pas connue à l'avance, mais le dommage pour chaque personne est probabilisable, donc susceptible d'être normalement assuré. Vis-à-vis des états statistiques, on ne peut s'assurer qu'en achetant des titres qui leur sont contingents : un titre est alors un droit de recevoir un dollar si l'état statistique correspondant à ce titre se réalise, par exemple si l'indice d'intensité des dommages dépasse une certaine valeur (c'est ce dépassement qui définit l'état). Chacun, selon la représentation qu'il se fait de l'incertitude, achète autant de titres qu'il le souhaite au prix qui équilibre l'offre et la demande de ces titres. Une obligation indexée de type *cat bond* est un titre de ce genre, à ceci près qu'il se présente sous la forme d'une obligation émise par ceux qui cherchent à s'assurer (voir chapitre précédent). Il s'agit toutefois d'une obligation qui a la particularité d'être remboursable aux investisseurs seulement si l'état statistique qui justifie son émission ne se réalise pas.

Ainsi a-t-on à la fois une ligne de démarcation justifiée entre mécanismes d'assurance et instruments des marchés financiers, et une base solide pour faire face aux cataclysmes. Il reste cependant un long chemin à parcourir avant une mise en œuvre à une échelle significative.

II. LE RISQUE DE RESPONSABILITÉ : LA CRISE EST-ELLE INEXORABLE ?

L'industrie mondiale de l'assurance et de la réassurance a été sévèrement touchée par la crise de la responsabilité aux États-Unis dans les années 80. Il paraît donc pertinent d'analyser ces secousses et leurs impacts. Cela ouvre, en outre, des perspectives sur les futures déstabilisations possibles en Europe, et plus particulièrement en France.

Une des caractéristiques du système légal américain est d'offrir aux victimes d'accidents la possibilité de recours en justice avec des succès croissants. Les victimes sont donc de plus en plus enclines à porter leur affaire devant les tribunaux, susceptibles de leur accorder un niveau d'indemnisation bien plus élevé que celui inscrit dans les contrats d'assurance. Ceci d'autant plus que le droit américain autorise les *class actions*. Une telle action peut être intentée par un bureau d'avocats au nom de plusieurs clients — le plus grand nombre possible — qui s'estiment victimes (ou qu'on arrive à convaincre qu'elles le sont) des agissements d'une même entreprise. Le plus célèbre des bureaux d'avocats spécialisés dans les *class actions*, Milberg Weiss Bershad Hynes & Lerach, a, au terme d'environ 1 000 procès, récupéré plus de 30 milliards de dollars pour ses clients, dont un pourcentage significatif lui est revenu.

Cette question de la responsabilité ne concerne pas seulement les entreprises américaines aux États-Unis, mais aussi l'ensemble des multinationales implantées dans ce pays. Ainsi, la France a porté l'affaire de l'*Amoco-Cadiz* aux États-Unis afin de sortir du cadre de la Convention de Bruxelles qui limitait les responsabilités, et qu'elle avait pourtant ratifiée.

D'après la législation américaine, le plaignant peut non seulement demander la réparation du préjudice qu'il a subi concernant sa santé, son travail, ses biens... Plus surprenant, il peut également demander une compensation financière supplémentaire, qui a vocation à « punir » l'entreprise accusée. Dans de nombreuses affaires, ces *punitive damages* peuvent représenter des montants plus importants que les seuls dommages réparateurs.

L'amiante : maladie professionnelle du XXIe siècle ?

États-Unis : le « procès du siècle »

Aux États-Unis, les procès intentés par les victimes d'une exposition à l'amiante illustrent assez bien ce constat[136]. Des ouvriers ont attaqué en justice la Johns Manville Corporation, principal exploitant d'amiante, dès 1932. Depuis, le nombre de plaintes a décuplé, essentiellement dans les années 80. En 1982, les compagnies d'assurance américaines estimaient, dans leurs scénarios les plus pessimistes, qu'elles devraient gérer 81 000 plaintes, avec presque autant de plaignants à indemniser[137]. Ces chiffres se révéleront en fait très en deçà de la réalité. Les premières indemnisations incitent d'autres victimes à se regrouper et à porter plainte, avec succès. Le nombre d'indemnisés croît. Les décisions de certains tribunaux plus favorables aux victimes font jurisprudence. Ces cas jurisprudentiels obligent beaucoup d'autres tribunaux à revoir à la hausse les montants d'indemnisation accordés. Le « procès du siècle » tourne court pour la compagnie Manville. Très rapidement, plus de 300 000 plaintes sont déposées contre elle. Après avoir indemnisé environ 15 000 plaignants, elle a dû créer un fonds spécial d'indemnisation des victimes de l'amiante à hauteur de 2,6 milliards de dollars (dont 670 millions de dollars provenant de sa compagnie d'assurance). Elle est d'ailleurs suivie par d'autres industriels et leurs compagnies d'assurance. Néanmoins, cela ne suffit pas. Avec 12 000 nouvelles plaintes par mois, l'ensemble des montants mis en réserve est très rapidement épuisé. Cette situation contraint Manville à proposer d'autres solutions. Elle opte pour une part d'indemnisation monétaire et une autre constituée par des obligations à long terme. Mais la question même du financement de l'indemnisation demeure. En effet, l'indemnisation moyenne attribuée à chaque plaignant s'élève à 41 000 dollars alors que les hypothèses de fonctionnement du fonds qu'elle avait mis en place ne prévoyaient qu'une moyenne de 25 000 dollars. En 1990, le fonds ne disposait plus que de 1,5 milliard de dollars, pour des montants d'indemnisation à venir cinq fois plus élevés : il restait 130 000 plaintes contre Johns Manville en attente d'indemnisation. Depuis, Johns Manville a fait faillite.

Chaque année, sous le poids des procès, plusieurs entreprises font faillite, tout en continuant, pour certaines, à opérer sous la protection (vis-à-vis de leurs créanciers) conférée par le chapitre 11 du Code américain des banqueroutes. En 2000 et 2001, huit entreprises importantes ont suivi ce chemin, parmi lesquelles Babcock & Wilcox et Pittsburgh Corning. Les prochaines victimes pourraient être Dow Chemical, la plus grande entreprise chimique du monde qui, avec le rachat de Union Carbide, a hérité de plusieurs milliers de plaintes, qui continuent à augmenter au rythme de 900 par mois ; et 3M qui, pour la livraison de masques accusés de ne protéger qu'imparfaitement des poussières d'amiante, est confrontée à 20 000 plaintes. Après quelques rappels de cette situation dans la presse, l'action Dow a perdu 30 % et l'action 3M, en dépit de la prospérité de l'entreprise, 9 % en une semaine. Les entreprises européennes, qui ont des filiales aux États-Unis, ne sont pas à l'abri de la vague. Pour avoir racheté en 1990 une entreprise américaine, Combustion Engineering, qui avait livré, jusqu'à la fin des années 70, des produits d'isolation en amiante, le groupe helvético-suédois ABB doit faire face à 90 000 plaintes, en augmentation de 40 % en un an ; parmi ces plaintes, 55 000 donnent lieu à des actions en justice. ABB a déjà provisionné 940 millions de dollars, et pourrait avoir à doubler cette somme.

Il faut rappeler que, pour pouvoir porter plainte, il n'est pas nécessaire d'être malade, il suffit d'avoir été exposé à l'amiante. Ce qui fait écrire au *Financial Times* : « Pour chaque plaignant en bonne santé sollicitant un dédommagement pour un mal dont il pourrait ne jamais souffrir, il y a un mourant dont les souffrances ne peuvent être allégées parce que les sociétés visées sont ruinées par des plaintes non fondées. »

Sur le plan de l'assurance et des indemnisations, plusieurs remarques s'imposent dans l'analyse d'une telle situation : au-delà des coûts à supporter, les procès de l'amiante constituent autant de cas jurisprudentiels relatifs aux questions de responsabilité civile des produits vendus.

En premier lieu, la politique de compensation extrêmement sévère appliquée par les cours américaines soulève bien des questions de fond. Pourquoi ne pas avoir appliqué, au titre de la précaution, une réelle gestion anticipée des risques plutôt qu'une politique d'indemnisation massive *ex post*? En d'autres termes, les décisions des tribunaux ont pu être influencées par le sentiment d'une incapacité du régulateur à mettre en place, en amont, des mesures réglementaires strictes en matière d'exposition à l'amiante.

En second lieu, certains pensent que les industriels étaient mal informés sur les risques encourus réels. Ainsi, selon Kip Viscusi : « Les compagnies fournissant de l'amiante comme celles en utilisant n'étaient certainement pas ignorantes des risques touchant à la santé puisque les effets d'une exposition de long terme sur la mortalité étaient bien connus. Néanmoins, il n'y a aucune raison de croire que les compagnies avaient été pleinement conscientes des risques de cancer alors même que les scientifiques les ignoraient [138]. »

Néanmoins, les premières études épidémiologiques ont établi, dès 1962, le lien entre l'exposition à l'amiante et l'apparition de cancers [139]. Dès lors, il est clair que les industriels, participant ainsi d'un laisser-aller général, n'ont pas eu une attitude de précaution, même si juridiquement ils n'y étaient pas tenus.

En France : la question de la responsabilité

Compte tenu du retentissement des procès américains, la problématique des maladies dues à l'amiante était donc connue dans les années 80. En France, comme dans d'autres pays européens, il paraît dès lors très difficile d'invoquer la méconnaissance du phénomène pour se déresponsabiliser *ex post*. Néanmoins, on le voit bien avec l'évolution française du dossier amiante[140], il faudra attendre 1995, notamment avec la publication de l'article « L'héritage empoisonné de l'amiante » (*Le Monde*, 31 mai 1995) et de l'étude « Mortelle amiante, une épidémie qui nous concerne tous » publiée en juin dans *Sciences et Avenir*, pour que l'affaire éclate. En France, alors que les maladies respiratoires liées à l'amiante ont été classées maladies professionnelles dès 1945, l'amiante n'a été interdite qu'en 1997. Pourquoi alors avoir attendu aussi longtemps pour aborder de front ce problème de santé publique ? Certes, il y a eu une concertation publique, mais celle-ci peut apparaître *a posteriori* comme un temps de latence assez long.

Certains voient dans cette attente une volonté délibérée et concertée des industriels d'étouffer l'affaire en la faisant traîner sur le long terme, notamment en vantant un « usage contrôlé » des fibres (il existe plusieurs types d'amiante et des différences de pathologie, voire pas de pathologie du tout ; les preuves de causalité ne sont pas nettes). Plus simplement, on peut se demander si les industriels comme les pouvoirs publics, sous-estimant le risque, n'ont pas choisi la voie de la facilité en adoptant des comportements systématiques de refus et d'évitement. On voit ici le rôle pervers de la concertation noyautée. Ce faisant, le prix d'un désamiantage à l'échelle nationale devenait, chaque année, plus exorbitant, et incitait plus encore à la « politique de l'autruche ». On retrouve ici des pathologies identiques à celles observées aux États-Unis. Il aura fallu attendre que le nombre de victimes connues devienne vraiment important et que leur situation soit exposée par les médias. Cela a conduit à une crise véritable qui a mis les industriels, comme les pouvoirs publics, au pied du mur. Dès lors, tout s'enchaîne très vite. En France, entre 1996 et 2000, plus d'un millier de procédures civiles et pénales sont engagées, à l'initiative de l'Association nationale de défense des victimes de l'amiante (Andeva). Si le nombre est sans commune mesure avec la masse de plaintes enregistrées aux États-Unis — notamment parce que le recours aux tribunaux est moins systématique et les tribunaux français moins « généreux » (le fait que les juges américains soient élus n'y est peut-être pas étranger) —, il devrait se multiplier dans les années à venir. Sur un plan international, dans le conflit qui opposait le Canada et la France, la décision de l'OMC en juin 2000, favorable à la position française, marque une reconnaissance par l'Organisation elle-même des effets sur la santé d'une exposition aux fibres d'amiante[141].

À ce jour, personne ne connaît vraiment le nombre de victimes potentielles. Les chiffres avancés sont catastrophiques, avec 3 000 morts directement liées à l'exposition, et des prévisions de l'ordre de 2 000 morts par an à l'horizon 2010[142]. Le nombre de nouveaux cas de salariés souffrant d'affections provoquées par les poussières d'amiante, et reconnues comme maladies professionnelles par le régime général de la Sécurité sociale, croît rapidement : il est passé de 400 en 1990 à près de 2 000 en 1999. En cela, l'amiante, héritage du XXe siècle, pourrait constituer la maladie professionnelle du XXIe siècle.

Si l'importation d'amiante est aujourd'hui interdite, il n'est pas certain qu'une prévention généralisée ait été mise en place en France. De nombreux locaux n'ont pas été défloqués. Il faudra encore poursuivre le désamiantage, lorsqu'il ne présente pas plus d'inconvénients pour la santé que de laisser en place l'amiante, et surtout élaborer une politique de prévention généralisée.

Il s'agit donc aujourd'hui de mettre en place des règles d'imputation de responsabilité. Qui devra payer ? Une parenthèse juridique apparaît ici utile. En effet, la loi d'indemnisation pour les accidents du travail, qui date de 1898, ne permet pas une indemnisation intégrale des victimes puisqu'elles ne peuvent pas obtenir des dommages et intérêts pour préjudices. Très longtemps, cette loi était le seul recours juridique des défenseurs des victimes de l'amiante. En 1990 a été votée une loi (9 juillet 1990) garantissant l'indemnisation intégrale des victimes d'infractions pénales. L'indemnisation n'était auparavant intégrale que pour les victimes d'attentats, depuis la loi du 9 septembre 1986 (voir plus loin). La loi du 9 juillet 1990 ne concernait pas, *a priori*, le cas de l'amiante. Néanmoins, certains défenseurs ont très vite compris qu'ils pouvaient invoquer la notion d'infraction pénale dans le cas de l'amiante et ont, de fait, pu faire bénéficier leurs clients (ou les proches de ceux-ci dans le cas d'un décès survenant avant le paiement des indemnités) d'une indemnisation intégrale : d'une part, la prise en charge des soins par la CPAM et, de l'autre, celle des préjudices indemnisés par le Fonds de garantie d'actes de terrorisme et d'infractions pénales. On voit ici un effet de la pénalisation du droit pour accorder une meilleure indemnisation. En janvier 2001, le Premier ministre Lionel Jospin a proposé la mise en place d'un Fonds d'indemnisation des victimes de l'amiante. Le FIVA voit le jour par décret en octobre de la même année[143]. Alors qu'il avait été question qu'il soit alimenté, en partie au moins, par une contribution des industriels, il faut noter que la loi a retenu la seule dotation de l'État comme mode de financement. Est-ce à dire que l'État reconnaît sa seule et entière responsabilité dans cette « affaire de l'amiante » ?

Cependant, l'arrêt de la Cour de cassation du 28 février 2002 ouvre également la voie à une indemnisation des victimes de l'amiante dans l'industrie. La Cour a en effet confirmé 29 arrêts de cours d'appel et a ainsi débouté les entreprises qui demandaient un réexamen des jugements les condamnant pour avoir exposé certains de leurs salariés à de l'amiante[144]. Elle a en particulier estimé qu'« en vertu du contrat de travail le liant à son salarié, l'employeur est tenu envers celui-ci à une obligation de sécurité de résultat, notamment en ce qui concerne les maladies professionnelles contractées par le salarié du fait des produits fabriqués ou utilisés par l'entreprise ». La Cour a également jugé qu'un employeur était coupable d'une faute inexcusable dès qu'il « avait ou aurait dû avoir conscience du danger auquel était exposé le salarié et n'a pas pris les mesures nécessaires pour l'en préserver ».

Il s'agit d'un fait d'importance puisque la responsabilité des entrepreneurs est clairement reconnue. Cet arrêt devrait constituer un cas de jurisprudence : il ne s'agit plus simplement pour les employeurs d'une obligation de moyens à mettre en œuvre en matière de sécurité de leurs salariés, mais aussi d'une obligation de résultats. Dès lors, les entreprises vont devoir repenser profondément leurs outils de prévention et de gestion des risques : elles pourraient être sanctionnées au moindre manquement.

Les responsabilités seront partagées entre

les employeurs qui ont exposé leurs salariés et les pouvoirs publics qui ont tardé à légiférer. Les indemnités décidées par les tribunaux pourraient d'ailleurs être plus élevées que celles du FIVA.

Qu'en est-il des assureurs des entrepreneurs ? Si seul l'État avait eu à indemniser les victimes de l'amiante, les assureurs n'auraient pas eu à intervenir dans la réparation des préjudices liés à une exposition à l'amiante, puisque leurs clients industriels n'auraient pas été inquiétés juridiquement. L'arrêt du 28 février 2002 change considérablement les choses pour les compagnies d'assurance. Au regard de la situation dans d'autres pays européens, les assureurs français semblent devoir prendre la question très au sérieux. Par exemple, l'assureur britannique Royal & Sun Alliance a annoncé, en février 2002, avoir provisionné plus de 600 millions d'euros pour couvrir les plaintes relatives à l'exposition à l'amiante ; le groupe helvético-suédois ABB a quant à lui provisionné quelques 940 millions de dollars en vue d'indemniser des salariés américains ayant porté plainte.

La pollution de l'environnement : les assureurs refusent plus que jamais d'assurer

Dans le domaine des atteintes à l'environnement, les assureurs américains ont également été les premiers touchés par les coûts catastrophiques de l'obligation de décontamination des sols. Les procès de l'amiante ont catalysé une volonté politique déclarée d'indemniser largement les victimes de sinistres diffus. Aux États-Unis, le vote du CERCLA, ou *Comprehensive Environmental Response, Compensation and Liability Act* (connu aussi sous le nom du *Superfund Act*), en 1980, constitue un fondement important des recours judiciaires impliquant une entreprise polluante et des particuliers victimes de dommages engendrés par celle-ci. Initialement, le CERCLA était conçu, pour une période de cinq ans, comme un instrument de compensation des victimes de dommages causés par des déchets ou des substances toxiques. Il a été complété six ans plus tard par le SARA ou *Superfund Amendments and Reauthorization Act*. Comme l'indique une étude de la Compagnie suisse de réassurance : « L'idée de départ de la législation Superfund consistait à faire supporter les frais d'assainissement de terrains contaminés aux propriétaires et aux exploitants des sites et des installations pollués, à la demande de l'Environmental Protection Agency (EPA). Cette "Agence de protection de l'environnement" remplit deux fonctions. Elle doit d'abord constater quels sont les sites à dépolluer *(hazardous waste sites)* et, ensuite, désigner les personnes potentiellement responsables (*potential responsible parties*, PRP). Ses principales cibles sont les propriétaires et les exploitants d'usines, d'entreprises de transport, d'entrepôts, de supermarchés ainsi que d'installations de traitement ou de décharges. L'EPA ordonne alors le nettoyage du site — en recourant, si nécessaire, à la voie judiciaire — ou elle entreprend elle-même les travaux aux frais des PRP[145]. »

Cette vague de nettoyage généralisé, phénomène dit de *clean up*, combinée à un recours judiciaire lui aussi généralisé, est à l'origine d'un véritable bouleversement. Les sommes en jeu sont considérables, on parle de 1 000 milliards de dollars cumulés à l'horizon 2020. Le CERCLA est souvent utilisé comme base législative par les juges en cas de litige sur les produits d'une entreprise (*enterprise liability*). Cette extension du champ du CERCLA est fondée principalement sur deux considérations. D'une part, les entreprises pouvaient facilement s'assurer contre les effets secondaires de leurs produits. D'autre part, les entrepreneurs doivent porter une attention accrue aux dommages que leur activité génère.

Deux pratiques sont nées de ce recours accru à la notion de responsabilité : en premier lieu, l'usage par les particuliers d'une autre loi, portant sur les *toxic torts*, afin d'obtenir des réparations et compensations (parfois peu ou pas justifiées d'ailleurs), s'est fortement développé ; en second lieu, on observe une invocation accrue des lois fédérales et d'États par les agences environnementales comme l'EPA ou l'OSHA (Occupational Safety and Health Administration). D'ailleurs, ces dernières augmentent leur niveau de surveillance et n'hésitent plus à poursuivre systématiquement, elles-mêmes, les entreprises jugées à risque.

Les entreprises travaillant aux États-Unis, et leurs compagnies d'assurance, ont ainsi subi une véritable chasse aux pollueurs. Pour ne prendre qu'un exemple, une cour américaine en charge d'une affaire de substances nuisibles émanant d'une décharge justifia l'assignation en responsabilité d'une entreprise qui utilisait cette décharge comme suit : « Le seul lien intellectuel requis entre le défenseur et le site est que le défenseur a déposé ses déchets à cet endroit et qu'on trouve la substance ici incriminée dans ses déchets. »

Cette agressivité des tribunaux est, comme dans le cas de l'amiante, le résultat d'une attente profonde de dédommagement des victimes, le plus large possible, et de redressement des torts commis.

On observe aussi une réelle volonté des juges de faire payer les *deep pockets*. Une étude américaine intitulée « The Price of Negligence under Different Liability Rules », publiée dans le *Journal of Law and Economics*, analyse les montants d'indemnisations accordés aux victimes en cas d'accident de la route. Les conclusions de l'étude montrent que lorsque la responsabilité de l'accident incombe à une entreprise, les montants de réparations sont quatre fois plus élevés que dans le cas d'un particulier.

Que faut-il penser de la loi Superfund : responsabilité économique et sociale ou stratégies politiques ? Dans un sens, elle a très rapidement fait comprendre aux industriels la nécessité de limiter les dommages que leur activité fait subir à l'environnement et aux citoyens. Néanmoins, les jugements portés sur cette loi, ses dérives judiciaires et financières, sont en général négatifs aux États-Unis, mais aussi en Europe. Deux critiques principales sont formulées : le caractère rétroactif illimité de la loi et le fait qu'elle s'applique aussi aux dommages écologiques, et cela sans limitation de montant. De plus, il arrive souvent que le coût des procédures judiciaires dépasse largement les frais d'assainissement à proprement parler. Alors, pourquoi un tel acharnement législatif et judiciaire ? Le dilemme du politique, discuté plus haut, s'applique bien dans ce cas. En effet, cette volonté de surindemnisation peut apparaître comme une compensation à l'incapacité des régulations gouvernementales à dissuader les entrepreneurs de prendre aujourd'hui des risques inconsidérés sans se soucier des conséquences ; en d'autres termes, de les inciter à la prudence.

La crise de la responsabilité aux États-Unis a eu des conséquences importantes en matière d'assurabilité. Des milliers de plaintes de victimes ont été déposées et les procès ont coûté des centaines de millions de dollars aux assureurs. Alors, à la suite de diverses affaires pour lesquelles les cours de justice ont fait payer l'assureur de la compagnie fautive, la pollution a été spécifiquement exclue de la plupart des couvertures d'assurance au milieu des années 80. Les assureurs refusaient de couvrir des événements ayant eu lieu antérieurement à la signature du contrat (il n'y a plus de risque à couvrir puisqu'il est déjà réalisé). Du fait de ce désengagement progressif des compagnies d'assurance dans le domaine de la responsabilité civile et des couvertures environnementales, certaines solutions d'auto-assurance ou de pool d'assurance, comme l'Affiliated Chemical Group évoqué au chapitre précédent, sont apparues. Néanmoins, ces substituts d'assurance paraissent très ponctuels et ne couvrent jamais qu'une faible part de la demande potentielle.

Qu'en est-il des garanties de responsabilité environnementale en Europe ? Ici aussi, la protection de l'environnement ne se limite plus à empêcher l'occurrence de dommages futurs à l'environnement mais s'étend également aux compensations de dommages historiques (déjà existants mais non répertoriés à la signature du contrat). Cette approche compensatoire, et les changements législatifs qui l'ont accompagnée, ont conduit la plupart des compagnies d'assurance à refuser de couvrir les risques relatifs à l'environnement.

En France, seules les atteintes soudaines et accidentelles à l'environnement peuvent d'ordinaire être couvertes (par Assurpol[146] qui propose des contrats spécifiques en responsabilité civile environnement). Les atteintes graduelles à l'environnement, les risques liés à l'exploitation normale, et donc le risque de développement associé à cette exploitation normale, ne sont pas couverts. Cette exclusion de garantie est également en vigueur dans d'autres pays européens, notamment en Belgique, aux Pays-Bas, au Danemark, en Norvège ou encore en Espagne. De même, les dommages écologiques ne sont pas, à ce jour [147], couverts par les garanties en responsabilité civile environnement.

En France aussi, ce problème d'horizon temporel de la responsabilité est d'autant plus aigu qu'il s'agit de pollution dite historique (la pollution a débuté il y a longtemps, plusieurs années voire plusieurs décennies) : les responsables supposés ou reconnus n'existent plus, plusieurs entreprises susceptibles d'avoir pollué les sols se sont succédé sur le même terrain au cours de plusieurs décennies... Il s'agit alors de pouvoir imputer une responsabilité qui n'apparaît pas clairement [148]. La question de ces sites orphelins a néanmoins été partiellement résolue par la loi Barnier du 19 janvier 1995 prévoyant la création d'un fonds de 15 millions d'euros alimenté par une taxe sur les déchets industriels spéciaux [149].

Le risque de responsabilité aujourd'hui : les conditions d'une prise en charge

La parution du Livre blanc de la Commission européenne en février 2000 [150] a été une étape dans le débat sur l'instauration d'un régime juridique de la responsabilité environnementale, débat engagé avec la parution du Livre vert en 1993.

Une des principales conclusions de la Commission est la nécessité d'une directive européenne qui devrait être applicable dès 2004. Les propositions du Livre blanc concernent essentiellement deux catégories de dommages : 1) ceux ayant pour cause une activité dangereuse ; 2) ceux touchant à la biodiversité. Selon le Livre blanc, le nouveau régime de responsabilité environnementale pourrait notamment inclure la non-rétroactivité (il concerne seulement les dommages futurs, ne s'applique donc pas à la pollution historique) et la responsabilité stricte pour des dommages causés par des activités dangereuses. Concernant l'assurance, les garanties financières des assureurs devraient permettre d'appliquer le régime de responsabilité, en favorisant l'indemnisation des victimes et la réparation des dommages.

Face à la démarche européenne, les assureurs français ont dû se positionner. Ils ont d'ailleurs considérablement contribué à dégager une position consensuelle des assureurs européens et, ainsi, à donner une place importante à la notion d'assurabilité dans la rédaction du Livre blanc. Celui-ci reste néanmoins relativement flou quant aux définitions et catégories de responsabilité. Ces imprécisions sont certainement volontaires, afin de favoriser l'émergence de propositions au sein des nombreuses parties prenantes au débat, et d'aboutir à un consensus le plus large possible.

La parution en France, en septembre 2000, du *Livre blanc de l'assurance responsabilité civile*, s'inscrit dans un souci d'affirmer publiquement la position de la FFSA dans l'assurance responsabilité. Examinons certaines des propositions qui y sont faites.

Les assureurs français proposent un cadrage technique du risque de responsabilité. La limitation en montant de la garantie figure comme un des éléments fondamentaux pour l'assurabilité du risque de responsabilité. Selon eux, le processus de limitation pourrait se faire ainsi : « Les montants de garanties s'épuisent, dans l'ordre chronologique des réclamations des lésés à l'assuré — ou à l'assureur pour les réclamations qui lui sont adressées directement — par toute somme mise en réserve pour l'indemnisation des dommages et par tout règlement amiable ou judiciaire d'indemnités. »

Concernant les clauses d'exclusion, les assureurs proposent qu'une homogénéisation des exclusions des contrats d'assurance responsabilité soit entreprise au sein de la profession de façon à rendre plus lisibles pour les assurés, les victimes, et les tribunaux, les clauses d'exclusion de la forme « tout sauf ». En d'autres termes, de créer un référentiel clair soumis à l'approbation d'une commission composée d'assureurs et de magistrats. Cela permettrait aux assureurs de stabiliser un environnement juridique qui est loin de l'être sur les questions de responsabilité et de clause d'exclusion relative au risque de responsabilité. L'application d'une garantie dans le temps, et donc la question de la limite temporelle de cette garantie sont également des notions que les assureurs veulent voir clarifiées.

Notons enfin que la question du risque de responsabilité s'étend bien au-delà du domaine environnemental abordé plus haut. Que l'on pense :

• *Au domaine médical* : on assiste à l'émergence de nouvelles causes d'actions en responsabilité ; on le voit bien avec la multiplication des procès contre les hôpitaux et les médecins aux États-Unis. Certaines spécialités médicales ne trouvent plus d'assurance.

• *Au domaine de la production* : une production de masse signifie aussi des risques de masse et des sinistres sériels en cas d'erreur de conception. Nous l'avons largement discuté dans le chapitre VI à propos de l'assurance du rappel de produits.

• *Au domaine des services* : le développement massif des télécommunications et de l'informatique crée de nouvelles sources de risques sériels (que l'on pense à l'interdépendance croissante des grands réseaux et aux questions relatives à la sous-traitance des systèmes d'information).

Au dire des assureurs, l'assurance de responsabilité civile serait proche de ses limites économiques[151]. Rappelons ici quelques chiffres :

le marché de la responsabilité civile en France représentait en 1999 un chiffre d'affaires supérieur à 1,7 milliard d'euros. Il a affiché des pertes d'environ 110 millions d'euros en 1998 et, en 1999, de 120 millions d'euros.

La réaction des assureurs français, notamment à travers leur Livre blanc, montre combien la responsabilité environnementale (et la responsabilité civile en général) pose des questions difficiles pour l'industrie de l'assurance. Quant au Livre blanc de la Commission européenne, il aura eu le mérite de considérer de front ces questions et d'ouvrir le débat à une échelle internationale, débat qui n'en est qu'à ses débuts et qui devrait s'intensifier avec la future directive communautaire sur la responsabilité environnementale.

La contamination par l'amiante et la pollution des sols ont en commun que le sinistre est aujourd'hui réalisé. Comme nous l'avons expliqué, ces deux types de sinistres posent déjà quatre types de problèmes aux assureurs : 1) une faible capacité de mutualisation ; 2) un univers législatif instable qui favorise un droit à l'indemnisation massive des victimes ; 3) l'imputation de la responsabilité ; 4) la garantie dans le temps. Pour les assureurs, le risque de développement combine l'ensemble de ces problèmes, auxquels il ajoute une autre dimension, l'incertain.

La question du risque de développement

Les exemples de *risque de développement*[152] sont peu nombreux mais relèvent pour la plupart des sinistres à grande échelle (risques de masse et sériels) et ont de ce fait un coût économique élevé.

On peut alors se demander si le *risque de développement* est assurable en soi. Comme l'écrivait C. Devaux : « Actuellement, les contrats d'assurance de responsabilité civile couvrant les dommages causés par le vice caché des produits ne comportent aucune exclusion du fait du risque de développement. C'est logique puisque cette notion n'était pas inscrite dans les textes juridiques et n'avait donné lieu qu'à de rares cas, les quelques condamnations ayant été indemnisées par les assureurs[153]. »

Depuis, la position des assureurs français est assez tranchée. En effet, ce risque est par définition impossible à mesurer lors de la mise sur le marché du produit. Cette impossibilité interdit à l'assureur de déterminer le coût associé à un sinistre de masse lié à l'utilisation de ce produit.

Le nouveau régime de responsabilité objective (loi du 19 mai 1998) permet d'ailleurs au producteur d'invoquer le risque de développement comme cause d'exonération de responsabilité. Une faille apparaît donc puisque certains peuvent invoquer, parfois un peu vite, l'ignorance à l'époque des faits... La définition et la vérification, *a posteriori*, de l'état des connaissances *a priori* peuvent en effet être subjectives et biaiser le processus d'imputation de responsabilité. On ne pourrait intégrer la notion de responsabilité liée à la non-application du principe de précaution — qui éviterait de tels comportements — que si des textes législatifs précisaient les obligations des divers acteurs.

En tout état de cause, dans son *Livre blanc de l'assurance responsabilité civile*, la FFSA réitérait en septembre 2000 la recommandation qu'une clause générale d'exclusion pour risque de développement soit introduite dans le contrat du fait de l'absence de caractéristiques techniques connues pour les risques assurés.

À l'absence de prévisibilité quantitative s'ajoute la question du plafond économique de responsabilité lié au risque de développement : le nombre de victimes peut être très important et donc faire supporter aux assureurs des coûts de sinistres très élevés.

Nous évoquions plus haut la nécessité pour l'assureur de connaître son engagement global quand il considère le risque à assurer. Les assureurs expliquent qu'il ne peut exister une couverture du risque de développement que « dans un cadre d'assurance bien délimité et cette délimitation ne peut résulter que des limitations dans le temps et en montant. La sécurité juridique des clauses du contrat d'assurance est, à cet égard, fondamentale[153bis] ».

Nous mentionnions au chapitre VI le cas de l'assurance du risque de développement dans l'industrie pharmaceutique en Allemagne, le Pharma-Pool. On pourrait y voir une exception aux pratiques d'exclusions. Il convient de garder à l'esprit que le processus d'autorisation de mise sur le marché (AMM) des produits pharmaceutiques est assez long (souvent plus de dix ans). Cette AMM exige en particulier de nombreux tests et essais cliniques[154]. Même s'il demeure, le risque de développement après mise sur le marché est donc réduit de fait[155].

Le génie génétique

« Si l'on pouvait penser l'impensable, mesurer l'incommensurable, on pourrait prévoir le risque potentiel de nouvelles technologies n'ayant pas encore provoqué de sinistres. Mais comme c'est impossible, les assureurs sont mal à l'aise face au génie génétique[156]. » Sont particulièrement en cause la transgenèse végétale et les xénogreffes.

La transgenèse est l'ensemble des méthodes et techniques qui permettent l'implantation, dans le génome d'un organisme vivant, de gènes en provenance d'une autre espèce ; elle produit donc des organismes génétiquement modifiés (OGM) ; ainsi l'implantation dans le génome d'une plante de gènes de bactéries pour la rendre résistante aux attaques de certains insectes ravageurs, ou de champignons, par exemple. La sélection végétale traditionnelle, ou hybridation, procède aussi à des échanges de gènes ; mais comme c'est par reproduction sexuée, on reste à l'intérieur d'une même espèce[157].

La transgenèse végétale ouvre des perspectives étonnantes. Elle permet déjà, aux États-Unis, en Chine, en Afrique du Sud, et dans quelques autres pays, la culture — par sécrétion d'une protéine insecticide exprimée par un gène implanté — d'un coton résistant à un insecte ravageur qui fait d'importants dégâts dans les cultures de coton traditionnelles. Elle a aussi permis la mise au point de variétés de maïs ou de soja tolérant certains herbicides, ce qui facilite les traitements chimiques des cultures. Elle promet des plantes résistant à la sécheresse ou à la salinité. Elle ouvre la voie à des « plantes usines » produisant des « plastiques biodégradables, cotons colorés, bois plus adaptés à l'industrie papetière, insuline, hémoglobine, somatotrophine, albumine, vaccins[158] ».

Mais la transgenèse végétale présente aussi des dangers. En ce qui concerne les OGM destinés à l'alimentation, on craint que certains gènes implantés ne provoquent des allergies ; c'est le cas du maïs Starlink, mis au point par Aventis, qui n'était pas destiné à la consommation humaine, mais s'était néanmoins retrouvé dans certains aliments ; les coûts de retrait et d'indemnisation ont dépassé 200 millions de dollars. On critique aussi la présence d'antibiotiques utilisés comme marqueurs dans les processus de production des OGM[159] ; cependant, ils devraient disparaître des OGM de deuxième génération. Toujours en ce qui concerne les propriétés alimentaires, les exploitants de cultures non OGM, et en particulier ceux qui pratiquent l'agriculture biologique, craignent la diffusion spontanée dans leurs cultures de gènes étrangers en provenance de cultures OGM voisines, ce qui les ferait violer, à leur corps défendant, les termes des contrats passés avec leurs clients.

En matière de conditions de production, on craint des transferts de tolérance aux herbicides à des plantes indésirables, et des invasions biologiques de plantes OGM, avec la diminution de diversité génétique que cela signifierait. On craint aussi l'adaptation des ravageurs, par mutations génétiques et sélection naturelle, aux effets des gènes supposés les supprimer, et donc aussi aux pesticides traditionnels ayant les même effets[160]. On fait même plus que craindre, puisqu'on a observé certains de ces phénomènes au Canada, qui a cinq années d'expérience de cultures OGM en plein champ[161].

Dans la première génération d'OGM, conçus pour résister à des ravageurs ou tolérer des herbicides, les consommateurs n'ont vu aucun avantage direct. Ils ont en revanche beaucoup entendu parler de dangers possibles, de surprofits pour quelques grandes entreprises produisant, à l'abri de brevets très protecteurs, semences et herbicides, de dépendance accrue des agriculteurs[162], etc. Les consommateurs européens, très sensibilisés par les conséquences de l'encéphalopathie spongiforme bovine (ESB ; maladie de la « vache folle »), et par quelques autres scandales alimentaires, ont mal accueilli les OGM, ce qui a conduit les transformateurs (tels Danone ou Nestlé) et les distributeurs (la très grande majorité des chaînes de supermarchés et d'hypermarchés) à les bannir de la chaîne de production-distribution[163] ; cela a conduit aussi les pouvoirs publics à décider des moratoires à leur diffusion[164] (mais non à la recherche).

Les applications du génie génétique, et en particulier les OGM végétaux, peuvent être couvertes par des extensions de contrats d'assurance au titre de la responsabilité civile (RC), avec le cas échéant exclusion des risques de dissémination, qui sont parmi les plus menaçants. Mais les assureurs et réassureurs les plus attentifs à l'évolution du domaine y voient un « risque de modification structurelle » qui rend problématique l'assurabilité. Le comportement des victimes de dommages éventuels, lesquels peuvent être sériels (à réalisation progressive allant en s'amplifiant), serait, aux États-Unis, conforme à celui qu'on observe pour d'autres risques sériels (plaintes collectives donnant lieu à des indemnisations de montants très élevés), et serait, en Europe, influencé par l'atmosphère générale de suspicion au moins en ce qui concerne les OGM destinés à l'alimentation ; comme l'observe la Compagnie suisse de réassurance (2001), « moins les nouveaux risques seront acceptés, moins on aura confiance dans les moyens mis en œuvre pour les maîtriser, et plus les éventuelles conséquences négatives d'une nouvelle technologie poseront un problème aux assureurs». À ces facteurs il faut ajouter l'incertitude sur le degré d'évolution du droit de la responsabilité civile — le sens d'évolution étant clairement en faveur des victimes éventuelles —, ainsi que du droit de l'environnement[165], et l'on comprend qu'il y ait risque de modification structurelle, dissuasif pour l'offre d'assurance.

Si l'alimentation et l'environnement inquiètent les assureurs sollicités pour couvrir des risques liés au génie génétique, les perspectives ouvertes par les xénogreffes sont encore plus inquiétantes. Une xénogreffe est la greffe sur un homme d'un organe prélevé sur un animal. Les défenses immunitaires jouant, l'organe devrait être rejeté. Mais il est maintenant possible de traiter génétiquement un animal pour rendre la greffe acceptable par le corps humain. Le 2 janvier 2002, la société de biotechnologies britannique PPL Therapeutics (qui avait antérieurement produit la brebis clonée Dolly) a annoncé la naissance de cinq porcs clonés et génétiquement manipulés pour être compatibles avec les défenses immunitaires humaines. En fait, PPL Therapeutics, ayant su que Immerge/BioTherapeutics (filiale de Novartis et de la société américaine BioTransplant) disposait déjà d'un cochon nain transgénique aux organes adaptés à la taille humaine, mais souhaitait soumettre sa réalisation au jugement de spécialistes indépendants avant de la rendre publique, a pris sa rivale de vitesse, avec succès : l'action de PPL a bondi de 44 % au Stock Exchange de Londres.

Ce comportement n'augure pas bien des conditions dans lesquelles seraient réalisées les premières greffes. Car les dangers potentiels des xénogreffes sont à la mesure de leurs possibilités thérapeutiques. En effet, selon la Suisse de Ré (2001), « en même temps que l'organe greffé, des agents pathogènes pour les animaux — en premier lieu herpès et rétrovirus — pourraient se retrouver dans le corps humain et théoriquement s'adapter à l'être humain. Si les médecins et les chercheurs n'étaient pas déjà conscients de ce danger, l'humanité pourrait être confrontée à une nouvelle forme de maladie, qui ne pourrait probablement pas être circonscrite aux premiers individus concernés. En technique d'assurance, cela signifie des sinistres en série, capables de faire exploser le régime d'assurance maladie, mais pas seulement lui[166] ».

Ce pourrait être l'amiante avec ce facteur aggravant que les micro-organismes se multiplient sans contrôle. Dans ces conditions, les assureurs et réassureurs pourraient inciter à la précaution par un refus général d'assurer.

III. L'ASSURANCE FACE AUX ACTES TERRORISTES : LE POINT DE RUPTURE ?

Depuis longtemps déjà, de nombreux attentats sont perpétrés contre des populations civiles (que l'on pense à la situation israélo-palestinienne, aux activités de l'IRA dans les années 90, à celles de l'ETA en Espagne, ou aux attentats sur le sol français). Néanmoins, aucun acte terroriste n'avait jamais tué et blessé autant de personnes à la fois ni créé un tel sursaut dans la communauté internationale que les attentats du 11 septembre 2001. De fait, ils constituent indéniablement un point de rupture pour l'assurance contre les conséquences d'actes de terrorisme. Ainsi, il y a clairement un *avant* (une telle couverture ayant été offerte, dans la plupart des pays concernés) et un *après* (le risque devient inassurable par un marché d'assurance). La réaction des réassureurs a été brutale : jusqu'à nouvel ordre, ils ne réassureront plus les risques liés aux attentats ; de fait, ils ont renvoyé dos à dos les assureurs et les États. Les systèmes existant dans d'autres pays comme le Royaume-Uni, l'Espagne, mais aussi Israël ou encore l'Afrique du Sud, peuvent fournir des enseignements intéressants. Après les avoir prix en compte, nous traverserons l'Atlantique pour examiner les interrogations actuelles des Américains quant à l'élaboration d'un schéma de partage des risques de terrorisme et d'indemnisation aux victimes.

L'assurance contre les attentats en France

L'indemnisation des victimes de dommages corporels : le Fonds de garantie des victimes d'actes de terrorisme et d'autres infractions

La mise en place d'un dispositif d'indemnisation des victimes d'attentats a été réalisée en France par la loi du 9 septembre 1986. Celle-ci stipule que l'indemnisation intégrale de tous les préjudices corporels subis par les victimes d'actes terroristes commis après le 31 décembre 1984 est prise en charge par un Fonds de garantie des victimes d'actes de terrorisme[167]. (Nous retiendrons l'expression « Fonds » dans la suite.) Il s'agit d'un organisme public autonome alimenté par une contribution de solidarité nationale prélevée sur tous les contrats d'assurance des biens. La contribution est fixée tous les ans par le ministère de l'Économie, des Finances et de l'Industrie, sur proposition du conseil d'administration du Fonds qui définit les règles d'indemnisation. Le niveau de prélèvement était de 5 francs en 1987. Depuis la loi du 6 juillet 1990, qui permet également l'indemnisation intégrale des victimes d'infractions pénales de droit commun, la contribution a augmenté chaque année (22 francs en 2001, 4 euros pour 2002).

L'indemnisation des victimes du terrorisme n'a pu s'imposer que grâce à une campagne de sensibilisation organisée par les victimes elles-mêmes, suite à une nouvelle vague d'attentats. En avril 1986, un projet de loi est élaboré. Deux options sont envisagées, les députés optant pour une indemnisation par les compagnies d'assurance, les sénateurs préférant une indemnisation par l'État. L'association SOS Attentats [168] propose une troisième voie en commission mixte paritaire, phase ultime de la procédure législative ; il en sort la création du Fonds de garantie des victimes d'actes de terrorisme (loi du 9 septembre 1986, s'appliquant rétroactivement aux actes commis à partir du 1er janvier 1985).

La solution du Fonds présentait, au regard des deux autres voies alors en discussion, des avantages de facilité de gestion, un prélèvement touchant l'assiette la plus large, et surtout une rapidité d'indemnisation des victimes combinée avec un allégement des expertises.

Les bénéficiaires des indemnités versées par le Fonds sont de deux types : pour un acte de terrorisme commis en France, toute victime ou ayant droit quelle que soit sa nationalité ; pour un acte commis hors de France, toute victime de nationalité française (le ministère des Affaires étrangères communique alors au Fonds l'identité des victimes).

L'acte de terrorisme ou attentat — le premier qualifiant le fait juridique, le second le fait en lui-même, on préfère l'expression d'ensemble « acte de terrorisme ou attentat » qui évite toute équivoque — constitue une infraction, au sens de l'article 706-16 du Code de procédure pénale, « en relation avec une entreprise individuelle ou collective ayant pour but de troubler gravement l'ordre public par l'intimidation ou la terreur ».

Toute personne s'estimant victime d'un acte de terrorisme ou d'attentat peut, sans aucun intermédiaire, saisir directement le Fonds, par simple lettre, sans être juridiquement tenue de mettre en cause la responsabilité civile ou pénale de l'auteur. Le Fonds doit, dans un délai de quatre semaines suivant la demande, verser une provision qui sera suivie de l'ordonnance d'expertises médicales. L'offre d'indemnisation doit intervenir dans un délai de trois mois après la présentation de la justification des préjudices par la victime.

Dans la pratique, la direction du Fonds écrit aux victimes ou à leurs familles dès qu'elle a connaissance de leur identité. Jusqu'en juin 2001, pas moins de 2 658 dossiers de victimes du terrorisme ont été ouverts par le Fonds, dont 2 532 traités, et le complément en cours de traitement (en général dans l'attente d'une consolidation de l'état médical de la victime) ; le montant total des indemnisations octroyées par le Fonds aux victimes du terrorisme a été de l'ordre de 60 millions d'euros[169].

Le rôle des compagnies d'assurance se limite, dans ce cas, à la simple collecte de la contribution de solidarité nationale.

La « garantie des accidents de la vie » (GAV)

En juin 2000, les assureurs proposaient une nouvelle assurance, la « garantie des accidents de la vie », couvrant les dommages corporels résultant d'accidents domestiques, d'agressions, d'attentats ou de catastrophes. Est pris en charge le préjudice subi non seulement par l'assuré lui-même, mais aussi par le conjoint et les enfants fiscalement à charge : perte de salaires, préjudice moral et physique, nécessité d'employer une tierce personne... L'indemnisation, individualisée, est actuellement plafonnée à un million d'euros [170].

Il s'agit là d'un véritable marché pour les assureurs, puisqu'on peut estimer à 8 millions chaque année le nombre de victimes de ce type de sinistre ; par exemple les accidents domestiques, ceux dans les cuisines ou dans les jardins (barbecue qui s'enflamme, accident de tondeuse, etc.).

Cette assurance indemnise également les victimes pour dommages corporels dus à des catastrophes technologiques (déraillement de train) ou même naturelles qui, nous l'avons indiqué au chapitre précédent, ne sont aucunement pris en charge par le régime spécial Cat. Nat.

Concernant plus spécifiquement la couverture des actes de terrorisme ou attentats, qui font l'objet de cette section, il est à noter que le Fonds de garantie ne déduit pas de son indemnisation pour dommages corporels celle octroyée par une compagnie d'assurance à son assuré ayant contracté une garantie des accidents de la vie.

L'indemnisation des victimes
de dommages matériels

Jusqu'en 1986, l'acte de terrorisme ou attentat constituait une clause d'exclusion des couvertures d'assurance de dommage aux biens (explosion d'une voiture ou d'un appartement par exemple). Depuis la loi du 9 septembre 1986, cette clause d'exclusion est réputée non écrite et ne peut plus être invoquée par les assureurs : la clause de garantie obligatoire des actes de terrorisme ou attentats prévaut. Les préjudices matériels sont donc indemnisés par les compagnies d'assurance, ce qui explique leurs positions devant des menaces nouvelles hors normes.

Les assurances contre les attentats à l'étranger

Dans d'autres pays, historiquement davantage confrontés à ces menaces que ne l'étaient jusqu'ici les États-Unis, différents systèmes existent.

En Israël, les dommages matériels dus à des

actes de terrorisme sont couverts par un fonds public et les victimes sont indemnisées par l'Institut national de l'assurance. Dans ce schéma, qui requiert une participation obligatoire de tous et est financé par les impôts généraux, le gouvernement israélien supporte l'ensemble des risques.

En Irlande du Nord, également particulièrement touchée par le terrorisme, les assureurs ont refusé, dès 1977, de couvrir ces événements. Depuis, les pertes conséquentes au terrorisme sont indemnisées par le gouvernement qui les finance par les impôts généraux.

En Afrique du Sud, de nombreux assureurs privés se sont retirés du marché en 1976. Il s'est ensuivi la création d'un pool, le SASRIA (South Africa Strikes and Riots Insurance Association), constitué des quinze plus grandes compagnies d'assurance opérant dans le pays. Le gouvernement est l'assureur en dernier ressort du pool.

Quant au Consortio espagnol, introduit plus haut à propos de la couverture des catastrophes naturelles, il couvre également les dommages dus aux actes de terrorisme (assurance obligatoire). En Espagne, les dommages dus aux attentats sont donc couverts par cet organisme public.

En Grande-Bretagne, depuis les attaques terroristes de l'IRA à Londres en 1993, l'assurance contre le terrorisme n'est plus offerte qu'au travers d'une mutuelle d'assurance de 213 membres (fin 1999), Pool Re. Il existe une police spécifique, rattachée aux contrats commerciaux d'assurance mais indépendante, avec une prime d'assurance propre qui dépend notamment de la localisation géographique des biens assurés. La totalité de ces primes est transférée à Pool Re. En cas de sinistre, l'assureur supporte la franchise des 100 000 premières livres sterling, le pool prenant en charge le complément. Le gouvernement britannique agit comme réassureur du pool en dernier ressort, sans limite de garantie et gratuitement[171], si les réserves de Pool Re s'avèrent insuffisantes (fin 2000, le pool disposait de 1,1 milliard d'euros de réserves).

Les conséquences du 11 septembre 2001

Aux États-Unis

Les actes de terrorisme perpétrés aux États-Unis le 11 septembre 2001 constituent un événement sans précédent en temps de paix : tout d'abord, par le nombre de décès à déplorer dans l'effondrement des deux tours du World Trade Center et dans l'écrasement des avions sur le Pentagone et en Pennsylvanie. Sans précédent aussi puisque les cibles visées n'étaient pas seulement des biens publics représentant le pouvoir gouvernemental ou relevant de la sécurité publique (l'espace aérien), mais des biens privés détruits par des avions de ligne privés.

Sur un plan purement assurantiel, la question de la responsabilité a été immédiatement posée. Puisque la destruction des tours est provoquée par les avions, les assureurs du WTC auraient pu se retourner contre les compagnies d'aviation (en l'occurrence United Airlines et American Airlines, deux compagnies américaines), qui auraient dû alors rembourser les tours et les dommages dus à leur effondrement. N'en ayant évidemment pas les moyens, elles auraient été mises en faillite. On estime en effet aujourd'hui le coût des dommages assurés à plus de 40 milliards de dollars. Il s'agit, de fait, du sinistre le plus coûteux de toute l'histoire de l'assurance et de la réassurance mondiale. Concernant les victimes, le gouvernement fédéral américain indemnise les familles des défunts et les blessés, s'ils renoncent à poursuivre en responsabilité les compagnies aériennes.

Nous avons présenté plus haut les mécanismes actuellement en vigueur en France pour indemniser les victimes de tels événements (fonds de garantie et contrats d'assurance). La tragédie du 11 septembre appelle néanmoins à reconsidérer les caractéristiques de l'assurance des actes de terrorisme. Jusqu'ici, en effet, les actes de terrorisme ou attentats ne concernaient qu'un petit nombre de victimes. Le système en place fonctionnait alors relativement bien. Or, avec ce cas, la parfaite corrélation des dommages impose la mise en place d'un système de partage des risques qui soit clairement défini et dimensionné à cette nouvelle échelle : il y a nécessité de changer de référentiel. Aux États-Unis, aucune réponse n'a encore été trouvée.

En effet, la grande majorité des assureurs a, dans un premier temps, refusé de reconduire la couverture de tels événements. Certaines polices ont néanmoins été reconduites, moyennant une transformation radicale des termes du contrat : diminution drastique de la couverture, multiplication significative des taux de prime. À titre d'exemple, l'aéroport de Chicago était, avant les événements de septembre, couvert à hauteur de 750 millions de dollars pour une prime annuelle de 125 000 dollars. Après le 11 septembre 2001, les assureurs n'offrent plus qu'une couverture de 150 millions de dollars, et cela contre le paiement d'une prime de 6,9 millions de dollars (ratio prime sur couverture multiplié par plus de... 270).

Le gouvernement américain a d'abord proposé aux assureurs qu'ils continuent à assurer contre les conséquences du terrorisme, moyennant une prise en charge de 90 % des dégâts assurés en cas de nouvelle attaque terroriste. Ce schéma n'a cependant pas été mis en place puisque la proposition a été rejetée, fin décembre 2001, par le Congrès, qui a estimé que rien ne justifiait un tel « cadeau » offert à l'industrie de l'assurance. En effet, pouvait-on réellement accepter un partage des risques où les assureurs récolteraient l'ensemble des primes et ne supporteraient que 10 % des dommages en cas de réalisation du risque ? Toujours est-il que douze mois après le drame aucune solution n'était encore adoptée.

Dans un tel contexte, la participation des assureurs n'apparaît pas certaine. Si elle est finalement obtenue, elle sera tout de même bien fragile : si d'autres attentats à grande échelle venaient à frapper le pays, ces assureurs pourraient se désengager pour plusieurs années de tout schéma. En pareil cas, le gouvernement fédéral n'aurait pas d'autre choix que l'instauration d'une couverture exclusivement publique.

En France

En France, qu'en est-il de ce type d'assurance après septembre 2001 ? Citons d'abord quelques réactions. Le groupe AXA décide, dès le mois d'octobre 2001, de se désengager d'un contrat qu'il avait signé avec la Fédération internationale de football pour couvrir le risque d'annulation de la Coupe du monde de football 2002 au Japon et en Corée (à hauteur de 944 millions d'euros ; notons que la couverture est aussitôt prise en charge par l'assureur américain Warren Buffet). L'assurance des aéroports français est également touchée de plein fouet : la limite de couverture chute d'un milliard à 50 millions d'euros. Les assureurs augmentent de 20 à 30 % les primes d'assurance des immeubles dits de grande hauteur (IGH), etc.

La perspective d'attentats à grande échelle conduit donc à une situation nouvelle pour laquelle de nouvelles solutions d'assurance sont à imaginer.

Sur le plan théorique, il est notable que les porteurs de risques (assurés, assureurs) ne disposent pas d'information quant à la réalisation possible de nouveaux événements : cette information relève de la sécurité nationale, et donc de l'État. Le gouvernement, en effet, dispose d'une meilleure information sur les menaces éventuelles, notamment au travers des services de renseignements (RG, DST, DGSE). Au nom de la sécurité de l'État, de telles informations ne seront jamais portées à la connaissance des compagnies d'assurance. Il s'agit d'un cas tout à fait particulier d'asymétrie d'information. Elle contribue à ce que tout système d'assurance contre les attentats puisse difficilement reposer sur les seuls assureurs privés[172]. De plus, en termes d'allocation des ressources, la logique d'assurance opère d'ordinaire relativement bien en faisant supporter des primes plus élevées à ceux qui présentent des risques plus élevés (exemple du système bonus-malus en assurance automobile) et en tenant compte des efforts de prévention effectués par l'assuré. Or, dans le cas du risque de terrorisme, la relation entre le comportement des assurés et le montant des pertes assurées en cas d'événement n'apparaît que marginalement. Bien plus, on peut même considérer que puisque les actes de terrorisme sont perpétrés contre des États, ces derniers, au travers de la politique étrangère et des services de renseignements, peuvent influencer l'occurrence de tels événements ; en ce sens, l'État est « faiseur de risques ». Or, du point de vue de l'économie normative, une solution efficace pour traiter de telles situations où l'une des parties peut agir sur la probabilité d'un événement ou sur le niveau des pertes potentielles, est, justement, de rendre cette partie porteuse de risque.

SPÉCIFICITÉS FRANÇAISES. La recherche d'un système de couverture contre des sinistres de grande échelle d'origine terroriste a dû se faire, en France, dans un contexte particulier. D'une part, il faut rappeler que la couverture d'assurance contre ce type d'événements dépend de la couverture « dommage-responsabilité » : cela pose un véritable problème de choix d'engagement aux assureurs français. D'autre part, l'explosion de l'usine AZF de Toulouse, quelques jours seulement après les attentats contre les États-Unis, a particulièrement alimenté la psychose de nouveaux attentats sur le territoire français. Ces deux points sont fondamentaux pour évaluer le schéma qui a été mis en place et juger de son exemplarité.

À l'automne 2001, les assureurs français ont d'abord annoncé qu'ils ne reconduiraient pas au-delà du 31 décembre (date d'échéance des contrats) un certain nombre de polices jugées trop risquées : les assurés auraient été, de fait, dans l'incapacité de trouver une couverture non seulement contre le terrorisme mais aussi en dommage-responsabilité. Cette réaction a obligé le Trésor à s'impliquer dans des négociations avec les assureurs privés, afin d'établir un partenariat pouvant être effectif au 1er janvier 2002. Nous retrouvons ici l'une des conclusions précédentes, à savoir une nécessaire implication du secteur public.

Or, il existe déjà en France un système national de couverture contre des événements potentiellement catastrophiques, fondé sur un partenariat entre les secteurs public et privé. Il s'agit du système Cat. Nat., dont les primes sont récoltées et gérées par les assureurs privés avec la possibilité d'être réassurés auprès de la CCR qui dispose d'une garantie illimitée de l'État. Le système mis en place pour couvrir les conséquences matérielles d'actes de terrorisme s'appuie, au moins partiellement, sur cet autre système[173].

UN SCHÉMA COHÉRENT, LE GAREAT. Les assureurs privés s'engagent à constituer un pool de coréassurance capable d'offrir une mutualisation maximale du risque terroriste afin de ne pas nécessiter des primes trop élevées. Afin de limiter les risques de crêtes, le secteur public, de son côté, s'engage à garantir de manière illimitée le pool au-delà d'un certain montant total de sinistres assurés. Ce montant est fixé à 1,5 milliard d'euros par an.

Le GAREAT (Groupement des assureurs et des réassureurs des attentats terroristes) voit ainsi le jour avant l'échéance du 31 décembre 2001 (FFSA, 2002)[174] et permet la couverture de ce type d'événement[175]. Il regroupe les entreprises membres de la FFSA et du GEMA.

On peut estimer que pour l'année 2002, le montant total des primes versées par les assureurs participants s'élève à 200 millions d'euros[176]. Moyennant cette prime, le GAREAT les réassure en excédent de perte annuelle.

Le partage des indemnisations à l'occasion d'attentats, occasionnant des pertes assurées dépassant 1,5 milliard d'euros, s'effectuerait comme suit. Les assureurs supporteraient les 250 premiers millions d'euros. Une première ligne de 250 autres millions d'euros constitue la rétention du pool (moyennant 30 % des primes « attentats » perçues). Une deuxième ligne regroupant de grands assureurs et des réassureurs (Munich Re, Swiss Re, Hanover Re, Partner Re et la SCOR) prendrait en charge les coûts compris entre 500 millions et 1 milliard d'euros (moyennant 50 % des primes). Pour les coûts compris entre 1 et 1,5 milliard d'euros, la CCR, qui touche 10 % des primes attentats (soit 20 millions d'euros), accorderait aux assureurs des prêts à taux zéro remboursables sur dix ans. L'État se porte garant pour des montants de dommages assurés dépassant ce plafond de 1,5 milliard d'euros.

Un tel schéma présente deux avantages : d'une part, de permettre une mutualisation du risque terroriste parmi les assureurs et de limiter l'engagement des réassureurs partenaires du pool et, de l'autre, de maîtriser, grâce à la garantie de l'État, un effet éventuel de cumul global sur une année. Cependant ce système n'est pas définitif : il n'a été mis en place que pour une période d'un an, dans l'attente d'un retour à une situation contractuelle plus normale que ce qu'elle était au 1er janvier 2002. Néanmoins, tout porte à penser qu'après plusieurs mois d'apprentissage d'un système assez commode car de gestion parallèle au traitement des sinistres « Cat. Nat. », les assureurs pourraient accepter de prolonger leur engagement au-delà du 31 décembre 2002.

Ici comme ailleurs, si d'autres attentats venaient à être perpétrés, les assureurs pourraient à nouveau renégocier leur participation. Néanmoins, le GAREAT paraît offrir un schéma cohérent qui répond aux spécificités du marché français, moyennant des adaptations à la sinistralité future.

Le terrorisme n'est pas un risque nouveau : ces trente dernières années, dans le monde, 17 000 personnes ont perdu la vie et plus de 60 000 ont été blessées, victimes d'actes de terrorisme[177]. Les événements du 11 septembre 2001 ont engendré un effet de caisse de résonance tout à fait considérable dans la communauté internationale. La tenue de la conférence « Terrorisme et responsabilité pénale internationale », organisée par l'association SOS Attentats en février 2002 à l'Assemblée nationale (Paris), témoigne de cette évolution. Il en ressort la nécessité d'une coopération internationale, devenue d'autant plus impérative que le développement de réseaux terroristes de toute sorte s'est considérablement accéléré ces dernières années[178]. L'attentat perpétré au Pakistan (Karachi) le 8 mai 2002 contre les employés français de la Direction des constructions navales, tuant 14 personnes dont 11 Français et en blessant grièvement 12 autres, ainsi que la forme de cet acte (opération suicide) témoignent d'une évolution certaine de ces risques dont on sait aujourd'hui qu'ils peuvent tout aussi bien frapper à une très grande échelle.

Fondée sur cette réalité, toute tentative de prospective, même optimiste, fait craindre la recrudescence de nouvelles formes d'attentats, y compris dans des pays jusque-là relativement épargnés. On considérait hier que de tels événements ne relevaient que des instances du pays touché. Ils deviennent aujourd'hui un enjeu transnational : l'acquisition et la valorisation d'un savoir-faire collectif, notamment en Europe, est indispensable.

CONCLUSION

Les catastrophes naturelles menacent des zones parmi les plus actives de la planète, et où la densité de population et d'activités ne cesse de croître ; elles se font de plus en plus fréquentes et frappent aussi là où on ne les attendait pas, comme les tempêtes de décembre 1999 en Europe occidentale. Cela rend les mesures de prévention (freinage du développement des zones à risques, normes de construction et d'équipements adaptées au terrain, préparation aux crises qui suivent les catastrophes) et de précaution (ralentissement des émissions de gaz à effet de serre) d'autant plus impératives. On n'en prend le chemin que de façon bien hésitante : lents progrès du zonage en fonction de la répartition géographique des risques, réforme partielle de la loi française sur l'assurance Cat. Nat., adhésion d'une majorité de pays développés, mais non les États-Unis, au Protocole de Kyoto. Quant à aider les pays en voie de développement à faire face aux catastrophes qui les frappent, et qui ne sont pas moins dramatiques parce qu'elles sont peu coûteuses aux assurances, l'effort est encore plus timide. Le pays le plus sinistré du monde, le Bangladesh, est aussi le plus menacé par les conséquences attendues du changement climatique ; son cas ne suscite pourtant pas grand intérêt.

Pour faire face au montant d'indemnités à payer pour des dommages causés par des catastrophes naturelles, assurance et réassurance ne suffisent plus. Outre les interventions publiques, on peut en principe compter, pour venir à la rescousse, sur des instruments négociés sur les marchés financiers. Comment se fait-il qu'en dépit de débuts prometteurs, ils se soient si peu développés au cours des années récentes ? Il y a à cela plusieurs raisons. Leur mise en œuvre est encore trop coûteuse, parce que les économies d'échelle et de familiarité ne jouent pas encore, et que les coûts de transaction sont trop élevés — par exemple mettre sur pied et faire fonctionner, dans le cas des *cat bonds*, une institution spécifique à chaque transaction (le SPV). Les tarifs de réassurance ont été déprimés jusqu'en 1999 ; mais la tendance s'est retournée, accentuée par les événements du 11 septembre 2001 — qui bien entendu ne sont pas une catastrophe naturelle, mais excèdent les plus dévastatrices d'entre elles en termes de dommages provoqués et d'indemnités à payer ; cela rendra les instruments financiers plus attractifs. Enfin, la nouveauté de ces instruments rend l'incertitude (au sens de Keynes et Knight) qui leur est attachée plus inquiétante ; ils souffrent plus qu'ils ne le devraient de l'aversion de beaucoup d'investisseurs pour l'ambiguïté[179].

L'assurance de la responsabilité civile du fait des produits vendus ou pour atteinte à l'environnement, et l'assurance contre les conséquences d'actes terroristes, présentent de nombreux points en commun avec l'assurance des dommages dus à des catastrophes naturelles. Toutes sont difficilement prévisibles. Toutes donc ont besoin de développer des partenariats avec des acteurs autres que les assureurs et réassureurs traditionnels : les entreprises elles-mêmes en développant la coassurance, les marchés financiers, et le recours aux autorités publiques comme assureur, réassureur ou prêteur en dernier ressort[180]. Ces dernières, en particulier, sont de plus en plus sollicitées, comme le montre en France le récent accord entre État et assureurs sur la couverture des risques liés aux actes terroristes. Encore faut-il que le partage soit équilibré, qu'il ne laisse pas les pertes au secteur public pour garantir les profits du secteur privé. Il faut aussi, partout où cela est pertinent, que les modalités d'assurance retenues incitent à la prévention, ou à la précaution, suivant le contexte dans lequel elles opèrent. À cet égard, le refus des assureurs privés de couvrir certains risques peut être un signal d'alarme opportun pour attirer l'attention sur une situation dont la logique constitue un frein à la prévention (des dommages dus aux inondations, par exemple), ou sur une activité qu'il faut soigneusement évaluer, dans un cadre de précaution, avant de la développer (certaines techniques du génie génétique, par exemple).

ANNEXE MATHÉMATIQUE

I. LA REPRÉSENTATION DES COMPORTEMENTS VIS-À-VIS DES RISQUES POTENTIELS

Comme on l'a vu au chapitre II, la représentation des comportements vis-à-vis des risques avérés, c'est-à-dire probabilisables, prend la forme de la maximisation de l'espérance de l'utilité. Ceci est vrai moyennant certains axiomes (ou règles) de comportement qui, à première vue, paraissent raisonnables. Mais, en y regardant de plus près, ou constate qu'ils tombent sous le coup du paradoxe d'Allais et du paradoxe d'Ellsberg ; ce dernier met d'ailleurs en cause l'existence même de probabilités, et suggère la nécessité de disposer d'une représentation qui n'en soit pas tributaire.

Considérons donc des risques potentiels entre lesquels un agent a des préférences[1] ; celles-ci vérifient les mêmes axiomes que précédemment, sauf naturellement celui qui tombe sous le coup des paradoxes d'Allais et d'Ellsberg ; cet axiome est affaibli en conséquence[2]. Alors les comportements de choix entre risques potentiels, déterminés par les préférences de l'agent, peuvent être représentés par une fonction numérique qui généralise l'espérance de l'utilité ; le choix optimal pour l'agent est celui qui maximise cette fonction.

Considérons en effet n états de la nature incertains $A_1, \ldots, A_k, \ldots, A_n$; si dans ces conditions, l'agent choisit l'acte X, le résultat de cet acte sera le nombre x_1 (par exemple un niveau de revenu) si l'état A_1 se réalise, ..., x_k si l'état A_k se réalise, ..., x_n si l'état A_n se réalise. Sans diminuer la généralité de la représentation, on peut classer les états de telle manière que $x_1 \leq \ldots \leq x_k \leq \ldots \leq x_n$. Alors, si les axiomes mentionnés ci-dessus sont vérifiés, il existe une fonction d'utilité u définie sur les actes et une capacité v, telles que l'acte X soit évalué par la valeur numérique :

$$\int_{Ch} u(X) d\, v =$$

$$(*) \quad = u(x_1) + \sum_{k=2}^{n} [u(x_k) - u(x_{k-1})]\, v\left(\bigcup_{j=k}^{n} A_j\right).$$

Le signe $\int_{Ch}$ indique qu'il s'agit d'une intégrale de Choquet, généralisation d'intégrales plus habituelles. Quant à la capacité v, elle a les propriétés suivantes : elle est à valeurs dans [0, 1], et elle est telle que

$$v(\phi) = 0 \qquad v\left(\bigcup_{k=1}^{n} A_k\right) = 1$$

et que, quels que soient A_j et A_k tels que $A_j \subset A_k$,

$$v(A_j) \leq v(A_k).$$

Mais v n'a en général pas la propriété d'additivité qui caractérise une probabilité, c'est-à-dire qu'on n'a en général pas

$$v(A_j \cup A_k) = v(A_j) + v(A_k).$$

Dans ces conditions, l'agent choisira l'acte X qui, parmi tous les actes possibles, maximise

$$\int_{Ch} u(X)d\,v.$$

Dans le cas particulier où l'incertitude est probabilisable, v est la probabilité et l'intégrale de Choquet est l'espérance de l'utilité. En effet, la formule (*) prend la forme (^{P} désignant la probabilité que devient v) :

$$u(x_1) + \sum_{k=2}^{n} [u(x_k) - u(x_{k-1})] \sum_{j=k}^{n} P(A_j) =$$

$$= u(x_1)\left[1 - \sum_{j=2}^{n} P(A_j)\right] +$$

$$+ \sum_{k=2}^{n} u\,(x_k) \left[\sum_{j=k}^{n} P(A_j) - \sum_{j=k+1}^{n} P(A_j) \right] =$$

$$= u\,(x_1)\,P(A_1) + \sum_{k=2}^{n} u(x_k)\,P(A_k) =$$

$$= \sum_{k=1}^{n} u\,(x_k)\,P(A_k)$$

qui est bien l'espérance de l'utilité.

II. LOI DES GRANDS NOMBRES PERMETTANT L'ASSURANCE

On considère un espace probabilisé Ω, B, p ; ainsi qu'une suite de variables aléatoires η_1, …, η_n, …, définies de cet espace dans l'ensemble R des réels. On dit que ces variables aléatoires sont les unes par rapport aux autres en dépendance stochastique f — modulée si :

Il existe une fonction f de l'ensemble N_+ des entiers non négatifs dans l'ensemble R_+ des réels non négatifs, telle que

(1) elle est décroissante et tend vers 0 lorsque son argument $n \in N_+$ tend vers l'infini ;

(2) elle vérifie les inégalités, avec $m < n$,

$$|p\,[\eta_n \leq a_n | \eta_m \leq a_m] - p\,[\eta_n \leq a_n]| \leq f\,(n-m)$$

où a_m et a_n sont deux nombres réels quelconques et
où $p|\eta_n \leq a_n|\eta_m \leq a_m]$ est la probabilité de l'événement $\eta_n \leq a_n$ conditionnelle à l'événement $\eta_m \leq a_m$.

Dans ces conditions, on a la loi de grands nombres suivante :

Si la dépendance stochastique des variables $\eta_1, \ldots, \eta_n, \ldots$, est f — modulée, et si ces variables sont centrées et uniformément bornées en valeur absolue, alors

$$\frac{1}{N}\sum_{n=1}^{N} \eta_n \xrightarrow{N \to +\infty} 0$$

au sens de la convergence forte, c'est-à-dire presque partout dans Ω[3].

Un exemple de dépendance stochastique f-modulée : des automobilistes sont domiciliés tout au long d'une droite ; pour deux de ces automobilistes, le risque de se rencontrer dans un accident est d'autant plus faible que leurs domiciles sont éloignés.

III. CADRE ET RÉSULTATS DE CHICHILNISKY ET HEAL[4]

On représente par $s = 1, \ldots, S$, les états possibles pour un participant à l'économie considérée, par exemple S niveaux de dommages subis du fait d'un ouragan. Il y a N participants, indexés par $n = 1, \ldots, N$. La probabilité qu'un quelconque de ces participants soit dans tel ou tel état est inconnue, comme est inconnue la distribution des états sur la population des participants dans son ensemble. Une description complète d'un état de l'économie, description appelée état social, est une liste des états dans lesquels se trouvent respectivement les N participants ; et il y a S^N états sociaux différents. Une description statistique d'un état de l'économie, appelée état statistique, indique la fraction de la population dans chaque état s ; tout état statistique est donc un S-vecteur et il y a $\binom{N+S-1}{S-1}$ états statistiques. Bien entendu, il y a plusieurs états sociaux différents correspondant au même état statistique.

En quoi la distinction entre états sociaux et états statistiques contribue-t-elle à la gestion de l'incertitude ? En utilisant l'approche traditionnelle à la Arrow-Debreu[5], on pourrait mettre sur les marchés financiers des titres contingents à chacun des S^N états sociaux : le titre contingent à l'état s assure à son détenteur un euro si l'état s se réalise, et rien dans les autres états. Mais cela obligerait à créer un nombre énorme de titres différents dès que la taille de la population des participants est significative. En combinant assurance au sens traditionnel et création de titres contingents aux états statistiques, il est possible de faire considérablement plus simple. Si les caractéristiques de l'équilibre de l'économie considérée ne dépendent que de l'*état social* dans lequel l'économie se trouve — ce que Chichilnisky et Heal démontrent être vrai sous des hypothèses acceptables — les transactions financières peuvent ne porter que sur des titres contingents aux états statistiques, ce qui requiert la création de $\binom{N + S - 1}{S - 1}$ titres, nombre considérablement inférieur à S^N, tout en permettant une allocation efficace des risques entre les N participants. Ceci est vrai à condition que, simultanément, dans chaque état s statistique, un mécanisme d'assurance mutuelle des participants soit mis en place. Un tel mécanisme engendre des contrats d'assurance contingents aux états statistiques : un contrat contingent n'est activé que si l'état statistique correspondant se réalise.

À partir des croyances des participants sur la distribution des états statistiques et des probabilités attachées aux états individuels à l'intérieur de chaque état statistique, Chichilnisky et Heal démontrent que tout équilibre de l'économie au sens d'Arrow-Debreu, et par conséquent toute configuration de l'économie efficace au sens de Pareto[6], peut être réalisé comme un équilibre simultanément sur le marché des titres contingents aux états statistiques et sur chaque marché d'assurance à l'intérieur de chaque état statistique. Ils montrent aussi que cette approche est d'un ordre de complexité inférieur à l'ordre de complexité de l'approche qui consiste à tout traiter par les marchés financiers (on sait d'autre part qu'il est difficile de tout traiter par les marchés d'assurance, du fait du caractère non probabilisable de l'incertitude sur les états statistiques). L'ordre de complexité, un concept importé de l'informatique, est défini par le taux de croissance du nombre d'opérations requises pour résoudre un problème lorsque la taille de ce problème augmente. Si ce nombre d'opérations croît exponentiellement, le problème est « intraitable ». Le résultat obtenu par Chichilnisky et Heal est que vouloir tout traiter par les marchés financiers est un problème « intraitable », alors que traiter par la combinaison définie ci-dessus de marchés financiers et de marchés d'assurance est un problème traitable.

Notes

Introduction

1. Greffes d'organes animaux sur des êtres humains ; les progrès de la génétique permettent de les envisager.

2. Le Petit Robert.

2bis. *Ibid.*

2ter. *Ibid.*

2[4]. *Ibid.*

3. *Risk, Uncertainty and Profit*, New York, Kelly.

4. *A Treatise on Probability*, Londres, Macmillan.

5. Le GIEC a été créé conjointement par l'Organisation des Nations unies et l'Organisation météorologique mondiale pour étudier l'évolution du climat. Il est composé d'experts scientifiques désignés par leurs pairs, et confirmés par leurs gouvernements respectifs. Ils travaillent en continu, en liaison avec des représentants des gouvernements et d'organisations non gouvernementales, mais en gardant la responsabilité exclusive des rapports qu'ils publient (jusqu'à présent en 1990, 1995 et 2001).

6. Comme le montrent M. Cohen et J.-M. Tallon dans « Décision dans le risque et l'incertain : l'apport des modèles non additifs », *Revue d'économie politique*, 110, 2000, p. 631-681.

7. Lord Phillips, J. Bridgeman et M. Ferguson-

Smith, *The BSE Inquiry, vol. 1 : Findings and Conclusions*, Londres, Stationery Office, octobre 2000.

8. Ethyl Corp. v. EPA, Washington DC Circuit, 1976.

9. Ceci ne signifie pas qu'il n'y ait aucun risque d'une gravité si extrême qu'il exige une abstention absolue, le développement d'armes biologiques par exemple ; voir le livre de Jean-Pierre Dupuy, *Pour un catastrophisme éclairé. Quand l'impossible est certain*, Paris, Seuil, coll. « La couleur des idées », 2002.

PREMIÈRE PARTIE
PRÉCAUTION

Chapitre I
Généalogie d'une société du risque et de la précaution

1. L'expression est de Patrick Lagadec, *La civilisation du risque. Catastrophes technologiques et responsabilité sociale*, Paris, Seuil, coll. « Science ouverte », 1981.

2. L'expression est d'Ulrich Beck, *La société du risque. Sur la voie d'une autre modernité*, Paris, Aubier, coll. « Alto », 2001 (1re éd. 1986).

3. « Le retour du malin génie. Esquisse d'une philosophie de la précaution », *in* O. Godard (dir.), *Le principe de précaution dans la conduite des affaires humaines*, Paris, éd. de la Maison des sciences de l'homme et éd. de l'INRA, 1997, p. 99-126.

4. Cet instrument encore peu connu en Europe, mais assez largement utilisé aux États-Unis, consiste, pour les pouvoirs publics, à soumettre les agents (les entreprises) à des obligations de réduction de leurs émissions polluantes, ces obligations étant ensuite transférables d'un agent à l'autre dans des conditions dépendant des caractéristiques des problèmes à résoudre. Voir par exemple O. Godard, *Permis transférables nationaux et politiques environnementales. Conception et application*, Paris, éd. de l'OCDE, 2001.

5. Il en va tout autrement des risques pour autrui ou pour l'environnement, dont la prise en charge suppose des règles qui engagent la collectivité.

6. *Theory of Games and Economic Behavior*, Princeton University Press, 1944. Par la suite Leonard Savage a montré que le formalisme pouvait être conservé sur la base de croyances subjectives prenant la forme de probabilités. Voir *The Foundations of Statistics*, New York, Wiley, 1954.

7. Voir les chapitres VI et VII consacrés à l'assurance.

8. « Le comportement de l'homme rationnel devant le risque, critique des postulats et axiomes de l'école américaine », *Econometrica*, 21, 1953, p. 503-546.

9. « Risk, ambiguity and the Savage axioms », *Quarterly Journal of Economics*, 75, 1961, p. 643-669.

10. C. Henry, « Option values in the economics of irreplaceable assets », *Review of Economic Studies Symposium*, 1974, p. 89-104.

11. Il existe deux concepts de réversibilité. Le plus exigeant demande la possibilité de retrouver l'état initial par un mouvement qui est l'inverse du mouvement premier. Il s'agit en quelque sorte de la possibilité de revenir sur ses pas. Moins exigeant, le second demande seulement la possibilité de retrouver l'état initial, même si cela se fait par un mouvement inédit. Faire le tour du monde d'est en ouest permet de revenir au point de départ. Ce déplacement est réversible au second sens, mais pas au premier. Voir R. Boyer, B. Chavance et O. Godard (dir.), *Les figures de l'irréversibilité en économie*, Paris, éd de l'EHESS, 1991.

12. Cette fonction est appelée intégrale de Choquet. Voir M. Cohen et J.-M. Tallon, *op. cit.* Voir également l'annexe mathématique du présent ouvrage.

13. Se reporter à l'annexe mathématique.

14. Différentes contributions se sont attachées à caractériser les faits stylisés propres à ces univers controversés : O. Godard et J.-M. Salles, « Entre nature et société, les jeux de l'irréversibilité dans la construction économique et sociale du champ de l'environne-

ment », *in* R. Boyer, B. Chavance et O. Godard (dir.), *Les figures de l'irréversibilité en économie, op. cit.*, p. 233-272 ; O. Godard, « Social decision-making in the context of scientific controversies. The interplay of environmental issues, technological conventions and economic stakes », *Global Environmental Change*, 2 (3), septembre 1992, p. 239-249 ; J.-C. Hourcade, J.-M. Salles et D. Théry, « Ecological economics and scientific controversies. Lessons from recent policy making in the EEC », *Ecological Economics*, 6 (3), 1992, p. 211-233 ; O. Godard, « Stratégies industrielles et conventions d'environnement : de l'univers stabilisé aux univers controversés », in *INSEE Méthodes*, « Environnement et économie », n° 39-40, décembre 1993, p. 145-174 ; O. Godard, « De l'usage du principe de précaution en univers controversé », *Futuribles*, n° 239-240, février-mars 1999, p. 37-60.

15. Se reporter par exemple aux thèses développées par Y. Lenoir, *Climat de panique. La vérité sur le réchauffement de la planète et ses conséquences*, Lausanne, éd. Favre, 2001.

16. Pour une étude sociologique des effets de stupeur, en Allemagne, et de risque inversé, en France, observables dans ce cas, se reporter à P. Roqueplo, *Pluies acides : menaces pour l'Europe*, Paris, éd. Économica, 1988.

17. « Témérité américaine et prudence européenne ? », *La Recherche*, « Le risque alimentaire », n° 339, février 2001, p. 19-23.

18. « Et si l'opinion avait parfois raison ? », *in* E. Zaccaï et J.-N. Missa (dir.), *Le principe de précaution. Signification et conséquences*, éd. de l'Université de Bruxelles, 2000, p. 201.

19. C'est en mars 1996 que les autorités britanniques ont annoncé publiquement que l'ESB pouvait être transmissible à l'homme sous la forme d'un nouveau variant de la maladie de Creutzfeldt-Jakob, transformant une épizootie en risque potentiel pour la santé publique.

Chapitre II
La précaution fourvoyée

20. Prenant le contre-pied des analyses présentées dans ce livre, Jean-Pierre Dupuy fait un plaidoyer original et subtilement argumenté en faveur du catastrophisme dans son ouvrage *Pour un catastrophisme éclairé, op. cit.* Seule la vérité de la réalisation future de la catastrophe, et pas seulement sa possibilité, est susceptible aux yeux de Dupuy de faire que, peut-être, elle ne se réalisera pas ; sans cette assurance, la menace ne serait pas tenue pour crédible par nos contemporains. Dupuy fonde sa démonstration sur le traitement de la dissuasion nucléaire en théorie des jeux. Cependant, le problème ainsi défini constitue un modèle impropre à saisir les enjeux soulevés par les risques potentiels pour la santé et l'environnement, comme le montrera notre critique de Jonas : le modèle de Dupuy suppose un savoir certain des décideurs pour distinguer les actions selon leurs implications, catastrophiques pour les unes, non catastrophiques pour les autres. C'est précisément ce savoir que les décideurs n'ont pas au moment d'aborder de façon précoce des risques potentiels justifiables de la précaution.

21. Voir la critique des mythes de la surpopulation, à la source du catastrophisme environnementaliste, proposée par H. Le Bras dans *Les limites de la planète. Mythes de la nature et de la population*, Paris, Flammarion, 1994.

22. *Le principe responsabilité. Une éthique pour la civilisation technologique*, Paris, Cerf, 1990.

23. *De l'éthique de la discussion*, Paris, Cerf, 1992.

23bis. H. Jonas, *Le principe responsabilité…, op. cit.*, p. 30-31.

23ter. *Ibid.*, p. 48.

23^4. *Ibid.*, p. 26.

24. C'est la question que Jean-Pierre Dupuy, *op. cit.*, place au centre de son livre : comment faire puisque nous ne voulons pas croire à ce que nous savons ? L'annonce du destin apocalyptique de l'homme laisse en

effet de marbre la plupart de nos contemporains. Cette formulation postule cependant un savoir de l'apocalypse qui n'est en fait qu'un postulat de Dupuy. Dans un registre sociologique, et non plus philosophique, l'étude de la crise des pluies acides et de la mort des forêts en Allemagne proposée par P. Roqueplo (*op. cit.*) soulevait une interrogation analogue sur la signification du savoir. Roqueplo faisait en effet ressortir le basculement d'une phase initiale d'aveuglement — « on savait mais on semblait ne pas savoir » — vers une phase d'intense émotion, après un moment de stupeur qui a été celui de la prise de conscience brutale. Cependant, après une phase paroxysmique, l'émotion est retombée ; les réponses politiques apportées marquaient alors un décalage prononcé avec le contenu de la prise de conscience qui s'était produite.

24bis. H. Jonas, *op. cit.*, p. 62.

25. D'un point de vue utilitariste, il vaudrait mieux, par exemple, une apocalypse dans mille ans que dans cinq ans. Un jugement de ce type est dénué de pertinence dans la problématique de Jonas.

26. Sur ces modèles, voir l'introduction proposée par J. Gleick, *La théorie du chaos. Vers une nouvelle science*, Paris, Albin Michel, 1989.

27. Voir K. Popper, *La logique de la découverte scientifique*, Paris, Payot, 1984 (1re édition 1934).

28. On pense naturellement aux armes de destruction massive, nucléaires ou biologiques. D'un point de vue factuel, leur potentiel apocalyptique ne constitue cependant pas une évidence. Leur emploi pourrait avoir des conséquences épouvantables ; sont-elles en mesure pour autant d'en terminer avec l'humanité ? Il y a quarante ans Hermann Kahn soutenait que, même en cas de conflit nucléaire, il y aurait toujours des survivants (*On Thermonuclear War*, Princeton University Press, 1961). Mais au regard de l'expérience historique du xxe siècle, où placer les limites d'une atteinte essentielle à l'humanité ?

29. *Pour un catastrophisme éclairé, op. cit.*

30. Commission mondiale sur l'environnement et le

développement, *Notre avenir à tous*, Montréal, éd. du Fleuve, 1988. Sur le développement durable, voir par exemple O. Godard, « L'inscription économique du développement durable », *Les Cahiers français*, « Enjeux et politiques de l'environnement », nº 306, La Documentation française, janvier-février 2002, p. 52-59.

31. Cette discussion ne tranche pas la question de la répartition des charges d'information à réunir par différentes parties dans un cadre judiciaire. Dans ce cadre, les parties peuvent être conduites à apporter des éléments de preuve qu'elles ont satisfait à leurs obligations ou que les parties adverses n'ont pas assumé les leurs. Il ne s'agit alors plus de preuves scientifiques *stricto sensu* mais d'éléments codifiés par le droit comme nécessaires ou suffisants pour produire certains effets juridiques.

31bis. H. Jonas, *op. cit.*, p. 54.

32. Seul le cas (b) présenté plus haut, correspondant à des actions rarissimes dont le potentiel apocalyptique a été démontré, peut lui donner une pertinence pratique.

33. Lord Phillips, J. Bridgeman et M. Ferguson-Smith, *The BSE Inquiry, op. cit.*

34. Voir au chapitre V les leçons tirées de ce travail sous l'angle de la gestion de crise.

35. Voir en particulier M.-A. Hermitte et D. Dormont, « Propositions pour le principe de précaution à la lumière de l'affaire de la vache folle », *in* P. Kourilsky et G. Viney, *Le principe de précaution. Rapport au Premier ministre*, Paris, Odile Jacob et La Documentation française, 2000, p. 341-386. Voir aussi P.-M. Lledo, *Histoire de la vache folle*, Paris, PUF, coll. « Science, histoire et société », 2001.

36. « Conclusions. Le principe de précaution : ses avantages et ses risques », *Bulletin de l'Académie nationale de médecine*, 184 (5), 2000, p. 969-993, séance du 16 mai 2000.

37. Commission d'enquête du Sénat, *Rapport sur les conditions d'utilisation des farines animales dans l'alimentation des animaux d'élevage et les conséquences*

qui en résultent pour la santé des consommateurs, Rapport n° 321, *Journal officiel*, 11 mai 2001.

38. M.-A. Hermitte et D. Dormont, *op. cit.*, p. 350.

39. Dans le contexte de l'énoncé de Hermitte et Dormont, le terme d'incertitude associe implicitement deux composantes dont nous montrerons au chapitre suivant qu'elles peuvent conduire dans des directions opposées : l'incertitude paramétrique, qui peut être mesurée par une fourchette de valeurs possibles ; la plausibilité et la consistance scientifiques des allégations de risques. Le postulat implicite de Hermitte et Dormont est que moins une hypothèse de risque est scientifiquement consistante (faibles indices), plus le tableau des risques s'ouvre sur une grande variété d'avenirs possibles, plus l'incertitude paramétrique concernant les dommages potentiels augmente, ce dernier effet commandant une action plus étendue.

Chapitre III
Une précaution proportionnée

39bis. *Le principe de précaution, op. cit.*, p. 56.

40. Il ne s'agit pas ici du texte intégral, ni de citations, mais d'une présentation résumée qui en livre la substance.

40bis. Ne sont repris ici que les points saillants.

41. Cette limite de la précaution n'exclut pas *a priori* toute perspective d'adopter des dispositifs d'assurance ou de fonds destinés à garantir les entrepreneurs vis-à-vis des conséquences de la réalisation d'un tel risque. Voir le chapitre VII de cet ouvrage.

42. F. Ewald, « Le retour du malin génie. Esquisse d'une philosophie de la précaution », *in* O. Godard (dir.), *Le principe de précaution dans la conduite des affaires humaines, op. cit.*, p. 117.

43. Cette classification est proposée par le Conseil national de l'alimentation dans son *Rapport sur le principe de précaution et la responsabilité dans le domaine alimentaire*, avis n° 30, Paris, septembre 2001, p. 12.

44. Soulignons, pour lever toute ambiguïté, que si se

profile à l'horizon un risque avéré ou plausible de catastrophe majeure et qu'il existe des actions aux conséquences non catastrophiques permettant de le prévenir, tant la logique de la prévention que celle de la précaution raisonnée demandent que ces actions soient engagées. La proportionnalité implique qu'on prévienne avec la plus grande énergie les risques catastrophiques avérés ou plausibles. Elle n'est pas un principe de tiédeur générale.

45. Cela n'invalide pas la pertinence de l'utilisation de raisonnements économiques dans le domaine de la santé lorsqu'il s'agit de rechercher les meilleurs moyens pour assurer la juste prévention d'un risque et la meilleure répartition des moyens disponibles entre plusieurs types de risques.

46. Voir H. Torgersen et F. Seifert, « Precautionary blockage of agricultural biotechnology », *Journal of Risk Research*, 3 (3), 2000, p. 209-217. Sur les OGM, voir également le chapitre VII.

47. Voir par exemple D. Bodansky, « Scientific uncertainty and the precautionary principle », *Environment*, 33 (7), 1991, p. 4-5 et 43-45, et A. Milne, « The perils of green pessimism », *New Scientist*, 138 (1877), juin 1993, p. 34-37.

48. « Le principe de précaution en questions », *Revue française des affaires sociales*, « La sécurité sanitaire : enjeux et questions », nos 3-4, décembre 1997, p. 201-207.

49. Se reporter au chapitre V pour un décryptage de ce rapport sous l'angle de la gestion des crises.

50. Voir P. Roqueplo, *Entre savoir et décision. L'expertise scientifique*, Paris, éd. de l'INRA, coll. « Sciences en questions », 1997, et M. Callon, P. Lascoumes et Y. Barthe, *Agir dans un monde incertain. Essai sur la démocratie technique*, Paris, Seuil, coll. « La couleur des idées », 2001.

51. Voir M.-A. Hermitte, « L'expertise scientifique à finalité politique. Réflexions sur l'organisation et la responsabilité des experts », *Justices*, no 8, 1997 ; P. Roqueplo, *Entre savoir et décision*, *op. cit.*

52. Pour une étude de la jurisprudence de l'Organe

de règlement des différends de l'OMC et notamment de la conception moins étroite de la science dont elle témoigne par comparaison avec celle que l'on trouve dans les énoncés de l'accord sur les produits sanitaires et phytosanitaires (SPS), voir C. Noiville, « Principe de précaution et Organisation mondiale du commerce. Le cas du commerce alimentaire », *Journal du droit international*, 127 (2), avril-juin 2000, p. 263-297.

53. Selon la formule de N. Treich, « alors que la prévention vise à gérer les risques, la précaution vise à gérer l'attente d'information », *in* « Vers une théorie économique de la précaution ? », *Risques*, nº 32, 1997.

54. L'observation des effets de certaines techniques dans d'autres parties du monde où elles sont autorisées est également tout à fait précieuse. Cela nécessite de développer une coopération scientifique avec les pays concernés. Ainsi l'observation des effets des cultures d'OGM au Canada a été utilisée par les experts anglais pour évaluer les risques de ces cultures. Voir le chapitre VII.

55. Ainsi une démarche cohérente de précaution aurait voulu qu'on accompagne les mesures d'abattage systématique des troupeaux dans lesquels un cas d'ESB avait été repéré d'un dispositif d'enquête sur les animaux abattus afin de déterminer dans quelle proportion d'autres animaux étaient également contaminés. Il aurait été indéfendable de ne pas faire ces études dans le seul souci de mettre cette disposition à l'abri d'une remise en cause ultérieure en lui faisant alors bénéficier d'un doute artificiellement entretenu.

56. On doit aux sociologues qui ont étudié l'inscription sociale des sciences et des techniques d'avoir défendu le rôle positif des controverses et du débat public pour la qualité de la gestion collective des risques. Voir par exemple L. Levidow, S. Carr et D. Wield, « Genetically modified crops in the European Union : regulatory conflicts as precautionary opportunities », *Journal of Risk Research*, 3 (3), 2000, p. 189-208, et M. Callon *et al.*, *op. cit.*

57. Voir P. Roqueplo, *Entre savoir et décision*, *op. cit.*

58. Voir T. Hommel et O. Godard, « L'industrie prise au piège », *Biofutur*, « La querelle des OGM », nº 218, janvier 2002, p. 20-22.

59. Voir par exemple D. Santillo *et al.*, « The precautionary principle. Protecting against failures of scientific method and risk assessment », *Marine Pollution Bulletin*, 36 (12), 1998, p. 939-950.

60. Ainsi dans l'affaire du dépérissement forestier en Europe, les scientifiques ont finalement abouti à la conclusion qu'étaient en cause plusieurs processus complexes à caractère multifactoriel...

61. Parmi les coûts à considérer, il y a les effets négatifs des restrictions aux échanges commerciaux qui ne doivent pas être plus sévères qu'il n'est nécessaire, comme le demandent tous les textes internationaux et communautaires qui traitent de ces questions.

62. Voir J. Hammitt et A. Shlyakhter, « The expected value of information and the probability of surprise », *Risk Analysis*, 19 (1), 1999, p. 135-152, et B. Chevassus-Au-Louis, « Quatre attitudes face aux controverses », *La Recherche*, numéro spécial « Le risque alimentaire », nº 339, février 2001, p. 82-85.

63. Voir O. Godard, « Embargo or not embargo ? », *La Recherche*, numéro spécial « Le risque alimentaire », nº 339, février 2001, p. 50-55.

64. Si importante qu'elle peut conduire deux comités d'experts partageant les mêmes données scientifiques à orienter de façon opposée leurs avis sur une décision soumise à examen. C'est ce qu'a montré la comparaison de l'expertise française et de l'expertise européenne à propos du maintien ou de la levée par la France de l'embargo sur le bœuf britannique à l'automne 1999. Voir O. Godard, « Embargo or not embargo ? », *op. cit.*

65. P. Kouvilsky et G. Viney, *op. cit.*, p. 41-43 et 61-62.

66. Le critère « en l'absence d'éléments empiriques, pas d'autre mesure de précaution que le financement de la recherche » condamne les problèmes caractérisés par un fort retard des effets sur les causes à ne pas pouvoir bénéficier de mesures de précaution, sans que cela

apparaisse judicieux. Le cas du changement climatique planétaire illustre le point.

67. Nous supposons ici, avec cette référence à un centre de gravité, que les agents prennent en compte les différentes conséquences possibles d'une action potentiellement risquée dans leur appréciation synthétique du niveau de gravité des dommages. Nous n'avons besoin ici d'aucune autre hypothèse sur l'emploi de probabilités ou de capacités non additives. La focalisation sur le scénario du pire ne représente qu'un cas particulier.

68. Rappelons que dans la théorie standard du risque probabilisable, la gravité des dommages possibles résultant d'une action est pondérée par la probabilité de réalisation de ces dommages pour qualifier le risque. En situation d'incertitude scientifique, il est raisonnable d'attendre de la plausibilité qu'elle joue un rôle analogue.

69. Cependant, si l'on accepte la proposition conduisant à faire de la précocité de la prévention un facteur d'aggravation générale du niveau de risques potentiels perçus, un effet logique de l'application du principe de précaution devrait être d'allouer une plus grande part des ressources de la collectivité à la prévention de risques hypothétiques de dommages, au détriment de la production de biens positifs.

70. Cette objection est pertinente pour les actions de précaution qui demandent une mobilisation de moyens limités. Elle ne touche pas aussi directement les mesures publiques consistant en restrictions et interdictions diverses imposées aux activités des agents économiques. Ces mesures sont économes de moyens pour ceux qui les prennent, mis à part les dispositifs d'inspection et de contrôle requis. C'est pourquoi il est plus aisé pour les autorités d'interdire que d'engager une action positive de précaution. Dans le premier cas, les coûts directs et d'opportunité sont transférés sur autrui (particuliers, entreprises). Du point de vue du bien de la collectivité, il convient néanmoins de résister aux facilités offertes par cette asymétrie : ce n'est

pas parce que les coûts sont transférés qu'ils n'existent pas.

71. « Scientific progress and irreversibility : an economic interpretation of the "Precautionary Principle" », *Journal of Public Economics*, 75, 2000, p. 229-253.

72. Il s'agit ici d'une incertitude affectant de manière symétrique les gains et les pertes, et pas seulement les pertes. Elle se traduit par un écartement de la fourchette de valeurs possibles.

73. M.-A. Hermitte et D. Dormont, « Propositions pour le principe de précaution... », *op. cit.*, p. 379-383.

74. Ainsi Antoine Garapon propose de voir l'institution judiciaire comme une nouvelle scène de la démocratie permettant aux citoyens d'interpeller les gouvernants : *Le gardien des promesses. Le juge et la démocratie*, Paris, Odile Jacob, 1996.

75. « La précaution comme anticipation des risques résiduels et hybridation de la responsabilité », *L'Année sociologique*, 46 (2), 1996, p. 359-382 ; « La précaution, un nouveau standard du jugement », *Esprit*, novembre 1997, p. 129-140.

76. « La nature juridique du principe de précaution », *Natures, Sciences, Sociétés*, 7 (3), 1999, p. 5-11.

77. Voir par exemple L. Boy, *op. cit.*, p. 5-11 ; G. Martin, « Apparition et définition du principe de précaution », *Les Petites Affiches*, numéro spécial « Le principe de précaution », 389 (239), 30 novembre 2000, p. 7-12 ; N. de Sadeleer, « Réflexions sur le statut juridique du principe de précaution », *in* E. Zaccaï et J.-N. Missa (dir.), *Le principe de précaution, op. cit.*, 2000, p. 117-142.

78. N. de Sadeleer, *op. cit.*, p. 134.

79. L'un de nous a apporté sa pierre à cette controverse ; voir O. Godard, « Le principe de précaution, un principe politique d'action », *Revue juridique de l'environnement*, numéro spécial « le principe de précaution », mai 2001, p. 127-144. Voir également F. Ewald, « Le principe de précaution. Entre politique et responsabilité », *Commentaire* n° 90, été 2000, p. 365-376.

80. Conseil d'État, « Réflexions sur le droit de la santé », in *Rapport public 1998*, Paris, La Documentation française, coll. « Études et documents », nº 49, 1998, p. 227-501.

81. On trouve là une extension du concept d'actualisation familier aux économistes. Il s'agit du poids ou de la valeur que des agents donnent « ici et maintenant » à des événements futurs.

82. Voir S. Charbonneau, « Principe de développement contre principe de précaution », *Natures, Sciences, Sociétés*, 6 (3), 1998, p. 45-47.

83. Voir la description des attributs de la « cité inspirée », dans son versant ordinaire, que font L. Boltanski et L. Thévenot in *De la justification. Les économies de la grandeur*, Paris, Gallimard, coll. « NRF Essais », 1991.

DEUXIÈME PARTIE
CRISE

Chapitre IV
Crises : la confrontation brutale à l'extrême

1. Voir notamment P. Lagadec, « Faire face aux risques technologiques », *La Recherche*, 10 (105), novembre 1979, p. 1146-1153 ; P. Lagadec, « Le défi du risque technologique majeur », *Futuribles*, nº 28, novembre 1979, p. 11-34 ; P. Lagadec, *Le risque technologique majeur. Politique, risque et processus de développement*, Paris, Pergamon Press, coll. « Futuribles », 1981 ; P. Lagadec, *La civilisation du risque. Catastrophes technologiques et responsabilité sociale*, Paris, Seuil, coll. « Science ouverte », 1981 ; P. Lagadec, « From Seveso to Mexico and Bhopal : Learning to cope with crises », *in* P. Kleindorfer et H. Kunreuther (dir.), *Insuring and Managing Hazardous Risks. From Seveso to Bhopal and Beyond*, Berlin, Heidelberg, Springer Verlag, 1987, p. 14-46.

2. L. Conti, *Visto da Seveso*, Milan, Feltrinelli, 1977,

p. 100, et P. Lagadec, *La civilisation du risque*, *op. cit.*, p. 31.

3. D. Nelkin, « Some social and political dimensions of nuclear power : examples from Three Mile Island », *The American Political Science Review*, 75 (1), mars 1981.

4. RTL, en direct depuis les États-Unis, avril 1979.

5. P. Lagadec, *États d'urgence. Défaillances technologiques et déstabilisation sociale*, Paris, Seuil, coll. « Science ouverte », 1988.

6. M. Setbon, *Pouvoirs contre sida. De la transfusion sanguine au dépistage : décisions et pratiques en France, Grande-Bretagne et Suède*. Paris, Seuil, 1993.

7. P. Baralon, M. Hirsch et P. Duneton, *L'affolante histoire de la vache folle*, Paris, Balland, 1996, Mission d'information commune (J.-F. Mattei, rapporteur, et Évelyne Guilhem, président), *De la « vache folle » à la « vache émissaire ». vol. 1, Rapport ; vol. 2, Auditions*, Paris, Assemblée nationale, Rapport nº 3291, 1997.

8. G. Rochlin, *Trapped in the Net. The Unanticipated Consequences of Computerization*, Princeton, Princeton University Press, 1997.

9. À propos des avantages potentiels considérables et des risques non moins considérables des nanotechnologies, voir J.-P. Dupuy, *L'impact du développement à venir des nanotechnologies sur l'économie, la société, la culture et les conditions de la paix mondiale*, Paris, Institut du développement durable et des relations internationales, 2002.

10. B. Ayling, « Rising to the challenges that lie ahead. A New Year message from Bob Ayling, Chief Executive », *British Airways News*, nº 1193, 9 janvier 1988, p. 1.

11. G. Sanson, *Évaluation des dispositifs de secours et d'intervention mis en œuvre à l'occasion des tempêtes des 26 et 28 décembre 1999*, Rapport d'étape de la mission interministérielle, Paris, Premier ministre, juillet 2000.

12. E. Quarantelli, « The future is not repeated : projecting disasters in the 21st century from current

trends », *Journal of Contingencies and Crisis Management*, 4 (4), Blackwell, décembre 1996, p. 228-240.

13. P. 't Hart, L. Heyse, A. Boin, « Guest editorial introduction. New trends in crisis management research and practice : setting the agenda », *Contingencies and Crisis Management*, 9 (4), décembre 2001, p. 181-188.

14. U. Rosenthal et A. Kouzmin, « Editorial Statement. New trends in crisis management research and practice », *Contingencies and Crisis Management*, numéro spécial, 9 (4), décembre 2001, p. 179.

15. President's Commission on Critical Infrastructure Protection, *Critical Foundations, Protecting America's Infrastructures*, Washington D.C., 1998, p. IX.

16. J.A. Robinson, « Crisis », *in* D.L. Sills (dir.), *International Encyclopedia for Social Sciences*, vol. 3, New York, 1968, p. 510-514.

17. A. Béjin et E. Morin, « Introduction », *Communications*, n° 25, 1976, p. 1-3.

18. E. Morin, « Le retour de l'événement », *Communications*, n° 18, 1972, p. 6 et 14.

19. U. Rosenthal, M. T. Charles et P. 't Hart (dir.), *Coping with Crises. The Management of Disasters, Riots and Terrorism*, Springfield (Illinois), Charles C. Thomas Publisher, 1989, p. 5.

20. G. Buffon, *Théorie de la Terre*, 1749, cité par J. Delumeau et Y. Lequin (1987), *Les malheurs des temps. Histoire des fléaux et des calamités en France – Mentalités : vécu et représentations*, Paris, Larousse, p. 397.

21. R. Stacey, *Strategic Management and Organizational Dynamics*, Londres, Pitman, 1996, p. XIX-XX.

22. K. Jaspers, *La bombe atomique et l'avenir de l'homme*, Paris, Buchet-Chastel, 1963.

23. J. Guillaumin, « Pour une méthodologie générale des recherches sur les crises », in *Crise, rupture et dépassement*, Paris, Dunod, 1979, p. 222.

24. A. Bolzinger, « Le concept clinique de crise », *Bulletin de Psychologie*, vol. XXXV, n° 355, 1982, p. 475-480.

25. *Ibid.*, p. 476.

26. R. Starn, « Métamorphose d'une notion. Les historiens et la "crise" », *Communications*, nº 25, 1976, p. 13.

27. H. Atlan, *Entre le cristal et la fumée. Essai sur l'organisation du vivant*, Paris, Seuil, coll. « La couleur des idées », 1979.

28. J. Burckhardt, *Considérations sur l'histoire universelle*, Paris, Payot, 1971, p. 216-217, cité par R. Starn, « Métamorphose d'une notion », *op. cit.*, p. 9.

29. A. Bolzinger, « Le concept clinique de crise », *op. cit.*, p. 478.

30. *Ibid.*, p. 478 et 479.

31. C. Hermann, « Some issues in the study of international crisis », *in* C.F. Hermann (dir.), *International Crises. Insights from Behavioral Research*, New York, The Free Press, et Londres, Collier-Macmillan, 1972, p. 13.

32. J. Freund, « Observations sur deux catégories de la dynamique polémogène : de la crise au conflit », *Communications*, nº 25, 1976, p. 103.

33. U. Rosenthal, M.T. Charles, P. 't Hart, A. Kouzmin, et A. Jarman (dir.), *Coping with Crises*, *op. cit.*, p. 10.

34. E. Morin, « Pour une crisologie », *Communications*, nº 25, 1976, p. 149-163.

35. P. Lagadec, *La gestion des crises. Outils de réflexion à l'usage des décideurs*, Paris, McGraw-Hill, 1991 ; P. Lagadec, « Le risque technologique et les situations de crise », *Annales des Mines*, août 1984, p. 41-42. Outre ces références, on pourra se reporter à R. Heath, *Crisis Management for Managers and Executives*, Londres, Financial Times & Pitman Publishing, 1998 ; G.C. Meyers et J. Holusha, *Managing Crisis, a Positive Approach*, Londres, Unwin Paperback, 1986 ; D. Ten Berge, *The First 24 Hours. A Comprehensive Guide to Successful Crisis Communications*, Oxford, Basil Blackwell, 1990 ; S. Fink, *Crisis Management. Planning for the Inevitable*, Amacom, American Management Association, 1986 ; U. Rosenthal *et al.*, *Coping with Crises*, *op. cit.* ; U. Rosenthal, A. Boin & L. Comfort, *Managing Crises*, Springfield (Illinois), Charles

C. Thomas, 2001 ; J. Gottschalk, *Crisis Response. Inside Stories on Managing Image Under Siege*, Detroit, Visible Ink, 1993 ; *Harvard Business Review*, numéro spécial « On Crisis Management », 1994 ; Harvard Business Review, *Les stratégies de l'incertain*, Paris, L'Expansion Management Review, Éditions d'Organisation, 2000 ; C. Roux-Dufort, *Gérer et décider en situation de crise. Outils de diagnostic, de prévention et de décision*, Paris, Dunod, 2000 ; I. Mitroff, T.C. Pauchant and P. Shrivastava, « Conceptual and Empirical Issues in the Development of a General Theory of Crisis Management », *Technological Forecasting and Social Change*, 33, 1988, p. 83-107. Voir aussi T.C. Pauchant, « Le management stratégique des crises, d'une mode éphémère à une nécessité stratégique », *Préventique*, n° 27, 1989, p. 4-13.

36. I. Janis, *Groupthink. Psychological studies of policy decisions and fiascoes*, Boston, Houghton & Mifflin Co., 2e éd. 1982.

37. P. Lagadec, *Cellules de crise. Les conditions d'une conduite efficace*, Éditions d'Organisation, 1995.

38. P. Lagadec, « Stratégies de communication en situation de crise », *Annales des Mines*, n° 10-11, 1986, p. 125-131 ; P. Lagadec, « Communication strategies in crisis situations », *Industrial Crisis Quarterly*, 1 (2), été 1987, p. 19-26 ; M. Regester, *Crisis Management. What to Do When the Unthinkable Happens*, Londres, Hutchinson Business, 1989 ; L. Masel Walters, L. Wilkins, T. Walters, Bad Tidings, *Communication and Catastrophe*, Hillsdale (New Jersey), Lawrence Erlbaum Associates, 1989 ; M.-N. Sicard, *Entre médias et crises technologiques, Les enjeux communicationnels*, Villeneuve d'Asq, Septentrion, Presses universitaires, 1998.

39. J. Scanlon, *Crisis Communications. The Ever Present Gremlins*, Arnprior (Ontario), Emergency Communication Unit, Reference to Comcon'82, 26 mai 1982.

40. T. E. Drabek, *Human System Responses to Disaster. An Inventory of Sociological Findings*, New York, Springer-Verlag, 1986 ; E.L. Quarantelli, « Trente années de recherche sur les catastrophes », *in* P. Lagadec, *États d'urgence, op. cit.*, p. 323-337.

41. L'étude de plus de 500 cas de grands désastres, sous toutes les latitudes, a conduit les spécialistes américains à rejeter comme fausse cette perception spontanée. Avec ce seul bémol : il y a effectivement risque de pillage si la situation qui prévalait avant la catastrophe était déjà celle d'une déstructuration avancée de la société en question, si la catastrophe a effacé toute trace de structure sociale. Sans doute ne faut-il pas faire de ces observations répétées une loi absolue et définitive. Il y a des cas de haute tension dans les situations post-accidentelles, et il peut y avoir des situations de crises sociales dérivant sur la violence. Mais il faut se garder d'envisager dans tous les cas le schéma quasi insurrectionnel, qui peut amener à des réponses inappropriées, voire créatrices de graves désordres. Pourtant, on restera vigilant : la fracturation actuelle de nos sociétés pourrait amener à des comportements différents de ceux identifiés par les études américaines des années 1960-1990.

42. P. Lagadec et J. Scanlon, « Responsables et médias lors des grandes situations de crise : des mutations à étudier. Réflexions sur l'affaire de l'Airbus Alger-Marseille (24-26 décembre 1994) », *Administration*, n° 168, 1995, p. 197-210 ; P. Lagadec et F. Rudetzki, « Les victimes d'attentats et les médias », *Administration*, n° 171, 1996, p. 197-207 ; P. Lagadec, « Les médias en situation de crises : constats et questionnements à partir de la couverture d'actes de terrorisme », *Actes de la treizième séance du séminaire du programme Risques collectifs et situations de crise du CNRS*, organisée à l'École nationale supérieure des Mines de Paris le 1er avril 1999, Grenoble (CNRS), Grenoble, juin 1999.

43. P. Lagadec, *Apprendre à gérer les crises. Société vulnérable, acteurs responsables*, Éditions d'Organisation, 1993 ; P. Lagadec, « Learning processes for crisis management in complex organizations », *Journal of Contingencies and Crisis Management*, 5 (1), Blackwell, 1997, p. 24-31 ; T. Pauchant, I. Mitroff et P. Lagadec, « Toward a systemic crisis management strategy : learning from the best examples in the US, Canada and

France», *Industrial Crisis Quarterly*, 5, Elsevier, 1991, p. 209-232 ; A.-P. Boin et P. Lagadec, «Preparing for the Future : Critical Challenges in Crisis Management», *Journal of Contingencies and Crisis Management*, numéro spécial «Crisis Preparation and Training», 8 (4), décembre 2000, p. 185-191 ; P. Lagadec, «Les exercices de crise. Pour des ruptures créatrices», *La Lettre des Cindyniques*, nº 34, juillet-août 2001, p. 5-9.

44. P. Lagadec, *Ruptures créatrices*, Paris, Éditions d'Organisation et Les Échos Éditions, coll. «Tendances», 2000.

45. Nous reconnaissons qu'il peut y avoir débat pour situer véritablement la réalité des «décisions», donc des «dirigeants». Nous partons ici d'un point de vue opérationnel : il se trouve que des personnes occupent, sans conteste, des positions dites de direction. Nous plaidons ici pour que ces responsabilités soient totalement assumées, y compris en situation de discontinuité.

46. H. Kissinger, *Les années orageuses*, Paris, Fayard, 1982, p. 614-615.

47. X. Guilhou et P. Lagadec, *La fin du risque zéro*, Paris, Eyrolles et Les Échos Éditions, coll. «Tendances», 2002, p. 171-180.

48. Sir R. May, «Bringing Science into Governance», in *Science and Governance in a Knowledge Society : The Challenge for Europe*, Commission européenne, Bruxelles, 2000.

49. J. Rayer et P. Lagadec, «Des crises aux ruptures : se mettre en condition de réussite», *Administration*, nº 175, avril-juin 1997, p. 118-125.

50. Un film pédagogique a été réalisé pour garder trace de l'expérience : *La sécurité des réseaux vitaux — retour d'expérience public*, ESCOTA, octobre 2001.

Chapitre V
Leçons de crises : trois études de cas

51. S. Fink : *Crisis Management. Planning for the Inevitable*, Amacom, American Management Associa-

tion, 1986. D.'ten Berge : *The First 24 Hours. A comprehensive guide to successful crisis communications*, Basil Blackwell, Oxford, 1990. Johnson & Johnson : « The Tylenol comeback », a publication of Johnson & Johnson Corporate Public Relations, 1982.

52. D.'ten Berge, *op. cit.*, p. 25.

53. R. Nicolet, *Pour affronter l'imprévisible. Les enseignements du verglas de 98*, Rapport de la commission scientifique et technique chargée d'analyser les événements relatifs à la tempête de verglas survenue du 5 au 9 janvier 1998, Les Publications du Québec et Gouvernement du Québec, 1999 ; D. Maisonneuve, C. Saouter et A. Char (dir.), *Communications en temps de crise*, Québec, Presses de l'Université du Québec, 1999 ; P. Lagadec, « Tempête de verglas, Québec, janvier 1998 », *Préventique-Sécurité*, n° 49, janvier-février 2000, p. 38-41 ; P. Lagadec et E. Michel-Kerjan, « D'un continent à l'autre », *Le Monde*, 12 janvier 2000, p. 17.

54. Lord Phillips, J. Bridgeman, M. Ferguson-Smith, *The BSE Inquiry*, *op. cit.* ; analysé *in* P. Lagadec, *Retour d'expérience : théorie et pratique. Le rapport de la Commission d'enquête britannique sur l'encéphalopathie spongiforme bovine (ESB) au Royaume-Uni entre 1986 et 1996*, Cahiers du GIS, « Risques collectifs et situations de crise » (1), 2001.

55. B. Robert, « Crises, quelles nouvelles logiques d'apprentissage ? », *in* X. Guilhou et P. Lagadec, *La fin du risque zéro*, *op. cit.*, p. 289-302.

56. U. Rosenthal, P. 't Hart, M. Van Duin, A. Boin, M. Kroon, M. Otten, W. Overddijk, *Complexity in Urban Crises : Amsterdam's Response to the Bijlmer Air Disaster*, Londres, James & James, 1994 ; M. Brudigou, J. Cihuelo et Y. Meynaud, *Tempête sur le réseau, l'engagement des électricien(ne)s en 1999*, Paris, L'Harmattan, 2001.

57. K. Jaspers, *op. cit.*, p. 646-647.

TROISIÈME PARTIE ASSURANCE

Chapitre VI Des outils robustes, des vulnérabilités nouvelles

1. M. Albert, *Capitalisme contre capitalisme*, Paris, Seuil, 1991 ; M. Albert, « Le rôle économique et social de l'assurance », *in* F. Ewald et J.-H. Lorenzi (dir.), *Encyclopédie de l'assurance*, Paris, Économica, 1998.

2. Si l'on ne considère que les événements d'origine naturelle ou technologique. En effet, les conséquences financières des attentats contre les États-Unis sont telles que l'année 2001 apparaît, de fait, la plus coûteuse pour l'industrie de l'assurance.

3. Le règne d'Hammourabi — ou Hammurapi selon certains assyriologues — a d'abord été placé aux alentours de 2000 avant Jésus-Christ, puis rapproché de trois siècles.

4. Pour une histoire détaillée du risque à travers les siècles, voir P. Bernstein, *Against the Gods. The Remarkable story of Risk*, New York, John Wiley, 1996.

5. J. Favier, *Les Grandes Découvertes*, Paris, Le Livre de Poche, 1991.

6. Nous ne discutons pas ici de la théorie des catastrophes telle qu'introduite en particulier par les travaux de R. Thom. Le lecteur souhaitant se familiariser avec cette théorie pourra notamment lire R. Thom, *Morphogenèse et stabilité structurelle*, Paris, Ediscience, 1972 ; R. Thom, « La théorie des catastrophes, état présent et perspectives », *Manifold*, n° 14, 1973, p. 61-69, ou J. M. T. Thompson, « Experiments in catastrophe », *Nature*, 254, 1975, p. 392-395.

7. Même si la perte d'un avion gros-porteur constitue une déstabilisation forte pour une compagnie aérienne.

8. H. Kunreuther, *Disaster Insurance Protection. Public Policy Lessons*, New York, John Wiley, 1978.

9. Comme discuté dans C. Camerer et H. Kunreu-

ther, « Decision Processes for Low Probability Events : Policy Implications », *Journal of Policy Analysis and Management*, 8, 1989, p. 565-592.

10. Dans un ouvrage récent, J.-P. Dupuy souligne combien la catastrophe apparaissait impossible aux yeux de personnes qui, après coup, la considèrent comme ayant, en fait, toujours été inéluctable ; J.-P. Dupuy, *Pour un catastrophisme* éclairé, *op. cit.*

11. J. Hirschleifer le montrait déjà dans un recueil d'articles souvent beaucoup plus anciens : *Economic Behavior under Adversity*, Chicago, University of Chicago Press, 1987.

12. R. Noll, « The Complex Politics of Catastrophe Economics », *Journal of Risk and Uncertainty*, 12, 1996, p. 141-146.

13. Le fait, par exemple, que l'origine de la catastrophe de l'usine AZF à Toulouse n'ait pas été établie avant plusieurs mois a ralenti l'indemnisation des victimes par les compagnies d'assurance. Les implications pour les assureurs couvrant l'usine étant différentes suivant qu'il s'agit d'un acte de terrorisme ou d'un accident.

14. Alors que de telles assurances sont souscrites lors de chaque transfert d'importance, jamais un investissement aussi lourd de la même nature n'avait été couvert par une assurance.

15. Le Robert.

16. Si les assureurs ont moins d'aversion au risque que les assurés, et les réassureurs que les assureurs, c'est qu'ils ont davantage la possibilité de réunir des risques indépendants et, ce faisant, de diminuer la variance de leur portefeuille de risques ; c'est le principe de mutualisation.

17. Voir le chapitre I.

18. Parmi les premiers travaux sur le sujet, voir notamment ceux de J. Pratt et K. Arrow, ce dernier prix Nobel d'économie : J. Pratt, « Risk Aversion in the Small and in the Large », *Econometrica*, 32, 1964, p. 122-136 et K. Arrow, *Essays in the Theory of Risk-*

Bearing, Chicago, Markham Publishing Company, 1971.

19. Le lecteur pourra trouver l'ensemble des définitions et des mécanismes de base de l'assurance en se rapportant à l'ouvrage de D. Henriet et J.-C. Rochet, *Microéconomie de l'assurance,* Paris, Économica, 1991.

20. B. M. Émerigon, *Traité des assurances et des contrats à la grosse,* Paris, 1827.

21. B. Berliner, *Limits of Insurability of Risks,* Englewood Cliffs (New Jersey), Prentice Hall, 1982.

22. D. Bernoulli, « Specimen Theoriae Novae de Mensura Sortis », Commentarii Academiae Scientarium Imperialis Petropolitanae, 5, 1738 ; traduit en anglais : « Exposition of a New Theory on the Measurement of Risk », *Econometrica,* 22 (1), 1954, p. 23-36.

23. J.-P. Süssmilch, *L'ordre divin dans les changements de l'espèce humaine, démontré par la naissance, la mort et la propagation de celle-ci,* 1741. Le texte intégral de cette édition a été traduit et publié en 1998 par l'INED.

24. P.-S. Laplace, *Essai philosophique sur les probabilités,* Paris, 1814. Voir aussi P.-S. Laplace, *Œuvres complètes,* publiées sous les auspices de l'Académie des sciences, 14 vol., Paris, Gauthiers-Villars, 1878.

25. Voir notamment B. Raynaud, *La loi naturelle en économie politique,* vol. II, Paris, Domat-Montchrestien, 1935.

26. P. Samuelson, « Risk and Uncertainty. A Fallacy of Large Numbers », *Scientia,* 98, 1963, p. 108-113. Plusieurs travaux discutent ceux de Samuelson ; voir par exemple pour les plus récents S. A. Ross, « Adding Risks : Samuelson's Fallacy of Large Numbers Revisited », *Journal of Financial and Quantitative Analysis,* 34 (3), 1999, p. 323-339 ou E. Peköz, « Samuelson's Fallacy of Large Numbers and Optional Stopping », *Journal of Risk and Insurance,* 69 (1), 2002, p. 1-7.

27. G. Akerlof, « The market for lemons : qualitative uncertainty and the market mechanism », *Quarterly Journal of Economics,* 74, 1970, p. 488-500.

28. M. Rothschild et J. Stiglitz ont été les premiers à

analyser l'impact d'une telle asymétrie d'information sur les niveaux de couverture en situation de concurrence dans M. Rothschild et J. Stiglitz, « Equilibrium in Competitive Insurance Markets. An Essay on the Economics of Imperfect Information », *Quarterly Journal of Economics*, 90 (4), 1976, p. 629-649. J. Stiglitz l'analyse en situation de monopole dans « Monopoly, Nonlinear Pricing and Imperfect Information : The Insurance Market », *Review of Economic Studies*, 44 (3), 1977, p. 407-430. G. Akerlof et J. Stiglitz ont été ensemble lauréats du prix Nobel d'économie, en 2001.

29. L'argument est d'autant plus vrai que les contrats d'assurance comportent une clause d'exclusivité.

30. Cela est notamment analysé dans le contexte particulier d'un assureur en situation de monopole et neutre au risque dans B. Villeneuve, « Monopole d'assurance informé et discrimination des risques », *Revue économique*, 49 (3), 1998, p. 821-882. Un modèle simple généralisant les situations d'échange entre agents averses au risque et en présence d'asymétrie d'information est proposé dans D. Henriet et E. Michel-Kerjan, « Risk-Sharing with Imperfect Information : A Note on a Mustering Approach », Paris, *Cahiers du Laboratoire d'économétrie*, 2002, École polytechnique.

31. Notamment décrites dans R. Hogarth et H. Kunreuther, « Ambiguity and Insurance Decisions », *American Economic Review, Papers and Procedings*, 75 (2), 1985, p. 386-390 ; R. Hogarth et H. Kunreuther, « Decision Making under Ignorance : Arguing with Yourself », *Journal of Risk and Uncertainty* 10 (2), 1995, p. 5-35. On peut encore distinguer l'ignorance dont le sujet a conscience, et l'absence de conscience qu'il y aurait quelque chose à savoir (voir plus loin le concept de risque de développement).

32. H. Kunreuther, R. Hogarth et J. Meszaros, « Insurer ambiguity and market failure », *Journal of Risk and Uncertainty*, 7 (1), 1993, p. 71-87.

33. Cela est montré notamment dans M. Cohen et J.-Y. Jaffray, « Rational Behavior under Complete Ignorance », *Econometrica*, 48 (5), 1980, p. 1281-1299.

34. Cette situation correspond au risque de développement ; voir le chapitre VII.

35. N. Smith, R. Thomas et J. Quelch, « A strategic approach to managing product recalls », *Harvard Business Review*, septembre-octobre 1996, p. 102-112.

36. N. Doherty, « Risk-Bearing Contracts for Space Enterprises », *Journal of Risk and Insurance*, 56 (3), 1989, p. 397-414.

37. Une captive est une société d'assurance créée pour assurer exclusivement ou de manière principale les risques du groupe auquel elle appartient ; la plupart du temps, il s'agit d'une filiale d'un grand groupe industriel ou de services.

38. H. Jaeger et R. Kaukewitsch, « Le droit pharmaceutique en République fédérale d'Allemagne », *in* J.-M. Auby et F. Coustou (dir.), *Traité de droit pharmaceutique*, Paris, Litec, 1998.

39. J. G. Trumbull, *Institutions and Industrial Performance. The Pharmaceutical Sector in France, Germany, Britain, and the US*, MIT Industrial Performance Center, Working Paper 00-002, 2000.

40. C. Debeart, N. Legrand et E. Michel-Kerjan, *L'Organisation face aux risques technologiques majeurs*, Montréal, Cirano, 1997.

41. Compagnies d'assurance engagées uniquement dans le marché de la réassurance.

42. Compagnie suisse de réassurance, *La réassurance des branches accidents et dommages*, Zürich, 1978.

43. En pratique, on distingue le contrat WXL/E (*excess of loss per event*), qui est signé pour un excédent de sinistres dû à un événement donné et ne touchant qu'un risque prédéterminé, du contrat CAT-XL (*catastrophic excess of loss*) pour lequel l'événement induit plusieurs sinistres (plusieurs risques réassurés), avec effet de cumul ou de cascades. Cette catégorie concerne les risques pouvant induire de très gros sinistres conduisant parfois à la faillite de l'assureur.

44. L'utilisation de ce type de contrat requiert que le réassureur puisse connaître les caractéristiques de l'assureur ainsi que celles de ses assurés. Il doit en effet

être à même d'estimer son risque puisqu'il couvre l'ensemble du portefeuille de cet assureur. Une telle connaissance nécessite de nombreuses analyses et des audits qui augmentent de fait le coût de la réassurance.

45. Source : cabinet Deloitte & Touche, 1997.

46. Source : Standard & Poor's, 1997.

47. D. Mayers et C. Smith, « On corporate demand for insurance. Evidence from the reinsurance market », *Journal of Business*, 63, 1990, p. 19-40, et J. Garven, *The Demand for Reinsurance. Theory and Empirical Evidence*, Working Paper, Austin, University of Texas, Graduate School of Business Administration, Department of Finance, 1994.

48. A. Gron, « Insurer Demand for Catastrophe Reinsurance », *in* K. Froot (dir.), *The Financing of Catastrophe Risk*, Chicago, Chicago University Press, 1999, p. 23-44.

49. H. Kunreuther et A. Kleffner, « Should earthquake mitigation measures be voluntary or required ? », *Journal of Regulatory Economics*, 4, 1992, p. 321-335.

50. H. Kunreuther, « Mitigating disaster losses through insurance », *Journal of Risk and Uncertainty*, 12, 1996, p. 171-187.

51. D. Culter et R. Zeckhauser, « Reinsurance for Catastrophes and Cataclysms », *in* K. Froot (dir.), *The Financing of Catastrophe Risk*, *op. cit.*, p. 233-268.

52. R. Goshay et R. Sandor, « An Inquiry into the Feasability of a Reinsurance Futures Market », *Journal of Business Finance*, 1973.

53. Voir les travaux de R. King, *Insurance Markets after Hurricane Andrew*, Washington, DC, Congressional Research Service, 1993.

54. Compagnie suisse de réassurance, « Les marchés des capitaux, source d'innovation pour le secteur de l'assurance », *Sigma*, n° 3, 2001.

55. Basé en fait à Princeton, New Jersey.

56. Pour une description plus complète de l'organisation et du fonctionnement du CATEX, le lecteur pourra se référer à l'article de C. Kretzler et F. Wagner, « The Catastrophe Risk Exchange (CATEX) in New

York : An Exchange and Electronic Processing System for Reinsurance Business », *The Geneva Papers on Risk and Insurance. Issues and Practices*, 25 (1), 2000, p. 136-153 ou directement sur le site www.catex.com.

57. Les risques échangés ne sont pas restreints aux seules catastrophes naturelles. Sont également échangés des risques liés à la santé, à l'énergie, à la responsabilité en assurance automobile ou encore certains risques politiques.

58. On définit la « période d'exposition » comme la période de temps durant laquelle un événement catastrophique doit survenir pour être inclus dans le calcul de l'indice considéré. Néanmoins, l'indice PCS correspondant peut évoluer encore au-delà de cette période d'exposition afin d'apporter les corrections nécessaires aux premières estimations des dommages assurés qui peuvent varier de manière significative en cas de sinistre à grande échelle. Cette période, dite « de développement », est choisie *ex ante* par les utilisateurs de ces options : six mois ou douze mois suivant la fin de la période d'exposition. Ainsi, la valeur de l'indice PCS, à la fin de la période de développement retenue, constituera la valeur finale de celui-ci, et cela même si le PCS venait à corriger de nouveau ses estimations de dommages ultérieurement.

59. Une telle suspension ne signifie pas pour autant que ces options ne puissent pas de nouveau être échangées dans les années à venir, moyennant certaines modifications.

60. Les paramètres importants d'un *cat bond* sont alors la période d'exposition (une ou plusieurs années), la maturité de l'obligation, la règle d'exposition du nominal (aucune, totale ou partielle), le type de coupons (fixé, flottant ou aucun), le péril considéré (fréquence et distribution de pertes), et la diversification (par événement, géographique ou toute autre dimension).

61. Un dernier cas, coupons et nominal garantis, correspond à des obligations d'État (taux d'intérêt sans risque).

62. Pour une analyse récente de ces différents outils, le lecteur pourra se reporter à l'article de M. Grace, R. Klein et R. Phillips, « An Economic Appraisal of Securitizing Insurance Risk via Onshore Special Purpose Vehicles », *Risk Management and Insurance Review*, 4 (1), 2001, p. 7-34.

63. Pour une analyse des potentialités de risque de crédit lié à l'utilisation des options, voir l'article de D. Jaffee et T. Russell, « Catastrophe Insurance, Capital Markets, and Uninsurable Risks », *Journal of Risk and Insurance*, 64 (2), 1997, p. 205-230.

64. Étude réalisée par l'American Academy of Actuaries, citée par D. Cummins, D. Lalonde et R. Phillips, *The Basis Risk of Catastrophic-Loss Index Securities*, Working Paper, Philadelphie, Université de Pennsylvanie, Wharton Financial Institutions, 2001.

65. G. Niehaus et S. V. Mann, « The Trading of Underwriting Risk : An Analysis of Insurance Futures Contracts and Reinsurance », *Journal of Risk and Insurance*, 59 (4), 1992, p. 607.

66. Compagnie suisse de réassurance, « Les marchés des capitaux, source d'innovation pour le secteur de l'assurance », *Sigma*, n° 3, Zurich, 2001.

67. M. S. Canter, J. B. Cole et R. L. Sandor, « Insurance derivatives : A new asset class for the capital markets and a new helding toll for the insurance industry », *Journal of Applied Corporate Finance*, 10 (3), 1997, p. 69-83.

68. Pour une démonstration mathématique de ce résultat, voir S. Cox, J. Fairchild et H. Pedersen, « Economic Aspects of Securitization of Risk », *Austin Bulletin*, 30 (1), 2000, p. 157-193.

69. C. Adams et J. Authers, « Fresh sale of catastrophe securities », *Financial Times*, 1, 1998.

70. Cet argument est notamment développé par M. Dewatripont et J. Tirole dans leur ouvrage *The Prudential Regulation of Banks*, Cambridge (MA), MIT Press, 1994. Selon les auteurs, les assurances, comme les banques, ont pour caractéristiques que leurs principaux créanciers sont également leurs clients. Ces der-

niers, en très grand nombre et dispersés, ne peuvent exercer un contrôle sur la bonne gestion de leur compagnie.

71. Voir notamment P.-A. Chiappori, *Risque et assurance,* Paris, Flammarion, coll. « Dominos », 1996. Le débat actuel sur un possible dépistage systématique de certaines maladies génétiques s'inscrit au cœur de ces considérations éthiques liées à l'assurance.

72. Même si cela peut apparaître comme anti-jeunes ; le thème a notamment été soulevé par la MAIF.

73. Les situations en France et en Argentine, ou même en Russie, sont très différentes à cet égard.

74. E. Pasterick, « The National Flood Insurance Program », *in* H. Kunreuther et R. J. Roth (dir.), *Paying the Price, The Status and Role of Insurance Against Natural Disasters in the United States,* Washington DC, Joseph Henry Press, 1998, p. 150.

75. Il est à noter qu'en 1998, les pavillons indépendants représentaient à eux seuls les deux tiers de la demande de couverture alors que les structures non résidentielles représentaient moins de 5 % de ces polices.

76. P. T. Ganderton, D. S. Brookshire, M. Mckee, S. Stewart et H. Thurston, « Buying Insurance for Disaster-Type Risks : Empirical Evidence », *Journal of Risk and Uncertainty,* 20 (3), 2000, p. 271-289 et M. J. Browne et R. E. Hoyt, « The Demand for Flood Insurance : Empirical Evidence », *Journal of Risk and Uncertainty,* 20 (3), 2000, p. 291-306.

77. M. J. Browne et R. E. Hoyt, *op. cit.*

78. L'allocution originale a été publiée en 1996 : G. Priest, « The Government, the Market, and the Problem of Catastrophic Risk », *Journal of Risk and Uncertainty,* 12, 1996, p. 219-237. Elle a été traduite en français en 1998 dans le numéro spécial de la revue *Risques* consacré à l'assurance des risques catastrophiques.

79. *Op. cit.*

80. Voir notamment G. Priest, *op. cit.* et l'argumentaire développé dans D. Jaffee et T. Russell, « Catas-

trophe Insurance, Capital Markets, and Uninsurable Risks », *Journal of Risk and Insurance*, 64 (2), 1997, p. 205-230.

81. Voir notamment M. Rémond-Gouilloud, « Les fonds d'indemnisation, collectivisation du risque d'environnement », in *Droit de l'environnement marin*, Paris, Économica, 1988, p. 305.

82. Ce changement s'est accompagné d'un changement remarquable dans la législation : auparavant, il fallait montrer une faute lourde du propriétaire pour intenter une action en justice. Désormais, il faut être en mesure de montrer une faute *intentionnelle* du propriétaire, ce qui réduit considérablement la possibilité d'action en justice de la part des victimes.

83. M. Rémond-Gouilloud, « L'expérience du Fipol – une hybridation réussie », *Risques*, n° 30, 1997, p. 103.

84. Sénat, *Journal officiel*, 11 janvier 2001, p. 88.

85. Pour une analyse récente du fonctionnement du système, voir E. Michel-Kerjan, « Insurance against Natural Disasters : Do the French Have the Answer ? Strengths and Limitations », Paris, *Cahiers du Laboratoire d'économétrie*, 2001-007, École polytechnique.

86. D. Culter et R. J. Zeckhauser, « Reinsurance for Catastrophes and Cataclysms », *op. cit.*, 1999.

87. *Journal officiel*, juillet 1982, loi 82-600.

88. En octobre 1983, le taux de surcharge de 5,5 % fut élevé à 9 % (décrets des 7 et 19 septembre 1983). Au 1er janvier 1986, la surcharge de 9 % prélevée sur les primes d'assurance vol et incendie des véhicules à moteurs a quant à elle été diminuée à 6 %.

89. Le contrat d'assurance passé entre un assureur privé et la CCR est un traité original combinant de la réassurance proportionnelle et un traité *stop-loss*. Pour une description plus approfondie des traités de réassurance proposés par la CCR, le lecteur pourra s'adresser à la cellule information de la caisse : CCR, 31 bd de Courcelles – 75008 Paris.

90. Plus précisément, la garantie gouvernementale est un traité de réassurance de type *stop-loss* passé entre la CCR et le gouvernement français. La compa-

gnie paie donc, chaque année, un certain montant de prime afin de disposer de cette couverture illimitée.

91. *Journal officiel*, loi nº 90-509.

92. N. De Marcellis et E. Michel-Kerjan, « Tempête ou catastrophe naturelle ? Impact sur les systèmes d'indemnisation », *Préventique*, nº 49, 2000.

93. Dans certains cas de contestation, la procédure a pris plus de temps que les trois mois légaux.

94. Commissariat général du Plan, *La prévention des risques naturels. Rapport du Comité interministériel de l'évaluation des politiques publiques*, Paris, La Documentation française, 1997.

95. P.-H. Bourrelier, G. Deneufbourg et B. de Vanssay, *Les catastrophes naturelles. Le grand cafouillage*, Paris, Eyrolles, coll. « Santé et Société », 2000.

96. Cette situation de monopole du Consortio serait en contradiction avec la troisième directive de l'Union européenne en matière d'assurance non-vie. Plus exactement, la loi espagnole autorise chacun à acheter une couverture identique offerte par un assureur privé. Néanmoins, s'il le fait, il perd la couverture offerte par le Consortio alors même qu'il a payé la surcharge sur son contrat de base (il y est obligé). De la sorte, le gouvernement espagnol a su contourner la directive communautaire : sur le terrain, il ne s'agit pas d'un monopole puisque tout assuré peut se couvrir ailleurs ; dans les faits, aucun assuré ne va rechercher une couverture privée alors qu'il paie déjà pour celle du Consortio.

97. Voir T. von Ungern-Sternberg, « La régulation du marché de l'assurance immobilière en Europe », conférence Jules Dupuit, organisée conjointement par l'École nationale des ponts et chaussées et l'École polytechnique, Paris, 2000, publiée dans M. Boiteux, C. Henry et E. Quinet (dir.), *Concurrence et service public*, Paris, L'Harmattan, 2002.

98. Jusqu'en 1997, les assureurs avaient la possibilité d'être réassurés par la CCR en réassurance proportionnelle dans un intervalle compris entre 40 et 90 %, puis seulement entre 40 et 60 % après 1997.

99. Le lecteur désireux d'approfondir le retour d'expérience pourra lire avec intérêt le rapport de la mission interministérielle dirigée par G. Sanson, *L'évaluation des dispositifs de secours et d'intervention, op. cit.*

100. Prix de 1992.

101. Prix de 1994.

102. CCR, *Rapport annuel*, Paris, 2000.

Chapitre VII
La couverture des situations hors normes : de nouveaux repères à inventer

103. Ce groupe est constitué de professionnels des domaines de l'assurance et de la réassurance (majoritairement de l'état-major des compagnies leaders du marché), de professeurs d'universités américaines et de décideurs publics (organes de régulation, ministères).

104. H. Kunreuther et R. J. Roth (dir.), *Paying the Price, The Status and Role of Insurance Against Natural Disasters in the United States*, Washington DC, Joseph Henry Press, 1998.

105. K. A. Froot (dir.), *The Financing of Catastrophe Risk*, Chicago, Chicago University Press, 1999.

106. Pour plus d'information, le lecteur pourra visiter le site www.nber.org. L'édition 2002, à laquelle l'un de nous, Erwann Michel-Kerjan a participé, s'est très légitimement focalisée sur les suites des événements du 11 septembre 2001 et, de fait, sur les questions de partage de risques catastrophiques, en particulier entre le secteur public et la sphère privée.

107. Le débat sur l'effet de serre ne concerne pas le rôle de serre naturellement joué par l'atmosphère (en l'absence d'atmosphère, la température moyenne sur la planète avoisinerait les – 18 °C au lieu des + 15 °C actuels), mais l'impact de son amplification due soit à des interventions anthropiques majeures (émissions de gaz carbonique, de méthane et d'oxydes nitreux, notamment), soit à des phénomènes naturels (érup-

tions volcaniques). Sont en cause aussi bien les émissions des pays développés résultant des transports, de l'agriculture, de l'industrie, de l'élimination des déchets et de la production d'électricité lorsqu'elle recourt à des sources fossiles d'énergie primaire, que celles des autres pays (mêmes sources, auxquelles s'ajoutent les rejets dus à la déforestation, aux nombreux feux de végétation — forêts et savanes — dans les zones intertropicales, et les dégagements des rizières).

108. Le 1er février, une explosion chez Ford à Dearborn aux États-Unis fait six victimes et cause 650 millions de dollars de dégâts. Le 4 mai, la perte du satellite Orion-F3 sur lanceur Delta-3 occasionne des dégâts assurés de 266 millions de dollars. Ces événements sont considérés, respectivement, comme le dixième et le vingtième sinistre les plus coûteux de l'année 1999. Ils n'apparaissent pas dans le tableau consacré exclusivement aux sinistres d'origine naturelle.

109. Montant revu à la baisse en 2000.

110. Les différences de montants de dommages assurés pour un même événement entre les deux tableaux peuvent être dues à une nouvelle estimation de ces montants (pour des événements récents) mais surtout au fait que le second tableau donne les montants actualisés en 2000, contre 1999 pour le premier tableau.

111. Sans les dommages de responsabilité civile.

112. Morts ou disparus.

113. Voir P. Pagney, *Les catastrophes climatiques*, Paris, PUF, coll. « Que sais-je ? », 1994.

114. La création, par la loi Barnier 95-101 du 2 février 1995, du Fonds de prévention des risques naturels majeurs géré par la CCR, s'inscrit néanmoins dans une logique de prévention. Il est alimenté par un prélèvement dont le taux est de 2,5 % sur les surcharges au titre de la garantie catastrophes naturelles des contrats d'assurance. Ce fonds finance notamment les expropriations rendues nécessaires par un risque

grave d'effondrement, d'avalanche, ou de crues torrentielles et pour les frais de relogement temporaire; il sert également à financer l'élaboration de PPR.

115. J. Linnerooth-Bayer et A. Amendola, « Global Change, Natural Disasters and Loss-Sharing: Issues of Efficiency and Equity », *The Geneva Papers on Risk and Insurance. Issues and Practices*, 25 (2), 2000, p. 203-219.

116. Voir L. Latruffe et P. Picard, *Assurance des catastrophes naturelles: faut-il choisir entre prévention et solidarité?*, mimeo, Thema, Université Paris X-Nanterre, 2002.

117. B. Munier, « Réflexion sur la prévention des risques naturels et l'indemnisation des dommages », *in* CGP, *La prévention des risques naturels, op. cit.*

118. Pour les véhicules à moteur et les autres objets à usage non professionnel, la franchise de base pour les particuliers est aujourd'hui de 380 euros (au lieu de 230 euros précédemment) et de 1 520 euros en cas de sécheresse; pour les biens à usage professionnel, la franchise reste égale à 10 % des montants des dommages avec un minimum relevé de 690 euros à 1 150 euros, et à 3 050 euros en cas de sécheresse.

119. P. Bidan, « Quel avenir pour le système d'assurance des catastrophes naturelles? », *Revue générale du droit des assurances*, 2, 2001, p. 243-252.

120. *Op. cit.*, p. 82.

121. Comme l'expliquent notamment D. Croson et H. Kunreuther, *Customizing Reinsurance and Cat Bonds for Naturel Hazard Risks*, Working Paper, Philadelphie, Wharton School, 2001.

122. La mise en place récente par les assureurs de la FFSA et du GEMA (Groupement des entreprises mutuelles d'assurance) de la mission Risques naturels pourrait aller en ce sens. Son rôle serait, à terme, de mettre à la disposition des assureurs des bases de données et des études quant aux niveaux d'aléas d'origine naturelle de la région où son localisées les personnes ou les entreprises qu'ils assurent (en croisant adresses des assurés et exposition aux risques).

123. E. Pasterick, «The National Flood Insurance

Program», *in* H. Kunreuther et R. Roth (dir.), *Paying the Price, op. cit.*, p. 125-154.

124. Cet argument, qui pourrait d'ailleurs expliquer le faible nombre de PPR en place aujourd'hui, a été plus largement discuté par D. Henriet et E. Michel-Kerjan, *Natural Disasters and Governmental Aid. Impact on the Land Market in Endangered Areas*, mimeo, Marseille, Institut d'économie publique, 2002.

125. Un tel comportement peut déjà être observé dans le système actuel ; il serait d'autant plus affirmé que la firme en question saurait ne pas être exposée.

126. On doit ce résultat aux travaux de D. Blackwell ; voir notamment « Equivalent Comparison of Experiments », *Annals of Mathematical Statistics*, 24, 1953, p. 265-272.

127. Dès 1960, J. Drèze, dans son article « Le paradoxe de l'information », *Économie appliquée*, 13, p. 71-80, met en évidence le fait que dans certaines situations, plus d'information peut être nuisible. J. Hirshleifer le démontre de manière explicite dans « The Private and Social Value of Information and the Reward to Incentive Activity », *American Economic Re*view, 61, 1971, p. 561-574 et « Speculation and Equilibrium : Information, Risk and Markets », *Quarterly Journal of Economics*, 89, 1975, p. 519-542.

128. Seuls sont pris en compte les montants assurés. Or, on estime par exemple que l'indemnisation des victimes assurées du tremblement de terre de Kobe en 1995 avoisinait les 3 milliards de dollars, soit une somme inférieure à la barre des 5 milliards. Pourtant les pertes totales dépassaient les 100 milliards de dollars (Wharton Alumni Magazine, 1998).

129. J. Cummins, N. Doherty et A. Lo, « Can Insurers Pay for the "Big One" ? Measuring the Capacity of the Insurance Market to Respond to Catastrophic Losses », *Journal of Banking and Finance*, 26 (2-3), 2002, 557-583.

130. P. Bidan, « Indemnisation des catastrophes naturelles : de la naissance vers l'âge adulte », *Risques*, nº 42, 2000, p. 1-9.

131. S. Magnan, « Catastrophe Insurance System in France », *The Geneva Papers on Risk and Insurance. Issues and Practices*, 20 (77), 1995, p. 474-480.

132. C. Lewis et K. Murdock, « Alternative Means of Redistributing Catastrophic Risk in a National Risk-Management System », *in* K. Froot. (dir.), *The Financing of Catastrophe Risk*, *op. cit.*, p. 51-85.

133. De P. Levy, qui le premier l'a mise en évidence et en a donné les propriétés ; voir D. Zajdenweber, *Économie des extrêmes*, Paris, Flammarion, coll. « Nouvelle Bibliothèque scientifique », 2000. Voir aussi D. Sornette, « Predictability of catastrophic events : Material rupture, earthquakes, turbulence, financial crashes and human birth », *Proceedings of the National Academy of Sciences* 4, 2002 ; J. V. Andersen, Y. Malevergne et D. Sornette, « Comprendre et gérer les risques grands et extrêmes », *Risques*, nº 49, 2002, p 105-110.

134. Ceci est vrai pour les dommages dus à des ouragans ou des tremblements de terre, mais non pour des dommages dus à des actes terroristes de grande ampleur, comme les événements du 11 septembre 2001 qui ont contribué, les jours suivants au moins, à des baisses générales sur les marchés boursiers.

135. Mais éventuellement des croyances qu'on peut représenter sous forme de « capacités », un concept qui généralise l'idée de probabilité à des formes d'incertitude non probabilisables avec des probabilités additives ; voir l'annexe mathématique I.

136. Il en est de même des procès contre les fabricants de cigarettes. Néanmoins, nous ne les aborderons pas dans cet ouvrage.

137. K. Viscusi, « Alternative Institutional Responses to Asbestos », *Journal of Risk and Uncertainty*, 12 (2/3), 1996, p. 147-170.

138. *Ibid.*

139. D. Lilienfield, « The silence : The asbestos industry and early occupational cancer research. A case study », *American Journal of Public Health*, 81 (6), 1991.

140. Voir le chapitre « Poussières d'amiante » qui

retrace l'évolution en France de cette affaire, dans F. Chateauraynaud et D. Torny, *Les sombres précurseurs*, Paris, éd. de l'École des hautes études en sciences sociales, 1999, p. 476.

141. Le 28 mai 1998, le Canada, second producteur mondial d'amiante après la Russie, a engagé contre la France une procédure contentieuse devant l'Organisation mondiale du commerce (OMC). La France avait en effet interdit toute importation de la fibre d'amiante depuis le 1er janvier 1999. Le 15 juin 2000, l'OMC a débouté le Canada de sa plainte, déposée au nom de la liberté du commerce.

142. Certaines estimations sont même bien plus lourdes, comme le *Rapport sur la gestion politique et administrative du problème de santé publique posé par l'amiante en France* du professeur Claude Got présenté au gouvernement en juillet 1998 et qui donnait une fourchette de 10 000 à 15 000 morts par an entre 2005 et 2010.

143. *Journal officiel*, décret nº 2001-963 du 23 octobre 2001 relatif au Fonds d'indemnisation des victimes de l'amiante institué par l'article 53 de la loi n° 2000-1257 du 23 décembre 2000 de financement de la sécurité sociale pour 2001. Néanmoins, dans les faits, l'établissement public n'existait toujours pas en février 2002.

144. Les responsables ont avancé l'argument qu'ils ne pouvaient avoir conscience avant 1977 du danger de l'amiante pour leurs salariés puisque l'État français n'a réglementé la quantité maximum de poussières inhalées qu'à partir de cette date.

145. Compagnie suisse de réassurance, *L'environnement, la responsabilité civile et l'assurance. Situations actuelles dans divers pays européens*, Zurich, 1996.

146. Assurpol est un pool de réassurance en quote-part regroupant une cinquantaine d'assureurs et de réassureurs français et quelques étrangers. Assurpol propose une couverture pour les industriels et les collectivités locales.

147. Le Livre blanc de la Commission européenne

sur la responsabilité environnementale discute notamment la possibilité d'inclure le risque écologique aux contrats RC (European Commission, *Environmental Liability in Europe. The EU White Paper and its Implications for European Business*, Bruxelles, Hawksmere, 2000).

148. L'idée d'une extension de responsabilité aux créanciers peut être envisagée : avant d'entreprendre une activité susceptible de polluer, on requiert de l'entreprise une caution d'un intermédiaire (pouvant être sa banque ou son assureur). Cette caution servira si l'entreprise en question n'a pas les moyens de payer la dépollution. Ce faisant, les banques et compagnies d'assurance peuvent être incitées à surveiller plus attentivement les activités de l'entreprise dont elles sont caution. L'efficacité de cette solution n'est cependant pas garantie car elle pourrait, dans certains cas, avoir des effets pervers en provoquant une élévation du coût du crédit et de l'assurance pour les entreprises prudentes du fait de l'accroissement du risque pour les cautions.

149. C. Deléglise, « Sols empoisonnés. Qui doit payer la dépollution ? », in *Études foncières*, n° 68, septembre 1995.

150. Commission européenne, *op. cit.*

151. Elle a été significativement renforcée par la loi du 19 mai 1998, qui transpose en droit français la directive européenne du 25 juillet 1985.

152. Le risque de développement se définit comme « un risque indécelable au moment où l'activité génératrice de ce risque est exercée : mise en circulation d'un produit, rejet dans l'environnement. Pour être dans un cas de risque de développement, il faut que les études et expériences possibles en l'état de la connaissance scientifique du moment aient été accomplies et n'aient pas révélé le risque qui s'est manifesté ultérieurement, soit que le phénomène soit nouveau, soit que les progrès de la science apportent un nouveau regard sur les causes d'un phénomène jusque-là non expliqué ou mal expliqué » (*Livre blanc de l'assurance responsabilité*

civile, Paris, FFSA, 2000). Voir également le chapitre III.

153. C. Devaux, « Le risque de développement », *in* F. Ewald et J.-H. Lorenzi (dir.), *op. cit.*, p. 1251-1263.

153bis. *Libre blanc de l'assurance responsabilité civile, op. cit.*

154. Pour une description du processus d'essais cliniques, voir notamment le chapitre V de G. Pisano, *The Development Factory,* Cambridge (Mass.), Harvard Business School Press, 1997.

155. Voir également, notamment, K. Viscusi, J.-M. Vernon et J. E. Harrington, *Economics of Regulation and Antitrust,* Cambridge (Mass.), MIT Press, 1997, p. 848.

156. Compagnie suisse de réassurance, *Le risque génétique et l'assurance RC. Le poids de l'opinion publique,* Zurich, 2001, p. 2.

157. Cependant, comme le font observer les auteurs du rapport du Commissariat général du Plan, *OGM et agriculture : options pour l'action publique* (Paris, La Documentation française, 2001, p. 45) : « À l'échelle évolutive, des transferts horizontaux de gènes dans les populations et entre espèces sont apparemment intervenus fréquemment avec des flux qui concerneraient toutes les espèces animales et végétales, en plus des bactéries et des moisissures. » Cependant, les auteurs le rappellent, cela s'est passé à l'échelle de l'évolution des espèces.

158. Commissariat général du Plan, *op. cit.*, p. 146. Voir aussi D. Robertson, « GM Foods and global trade », *in* D. Robertson et A. Kellow (dir.), *Globalisation and the environnement,* Cheltenham, Edward Elgar, 2001, p. 206-226. Voir aussi I. M. Goklany, *Applying the Precautionary Principle to Genetically Modified Crops,* Saint Louis, Washington University, Center for the Study of American Business, 2000.

159. Au cours du processus de production d'une variété d'OGM, qui est réalisé au niveau cellulaire, on ne parvient à implanter les gènes extérieurs que dans une minorité des cellules visées, qu'il faut donc ensuite

séparer des autres. Pour y parvenir, on implante un gène marqueur en même temps que les gènes dont on veut doter l'organisme en cause.

160. Par exemple, résistance au gène Bt introduit dans certains maïs, et donc au biopesticide Bt utilisé en agriculture biologique.

161. Voir à ce sujet le rapport publié en février 2002 par English Nature, l'organisme officiel britannique pour la conservation de la nature.

162. Le signe extrême de cette dépendance est le gène dit « Terminator », que Monsanto se proposait d'implanter dans ses OGM pour stériliser les graines récoltées par les agriculteurs. Cédant aux protestations, Monsanto a renoncé à son projet ; cependant, la technologie Terminator réduisait les perspectives de diffusion incontrôlée dans l'environnement.

163. Pour une analyse approfondie de la question, voir T. Hommel, *Environnement et stratégies des firmes industrielles. Le modèle de la gestion anticipative de la contestabilité appliqué à la production des OGM agricoles et à l'industrie du traitement de surface en France et en Allemagne*, Thèse de doctorat, Paris, École des hautes études en sciences sociales, décembre 2001.

164. Cette situation est propre à l'Europe ; dans le reste du monde, plus de 50 millions d'hectares sont plantés en OGM.

165. Selon N. Flicoteaux, « Les incertitudes très lourdes qui pèsent sur les dommages environnementaux susceptibles d'être causés par les OGM incitent les assureurs à la plus extrême prudence. Se dessine nettement la tendance à une exclusion pure et simple des risques liés à l'utilisation et à la dissémination d'OGM » (« Assurer les risques liés aux OGM », *Risques*, nº 38, 1999, p. 81-90).

166. *Op. cit.*

167. Fonds de garantie des victimes d'actes de terrorisme et d'autres infractions, 64 rue Defrance – 94307 Vincennes Cedex.

168. SOS Attentats, Hôtel national des Invalides – 75007 Paris (site : www.sos-attentats.org).

169. Le Fonds traite également de nombreux autres dossiers relevant d'infraction pénale (agression, viol, maladie de l'amiante, et autres). À titre indicatif, jusqu'en 1991, 5 200 dossiers au total avaient été ouverts par le Fonds ; en 2000, on en comptait 13 600. Le montant total des indemnités versées par le Fonds aux victimes d'infraction pénale est quant à lui passé de 28 millions à 150 millions d'euros sur la même période.

170. Le prix d'une telle assurance dépend notamment du seuil d'intervention de la prise en charge (l'indice d'incapacité permanente partielle (IPP) choisi par l'assuré à la signature du contrat). À titre indicatif, ce prix varie entre 100 euros et 300 euros. Pour le barème des incapacités en droit commun, s'adresser au *Concours médical*, 2 cité Paradis – 75010 Paris.

171. La gratuité de la réassurance gouvernementale reste valable tant que les réserves du fonds ne dépassent par le milliard de livres sterling.

172. La création récente de « Special Risk Insurance and Reinsurance Luxembourg » par six groupes internationaux d'assurance et de réassurance (Zurich Financial Services, XL Capital Ltd, Swiss Re, Hannover Re, Allianz et SCOR) semble néanmoins témoigner d'une certaine confiance des investisseurs dans l'existence de solutions privées capables de couvrir le risque d'attentat. Cette compagnie d'assurance spécialisée dans les risques de terrorisme dispose d'un capital engagé total de 500 millions d'euros et ne couvre que les dommages aux biens (ceux dus aux pertes d'exploitation et à la responsabilité civile ne sont pas assurés). Cela tend à montrer que tous les assureurs et réassureurs ne sont pas farouchement opposés à la couverture de ce risque pour peu qu'ils aient le choix des primes et des assurés. Au niveau international, il faut également noter le développement important de la capacité d'assurance aux Bermudes : depuis le 11 septembre 2001, pas moins de neuf compagnies d'assurance ou de réassurance s'y sont installées. À elles seules, elles représentent une capacité de 10 milliards de dollars. Cependant, de telles solutions ne peuvent se

concevoir qu'en complément de mécanismes d'indemnisation garantis par les gouvernements.

173. En particulier pour la collecte et la gestion des primes.

174. Il s'apparente au système Pool Re anglais ; le système mis en place en Allemagne devrait être similaire, avec un pool d'assurance engagé jusqu'à 3 milliards d'euros.

175. Les entreprises, les collectivités locales et les immeubles de grande superficie dont les capitaux assurés dépassent 6 millions d'euros sont ainsi couverts. Il est notable que les contrats de particuliers ne sont pas modifiés. Les particuliers continuent donc à être assurés contre des dommages à leurs biens dus à un attentat ou acte de terrorisme. Concernant les plus grandes entreprises, un décret et un arrêté du 28 décembre 2001 leur donnent la possibilité de souscrire pour le risque de terrorisme des montants de garanties différents de ceux prévus pour les autres types de risques de dommages aux biens comme l'incendie.

176. Pour des raisons évidentes de simplicité de gestion, l'assiette sur laquelle porte la couverture est la même que pour les catastrophes naturelles.

177. T. Vareilles, *Encyclopédie du terrorisme international*, Paris, L'Harmattan, coll. « Culture du renseignement », 2001.

178. Assemblée nationale, *Livre noir. Contributions à la conférence internationale « Terrorisme et responsabilité pénale internationale »*, Paris, 2002.

179. Voir à ce sujet l'étude très documentée de V. Bantwal et H. Kunreuther, « A Cat Bond Premium Puzzle ? », *The Journal of Psychology and Financial Markets*, 1 (1), 2000, p. 76-91.

180. Voir notamment D. Moss, *When All Else Fails : Government as the Ultimate Risk Manager*, Cambridge (Mass.), Harvard University Press, 2002.

ANNEXE MATHÉMATIQUE

1. Si l'agent n'est pas sûr de ses préférences, mais qu'il hésite entre plusieurs systèmes de préférences, chacun de ceux-ci peut être représenté de la manière indiquée ci-dessous ; alors, pour chaque système, la représentation met en évidence le meilleur choix, ce qui peut aider l'agent à trancher entre ses hésitations.

2. Pour un énoncé précis de ces axiomes, voir M. Cohen et J.-M. Tallon, *op. cit.*

3. On en trouve la démonstration dans C. Henry, « Critères simples pour la prise en compte du risque », *Econometrica*, 49, 1981, p. 153-170.

4. Voir les travaux suivants : D. Cass, G. Chichilnisky et H. M. Wu, « Individual Risks and Mutual Insurance », *Econometrica*, 64 (2), 1996, p. 333-343 ; G. Chichilnisky et G. M. Heal, « Global environmental risks », *Journal of Economic Perspectives*, 7 (4), 1993, p. 65-86 ; S. Klimpel and T. Requate, « Financial markets for unknown risks if beliefs differ », *The Geneva Papers on Risk and Insurance. Theory*, 25, 2000, p. 29-49.

5. K. Arrow et G. Debreu ont travaillé ensemble sur le comportement des économies de grande taille, en information parfaite ou en incertitude ; ils ont l'un et l'autre reçu le prix Nobel d'économie.

6. L'efficacité au sens de Pareto signifie que, lorsqu'elle est réalisée, il est impossible d'améliorer le sort de certains participants à l'économie sans dégrader le sort d'au moins un autre des participants.

Index

TROISIÈME PARTIE

ASSURANCE

Composition Interligne.
Impression Société Nouvelle Firmin-Didot
à Mesnil-sur-l'Estrée, le 18 octobre 2002.
Dépôt légal : octobre 2002.
1er dépôt légal dans la même collection : octobre 2002.
Numéro d'imprimeur : 61494.

ISBN 2-07-042103-1/Imprimé en France.

5439